"En contenido, este libro es un [...] encarnado. Pero en forma y méto[...] Biblia de forma directa y precisa, con la ayuda de la sabiduría doctrinal clásica. Al presentar a los lectores reglas claras y herramientas probadas, Jamieson y Wittman ponen la teología donde debe estar: al servicio del conocimiento de Dios a través de Su Palabra. *Razonamiento Bíblico* es un triunfo, un don concedido para equipar a los santos para la labor de interpretación".

Fred Sanders
Profesor de teología, Torrey Honors College, Biola University

"¿La exégesis bíblica, cuando se hace con herramientas modernas, derrumba el consenso dogmático clásico sobre la Trinidad y Cristo? Jamieson y Wittman nos muestran por qué la respuesta es no a través de una cuidadosa introducción a lo que es la Escritura, lo que implica escuchar la verdad de la Escritura y por qué las realidades de la Trinidad y la encarnación son bíblicas. Este libro requiere la atención de todos los cristianos católicos (y Católicos). ¡El movimiento fundado por el gran John Webster se eleva a nuevas alturas con este libro!"

Matthew Levering
Cátedra de Teología James N. Jr. y Mary D. Perry, Mundelein Seminary

"En las últimas décadas, estudiosos creyentes tanto de la teología como de los estudios bíblicos han tratado de recuperar y volver a apropiarse de las riquezas de la tradición cristiana que han tenido poca acogida en la era moderna. Bien versados y profundamente arraigados, Jamieson y Wittman representan esta visión con sabiduría, belleza, brío y sentido práctico. Estos escritores y este libro me dan esperanza y coraje para la tarea continua de una vida eclesial robusta guiada por la Sagrada Escritura y el razonamiento bíblico".

Jonathan T. Pennington
Profesor de Nuevo Testamento, Southern Seminary; pastor de formación espiritual, Sojourn East Church

"La autopresentación de Dios ante nosotros en la Escritura es el camino hacia la autopresentación de Dios ante nosotros en la visión beatífica. Por esta razón, la interpretación bíblica nunca es una mera cuestión de atender a las diversas características históricas, literarias y teológicas del texto. Para que la interpretación bíblica cumpla su fin divinamente designado, debemos aprender a reconocer el rostro de Dios en la Sagrada Escritura (Sal. 27:8). En esta obra profundamente erudita, instructiva y útil, Bobby Jamieson y Tyler Wittman esbozan y ejemplifican una serie de principios y herramientas exegéticas de probada eficacia para discernir en la Escritura la gloria de Dios en el rostro de Jesucristo. Este es un libro de trascendencia generacional que merece ser leído por todos los profesores y estudiantes serios de la Biblia".

Scott R. Swain

Presidente y profesor James Woodrow Hassell de Teología Sistemática, Reformed Theological Seminary, Orlando, Florida.

"Este libro es una invitación a otro libro: La Sagrada Escritura. En *Razonamiento bíblico*, Jamieson y Wittman hacen lo que podría llamarse una confesión exegética: La Escritura es la Palabra de Dios que revela y redime con el fin de que los lectores entren en relación. Dios habla para que Sus criaturas vean por fin a Dios. La doctrina trinitaria y cristológica, en esta economía, no es un movimiento que se aleja de los textos bíblicos, sino más bien la gramática teológica que fluye de y devuelve al lector a la voz canónica de Dios, el Padre que envía al Hijo y al Espíritu. *Tolle lege, tolle lege*: toma y lee este libro, para tomar y leer el otro".

Jonathan A. Linebaugh
Profesor asociado, Universidad de Cambridge; miembro, Jesus College

"La teología tiene que ser exegética y contemplativa, aunque toda una serie de presiones desvían la atención hacia otro lado. *Razonamiento Bíblico* ayuda a alertarnos sobre dónde debemos centrarnos y nos equipa para hacerlo con competencia y cuidado. Espero que sea ampliamente leído por estudiantes y por quienes anhelan volver a estudiar las Escrituras".

Michael Allen
Profesor John Dyer Trimble de Teología Sistemática, Reformed Theological Seminary

The Gospel Coalition 2022 Book Award *(Teología académica)*

Southwestern Journal of Theology 2022 Book Award *(Teología académica)*

"El libro es un triunfo. Es una obra de rica erudición que sigue siendo accesible, escrita con estilo, espiritualmente nutritiva, incluso devocional, al tiempo que ofrece una guía práctica útil para que los lectores serios eviten el error y busquen al Dios vivo en la Sagrada Escritura. Y lo hace no solo hablando del texto, sino haciendo una exégesis de este, con esmero, en casi todas las páginas. Uno solo puede esperar que este libro se convierta en lectura obligatoria en los seminarios hasta el momento en que la crítica histórica libere su asfixia sobre la imaginación hermenéutica de pastores y eruditos por igual".

Brad East
International Journal of Systematic Theology

La obra *Razonamiento Bíblico* de Robert B. Jamieson y Tyler R. Wittman destaca por su valiente enfoque en derribar la barrera entre la teología y la exégesis bíblica. Los autores argumentan que ambas disciplinas deben estar unidas, ya que la teología es intrínsecamente exegética y viceversa. A través de una rica discusión sobre la Trinidad y la cristología, Jamieson y Wittman demuestran cómo la interpretación teológica de las Escrituras enriquece nuestra comprensión de textos complejos. Esta obra es especialmente útil para aquellos que enfrentan dificultades con pasajes que tratan sobre la naturaleza de Cristo y la Trinidad. Además, el libro está escrito de manera clara y accesible, lo que lo hace ideal tanto para académicos como para laicos interesados en profundizar su conocimiento bíblico y teológico. *Razonamiento Bíblico* es una contribución valiosa y esclarecedora que promete fortalecer la comprensión teológica de sus lectores.

Andrew J. Miller
Pastor de la Iglesia Presbiteriana Reformada Bethel (O.P.C.) en Fredericksburg, VA. Es licenciado por el Grove City College y el Seminario Westminster de California.

Razonamiento Bíblico de Robert B. Jamieson y Tyler R. Wittman es una obra imprescindible para quienes desean profundizar en la exégesis teológica. Jamieson, pastor asociado de la Capitol Hill Baptist Church, y Wittman, profesor asistente de teología en el New Orleans Baptist Theological Seminary, ofrecen una de las exposiciones más claras sobre la exégesis teológica hasta la fecha. Dividido en dos partes, el libro aborda el razonamiento bíblico y establece reglas cristológicas y trinitarias para la exégesis. Los autores destacan la importancia de unir la teología y la exégesis, argumentando que ambas disciplinas se enriquecen mutuamente. La obra se enfoca en la Trinidad y la cristología, temas centrales del evangelio y donde la brecha entre teología y exégesis es más evidente. Con claridad y profundidad, Jamieson y Wittman presentan principios teológicos y reglas exegéticas que permiten una comprensión más completa y precisa de las Escrituras. Este libro es una herramienta valiosa para pastores, estudiantes y cualquier persona interesada en una lectura bíblica que honre los misterios de la Trinidad y la persona de Cristo.

Thomas Haviland-Pabst
"One Family Ministries" (Ministerios de una sola familia)
Asheville, Carolina del Norte, EE.UU.

Los autores, un pastor y un profesor de teología, proponen que la teología no es un añadido a las Escrituras, sino una clarificación de su estructura conceptual. Argumentan que las doctrinas cristológicas y trinitarias son esenciales para una correcta interpretación bíblica. A través de reglas como la "apropiación divina" y la "comunicación de propiedades," el libro muestra cómo entender la unidad y distinción de las personas de la Trinidad y la naturaleza dual de Cristo. *Razonamiento Bíblico* de Robert B. Jamieson y Tyler Wittman es una obra esencial para quienes buscan comprender la conexión entre exégesis y teología. Esta obra desmantela la división entre estudios bíblicos y teología, promoviendo una lectura bíblica que honra la complejidad de la doctrina cristiana. *Razonamiento Bíblico* es una herramienta invaluable para teólogos y estudiosos, que fomenta un análisis profundo y sistemático de las Escrituras.

Kevin Vanhoozer
Profesor de Investigación de Teología Sistemática en la Trinity Evangelical Divinity School de Deerfield, Illinois.

Este libro desafía la suposición común de que la teología está subordinada a la interpretación bíblica. Jamieson y Wittman defienden que la teología sistemática es, de hecho, un acto de interpretación bíblica. Proponen que "razonamiento bíblico" incluye tanto el razonamiento exegético, que se enfoca en el texto y su contexto histórico-gramatical, como el razonamiento dogmático, que se ocupa de las afirmaciones teológicas del texto. Esta obra ofrece un conjunto de principios y reglas para la exégesis cristológica y trinitaria, presentándolos como herramientas indispensables para una lectura adecuada de las Escrituras. Los autores destacan la importancia de leer la Biblia de manera que se ajuste a su testimonio divino, utilizando reglas intrínsecas derivadas de la observación de la misma Escritura. *Razonamiento Bíblico* responde de manera contundente a la pregunta sobre la relación entre la Biblia y la teología; es una contribución valiosa que promueve una comprensión profunda y sistemática de la Biblia, siendo una lectura esencial para académicos, pastores y cualquier cristiano interesado en una exégesis robusta y teológicamente informada.

Kyle Claunch
Profesor adjunto de Teología Cristiana en el Seminario Teológico Bautista del Sur.

Razonamiento Bíblico es una obra esencial para pastores, académicos y laicos interesados en una lectura teológicamente rica de las Escrituras. Los autores argumentan que la exégesis y la teología dogmática no son disciplinas separadas, sino mutuamente reforzantes e informativas. Basándose en el ensayo de John Webster sobre el razonamiento bíblico, Jamieson y Wittman sostienen que el razonamiento exegético sigue el texto en su contexto gramatical, canónico y socio-histórico, mientras que el razonamiento dogmático atiende a las afirmaciones teológicas del texto, buscando la realidad última a la que este da testimonio. Su objetivo es demostrar que existe un "tráfico de dos vías" entre la exégesis y la teología sistemática, y que la exégesis cuidadosa revela una gramática teológica que guía la interpretación fiel. Mediante una interacción cuidadosa con las Escrituras y las fuentes patrísticas, los autores muestran cómo el consenso teológico de la era pro-nicena revela las riquezas trinitarias y cristológicas que pueden permanecer ocultas para los exegetas contemporáneos no entrenados en la teología patrística. *Razonamiento Bíblico* es una invitación a profundizar en las Escrituras y una llamada a reconsiderar las suposiciones sobre cómo abordar, interpretar y proclamar el texto bíblico.

Seth Porch
Coordinador de Marketing y Medios de Comunicación del Centro de Pastores Teólogos. Maestría en Teología Bethlehem College & Seminary.

RAZONAMIENTO BÍBLICO

Reglas cristológicas y trinitarias para la exégesis

TEOLOGÍA PARA VIVIR
Fe y Palabra

ROBERT B. JAMIESON
&
TYLER R. WITTMAN

Impreso en Lima, Perú

RAZONAMIENTO BÍBLICO: REGLAS CRISTOLÓGICAS Y TRINITARIAS PARA LA EXÉGESIS

Autor: ©Robert B. Jamieson & Tyler R. Wittman
Traducción: Elson Y. Gutierrez
Revisión de estilo: Elson Y. Gutierrez
Diseño de cubierta: Angela García-Naranjo
Título original: *Biblical Reasoning*

> Copyright 2022 by Robert Bruce Jamieson III and Tyler R. Wittman
> Originally published in English under the title *Biblical Reasoning* by Baker Academic, a division of Baker Publishing Group, Grand Rapids, Michigan, 49516, U.S.A.
> All rights reserved.

Editado por:
©TEOLOGIAPARAVIVIR.S.A.C
José de Rivadeneyra 610. Urb. Santa Catalina, La Victoria.
Lima, Perú.
ventas@teologiaparavivir.com
https://www.facebook.com/teologiaparavivir/
www.teologiaparavivir.com
Primera edición: Julio del 2024
Tiraje: 1000 ejemplares

Hecho el depósito legal en la Biblioteca Nacional del Perú, N°: 2024-06907
ISBN Tapa Blanda: 978-612-5099-27-3

Se terminó de imprimir en julio del 2024 en:
ALEPH IMPRESIONES S.R.L.
Jr. Risso 580, Lince
Lima, Perú.

Temas: Biblia: Crítica, interpretación, etc. | Biblia: Teología. | Jesucristo: Persona y oficios. | Trinidad.
Clasificación: LCC BS511.3 .J36 2022 | DDC 220.6

Prohibida su reproducción o transmisión total o parcial, por cualquier medio, sin permiso escrito de la editorial. Todos los derechos reservados y exclusivos ©TEOLOGIAPARAVIVIR.S.A.C. Las citas bíblicas fueron tomadas de las versiones *Reina Valera* de 1960 y de la *Nueva Biblia de los Hispanos*, salvo indique lo contrario en alguna de ellas.

Todo el conocimiento impartido por la fe gira en torno
a estos dos puntos:
la divinidad de la Trinidad y la humanidad de Cristo.
-Tomás de Aquino,
Compendium of Theology

Tienes que aprender a hablar cielo con una lengua de
tierra.
-Ursula K. Le Guin,
Always Coming Home

TABLA DE CONTENIDOS

AGRADECIMIENTOS XI
ABREVIATURAS XV
NOTA SOBRE LAS FUENTES XIX
INTRODUCCIÓN: TEOLOGÍA PARA UNA MEJOR EXÉGESIS 1
    Objetivo 1
    Recursos 8
    Plan 11
    Audiencias y autores 12

PRIMERA PARTE: RAZONAMIENTO BÍBLICO 15

§1. BUSCA SIEMPRE SU ROSTRO: EL FIN DEL RAZONAMIENTO BÍBLICO 17
    Contemplando la gloria de Cristo 19
        La visión beatífica *21*
        La visibilidad del Dios invisible *24*
    Ascesis y atención visual 29
    Fe, contemplación y exégesis 36
        Fe y vista *37*
        Contemplación *39*
        Exégesis *41*

§2. LA ESCUELA DE CRISTO: EL CONTEXTO PEDAGÓGICO DEL RAZONAMIENTO BÍBLICO 47
    La economía pedagógica de Dios 49
        Dios maestro y pedagogo *51*
        Características de la pedagogía de Dios: Adaptable, Gradual y Formativa *55*
        El problema con los alumnos de Dios *59*
    El contenido y la posibilidad de la enseñanza divina 61
        Contenido y forma *63*
        Posibilidad *64*
    Conclusión 70

§3. EL PLAN DE ESTUDIOS DE CRISTO: LA FUENTE Y LA PRÁCTICA DEL RAZONAMIENTO BÍBLICO 73

    El marco del razonamiento bíblico 76
        La naturaleza de las Escrituras...76
        La localización económica de las Escrituras.........................82
    La práctica del razonamiento bíblico 84
        La exactitud de las Escrituras 87
        La presión de las Escrituras 92
    Conclusión 97

SEGUNDA PARTE: REGLAS CRISTOLÓGICAS Y TRINITARIAS PARA LA EXÉGESIS 101

§4. DIGNO ERES TÚ: ENTENDIENDO LA ESCRITURA COMO HONRA A DIOS 103

    Las presiones de la liturgia celestial: Dios y la Creación en Apocalipsis 4 107
        "Santo, Santo, Santo es el Señor Dios, el Todopoderoso" 109
        "El que era, el que es y el que ha de venir" 112
        "Digno eres ..." 116
    La gramática de la liturgia celestial: Trascendencia divina y creación *ex nihilo* 118
    La regla de la adecuación a Dios 123
        El carácter cristiano de la Regla 124
        Entendiendo el discurso bíblico conforme a Dios 128
    Estudio de caso final: ¿El arrepentimiento es adecuado para Dios? ..133

§5. EL SEÑOR ES UNO: LA UNIDAD Y LA IGUALDAD DE LA TRINIDAD EN EL DOBLE DISCURSO DE LA ESCRITURA 145

    La unidad del Señor 148
        La gramática básica de la confesión de Israel 149
        Las presiones del Shemá a la luz de Jesús: Un Señor, no dos (y mucho menos tres) 151
    Gramática de lo común y lo propio y la regla del redoblamiento 157
        Aspectos ontológicos y epistemológicos 158
        La regla del redoblamiento y su importancia 161
    Conclusión 165

§6. ACTIVIDADES DIVERSAS PERO EL MISMO DIOS: LAS OPERACIONES INSEPARABLES DE LA TRINIDAD Y LA APROPIACIÓN DE LA ESCRITURA 167

PRESIONES DE LA PRESENCIA Y EL TRABAJO INDIVISIBLES 169
Presencia y acción correlativas del Padre y del Hijo en el Evangelio de Juan 171
La indivisibilidad de Jesús y el Espíritu (Marcos 3:22-30) 174
La identidad de la acción entre el Padre y el Espíritu (1 Cor. 12:4-11) 175
LA GRAMÁTICA DE LAS OPERACIONES INSEPARABLES DE LA TRINIDAD 178
REGLAS DE OPERACIONES Y APROPIACIONES INSEPARABLES 182
APLICACIÓN DE LAS REGLAS 185
El poder y la sabiduría de Dios (1 Cor. 1:24) 186
Dones, ministerios y actividades (1 Cor. 12:4-6) 188
"El Verbo se hizo carne" (Juan 1:14) 190
Enseñanza divina, de nuevo 192
CONCLUSIÓN 193

§7. UNO Y EL MISMO: LA UNIDAD DE CRISTO Y LA COMUNICACIÓN IDIOMÁTICA DE LA ESCRITURA 197

LA PRESIÓN DEL NUEVO TESTAMENTO PARA CONFESAR LA PARADÓJICA UNIDAD DE CRISTO 201
El testimonio inicial de Hebreos sobre la divinidad y la humanidad del Hijo único 201
Diversidad de predicados y unidad del sujeto en Pablo y los Evangelios 204
La unidad de Cristo y la encarnación 205
Atribuir humanidad a Dios Hijo y divinidad a Jesús hombre 209
LA GRAMÁTICA DE LAS PARADOJAS CRISTOLÓGICAS: LA UNIÓN HIPOSTÁTICA 214
Preservar la paradoja 214
La Unión Hipostática 215
REGLAS RELATIVAS A LA UNIDAD DE CRISTO Y LA COMUNICACIÓN DE IDIOMAS 220
APLICACIÓN DE LAS REGLAS 225
Perdón y blasfemia 226
Obras con el agua que suscitan asombro y adoración 229
Sueño y desprecio 233
CONCLUSIONES: DEL BALDE AL RÍO 235

§8. MAYOR QUE SÍ MISMO Y MENOR QUE SÍ MISMO: LAS DOS NATURALEZAS DE CRISTO Y EL DISCURSO PARTITIVO DE LA ESCRITURA 237

- Presiones partitivas en el Nuevo Testamento 241
  - Nacimiento humano y genealogía de Cristo (Rom. 1:3; 9:5) 242
  - La manifestación de Cristo en la carne (1 Tim. 3:16) 244
  - Preposiciones partitivas en 1 Pedro 246
  - La forma doble de Cristo (Fil. 2:6-7) 247
- La gramática de las dos naturalezas de Cristo 249
  - La doble "homoousión" 249
  - La regla de la "exégesis partitiva" 251
- La exégesis partitiva en acción: Tres estudios de casos exegéticos 258
  - El Padre, mayor que el Hijo 258
  - El Hijo sometido al Padre 261
  - Jesús se convierte en Señor e Hijo 265
- Conclusión: Todo lo que Cristo hizo, sufrió y llegó a ser 271

§9. DIOS DE DIOS: DE LAS MISIONES A LAS PROCESIONES 275

- Primera presión: Los nombres "Padre", "Hijo" y "Espíritu Santo" y su amplificación bíblica 277
  - "Padre" e "Hijo" como nombres relativos 278
  - Amplificación escritural de "Hijo" 281
  - El nombre "Espíritu Santo" y su amplificación escritural 288
- Segunda presión: el modo de actuar revela el modo de ser 292
  - La acción del Hijo y del Espíritu en la economía 293
  - Una persona obra "a través de" otra 300
- Tercera presión: las misiones divinas 305
  - Lectura normada de las Misiones 307
  - Lo que revelan las misiones 312
- La gramática de las relaciones de origen y la regla "de otro" 317
- Conclusión: Ver entrar y entrar 320

§10. PONIENDO EN PRÁCTICA EL CONJUNTO DE REGLAS: LECTURA DE JUAN 5:17-30 323

- Introducción a una doble acusación 324
- Panorama general 325
- La lógica de la blasfemia y la justificación de las afirmaciones sobre Dios 327

    La distinción creador-criatura y el mandamiento del día de reposo (Juan 5:17) *327*
    La adecuación a Dios y la blasfemia (Juan 5:17-18) *329*
    Seis afirmaciones dignas de Dios *330*
    U<small>N REGISTRO DISTINTO Y COMPLEMENTARIO</small> 336
    L<small>O QUE HAGA EL</small> P<small>ADRE</small> 339
    S<small>UJETO HUMANO, PREDICADOS DIVINOS</small> 342
    T<small>ODO OJO LO VERÁ</small> 343
    U<small>NA INSTANCIA DE SEÑAL</small> 348
    C<small>ONCLUSIÓN</small>: H<small>AZLOS ESPACIOSOS PARA LLENARLOS</small> 350

CONCLUSIÓN: DE GLORIA EN GLORIA **353**

ANEXO: TABLA DE PRINCIPIOS Y REGLAS **359**

BIBLIOGRAFÍA **365**

ÍNDICE DE TEMAS **389**

ÍNDICE DE NOMBRES **393**

ÍNDICE DE LAS ESCRITURAS Y OTRAS FUENTES ANTIGUAS **399**

AGRADECIMIENTOS

La redacción de este libro comenzó en la relativa calma de 2019 y se vio frustrada por las numerosas convulsiones de los años posteriores. A pesar de los desafíos de escribir durante una crisis global y compleja, hemos recordado que contemplar el misterio de la Trinidad nos sostiene de maneras que las preocupaciones más "prácticas" no lo hacen.

En primer lugar, debemos dar las gracias a todo el equipo de Baker Academic. Estamos muy agradecidos por haber acogido este trabajo con entusiasmo y por su valiosa ayuda en todo momento. En especial, debemos dar las gracias a nuestros editores, Dave Nelson y Tim West, y a los demás miembros del equipo editorial de Baker por mejorar el libro en muchos aspectos y concedernos un generoso margen de maniobra en su forma y alcance. Estamos en deuda con Michael Allen, Scott Swain y Fred Sanders por defender y alentar este proyecto, y estamos doblemente en deuda con Fred por sus incisivos comentarios sobre el capítulo 9 y su alentador apoyo al mismo.

También damos las gracias a quienes leyeron y comentaron partes del manuscrito: Alex Arrell, Rodney Evans, Caleb Greggson, Ryan Hurd, Jonathan Keisling, Vincent Kajuma, David Larson, Tim Stanton y Ben Robin. Un agradecimiento especial a Nick Gardner por sus acertados comentarios sobre el manuscrito en su conjunto y a David Moser por sus perspicaces y estimulantes reflexiones sobre los capítulos 7 y 8.

Agradecemos de todo corazón a Richard McBee que haya permitido que su impactante y evocadora obra *El Sueño de Jacob* (Jacob's Dream) ilumine la portada del libro.

Por último, nos gustaría dar las gracias a nuestro Señor Jesucristo y a los maestros que Él, en Su gracia, ha provisto a la Iglesia y que han dado forma a las ideas de este libro. Él ha respondido a nuestras oraciones para que este libro viera la luz del día; ahora esperamos con confianza, orando para que dé buenos frutos.

Bobby Jamieson quisiera agradecer a Eric Beach por leer y analizar varias fuentes primarias que resultaron seminales, y a los estudiantes de mi clase de junio de 2021 sobre razonamiento bíblico en Bethlehem Seminary por su enriquecedor compromiso con un primer borrador del libro. Estoy especialmente agradecido a Capitol Hill Baptist Church por sus generosos tiempos sabáticos en los veranos de 2019 y 2021, en los que pude redactar y revisar la mayor parte de mi mitad del libro. Estoy profundamente agradecido a mi amigo y coautor Tyler por una fructífera década de agudización teológica que se intensificó alegremente en estos últimos tres años. También doy las gracias a Mark Dever por su generoso apoyo a mis escritos y, por último, aunque no por ello menos importante, a mi esposa, Kristin, y a nuestros cuatro encantadores hijos por hacer de la escritura un gozoso proyecto familiar. Χάρις τῷ θεῷ.

Tyler Wittman desea dar las gracias a los estudiantes y colegas que generosamente han alentado este libro. Gracias especialmente a los muchos amigos, viejos y nuevos, que nos acompañaron durante unos meses y transiciones muy duros en medio de la pandemia, que retrasó e incluso puso en peligro el libro. Estoy especialmente agradecido a Jamie Dew, cuya confianza y aliento en mis actividades académicas han sido un salvavidas. Gracias también a mi amigo Bobby, cuyo buen humor e inteligencia han hecho que este libro sea mejor de lo que habría sido de otro modo.

¿Dónde estaría sin mi esposa, Jessie? Su apoyo decidido, su escucha paciente a medida que las ideas tomaban forma y sus comentarios me hicieron plenamente consciente de mi propia pobreza, pero también de mi riqueza. El alegre optimismo de nuestros cuatro hijos es una fuente constante de inspiración. La vida es mucho más que escribir libros, y por ello estoy profundamente agradecido.

ABREVIATURAS

AB	Anchor Bible
ACT	Ancient Christian Texts
ACW	Ancient Christian Writers
AJEC	Ancient Judaism and Early Christianity
AOP	Antiguo Oriente Próximo
AT	Antiguo Testamento
AugStud	*Augustinian Studies*
BBR	*Bulletin for Biblical Research*
BCA	La Biblia en el Cristianismo Antiguo
BDAG	Danker, Frederick W., Walter Bauer, William F. Arndt y F. Wilbur Gingrich. *A Greek-English Lexicon of the New Testament and Other Early Christian Literature*. 3ra. ed., Chicago. Chicago: University of Chicago Press, 2000.
BDB	Brown, Francis, S. R. Driver y Charles A. Briggs. *A Hebrew and English Lexicon of the Old Testament*. Reimpresión, Peabody, MA: Hendrickson, 1979.
BECNT	Baker Exegetical Commentary on the New Testament
BETL	Bibliotheca Ephemeridum Theologicarum Lovaniensium
BMSEC	Baylor-Mohr Siebeck Studies in Early Christianity
BNTC	Black's New Testament Commentaries
BZAW	Beihefte zur Zeitschrift für die alttestamentliche Wissenschaft
BZNW	Beihefte zur Zeitschrift für die neutestamentliche Wissenschaft
CAT	Cuestiones actuales de teología
CBQ	*Catholic Biblical Quarterly*
CD	Barth, Karl. *Church Dogmatics*, vols. I-IV. Editado por Geoffrey W. Bromiley y Thomas F. Torrance. Traducido por Geoffrey W. Bromiley et al. Edimburgo: T&T Clark, 1956-75.
cf.	*conferir*, comparar
CNT	Commentaire du Nouveau Testament
CO	*Ioannis Calvini opera omnia quae supersunt*
CSCD	Cambridge Studies in Christian Doctrine
CTC	Christian Theology in Context
CWS	Classics of Western Spirituality

DCH	*Dictionary of Classical Hebrew*. Editado por David J. A. Clines. 9 vols. Sheffield: Sheffield Phoenix, 1993-2016.
Denzinger	Denzinger, Heinrich. *Compendium of Creeds, Definitions, and Declarations on Matters of Faith and Morals*. Editado por Peter Hünermann, Robert Fastiggi y Anne Englund Nash. 43ª ed. San Francisco: Ignatius, 2012.
esp.	especialmente
FTEC	Foundations of Theological Exegesis and Christian Spirituality
GNO	*Gregorii Nysseni Opera*. Editado por Werner Jaeger et al. Leiden: Brill, 1921-.
HTR	*Harvard Theological Review*
ICC	International Critical Commentary
IJST	*International Journal of Systematic Theology*
ITC	International Theological Commentary
JBL	*Journal of Biblical Literature*
JECS	*Journal of Early Christian Studies*
JETS	*Journal of the Evangelical Theological Society*
JRT	*Journal of Reformed Theology*
JSem	*Journal for Semitics*
JSNT	*Journal for the Study of the New Testament*
JSNTSup	Journal for the Study of the New Testament Supplement Series
JSOTSup	Journal for the Study of the Old Testament Supplement Series
JTI	*Journal of Theological Interpretation*
KD	*Kerygma und Dogma*
KEK	Kritisch-exegetischer Kommentar über das Neue Testament
LCL	Loeb Classical Library
LHBOTS	Library of Hebrew Bible / Old Testament Studies
LNTS	Library of New Testament Studies
LXX	Septuaginta
NAC	New American Commentary
NETS	Pietersma, Albert, y Benjamin G. Wright, eds. *A New English Translation of the Septuagint: And the Other Greek Translations Traditionally Included under That Title*. Nueva York: Oxford University Press, 2007.
NICNT	New International Commentary on the New Testament
NIDNTT	*New International Dictionary of New Testament Theology*. Editado por Colin Brown. 4 vols. Grand Rapids: Zondervan, 1975-78.
NIGTC	New International Greek Testament Commentary

NovTSup	Supplements to Novum Testamentum
NPNF²	*Nicene and Post-Nicene Fathers*, Serie 2
NSD	New Studies in Dogmatics
NT	Nuevo Testamento
NTS	*New Testament Studies*
OECS	Oxford Early Christian Studies
OECT	Oxford Early Christian Texts
OSAT	Oxford Studies in Analytic Theology
OSHT	Oxford Studies in Historical Theology
OTM	Oxford Theological Monographs
PAN	*Padres Ante-Nicenos*
par.	Paralelos
PG	Patrologia Graeca [= *Patrologiae Cursus Completus*. Serie Graeca]. Editado por J.-P. Migne. 162 vols. París, 1857-86.
PI	Padres de la Iglesia
PNTC	Pillar New Testament Commentary
PPS	Popular Patristics Series
RB	*Revue Biblique*
RSPT	*Revue des Sciences Philo sophiques et Théologiques*
RTL	*Revue Théologique de Louvain*
SBLMS	Society of Biblical Literature Monograph Series
SBLSBS	Society of Biblical Literature Sources for Biblical Study
SC	Sources Chrétiennes
SCDS	Studies in Christian Doctrine and Scripture
SCG	Thomas de Aquino, *Summa contra Gentiles*
SHTS	Studies in Historical Theology
SJT	*Scottish Journal of Theology*
SNTSMS	Society for New Testament Studies Monograph Series
SPhiloA	*Studia Philonica Anual*
STC	*Journal of Theological Studies*
STh	Thomas de Aquino, *Summa Theologiae*. En Latin-English Opera Omnia, vols. 13-20. Traducido por Laurence Shapcote. Traducido por Laurence Shapcote. Steubenville, OH: Emmaus Academic, 2018.
StPatr	*Studia Patristica*
TA	Traducción de los Autores
THKNT	Theologischer Handkommentar zum Neuen Testament
TLNT	*Theological Lexicon of the New Testament*. C. Spicq. Traducido y editado por J. D. Ernest. 3 vols. Peabody, MA: Hendrickson, 1994.

TM	Texto Masorético
TynBul	*Tyndale Bulletin*
VC	*Vigiliae Christianae*
VCSup	Suplementos de Vigiliae Christianae
WBC	Word Biblical Commentary
WSA	The Works of Saint Augustine
WUNT	Wissenschaftliche Untersuchungen zum Neuen Testament
ZECNT	Zondervan Exegetical Commentary on the New Testament
ZNW	*Zeitschrift für die neutestamentliche Wissenschaft*

NOTA SOBRE LAS FUENTES

Las citas de los comentarios bíblicos de Tomás de Aquino proceden de la *Opera Omnia* latín-inglés, publicada por Emmaus Academic (2018-). En este libro citamos estas fuentes como *Comentario a 1 Corintios* (Commentary on 1 Corinthians) o *Comentario al Evangelio de San Juan* (Commentary on the Gospel of St. John) y así sucesivamente, seguido de la referencia estándar a la conferencia, parte y sección. Las referencias a otras obras de Aquino proceden de la misma *Opera Omnia*, a menos que se indique lo contrario. Del mismo modo, todas las citas de los comentarios bíblicos de Juan Calvino proceden de la edición de la Calvin Translation Society de mediados del siglo XIX. Hemos optado por citarlos por título y por el versículo bíblico que Calvino comenta (por ejemplo, *Comentario sobre Jeremías* 33:34). Aunque estos métodos pueden no ser estándar en todos los sentidos, creemos que permitirán a los lectores encontrar fácilmente los textos originales, independientemente de las versiones de que dispongan. Las traducciones de fuentes modernas en otras lenguas son de los autores.

INTRODUCCIÓN: TEOLOGÍA PARA UNA MEJOR EXÉGESIS

En esta introducción al libro presentamos su objetivo, los recursos de los que se nutre y el plan por el que avanza. Concluimos comentando brevemente los destinatarios y autores del libro.

Objetivo

Nuestro objetivo en este libro es reunir un conjunto de herramientas para el razonamiento bíblico. El objetivo del conjunto de herramientas es lograr una mejor exégesis. El objetivo de esa exégesis es, en última instancia, ver a Dios.

Por lo tanto, por "mejor exégesis" entendemos una exégesis que no solo es más adecuada al texto en sí, sino también, especialmente, más adecuada a la realidad última de la que el texto da testimonio y más adecuada al objetivo último del texto. Esa realidad es el Dios trino y esa meta es la visión del rostro de Dios que dará satisfacción eterna a nuestras almas.

¿Qué es el "razonamiento bíblico"? Tomamos la frase y el marco de un ensayo seminal de John Webster.[1] Según Webster, el razonamiento bíblico es "la aprehensión reflexiva del intelecto

---

[1] Webster, "Biblical Reasoning".

redimido de la declaración evangélica de Dios a través de la embajada de la Escritura, capacitada y corregida por la presencia de Dios, y que tiene como fin la comunión con Él".[2] Webster distingue dentro del razonamiento bíblico dos modos de razonamiento que se solapan y se informan mutuamente: el exegético y el dogmático. El razonamiento exegético es el acto de "seguir las palabras del texto". Este acto es teológica y epistemológicamente primordial. Seguir la estela de los apóstoles y profetas es la principal obligación de todo teólogo y debería ser su principal deleite.[3] El razonamiento dogmático "produce una representación conceptual de lo que la razón ha aprendido de su seguimiento exegético del texto escritural. En la dogmática, la 'materia' del discurso profético y apostólico se expone en un lenguaje diferente, anatomizado".[4]

El razonamiento exegético atiende al orden y al flujo del texto, siguiendo sus giros y vueltas; el razonamiento dogmático atiende a las afirmaciones teológicas del texto, mirando a lo largo y con el texto para discernir la realidad última de la que da testimonio. Ninguno está completo sin el otro; ambos se mueven desde y hacia el otro en un intercambio continuo y mutuamente informativo. El razonamiento dogmático permite a los lectores de la Escritura localizar rápida y fácilmente los principales aspectos del texto, percibir la Escritura "en toda su amplitud como despliegue de la única economía divina", ver la unidad y las interrelaciones de la Escritura y discernir sus proporciones. Con este sentido del alcance y la proporción que proporciona el razonamiento dogmático, el razonamiento exegético está mejor equipado para descubrir la plenitud presente en los discretos discursos proféticos y apostólicos.[5] Al englobar ambas actividades intelectuales en un proceso orgánico, el "razonamiento bíblico" evita que se descuiden mutuamente.

---

[2] Webster, "Biblical Reasoning", 128.
[3] Webster, "Biblical Reasoning", 130.
[4] Webster, "Biblical Reasoning", 130-31.
[5] Webster, "Biblical Reasoning", 131.

Según Webster, la teología no es, por tanto, un movimiento que *se aleja* de la Escritura hacia una lejana síntesis lógica. Por el contrario, la teología piensa desde la Escritura, con la Escritura y para la Escritura. La Escritura es, pues, el origen y el objetivo de la teología sistemática.[6] Cuando se hace correctamente, la teología procede de la Escritura y vuelve a ella para escuchar y confesar cada vez más fielmente el discurso evangélico de Dios, cuyo fin es la comunión con Dios en Cristo. De ahí que el razonamiento bíblico mantenga una preocupación continua por el conocimiento personal y la conformidad con el tema último de la Escritura. A su vez, los procesos orgánicos del razonamiento exegético y dogmático se orientan hacia el Dios trino y se rigen críticamente por él. Como argumentaremos en los tres primeros capítulos, el razonamiento bíblico es, por tanto, aquella forma de atención a la Sagrada Escritura que es enseñada por Dios, enseña acerca de Dios y conduce a Dios.

Al adoptar el manto del "razonamiento bíblico", una de nuestras preocupaciones clave es relacionar correctamente lo que no debe mantenerse separado: la exégesis y la teología sistemática. Para introducir este tema central, consideraremos un modelo común de relación entre ambas e indicaremos los aspectos en los que pretendemos mejorarlo.[7] Muchos interpretan la relación entre exégesis y doctrina como la que existe entre la materia prima y su desarrollo. Por ejemplo, en una obra exegética sobre la Trinidad, Ben Witherington y Laura Ice afirman que el Nuevo Testamento proporciona "datos brutos" que los teólogos de la Iglesia sintetizaron más tarde en una "doctrina desarrollada de la Trinidad".[8] Hay más de un elemento de verdad en este modelo.

---

[6] Webster, "Principles of Systematic Theology", 148.

[7] Nuestra discusión se basa en la de Swain, "The Bible and the Trinity in Recent Thought", 39-40.

[8] Witherington y Ice, *The Shadow of the Almighty*, xi. Del mismo modo, aunque en un lenguaje más subjetivo y experiencial, véase Fee, "Paul and the Trinity", 51. Cf. también Vos, "The Idea of Biblical Theology as a Science and as a Theological Discipline", 7, quien describe el papel de los "contenidos de la revelación" en la disciplina de la teología sistemática como "el material para una

Además, todas las analogías tienen límites, y no deberíamos llevar ésta más allá de su alcance previsto. Sin embargo, la noción de doctrina como el desarrollo de material bíblico o exegético en bruto tiene importantes desventajas y es, como mínimo, potencialmente engañosa. Implica una flecha unidireccional de la exégesis a la doctrina: de la materia prima al producto acabado, de los cimientos a la superestructura. También implica una diferencia sustancial y material entre los respectivos productos de cada una. Nadie confundiría un coche con sus componentes desarmados. Además, también implica que la teología sistemática mejora en cierto sentido las aportaciones no desarrolladas de la Escritura.

Por lo tanto, este modelo oscurece dos aspectos clave de la relación simbiótica entre el razonamiento exegético y el dogmático que este trabajo desarrollará y defenderá. En primer lugar, como veremos más adelante, existe un sentido crucial en el que el razonamiento exegético y el dogmático dicen lo mismo con palabras diferentes. Dicho de un modo más formal: cuando se definen y practican correctamente, los objetivos y productos del razonamiento exegético y dogmático armonizan, se complementan y se informan mutuamente. Cada uno pretende comprender y representar el testimonio de los apóstoles y profetas sobre la realidad de Dios y la relación de todas las cosas con Dios.

En segundo lugar, en lugar de implicar una flecha unidireccional de la exégesis a la dogmática, una interpretación adecuada de su relación reconoce un tráfico bidireccional entre ambas. Los juicios y conceptos dogmáticos que se derivan adecuadamente de la exégesis pueden enriquecerla y dirigirla. El razonamiento dogmático es tanto un

---

obra humana de clasificación y sistematización según principios lógicos". Véase la instructiva crítica de la postura de Vos en Webster, "Principles of Systematic Theology", 146-48. Aunque el trabajo de la teología sistemática es ciertamente un trabajo humano de clasificación (como también lo son la exégesis y la teología bíblica), no está estructurado por "principios lógicos", sino por el Dios trino y la economía de sus obras. Por tanto, la teología sistemática no se ocupa menos que otras disciplinas de la secuencia histórica de las obras de Dios.

modo de leer las Escrituras como el razonamiento exegético. Como dijo el reformador de Heidelberg, Zacarías Ursinus, el propósito de estudiar la doctrina es "que podamos estar bien preparados para la lectura, comprensión y exposición de las Sagradas Escrituras. Porque, así como la doctrina del catecismo y de los Lugares Comunes se toma de las Escrituras, y es dirigida por ellas como su regla, así también nos llevan, por así decirlo, de la mano a las Escrituras".[9]

Tanto o quizá más que erigir una superestructura sobre la Escritura, los juicios dogmáticos disciernen justamente lo contrario: una subestructura. En lugar de salirse del texto, los juicios dogmáticos, por así decirlo, se sumergen bajo la superficie de las afirmaciones discretas del texto. En otras palabras, el razonamiento dogmático discierne lo que debe ser el caso si todo lo que dice la Escritura es verdad.[10] Además, en lugar de tratar la dogmática como un desarrollo intelectual que, al menos implícitamente, mejora la materia prima de la Escritura, trataremos la teología como la gramática de la Escritura.[11] Como observa Scott Swain, "Lo que tenemos en la Biblia es un discurso trinitario bien formado: primario, normativo, fluido".[12]

El razonamiento dogmático atiende a este discurso primario para discernir su orden conceptual y sus conexiones internas y comentarlo reflexivamente. A modo de analogía, consideremos la frase de parvulario "Ella golpeó la pelota hacia él". En cierto sentido, los términos gramaticales "sujeto", "verbo", "objeto" y "objeto indirecto" no aportan nada al texto. Simplemente describen las palabras de la frase en sus relaciones sintácticas ordenadas. Sin embargo, el análisis gramatical opera a un nivel de abstracción superior al de la propia frase. Las palabras son más largas y cuesta más trabajo entenderlas y relacionarlas. Sin embargo, esta abstracción y conceptualización sirve

---

[9] Ursinus, *Commentary on the Heidelberg Catechism*, 10.
[10] Del mismo modo, S. R. Holmes, "Scripture in Liturgy and Theology", 117.
[11] Para la teología como "gramática" en este sentido, véase, por ejemplo, Young y Ford, *Meaning and Truth in 2 Corinthians*, 256; Bayer, *Theology the Lutheran Way*, 81, 94-96, 125-26, 170.
[12] Swain, "The Bible and the Trinity in Recent Thought", 40.

para la comprensión. Los términos gramaticales permiten captar el texto para comprender no solo lo que dice, sino también por qué está ordenado y conformado de esa manera. Del mismo modo, cuando se entienden como gramática, los conceptos y juicios dogmáticos no pueden mejorar el texto, sino que solo nos permiten comprender por qué está ordenado y formado como está.

Con este fin, a lo largo del libro reuniremos un conjunto de herramientas de razonamiento bíblico o, más exactamente, un "conjunto de reglas" de razonamiento bíblico. El cuerpo del libro articula un conjunto de principios teológicos y sus correspondientes reglas exegéticas.[13] Cada principio es un compromiso doctrinal, un elemento constitutivo de la fe cristiana católica. Cada regla convierte un aspecto de ese principio en una directriz y barandilla exegética, "haciendo operativo" un principio teológico con fines exegéticos. Si los principios articulan la gramática de la Escritura, entonces las reglas simplemente nos muestran cómo leer la Escritura con el grano de su propia gramática. Nuestra articulación y desarrollo de estos principios es deliberadamente parca. No pretendemos ofrecer una discusión doctrinal exhaustiva de estas enseñanzas cristianas fundamentales, sino solo sus rampas de acceso exegéticas.

Respecto a la exégesis, la nuestra recibirá mucha ayuda de eruditos bíblicos contemporáneos con mentalidad histórica. Al mismo tiempo, disentiremos con frecuencia de los presupuestos comunes y de las conclusiones ampliamente sostenidas por los eruditos bíblicos modernos. Además, aunque no podemos justificar cada decisión exegética en la medida en que lo haríamos si se tratara de una monografía de estudios bíblicos, pretendemos presentar argumentos exegéticos que los eruditos bíblicos profesionales se tomen en serio.

Nuestros principios y normas se agrupan principalmente en torno a dos focos que se iluminan mutuamente: la Trinidad y la persona de Cristo. ¿Por qué este doble enfoque? La primera razón es material. La

---

[13] Para consultar el cuadro completo de normas y principios, véase el apéndice.

identidad del Dios que habla en su Palabra y nos salva enviando a su Hijo y a su Espíritu es el núcleo del discurso evangélico. Penetrar más profundamente en el Evangelio es penetrar más profundamente en los misterios de la Trinidad y de la encarnación del Hijo, y viceversa. Otra razón para centrarnos en Cristo y la Trinidad es que es aquí donde el divorcio entre los estudios bíblicos y la teología se ha hecho sentir con más dolor. La enseñanza cristiana del Credo sobre la persona de Cristo y la Trinidad goza de un amplio consenso ecuménico. Estas doctrinas centrales definen y distinguen la fe cristiana. Sin embargo, se encuentran entre las doctrinas tratadas con mayor escepticismo por el gremio de los estudios bíblicos contemporáneos. La brecha entre teología y exégesis que pretendemos ayudar a reparar es aquí más amplia.

Hablar de "reglas" teológicas para la exégesis puede hacer dudar a algunos eruditos bíblicos. ¿No debería protegerse la exégesis de compromisos dogmáticos previos? ¿Acaso la crítica histórica no ha liberado a la Escritura de los grilletes del credo?[14] Para dar una primera respuesta a esta preocupación, distinguiríamos entre dos tipos de normas, que podríamos denominar extrínsecas e intrínsecas. Una norma extrínseca se impone desde fuera. Una calle cercana tiene un límite de velocidad de veinticinco millas por hora. Ese límite puede ser fácilmente revisado al alza o a la baja por la autoridad competente. Por el contrario, consideremos el vínculo entre la vida y la respiración en los seres humanos.

Es una norma que un ser humano vivo respire. Donde ves a alguien respirar, ves a alguien vivo. Ningún muerto respira. Si no hay respiración, no hay vida; si no hay vida, no hay respiración. Esta regla permite emitir juicios rápidos y fiables sobre lo que requiere una situación. Si de repente alguien no puede respirar, hay que ponerle

---

[14] Moberly, *The Bible, Theology, and Faith*, 5: "Es bien sabido que la crítica bíblica moderna solo se convirtió en una disciplina reconocible a través del proceso de separación explícita de la Biblia de las formulaciones teológicas clásicas". Watson, "Trinity and Community", 169, ofrece motivos para el escepticismo de este antitrinitarismo erudito.

remedio, o rápidamente se producirán graves consecuencias. La regla "aliento = vida" no es extrínseca, sino intrínseca. Se deriva de la constitución material del ser humano. Uno de los principales argumentos de este libro es que las normas exegéticas que promulgaremos no son extrínsecas, sino intrínsecas. Se derivan del contenido material de la Escritura y, por tanto, regulan correctamente nuestro trato con él.

De ahí que pretendamos demostrar que estas doctrinas son más bíblicas de lo que muchos piensan y que una lectura correcta de las Escrituras requiere más teología de la que muchos están dispuestos a conceder. Dado que se destilan de una lectura correcta de las Escrituras, las doctrinas clásicas sobre Cristo y la Trinidad constituyen un llavero bien surtido que puede abrir puertas exegéticas que, de otro modo, permanecerían cerradas ante las convenciones exegéticas modernas.

Recursos

Al establecer una serie de reglas teológicas para la exégesis, seguimos conscientemente los pasos de Agustín, especialmente de su obra *La Trinidad*. Además, al derivar reglas exegéticas de principios teológicos, estamos recuperando y volviendo a desplegar un enfoque que floreció en antiguos manuales hermenéuticos cristianos como el *Liber regularum* de Tyconius.[15] Más ampliamente, este trabajo es un acto de recuperación crítica del tipo de cultura teológica que dio forma a la interpretación bíblica en el siglo IV.[16] En concreto, pretendemos recuperar elementos clave de la antropología teológica y las prácticas

---

[15] Véase Toom, "Early Christian Handbooks on Interpretation". Nos apropiamos críticamente de la distinción entre "principios" y "reglas" de Froehlich, *Sensing the Scriptures*, 17-20. Según empleamos esta distinción, los principios son la gramática y la fuente de las formas en que diversas partes de las Escrituras hablan como lo hacen de Dios y de Cristo. Las reglas son directrices que corresponden a esos principios y, por tanto, son intrínsecas a la propia Escritura.

[16] Para un relato de la cultura teológica pro-nicena, véase Ayres, *Nicaea and Its Legacy*, esp. 414-25.

exegéticas que resultaron esenciales para la formación de la teología trinitaria del siglo IV y muchas de las decisiones cristológicas de los siglos siguientes.

Dos advertencias son importantes aquí. En primer lugar, la "recuperación" no es nostalgia ingenua de una época dorada que nunca existió. Por el contrario, se trata de situarse dentro de una corriente de pensamiento como participante activo y crítico, no pasivo y partidista. Pretendemos recuperar algunas de las prácticas exegéticas de los siglos IV y V que han tenido un atractivo perdurable, pero no de forma acrítica.[17] En varios puntos intentamos dotar a estas prácticas de una base más sólida en las Escrituras, y en esto nos inspiramos indudable y agradecidamente en la interpretación bíblica moderna.[18]

En segundo lugar, nos proponemos recuperar las dimensiones espiritualmente formativas y morales de la exégesis. El discurso evangélico de Dios en la Escritura genera el tipo de cultura teológica en la que el lector no es un sujeto neutral que disecciona el texto como un objeto inerte. Si Dios habla en la Escritura, leerla es escuchar a Dios. El lector es, por tanto, un objeto propio de la reflexión teológica. La exégesis teológica es, mínimamente, la interpretación textual que reflexiona sobre la naturaleza y los fines del lector a la luz del Dios que se dirige a nosotros en la Escritura.[19]

---

[17] ¿Por qué recuperar críticamente las prácticas exegéticas de los siglos IV y V? Como dice Sanders, *The Triune God*, 177, "No tiene sentido intentar retener el resultado de la interpretación holística de la Escritura por parte de la Iglesia primitiva —la percepción de la doctrina bíblica de la Trinidad— sin cultivar, de un modo apropiado para nuestro propio tiempo, la práctica interpretativa que produjo ese resultado". Con demasiada frecuencia, los teólogos intentan repetir los hallazgos de los primeros siglos sin habitar la exégesis y la cultura que dieron forma a esos hallazgos, o manteniendo una postura demasiado combativa frente a los verdaderos logros alcanzados en la interpretación bíblica moderna.

[18] Véase aquí Sanders, *The Triune God*, 155-89. Sanders evita, con razón, una vuelta atrás simplista y abraza las aportaciones de la erudición bíblica moderna, especialmente su "mayor sensibilidad literaria y su agudeza para el razonamiento narrativo". Sin embargo, debemos utilizar estas aportaciones "mejor, más plena y estratégicamente" (179).

[19] Véase aquí especialmente Webster, "Hermeneutics in Modern Theology"; también Sarisky, *Reading the Bible Theologically*, 198-238.

En cuanto a los pensadores modernos, además de John Webster tenemos una deuda especial con David Yeago y Kavin Rowe. En un ensayo ampliamente influyente, Yeago ha argumentado que la exégesis bíblica se beneficia de la distinción entre conceptos y juicios.[20] En términos sencillos, un juicio es lo que un texto bíblico o un teólogo dicen sobre Dios, y un concepto es la forma en que el texto o el teólogo lo dicen. Lo que Yeago quiere decir es que se puede emitir esencialmente el mismo juicio utilizando diversos conceptos.[21] Aunque no son idénticos en todos los aspectos, hay un sentido crucial en el que el *homoousios* de Nicea y la "forma de Dios" de Pablo (Fil. 2:6) dicen lo mismo sobre Jesús.

En una serie de perspicaces ensayos, Kavin Rowe ha desarrollado un marco estrechamente complementario de "presión bíblica".[22] Como analizaremos más detenidamente en los capítulos siguientes, según Rowe, "el texto bíblico no es inerte, sino que ejerce una presión ('coerción') sobre sus intérpretes y se afirma en la reflexión y el discurso teológicos, de modo que existe (o puede existir) una profunda continuidad, basada en el propio tema, entre el texto bíblico y la exégesis y la formulación teológica cristianas tradicionales".[23] La presión de la Escritura no solo nos permite sino que nos exige confesar que el único Dios de Israel es el Dios trino que se revela en Jesús. De ahí que "los juicios ontológicos de los primeros Credos ecuménicos fueran el único resultado satisfactorio y de hecho lógico de las afirmaciones del Nuevo Testamento leído junto con el Antiguo".[24]

La metáfora de la presión implica agente, objeto, medios y finalidad. Dios es el agente. Su pueblo redimido es el objeto. La

---

[20] Yeago, "The New Testament and the Nicene Dogma".
[21] Un calificativo como "esencialmente" es crucial; véanse las aclaraciones posteriores de Yeago en "The Bible", 64-65.
[22] Rowe, "Biblical Pressure and Trinitarian Hermeneutics"; Rowe, "Luke and the Trinity"; Rowe, "For Future Generations"; Rowe, "The Trinity in the Letters of St Paul and Hebrews".
[23] Rowe, "Biblical Pressure and Trinitarian Hermeneutics", 308.
[24] Rowe, "Biblical Pressure and Trinitarian Hermeneutics", 308. Discutiremos todas estas cuestiones con mucho más detalle en el cap. III. 3.

Escritura, esgrimida por el Espíritu vivificador y reflexionada por la razón regenerada, es el medio. Finalmente, el propósito es el conocimiento transformador y la comunión pactada con el Dios trino, con la visión beatífica como la fruición última de este propósito. A medida que despleguemos y desarrollemos la metáfora de Rowe a lo largo del libro, ofreceremos lecturas atentas de cómo la Escritura caracteriza cada uno de estos elementos en la economía de la enseñanza divina de Dios.

Algunos lectores se preguntarán si el libro que tienen en sus manos es una obra de "Interpretación Teológica de las Escrituras" (ITE). Ciertamente, hemos aprendido mucho y apreciamos muchos elementos de los trabajos que se han realizado bajo ese epígrafe. Si alguien aplicara esa etiqueta a nuestro trabajo, pondríamos pocas objeciones, aunque también veríamos pocos beneficios. La expresión nos parece excesivamente amplia, con escaso valor descriptivo.[25] Además, nos interesa mucho más hacer interpretación teológica que teorizar sobre ella.[26] La interpretación teológica se justifica por sus hijos exegéticos; por los frutos de nuestras lecturas nos conocerán.

Plan

Los tres primeros capítulos sitúan el razonamiento bíblico dentro de la economía de la enseñanza divina, en la que salen a la luz la naturaleza y los fines de la Escritura y de sus lectores. Estos capítulos constituyen una especie de preámbulo metodológico del libro, con principios y reglas que justifican el procedimiento que emprende el resto del libro.

---

[25] Al apreciar los frutos de la ITS al tiempo que nos mostramos escépticos sobre su utilidad como grito de guerra, nuestra perspectiva resuena con la de M. Allen, "Systematic Theology and Biblical Theology-Part Two" 349-51, quien evalúa con simpatía la ITS como una "medida de crisis".

[26] Aunque elaboramos nuestro programa independientemente de él y solo leímos el artículo al final de la redacción de este libro, hay un sentido en el que todo nuestro trabajo responde al reciente llamamiento de Wesley Hill no solo a la interpretación teológica, sino específicamente a la exégesis doctrinal. Véase Hill, "In Defense of 'Doctrinal Exegesis'"

A continuación, los capítulos 4-9 seguirán generalmente una estructura en cuatro partes: la presión bíblica, la gramática teológica, la regla o reglas y la aplicación exegética de la regla o reglas. El capítulo 10 recapitula y sella el argumento de todo el libro, aplicando todo el "conjunto de reglas" a la exégesis de un único pasaje, Juan 5:17-30.

Tras describir teológicamente la teleología de los lectores de la Escritura y la forma de la actividad docente de Dios en los dos primeros capítulos, en el capítulo 3 consideramos la ontología y la función de la Escritura dentro de esa actividad. Allí explicaremos con más detalle cómo es el razonamiento bíblico en la práctica. En el capítulo 4 articulamos un principio y una regla que marcan la diferencia cualitativa de Dios con respecto a todas las cosas como su creador y que nos recuerdan que debemos leer las descripciones de Dios que hace la Escritura de una manera acorde con el testimonio que da el canon de su existencia santa, infinita y trascendente. Después de considerar así a Dios en lo que se refiere a su esencia singular, nuestros principios y reglas restantes consideran a Dios en lo que se refiere a la distinción de personas en la Trinidad.

En este sentido, el orden de exposición de estas reglas sigue el orden de los dos Testamentos. Los capítulos 5 y 6 desarrollarán las reglas trinitarias para la exégesis, los capítulos 7 y 8 las cristológicas, y luego el capítulo 9 considera al Hijo y al Espíritu desde el punto de vista de sus relaciones con las otras personas divinas. Las tres primeras reglas constituyen la base indispensable y el trasfondo de las siete últimas, y las siete últimas nos permiten articular la identidad del Padre, el Hijo y el Espíritu de manera que encajen con las tres primeras.

Audiencias y autores

Este libro va dirigido tanto a eruditos bíblicos como a teólogos. Durante la mayor parte de la historia de la Iglesia, eran dos nombres para una misma cosa. Pero en los últimos cuatro siglos se han levantado altos y duraderos muros entre lo que ahora se consideran dos disciplinas.[27] Esperamos comprometer a los practicantes de ambas. Pretendemos convencer a los eruditos bíblicos de que la exégesis requiere más teología de la que suelen admitir, y a los teólogos de que la teología requiere más exégesis de la que suelen admitir.[28] Aunque la división disciplinar entre estudios bíblicos y teología tiene cierto valor heurístico y práctico, creemos que, en conjunto, hace más mal que bien.[29] De ahí que, siguiendo a Webster, distingamos en cambio entre razonamiento exegético y dogmático como dos elementos primarios en la tarea más amplia del "razonamiento bíblico".

Dependiendo de la formación y los intereses del lector, algunas partes del libro pueden requerir paciencia. Los eruditos bíblicos poco preocupados por la ubicación teológica quizá necesiten hojear o saltarse los tres primeros capítulos y empezar en serio con la segunda mitad del capítulo 3 o con el capítulo 4. Por otra parte, quizá esos lectores sean los que más se beneficien de las provocaciones teológicas de los tres primeros capítulos. Por otra parte, tal vez esos lectores sean los que más se beneficien de las provocaciones teológicas de los tres primeros capítulos.

El argumento es acumulativo y se construye sobre sí mismo; el conjunto puede persuadir mucho mejor que cualquiera de las partes tomadas aisladamente. Quienes se salten la primera parte y, sin embargo, consideren que la exégesis y el razonamiento teológico de los capítulos posteriores merecen ser tenidos en cuenta, tal vez deseen volver a leer el libro para conocer el contexto más amplio. Por el

---

[27] Para una parte importante de la historia pertinente, véase Legaspi, *The Death of Scripture and the Rise of Biblical Studies*.

[28] Para este último punto, véase especialmente Watson, "The Scope of Hermeneutics", 74. Los comentarios más amplios de Watson sobre las consecuencias de la frontera vigilada entre los estudios bíblicos y la teología son penetrantes (72-74).

[29] Sobre las consecuencias nocivas de las divisiones entre los estudios bíblicos y la teología y entre la erudición del Antiguo y del Nuevo Testamento, véase Watson, *Text and Truth*, 6.

contrario, quienes se salten las partes doctrinales y se salten la exégesis se perderán por completo el argumento.

Este libro no solo tiene dos públicos; también tiene dos autores. El "nosotros" a lo largo de este libro no será convencional, ni mucho menos de la realeza, sino real. Este libro sintetiza las sensibilidades y habilidades de un autor formado en teología sistemática y otro en estudios bíblicos. Tyler Wittman redactó los capítulos 1-6 y la conclusión; R. B. Jamieson redactó los capítulos 7-10 y esta introducción. Aunque hemos revisado a fondo los capítulos de cada uno, no hemos impuesto una estricta uniformidad de estilo. Dadas nuestras diferentes vocaciones primarias, uno podría notar más escolasticismos latinos en los primeros capítulos y más ilustraciones a modo de sermón en los últimos. No obstante, ambos suscribimos plenamente el producto final.

PRIMERA PARTE: RAZONAMIENTO BÍBLICO

§1. BUSCA SIEMPRE SU ROSTRO: EL FIN DEL RAZONAMIENTO BÍBLICO

Principio 1: La Sagrada Escritura presupone y fomenta lectores cuyo fin es la visión de la gloria de Cristo, y en ella la vida eterna. El razonamiento bíblico debe ordenarse a este mismo fin.

En este capítulo inicial examinamos uno de los principales objetivos de la Escritura y los medios exegéticos para alcanzarlo. Al fin y al cabo, los destinos determinan las peregrinaciones. Del mismo modo, los materiales de construcción se unen en función de lo que construyen, y una educación es algo más que un trabajo ocupado solo a la luz de un plan de estudios con objetivos particulares. Todos estos ejemplos señalan el hecho de que, para dirigir las cosas adecuadamente, primero debemos conocer el fin (*telos*) al que aspiramos. Por lo tanto, primero debemos considerar el fin del razonamiento bíblico para poder apuntar hacia él.

Esta distinción entre un fin y nuestro objetivo indica que los "fines" son distintos de los "propósitos" al menos en un aspecto crucial. El fin de algo se basa en su naturaleza, mientras que cualquier propósito se basa en una voluntad. Los fines son objetivos y los propósitos más subjetivos. A veces los propósitos coinciden con los fines, pero no siempre. Por ejemplo, un niño pequeño puede proponerse que un retrete sirva de bañera para la Biblia de su padre. Sin embargo, ese retrete sirve para unas cosas y no para otras; el fin del retrete —por no hablar de la Biblia— choca con estos propósitos infantiles. Hay otros ejemplos a mano: nadie se lava los dientes con aceite de motor; la gente no va al aeropuerto a comprar comestibles; los pingüinos son inútiles cuando se necesita un médico (y viceversa).

¿Por qué? Dado lo que son estas cosas, florecen en la persecución de ciertos fines y naufragan en otros. Dados los fines de estas cosas, algunos propósitos son adecuados y otros no. Lo mismo ocurre con la lectura de las Escrituras. Pero solo podemos comprender cómo influyen los fines en nuestra lectura de la Escritura si tenemos una idea de nuestros propios fines como lectores y de los fines de la Escritura a la luz de lo que Dios hace en ella y a través de ella por su pueblo. Estos fines deben discernirse no a partir de un análisis psicológico, antropológico o sociológico general, sino a partir de la forma global de la fe cristiana.

Nuestro propósito en este capítulo será, pues, comenzar a sentar las bases del proyecto de "razonamiento bíblico" que este libro propone. Comenzando por los "fines", nos ocupamos aquí de justificar y elucidar nuestro primer principio: *la Sagrada Escritura presupone y fomenta lectores cuyo fin es la visión de la gloria de Cristo, y en ella la vida eterna. El razonamiento bíblico debe ordenarse a este mismo fin.* Los capítulos siguientes se basarán en este fin, mirando hacia atrás y hacia delante, como destino de nuestra actividad exegética y teológica.

Empezaremos examinando a Cristo y lo que ciertos momentos clave de su enseñanza sugieren sobre el fin principal de sus discípulos, que se resume en el concepto de la visión beatífica, o la visión de Dios que nos hace bienaventurados. Luego exploraremos cómo este mismo fin requiere que nos sometamos a la purificación de nuestra visión mediante la fe que obra por el amor. Por último, examinaremos cómo la fe y la visión se distinguen y, sin embargo, se relacionan, especialmente en la noción de contemplación, que a la vez está moldeada por la exégesis y da forma a la exégesis.

Contemplando la gloria de Cristo

A menudo oímos hablar de acercarse a la Biblia con una hermenéutica centrada en algún tema fundamental como el Evangelio, la historia de la salvación o incluso Cristo. Pero en esos debates se habla mucho menos de las verdades en las que se centran esos temas. Si nuestra lectura de las Escrituras va a centrarse en algo, debe ser en lo que es central, y nada es más central en las Escrituras que el Dios trino. No es excesivo decir que la ignorancia de la Trinidad es ignorancia del Evangelio.[1] Tomás de Aquino expresa una opinión común cuando dice: "Todo el conocimiento impartido por la fe gira en torno a estos dos puntos, la divinidad de la Trinidad y la humanidad de Cristo".[2] Comprender el significado de la humanidad de Cristo requiere una visión completa de su misión, que abarca su vida, muerte, resurrección, ascensión y continuo reinado desde el cielo. Además, conocer a Cristo es conocerlo como hombre y como Dios, y percibir así que es uno con el Padre y el Espíritu Santo. Por tanto, una comprensión profunda de Cristo nos lleva al conocimiento del Dios trino. A la inversa, el conocimiento de la Trinidad es imposible sin la fe en Cristo. Para conocer a uno, debemos conocer al otro, de modo que la Escritura tiende a ser teocéntrica y cristocéntrica a la vez.

La Escritura muestra explícitamente este enfoque teocéntrico y cristocéntrico. Al fin y al cabo, el comentario de Aquino es una glosa de la oración de Jesús: "Esta es la vida eterna: que te conozcan a Ti, el único Dios verdadero, y a Jesucristo, a quien has enviado" (Juan 17:3). La vida eterna consiste en el conocimiento de Dios, no cualquier conocimiento, sino específicamente el que se encuentra en Jesucristo y

---

[1] Johann Gerhard: "Si ignoramos o negamos el misterio de la Trinidad, ignoramos o negamos toda la economía [οἰκονομία, es decir, administración] de la salvación" (*Theological Commonplaces* III.1.7).

[2] Aquinas, *Compendium of Theology* 1.2. Para afirmaciones similares, véase Agustín, *The Trinity* 1.5; Turretin, *Institutes of Elenctic Theology* 13.6.1.

por medio de Él. Estas palabras se pronuncian al final de la oración sacerdotal de Jesús, que conduce a los momentos culminantes de su traición y crucifixión en el Evangelio de Juan. Mientras que los otros Evangelios narran la Cena del Señor antes de la pasión de Cristo, Juan nos ofrece un largo discurso impregnado de importantes enseñanzas sobre la centralidad de Cristo, el funcionamiento de la Trinidad y cómo estas verdades influyen en nuestro discipulado (Jn. 13:31-17:26). Ocupando un lugar tan prominente, el conocimiento del Dios trino en Cristo debe ser crucial y, por tanto, digno de ser perseguido.

Esto se ve reforzado por la progresión de la oración final de Jesús, que consta de seis peticiones que culminan con la petición de que sus discípulos vean su gloria eterna y divina: "Padre, quiero que también ellos, los que me has dado, estén conmigo donde yo estoy, para que vean mi gloria que me has dado, porque me has amado desde antes de la fundación del mundo" (Jn. 17:24; cf. 17:5).[3] Esta afirmación ofrece una ventana a la esperanza del Evangelio de Juan y, posiblemente, de toda la Escritura: que sus lectores lleguen a ver la gloria de Cristo.[4] La metáfora bíblica de la visión, de la que hablaremos más adelante, sirve aquí para relacionar el modo en que se conocerá al único Dios verdadero cuando se vea su gloria en el Cristo que ha enviado. Si nos detenemos un momento a examinar lo que dice la Escritura sobre la visión de Dios y cómo esta se concentra en la gloria de Cristo, empezaremos a orientar el enfoque de este libro.

La oración de Jesús suscita dos preguntas relevantes para nuestra investigación. En primer lugar, ¿por qué relaciona Jesús el

---

[3] Esta petición final se destaca, ya que "deseo" (θέλω; Juan 17:24) pone mayor énfasis en la petición que el anterior "pido" (ἐρωτῶ; 17:9, 15, 20); cf. Bengel, *Gnomon of the New Testament*, 2:467. Nuestra presentación de la gloria y la visión de Dios en el Evangelio de Juan es deudora de Filtvedt, "The Transcendence and Visibility of the Father in the Gospel of John"; Chibici-Revneanu, *Die Herrlichkeit des Verherrlichten*, 512-631; Nielsen, "The Narrative Structures of Glory and Glorification in the Fourth Gospel".

[4] De ahí que Jörg Frey concluya: "El objetivo de la presentación distintiva de Cristo en el Cuarto Evangelio es que los creyentes de épocas posteriores vean la δόξα de Jesús (17.24)" (*The Glory of the Crucified One*, 258).

conocimiento de sí mismo y de Dios Padre con la visión, y por qué es esto tan importante para el Evangelio de Juan y la historia de Israel? En segundo lugar, ¿qué sugiere todo esto sobre cómo debemos buscar este conocimiento a través de las Escrituras? Responder a cada una de estas preguntas servirá para trazar a grandes rasgos la orientación de los capítulos siguientes. Como veremos, nuestro objetivo general al investigar exegéticamente las doctrinas de la Trinidad y la cristología es perseguir, en oración, una visión de la gloria de Cristo resucitado a través de la fe.

La visión beatífica

La respuesta a la primera pregunta depende del tipo de conocimiento del que se esté hablando. La bondad de las noticias del Evangelio no es solo que los pecadores nos reconciliamos con Dios por medio de Jesucristo, sino también que se nos promete la gloria futura en la resurrección (Rom. 8:30; Fil. 3:21; 1 Cor. 15). Intrínseco a esta gloria está el pleno conocimiento y disfrute de Dios, que la Escritura describe a menudo mediante metáforas de la vista y la visión. Por ejemplo, Pablo establece un paralelismo entre la vista y el conocimiento al hablar de esta gloria futura: "Ahora vemos por un espejo, veladamente; pero entonces veremos cara a cara. Ahora conozco en parte; pero entonces conoceré plenamente, como he sido conocido" (1 Cor. 13:12; cf. Num. 12:8; 1 Jn. 3:6). Por eso los cristianos hablan de la "visión beatífica", la visión escatológica de Dios que nos beatifica o nos hace bienaventurados.

Los teólogos han debatido durante mucho tiempo qué es la bienaventuranza, pero en el fondo la bienaventuranza es nuestra esperanza más elevada, y consiste en una comunión íntima con Dios que apacigua los anhelos más profundos de nuestro corazón y nos llena de alegría eterna.[5] La Escritura expresa esta esperanza a través de

---

[5] Griffiths, *Decreation*, 217, ofrece una definición de sobra: "Bienaventuranza... es una palabra-paraguas para cualquier cosa que constituya el

diversas metáforas relativas a la luz y la gloria, las riquezas y los tesoros, el descanso sabático e incluso la ausencia de pecado y de mal, así como de hambre y de sed.[6] Pero en todas ellas, la visión ocupa un lugar central. Esta visión misteriosa de Dios es intrínseca a la bienaventuranza.[7]

La esperanza de contemplar a Dios se expresa en todo el Antiguo Testamento:

- "En cuanto a mí, en justicia contemplaré Tu rostro; al despertar, me saciaré cuando contemple Tu semejanza" (Sal. 17:15).
- "Pues el Señor es justo; Él ama la justicia; los rectos contemplarán su rostro" (Sal. 11:7).
- "Tus ojos contemplarán al Rey en Su hermosura" (Is. 33:17).
- "Aun en mi carne veré a Dios, al cual yo mismo contemplaré, y a quien mis ojos verán y no los de otro" (Job 19:26-27).[8]

Y a menudo este anhelo se yuxtapone con nociones de presencia y alegría: "En Tu presencia hay plenitud de gozo; en Tu diestra hay deleites para siempre" (Sal. 16:11); "Una cosa he pedido al SEÑOR, y esa buscaré: que habite yo en la casa del SEÑOR todos los días de mi vida, para contemplar la hermosura del SEÑOR y para meditar en Su templo" (Sal. 27:4). Partiendo solo de estos testimonios, concluimos que la visión de Dios es algo que solo se puede esperar ("una cosa") e incluso algo que solo puede suceder plenamente en la carne ("al despertar"; "en mi carne").[9]

---

bien final e insuperable para las criaturas humanas". La visión de Dios es intrínseca a la bienaventuranza, ya que la visión engendra conformidad con Dios, suficiencia en Dios y pleno conocimiento de Dios (Polanus, *Syntagma theologiae christianae* 1.9).

[6] Véase la catena de imágenes y temas en Turretin, *Institutes of Elenctic Theology* 20.8.18-21.

[7] Véase *Synopsis purioris theologiae* 39.33; 40.17.

[8] Sobre el lenguaje corporal del rostro y la apariencia de Dios, véase Miller, *The Lord of the Psalms*, 32-38.

[9] Sobre los salmos teofánicos, véase Kraus, *Theology of the Psalms*, 38-39.

Sin embargo, la esperanza de ver a Dios parece paradójica. ¿Cómo se puede ver a Dios si es invisible? Dios es aquel "que habita en luz inaccesible, a quien ningún hombre ha visto ni puede ver" (1 Tim. 6:16; 1:17; 1 Jn. 4:12).[10] Cuanto más nos acercamos al corazón de la escatología bíblica, más se afloja este nudo. A lo largo de la Escritura, Dios es claramente libre de hacerse visible de alguna manera cuando le plazca. La Escritura no rehúye la aparente extrañeza de este hecho, expresando la tensión explícitamente cuando se describe a Moisés como "viendo al Invisible" (Heb. 11:27). Tras el éxodo, Moisés contempla inicialmente a Dios con los setenta ancianos de Israel en el monte, antes de subir él solo para entrar en la nube de gloria y hablar con Dios (Ex. 24:9-18).

Más tarde, Moisés habla con Dios "cara a cara" en la tienda de reunión en nombre de Israel (Ex. 33:11; Dt. 34:10). Estos momentos alcanzan su punto álgido con la petición de Moisés de ver la gloria de Dios, momento en el que Dios le advierte: "No podrás ver Mi rostro, porque nadie me puede ver, y vivir" (Ex. 33:18-20). Aunque Moisés ha hablado con Dios cara a cara, no ha visto su rostro. Sin embargo, Dios hace una especie de concesión y se hace visible a Moisés *indirectamente*: "Verás mis espaldas, pero Mi rostro no se verá" (Ex. 33:23). Lo que sugiere esta media negativa es que, aunque Moisés ha contemplado a Dios y ha hablado con él cara a cara, todavía no ha visto directamente su rostro.[11]

Moisés refuerza esta distinción al relatar la experiencia de Israel en el Sinaí: "Oyeron su voz, solo la voz, pero no vieron figura alguna" (Dt.

---

[10] Entre los teólogos contemporáneos, Katherine Sonderegger expresa con contundencia la invisibilidad de Dios en *Systematic Theology*, vol. 1, *The Doctrine of God*. Véase también Bavinck, *Reformed Dogmatics*, 2:29-52.

[11] Tanto Gregorio de Nisa como Agustín observan a partir de este hecho que Moisés fue incapaz de ver a Dios "según el verdadero ser de Dios" (ὡς ἐκεῖνός ἐστι) o "como Él es", es decir, la esencia incomprensible de Dios; no obstante, Moisés conoció genuinamente a Dios. Véase Gregory of Nyssa, *The Life of Moses* 2.230 (Malherbe y Ferguson, 114; GNO 7/1:114); Augustine, *Letter* 147.20 (WSA II/2:329); cf. también Gregory of Nazianzus, *Oration* 28.3 (PPS 23:39).

4:12).¹² Además, ningún otro profeta surgió en Israel como Moisés, "a quien el Señor conocía cara a cara" (Dt. 34:10). Si nadie vio a Dios tan intensamente como Moisés y, sin embargo, incluso Moisés solo tuvo una visión indirecta, entonces ¿por qué esperamos ver a Dios "cara a cara" (1 Cor. 13:12)?

La visibilidad del Dios invisible

Hay indicios en estos episodios de que, como un buen maestro, Dios conduce a Moisés paso a paso hacia una amistad más profunda que, en última instancia, apunta más allá de Moisés hacia algo más por venir. Retrospectivamente, sabemos que ese "algo más" es el nuevo pacto, cuyo mediador es Jesucristo y cuya promesa es el Espíritu de Dios derramado. El único mediador del nuevo pacto es como Moisés, pero mejor. Moisés pidió ver la gloria de Dios, pero Jesús es esa gloria (Ex. 33:18; Jn. 1:14; Heb. 1:3). Moisés encontró la gloria de Dios en el tabernáculo, pero Jesús es el Verbo que "se hizo carne y habitó entre nosotros" (Jn. 1:14; Ex. 33:7).¹³

Moisés solo pudo ver la gloria de Dios indirectamente, por detrás, cuando Dios le dice: "Hay un lugar junto a Mí, y tú estarás sobre la peña; y sucederá que al pasar Mi gloria, te pondré en una hendidura de la peña y te cubriré con Mi mano hasta que Yo haya pasado" (Ex. 33:21-22). Tanto si la roca es la enseñanza de Cristo que uno encuentra en la Iglesia como si es Cristo mismo, la gloria de Dios se encuentra ahora

---

12 A este respecto, DeLapp, *Theophanic "Type-Scenes" in the Pentateuch*, 139, tiene razón al observar que el Deuteronomio "proporciona un comentario para leer la narración" en el Sinaí, que incluye una "advertencia de no recordar la escena como una que incluya la forma de YHWH *in se*". Algo similar se aplicaría al relato de Jacob de haber visto a Dios en el Jaboc, porque lo que vio fue "un hombre" (Gen. 32:24; Os. 12:4).

13 Por "tabernáculo" (ἐσκήνωσεν; cf. σκηνή en Éxodo 25:9; 33:7 LXX), Juan insinúa la encarnación como cumplimiento del templo, y así registra la identificación explícita de Jesús consigo mismo con el templo en el capítulo siguiente (Jn. 2:18-22).

con nosotros en el hombre Jesucristo.[14] Concretamente, ahora contemplamos la gloria de Dios "pasando" en la persona de Cristo, tanto en su ministerio terrenal como en su cruz y resurrección (Jn. 12:28).[15] La consideración de cada punto servirá para demostrar cómo es que el Dios invisible se inclina para que lo contemplemos.

En primer lugar, la gloria de Dios se hace visible al "pasar" en el ministerio de Cristo. Consideremos el retrato de Marcos, en el que, mucho antes de que los discípulos puedan "ver" a Jesús como la revelación de Dios, Jesús primero los ve a ellos. Mientras los discípulos cruzaban el mar, Jesús "vio" los problemas de su travesía a través de los vientos, incluso en medio de la oscuridad de la noche. En vista de su angustia, Jesús sale hacia ellos con la intención de "pasar de largo" (Mr. 6:48). Como en la montaña, también en el mar Dios pasa y revela su gloria (cf. 1 Rey. 19:11).[16] Cristo puede revelar así la gloria de Dios porque ha visto a Dios de manera única: "Nadie ha visto jamás a Dios; el unigénito Dios, que está en el seno del Padre, Él lo ha dado a conocer" (Jn. 1:18); nadie "ha visto al Padre, sino Aquel viene de Dios; Él ha visto al Padre" (Jn. 6:46). Más aún, la gloria de Dios es ahora visible en el rostro de Cristo, "la imagen del Dios invisible", de modo que quienes le ven a él ven al Padre (Col. 1:15; cf. Jn. 14:9).

En segundo lugar, la gloria de Dios también "pasa junto a" nosotros en la cruz, la resurrección y la ascensión de Cristo. Especialmente en

---

[14] Para Agustín, la "roca" es Pedro, el lugar es la Iglesia, y la gloria que pasa es la humanidad de Cristo (*The Trinity* 2.30 [WSA I/5:122-23]). Gregorio Nacianceno interpreta la roca como "Dios Verbo encarnado por nosotros" (*Oration* 28.3 [PPS 23:39]; cf. Gregory of Nyssa, *Life of Moses* 2.244).

[15] Sobre esta unidad de la cruz y la resurrección en el Evangelio de Juan, véase Schnelle, "Cross and Resurrection in the Gospel of John"; Moloney, *Love in the Gospel of John*, 92-98.

[16] Marcus, *Mark 1-8*, 426, señala que "pasar de largo" (παρελθεῖν) funciona "casi" como un término técnico para las revelaciones divinas en los LXX, siendo suministrado en algunos casos en los que faltaba el verbo correspondiente en el MT (p. ej., Gen. 32:31-32; Dan. 12:1). Otros contextos del Antiguo Testamento lo refuerzan: solo Dios "anda sobre las olas del mar" y "pasa adelante", dice Job (Job 9:8, 11). De ahí que no sorprenda que en este episodio sobre el mar Jesús aluda a la zarza ardiente: "Tengan ánimo; soy Yo [ἐγώ εἰμι], no teman" (Mr. 6:50; cf. Ex. 3:14).

este aspecto, la *visio Dei* que se nos da invierte cualquier expectativa que pudiéramos tener naturalmente. Isaías habla del sufrimiento del Siervo como "sin gloria" (ἀδοξήσει sei [*adoxēsei*]; Is. 52:14 LXX), pero Jesús se identifica como este Siervo y hace de su crucifixión la revelación decisiva de la gloria de Dios (δόξα, *doxa*). Hablando de su glorificación por el Padre al ser elevado en la cruz, Jesús dice que "el que me ve a mí, ve al que me ha enviado" (Jn. 12:45).[17]

Cuando entendemos estas palabras en su contexto más amplio, Jesús está diciendo que la gloria de Dios se verá especialmente en su ingloriosa crucifixión: "Cuando ustedes levanten al Hijo del Hombre, entonces sabrán que Yo soy [ἐγώ εἰμι,*egō eimi*]" (Jn. 8:28).[18] Pero por muy central que sea la cruz, hay otros elementos de glorificación del Hijo, ya que su resurrección y ascensión lo devuelven a la gloria de la que gozaba con el Padre antes del comienzo del mundo (Jn. 17:5). Incluso en el relato de Marcos, Jesús se presenta a los discípulos hacia "la cuarta vigilia de la noche" (Mr. 6:48), o amanecer, que Marcos utiliza en otros lugares como alusión poética a la resurrección: las tinieblas de la crucifixión de Jesús solo se disipan con la salida del sol al tercer día (Mr. 15:33; 16:2).[19]

---

[17] Véase Filtvedt, "The Transcendence and Visibility of the Father in the Gospel of John", 111-16.

[18] Como muestra Juan en su uso de Isaías, el hecho de que Cristo fuera "elevado" (ὑψώσητε) revela la gloria de Dios (Jn. 12:27-43). De las cuatro veces que en Isaías se utilizan juntos los términos "elevado" y "exaltado", tres describen a YHWH (Is. 6:1; 33:10; 57:15), lo que sugiere que estos términos en conjunción son exclusivos de Dios, que no da su gloria a ningún otro (Is. 42:8; 48:11). El otro ejemplo describe al Siervo sufriente: "Mi siervo prosperará, será enaltecido, levantado y en gran manera exaltado" (Is. 52:13). Juan incorpora estas asociaciones al describir la "gloria" revelada en la cruz de Cristo, que Isaías "vio" (Jn. 12:41), lo que refuerza que el Siervo pertenece a la identidad de YHWH. Véase, además, Brendsel, "*Isaiah Saw His Glory*", 123-34; también C. H. Williams, "Johannine Christology and Prophetic Traditions".

[19] El detalle de la llegada de las mujeres al sepulcro "cuando había salido el sol" (Mr. 16:2) tiene un claro significado simbólico en el contexto del Antiguo Testamento. Por ejemplo, en las últimas palabras de David sobre "el hijo de Jesé... el hombre que fue elevado [ἀνέστησεν] en lo alto, el ungido [χριστὸν] del Dios de Jacob", dice que Dios "amanece sobre ellos [Israel] como la luz de la mañana" (2 Sam. 23:1-4 LXX). Para este y otros ejemplos, véase Marcus, *Mark 8-16*, 1083-84.

Realmente "vemos" la gloria de Dios en la cruz de Cristo cuando entendemos su muerte y resurrección como un acto de amor, el Hijo entregando y tomando su propia vida por sus ovejas (Jn. 10:18; cf. 2:19). La visibilidad de Dios se encuentra en Jesucristo crucificado y resucitado o no se encuentra en absoluto. Podemos ver al Padre en Cristo, por lo que no podemos verlo en otra parte o por otros medios. En la resurrección y ascensión de Cristo, pues, la gloria de Dios pasa ante nosotros de la tumba de Cristo a la diestra del Padre. Así, Dios confirma que es "compasivo y clemente, lento a la ira y abundante en misericordia y verdad (fidelidad), que guarda misericordia a millares, el que perdona la iniquidad, la transgresión y el pecado, y que no tendrá por inocente al culpable" (Ex. 34:6-7).

La importancia del Espíritu de Cristo acentúa aún más esta concentración de la visibilidad de Dios en Jesús crucificado y resucitado. Hay indicios en el ministerio de Moisés que apuntan en esta dirección, como cuando se considera inadecuado para mediar entre Dios e Israel, por lo que desea que todo el pueblo de Dios sea ungido con el Espíritu de Dios (Num. 11:29). Dios reparte entonces parte de la unción de Moisés entre setenta ancianos que le ayudan a compartir su carga (Num. 11:16-30). Esto anticipa la promesa del nuevo pacto, cumplida en Pentecostés, de que el Espíritu Santo sería derramado sobre todo el pueblo de Dios (Joel 2:28-29). Pablo señala la importancia del Espíritu al hablar de cómo ver la gloria de Dios en Cristo supera la gloria del antiguo pacto.

El ministerio de Moisés estaba escrito en meras tablas de piedra y, como hablaba con Dios cara a cara, seguía siendo lo bastante glorioso como para que los israelitas no pudieran contemplarlo sin un velo (2 Cor. 3:7-13; Ex. 34:25-29). Pero el nuevo pacto es mejor porque el Espíritu escribe sobre "tablas de corazones humanos" (2 Cor. 3:3; cf. Jer. 31:31-33; Eze. 11:19-20; 36:26-27). Por tanto, para el pueblo de Dios, el Espíritu que mora en él quita el "velo" para que podamos ver la gloria de Dios en el espejo de la carne de Cristo: "Pero todos nosotros, con el rostro descubierto, contemplando como en un espejo la gloria del Señor, estamos siendo transformados en la misma imagen de gloria en gloria, como por el Señor, el Espíritu" (2 Cor. 3:18). El Espíritu Santo "ha resplandecido en nuestros corazones, para iluminación del conocimiento de la gloria de Dios en el rostro de Cristo" (2 Cor. 4:6).

El Espíritu de Dios nos permite contemplar la gloria de Dios en Cristo crucificado. Esta obra escatológica tiene un efecto transformador en nuestras vidas ahora, pero solo será completa en la resurrección. El deseo de Jesús de que sus discípulos lo vean, aunque se refiere principalmente a una visión futura, no deja de ser algo que se les ofrece ahora porque, en cierto sentido, ya están con él donde él está en virtud de la presencia del Espíritu.[20] Lo que captamos por la fe en esta vida, lo contemplaremos por la vista en la otra: el hombre Jesús, el Cordero de Dios, el Rey en Su hermosura (cf. Jn. 1:29; 3:14-15; 19:5). Esta visión de Dios no será aterradora porque seremos amigos de Dios, santos como Dios es santo. La conclusión del canon sella la importancia de esta esperanza cuando, al renovar Dios todas las cosas, sus siervos "verán Su rostro, y Su nombre estará en sus frentes" (Apo. 22:4). Contemplar a Dios es la sorprendente posibilidad abierta por la realidad de la luz autodifusora de Dios. El Hijo, que es Luz de Luz y es la luz misma (αὐτοφώς, *autophōs*), brilla en la oscuridad de nuestros corazones por su Espíritu para que podamos verlo junto con el Padre y el Espíritu como el Dios que habita en luz inaccesible. Cristo es el resplandor puro de Dios mismo que nos hace puros, para que en la luz de Dios veamos la luz (Sal. 36:9).

Se podría decir mucho más sobre la visión beatífica, pero esto es suficiente para nuestros propósitos actuales. Conocer a Dios en Cristo tiene un efecto transformador porque este conocimiento está conectado con la visión de la gloria de Cristo, que se consumará al final de todas las cosas. Contemplando a Dios en el rostro de Cristo en la nueva creación, disfrutaremos de la vida eterna, la paz perpetua, la alegría y

---

[20] Chibici-Revneanu, *Die Herrlichkeit des Verherrlichten*, 304.

el descanso. Este es nuestro telos. Dios nos creó para su propia gloria, ciertamente, pero la gloria de Dios suscita nuestra glorificación. Ireneo expresa elocuentemente la unidad de estas verdades:

> Porque la gloria de Dios es el ser humano vivo, pero la vida del ser humano es la visión de Dios. En efecto, si la manifestación de Dios a través de la creación da vida a todas las cosas que viven en la tierra, mucho más la revelación del Padre por el Verbo da vida a los que ven a Dios.[21]

Existimos para poder ver a Dios, estar en íntima comunión con Él y adornarnos con su luz. Antes de analizar cómo este telos afecta a la razón exegética, debemos comprender cómo afecta a nuestras vidas. Al fin y al cabo, la visión de Dios es escatológica. ¿Cómo nos afecta ahora?

Ascesis y atención visual

Lo que la visión de Dios como nuestro telos nos ayuda a ver es que somos criaturas con forma de atención. Donde va nuestra atención, van nuestros afectos y nuestras acciones. Diversas formas de esta visión alimentan retratos de la vida cristiana que enfatizan una atención a las cosas "celestiales" con un correspondiente, aunque cualificado, desapego de este mundo. Matizado, porque el desapego en cuestión es fruto de la libertad evangélica frente a la tiranía de los bienes mundanos, sus promesas vacías y sus estrechas posibilidades. Como observa C. S. Lewis, "si lees la historia descubrirás que los cristianos que más hicieron por el mundo presente fueron justamente los que más pensaron en el próximo".[22]

Una gran "nube de testigos" estaría de acuerdo (Heb. 11:2-12:2). Puesto que la esperanza del cristiano es ver la gloria de Cristo, este marco celestial centra nuestra atención hacia arriba y reordena nuestros

---

[21] Irenaeus, *Against Heresies* 4.20.7 (SC 100.648 [AT]).
[22] C. S. Lewis, *Mere Christianity*, 134.

amores y prioridades. Estructura nuestra relación con Dios y con los demás y determina nuestra forma de sufrir, lamentarnos, orar, buscar y recibir bienes temporales, y mucho más.[23]

Tal reorientación implica elementos de ascesis, la negación y disciplina de aquellos impulsos que desviarían nuestra atención de la gloria de Cristo. En uno de los momentos finales de una sección central del Sermón de la Montaña, Jesús advierte a sus oyentes del peligro de atesorar cosas de esta tierra, porque "donde esté tu tesoro, allí estará también tu corazón" (Mat. 6:21).[24] Extiende esta exhortación a la metáfora de la visión: "La lámpara del cuerpo es el ojo; por eso, si tu ojo está sano [o 'simple', ἁπλοῦς, *haplous*], todo tu cuerpo estará lleno de luz, pero si tu ojo está malo [o 'perverso'], todo tu cuerpo estará lleno de oscuridad. Así que, si la luz que hay en ti es oscuridad, ¡cuán grande será la oscuridad!". (Mat. 6:22-23; cf. Luc. 11:34-36).

La cuestión es que la atención de nuestro corazón está determinada moralmente, ya que el que estemos llenos de luz o de tinieblas depende de dónde esté nuestro tesoro y de cómo afecte eso a nuestra vida.[25] Para ser "simples", debemos ser sinceros en nuestra atención y devoción a Dios. Para ello, no solo debemos llevar cautivo a Cristo todo pensamiento, sino también todo deseo. La integridad de corazón, o sencillez de corazón, centra nuestra atención y amor en Dios y conduce a actos de generosidad (parte del significado de ἁπλότης [*haplotēs*], "simplicidad"), mientras que una atención perversa se aparta de Dios por amor al yo, y por eso es de "doble ánimo" (Stg. 1:8).[26]

---

[23] Véase especialmente M. Allen, *Grounded in Heaven*, 89-132. También es cierto que las acciones agudizan nuestras atenciones y deseos, lo que nos lleva a descubrir cosas nuevas sobre nuestras atenciones, las cosas en las que se centran y por qué. Sin embargo, sigue siendo cierto que las atenciones de nuestro corazón ocupan un lugar privilegiado a la hora de determinar quiénes somos y qué hacemos.

[24] Pennington, *The Sermon on the Mount and Human Flourishing*, 237-44.

[25] Allison, "The Eye Is the Lamp of the Body (Matthew 6:22–23=Luke 11:34–36)", esp. 76-78.

[26] Sobre el significado moral de la simplicidad en la Escritura, véase Spicq, "La vertu du simplicité dans l'ancien et le nouveau testament".

Por tanto, nuestra atención puede ser producto de las tinieblas del pecado o de la luz de la gracia, que viene de Dios: "Tú enciendes mi lámpara, oh Señor; mi Dios que alumbra mis tinieblas" (Sal. 18:28). La relevancia exegética de estas observaciones va más allá del hecho de que nuestra atención debe centrarse en el objeto correcto. Además, el lector debe convertirse en un tipo particular de persona para tener esta atención correctamente ordenada. Para leer con el tipo de atención que corresponde a nuestro telos, necesitamos unos ojos simples, puros y llenos de luz.

De hecho, no poca parte de nuestro discipulado consiste en cultivar una atención en forma de visión mediante la búsqueda de las condiciones morales sugeridas por las palabras de Jesús sobre nuestros ojos:

- "Bienaventurados los de limpio corazón, pues ellos verán a Dios" (Mat. 5:8).
- Sin santidad "nadie verá al Señor" (Heb. 12:14).
- "Todo el que tiene esta esperanza puesta en Él, se purifica, así como Él es puro" (1 Jn. 3:3).
- "Con el puro eres puro" (Sal. 18:26; cf. 2 Sam. 22:27; Dan. 12:10).[27]

Sin embargo, no son símbolos de meras virtudes morales e intelectuales. Se trata de algo mucho más radical. La pureza y la santidad son importantes sobre todo en lo que se refiere al conocimiento de Dios en Cristo, porque, bajo el dominio del pecado, nuestra atención se ve constantemente arrastrada hacia las cosas creadas. Por tanto, también lo son nuestros pensamientos sobre Dios. Dadas estas circunstancias, Agustín nos advierte que la idolatría resulta inevitable si buscamos a Dios con nuestros propios recursos y deseos, aunque se

---

[27] Para una visión general fundamentada de los enfoques históricos de la visión beatífica, centrados en las interpretaciones de Mt. 5:8, véase Allison, "Seeing God (Mat. 5:8)", en *Studies in Matthew*, 43-63.

eleven a los más altos estándares culturales de excelencia intelectual y moral.[28]

El problema es que somos pecadores cuyos amores se extienden a las cosas equivocadas, o a las cosas correctas de maneras equivocadas, y cuyo orgullo busca maneras de pensar y hablar (o no) de Dios al margen de la vergüenza de la cruz de Cristo. Nuestras almas están enfermas, y por eso necesitamos un remedio que llegue tan hondo como el problema; necesitamos purificar nuestra "mirada enfermiza" y reordenar nuestros amores.[29] De ahí que "nuestras mentes deben ser purificadas para que sean capaces de percibir esa luz y luego aferrarse a ella".[30] Por estas razones, señala: "Lo que exige todos nuestros esfuerzos en esta vida es la curación de los ojos de nuestro corazón, con los que hay que ver a Dios".[31]

Sin embargo, Agustín reconoce que nuestra purificación no es algo que podamos conseguir con nuestro propio esfuerzo. Para que podamos percibir la gloria de Dios en Cristo crucificado y resucitado, Dios mismo debe purificar la visión de nuestros corazones:

> Lo único que limpia al impío y al soberbio es la sangre del justo y la humildad de Dios; para contemplar a Dios, lo que por naturaleza no

---

[28] Augustine, *The Trinity* 1.1; *On Christian Teaching* 1.9.

[29] Augustine, *The Trinity* 1.2 (WSA I/5:66); *Tractates on the Gospel of John* 1.19. Este es un énfasis común en los Padres: "Para quien no es puro es peligroso asirse a las cosas puras, como lo es para los ojos débiles mirar el resplandor del sol" (Gregory of Nazianzus, *Oration* 27.3 [PPS 23:27]; sobre este tema, véase Beeley, *Gregory of Nazianzus on the Trinity and the Knowledge of God*, 65-90). Cirilo de Alejandría comenta igualmente: "Los que tienen un corazón puro no serían seguramente otros que aquellos que, por la unión con Dios a través del Hijo en el Espíritu, han abandonado todo amor a la carne y han alejado lo más posible los placeres mundanos, que han renegado de su propia vida, por así decirlo, y se han ofrecido solo a la voluntad del Espíritu, viviendo una vida pura y completamente entregada a Cristo" (*Commentary on John* 11.12, sobre Juan 17:24 [Maxwell, 2:308]).

[30] Augustine, *On Christian Teaching* 1.10 (Green, 12).

[31] Augustine, *Sermon* 88.5 (WSA III/3:422).

somos, tendríamos que ser limpiados por Aquel que se hizo lo que por naturaleza somos y lo que por pecado no somos.[32]

En el pecado "estamos destituidos de la gloria de Dios" y, por tanto, no podemos percibir la gloria de Dios en la persona de Cristo (Rom. 3:23).[33] De ahí que, para percibir la gloria de Cristo, necesitemos a Cristo: "Cristo amó a la iglesia y se dio Él mismo por ella, para santificarla, habiéndola purificado por el lavamiento del agua con la palabra, a fin de presentársela a sí mismo, una iglesia en toda su gloria, sin que tenga mancha ni arruga ni cosa semejante, sino que fuera santa e inmaculada" (Ef. 5:25-27). Él "se dio por nosotros, para redimirnos de toda iniquidad y purificar para sí un pueblo para posesión suya, celoso de buenas obras" (Tito 2:14). Su entrega, desde la cruz hasta su entrada en la presencia de Dios en el cielo, es, por tanto, un acto de "purificación por los pecados" (Heb. 1:3; 1 Jn. 1:7). Todas las normas de pureza del Antiguo Pacto apuntaban a Cristo por su carácter meramente provisional, pero por su sangre y el lavamiento de la regeneración, los que pertenecen a Cristo y están unidos a Él pueden "acercarse con corazón sincero, en plena certidumbre de fe, teniendo nuestro corazón purificado de mala conciencia y nuestro cuerpo lavado con agua pura" (Heb. 10:22; cf. Tito 3:5; 1 Ped. 3:21).

Aunque en el pecado estamos destituidos de la gloria de Dios, por la fe en Cristo "nos gloriamos en la esperanza de la gloria de Dios" (Rom. 5:2). Por tanto, somos purificados "por la fe" (Hch. 15:9) y la justicia que viene por ella (Rom. 4:13). Así como la incredulidad y la impureza son sinónimos (Tito 1:15), también lo son la fe y la pureza, de las que se siguen actos de amor: "Puesto que en obediencia a la verdad ustedes han purificado sus almas para un amor sincero de

---

[32] Augustine, *The Trinity* 4.4 (WSA I/5:155).
[33] Sobre el alcance de nuestra contaminación y la provisión de Dios para la purificación, que es una parte de nuestra santificación, véase Owen, *Pneumatologia*, 4.4-5 (*Works* 3:422-67).

hermanos, ámense unos a otros entrañablemente, de corazón puro" (1 Ped. 1:22).

La obediencia en cuestión es la "obediencia a la fe" (Rom 1:5; 10:16; 16:26), a menudo probada y confirmada en su pureza por pruebas y sufrimientos (1 Ped. 1:6-7). La fe es, en este sentido, causa instrumental de nuestra purificación, no por la fe en cuanto tal, sino por su objeto: la fe recibe la obra purificadora de Cristo y de su Espíritu. Pedro dice de los gentiles: "Dios... dándoles el Espíritu Santo... purificando por la fe sus corazones" (Hch. 15:8-9). La persona y la obra de Cristo, y el don del Espíritu Santo que esta obra asegura, son el centro de gravedad, no el acto de fe como tal.

La fe, por así decirlo, abre la boca del corazón y atrae al Espíritu (πνεῦμα ma [*pneuma*], "aliento").[34] Y el Espíritu, a su vez, nos atrae a la vida de Dios como hijos adoptados y nos aleja de la vida de la carne. Puesto que la fe implica arrepentimiento, reconciliación y humildad, dirige nuestra atención hacia lo que está arriba y la aleja de lo que está abajo, incluido lo que es terrenal en nosotros.[35] Así, la fe eleva nuestra atención a Cristo y a su Reino: "Busquen las cosas de arriba, donde está Cristo sentado a la diestra de Dios. Pongan la mira en las cosas de arriba, no en las de la tierra" (Col 3:1-2).[36] Estos imperativos implican un conocimiento que engendra deseo. Cuanto más veamos la belleza de Cristo, más hermoso nos parecerá, y nos haremos semejantes a lo que amamos y adoramos.[37]

La conexión con el amor es importante, porque el amor es el florecimiento de una fe activa. Donde la fe introduce el conocimiento de algo, el amor nos impulsa hacia una intimidad aún mayor con ello. El amor, después de todo, es una fuerza unitiva que asimila al amante

---

[34] Cf. Gregory of Nazianzus, *Oration* 6.1 (FC 107:3).
[35] Calvin, *Institutes of the Christian Religion* 3.7.1.
[36] El mismo pensamiento se expresa en otro lugar: "Al no poner la vista en las cosas que se ven, sino en las que no se ven. Porque las cosas que se ven son temporales, pero las que no se ven son eternas" (2 Cor. 4:18); "Porque los que viven conforme a la carne, ponen la mente en las cosas de la carne, pero los que viven conforme al Espíritu, en las cosas del Espíritu" (Rom. 8:5; cf. Fil. 2:5).
[37] Beale, *We Become What We Worship*; Lints, *Identity and Idolatry*.

con el amado. Por eso, la fe en Cristo reorienta nuestro amor hacia Él y nos conforma a su imagen, reorientando nuestra atención hacia las "cosas de arriba". Si la fe no obrara así por amor, no sería fe salvífica, sino mero "conocimiento acerca" de Dios, que nos deja indefensos ante las muchas cosas que pueden nublar nuestra visión. Pero como es algo más que mero conocimiento, la fe implica el asentimiento y la confianza de la voluntad, y por eso nos mueve a la esperanza y al amor. Por eso, cuando la visión escatológica de Dios modela nuestra atención por la fe, es imperativo "hacer morir... lo terrenal" y "revestirse" de las virtudes del Reino (Col. 3:5-17; cf. Fil. 3:8-16).

Dios comienza nuestra purificación por la fe y la consumará a la vuelta de Cristo. Tu vida está "escondida con Cristo en Dios", dice Pablo, y cuando "Cristo, nuestra vida, sea manifestado, entonces ustedes también serán manifestados con Él en gloria" (Col. 3:3-4). En este marco, lo que impulsa nuestra búsqueda de la santidad es la esperanza escatológica y no la nostalgia de la inocencia.[38] Todo esto es posible porque los santos tienen ahora un anticipo de esta esperanza: "Como los israelitas, tienen algunos racimos de uvas de Canaán, algunos de los frutos de la buena tierra por el camino, como muestra y prenda de lo que disfrutarán cuando lleguen a ese país mejor".[39] Entre esos "frutos" están los del Espíritu, que es la garantía de nuestra herencia y, por tanto, el que nos permite contemplar a Cristo por la fe en esta vida (Gal. 5:22-24; Ef. 1:13-14). Aferrándose a Cristo, la fe sigue la gloria de Dios a su paso, desde el rostro de Moisés, a las orillas de Galilea, a través de la sala de Poncio Pilato, hasta la oscuridad del Gólgota y la tumba de José de Arimatea, atravesando las profundidades de los muertos y las alturas de la diestra del Padre.

Los discípulos de Cristo están llamados a contemplar su gloria como emisario crucificado y resucitado del Padre. Lejos de ser una búsqueda meramente intelectual, esta vocación exige toda nuestra vida. Para llegar a ser aquellos cuya atención se fija en Cristo y en su reino,

---

[38] M. Allen, *Grounded in Heaven*, 145-46.
[39] Gill, *A Complete Body of Doctrinal and Practical Divinity* 7.11.

las "cosas de arriba", debemos someternos a la obediencia ascética de la fe. Debemos abrazar la buena noticia sobre Cristo y la mala noticia sobre nosotros mismos que esto conlleva. Debemos arrojarnos a sus pies, tener hambre y sed de justicia, y así trabajar por nuestra salvación con temor y temblor. La gracia de Dios nos prepara así para la gloria:

> La música no tiene placer para los que no pueden oír; ni los colores más hermosos para los que no pueden ver... El cielo mismo no sería más ventajoso para las personas que no han sido renovadas por el Espíritu de gracia en esta vida.[40]

Esto es lo que se exige a los discípulos. ¿Qué exige esto de nuestra exégesis?

Fe, contemplación y exégesis

Hasta ahora hemos examinado el telos de los discípulos de Cristo y el camino que conduce a él, a través de Cristo y del Espíritu, que recibimos por el don de la fe. En la oración del Sumo Sacerdote, Jesús desea que "veamos" su gloria (Jn. 17:24; 19:35). Esto solo es posible para aquellos cuyas atenciones descarriadas han sido purificadas por Cristo y el Espíritu mediante la fe. Cristo debe "rociar los dinteles de nuestra mente, contemplación y acción, con la señal grande y salvadora, con la sangre del nuevo pacto".[41] En esta sección final, debemos exponer un poco más la distinción entre fe y vista, así como su conexión, para que podamos comprender cómo la fe cultiva su visión de Cristo mediante el razonamiento exegético.

---

[40] Owen, *Meditations and Discourses on the Glory of Christ I* (*Works* 1:291).
[41] Gregory of Nazianzus, *Oration* 16.11 (*NPNF²* 7:251).

Fe y vista

Aunque la fe y la vista son distintas, ambas se describen con metáforas visuales y, por tanto, están vinculadas. Su distinción es clara: "Sabiendo que mientras habitamos en el cuerpo, estamos ausentes del Señor, porque por fe andamos, no por vista" (2 Cor. 5:6-7); "Dichosos los que no vieron, y sin embargo creyeron" (Juan 20:29). En la Escritura, la esperanza también se distingue de la vista y se vincula a la fe: "La esperanza que se ve no es esperanza, pues, ¿por qué esperar lo que uno ve? Pero si esperamos lo que no vemos, lo aguardamos con paciencia" (Rom. 8:24-25); "La fe es la certeza de lo que se espera, la convicción de lo que no se ve" (Heb. 11:1).

Es necesario precisar la relación entre la fe y la vista, ya que la fe es también un acto de ver o contemplar: "Porque ahora vemos por un espejo, veladamente, pero entonces veremos cara a cara" (1 Cor. 13:12); "con el rostro descubierto, contemplando como en un espejo la gloria del Señor... estamos siendo transformados" (2 Cor. 3:18). A la luz de lo que ya se ha dicho sobre la fe y la visión beatífica, podemos ver que la fe y la vista están conectadas al menos de dos maneras.[42] En primer lugar, como hemos establecido, la fe y la vista tienen el mismo objeto, que es la gloria de Cristo crucificado y resucitado. La diferencia radica en esto: mientras que la fe contempla la gloria de Cristo enigmáticamente en el Evangelio, la visión bendita de Dios contempla la gloria de Cristo claramente y en todo su esplendor. En esta vida hay momentos en los que es difícil percibir la gloria de Cristo (Job 23:8-9), en los que se siente más la ausencia de Dios que su presencia.[43] La visión beatífica no deja lugar a tales interrupciones y alejamientos. Entonces, "estaremos con el Señor siempre" (1 Tes 4:17).

---

[42] Queda mucho por decir para dar cuerpo a la relación entre la fe y la vista. Véase, además, Owen, *Meditations and Discourses on the Glory of Christ* XII-XIV (*Works* 1:374-415).

[43] Véase Owen, *Meditations and Discourses on the Glory of Christ XIII* (*Works* 1:389-408).

En segundo lugar, y más allá de esto, la fe está conectada con la visión porque la fe conduce a ella y se consuma en ella. Especialmente los contrastes de Pablo entre "parcial" y "perfecto" y "niño" y "hombre" sugieren que la relación entre la fe y la visión es de parte a todo, de menor a mayor (1 Cor. 13:8-12). La bienaventuranza llega con la visión, pero la fe ya nos hace bienaventurados en el sentido de que nos ata a lo que aún no es: la gloria escatológica en la visión de Dios (Luc. 1:45; 11:28). Así pues, la fe se relaciona con la visión como la gracia con la gloria, o la santificación con la glorificación. "La gracia no es otra cosa que la gloria iniciada, como la gloria es la gracia consumada".[44] En su apertura hacia realidades fuera de nuestro alcance, la fe se aferra a un objeto que un día ya no será esperado, sino plenamente presente. La glorificación y la bienaventuranza son la perfección de lo que solo es incipiente en la fe; aquí somos transformados y renovados "día a día" (2 Cor. 4:16), y "lo que seremos aún no ha aparecido", pero allí nuestra transformación será completa y "seremos semejantes a él" (1 Jn. 3:2; cf. Rom. 8:29-30).

Sin embargo, el vínculo entre la fe y la vista es importante para nuestra felicidad actual. Aunque el gozo, la paz y el descanso plenos solo serán nuestros en la resurrección y la glorificación del cuerpo, la fe nos ofrece un anticipo de estas realidades ahora: "Aunque no lo habéis visto, lo amáis. Aunque ahora no lo veáis, creéis en Él y os alegráis con gozo inefable y lleno de gloria, obteniendo el resultado de vuestra fe, la salvación de vuestras almas" (1 Ped. 1:8-9).

---

[44] Turretin, *Institutes of Elenctic Theology* 20.8.2 (Giger, 3:608). Polano afirma que la fe es, por tanto, la causa instrumental de la bienaventuranza (*Syntagma theologiae christianae* 1.6 [9i]). Cirilo de Alejandría ilustra la relación entre la fe y la vista: "Cuando la noche es oscura, se puede ver la brillante belleza de las estrellas, ya que cada una envía su luz, pero cuando sale el sol con su resplandor, la luz parcial ahora desaparece y el brillo de las estrellas se vuelve débil e ineficaz" (*Commentary on John* 11.2, sobre Juan 16:25 [Maxwell, 2:264]). Véase también, por ejemplo, Augustine, *Enchiridion* 1.5; Aquinas, *Compendium of Theology* 2.1.

Contemplación

Al tratar de explicar la relación entre fe y visión, muchos teólogos han recurrido a algún relato de la "contemplación" (θεωρία, *theōria*) para casar los movimientos de la razón en esta vida con su reposo en la otra. La dificultad del concepto de contemplación estriba en lo variados, y a veces elusivos, que son sus tratamientos.[45] Dicho esto, en la mayoría de los tratamientos se puede encontrar la convicción común de que, independientemente de lo que implique y en lo que consista, la contemplación de las realidades divinas es una visión espiritual de la verdad espiritual (cf. 1 Cor. 2:13). En general, la contemplación es una forma de "percepción espiritual", y podemos entenderla mejor desgranando esa frase.

En primer lugar, la contemplación es una visión *espiritual* (θεωρία πνευματική, *theōria pneumatikē*) porque es un don del Espíritu Santo, un sentido divino para la verdad divina. Algo muy parecido a esto sugiere Pablo después de hablar de la gloria del nuevo pacto en contraste con el antiguo. Cuando sitúa su propio ministerio dentro de este glorioso nuevo pacto, reconoce que el evangelio está más que velado para algunos: "en los cuales el dios de este mundo ha cegado el entendimiento de los incrédulos, para que no vean el resplandor del evangelio de la gloria de Cristo, que es la imagen de Dios" (2 Cor. 4:4). La visión en cuestión es, en gran medida, intelectual, ya que son las *mentes de los incrédulos* las que han sido cegadas a la luz por Satanás y, por tanto, no tienen visión de la verdad.

El carácter de la contemplación como un don tiene al menos dos corolarios dignos de mención. Por un lado, no está reservada a una élite religiosa ni solo a quienes poseen ciertas capacidades intelectuales. La

---

[45] En muchos autores, la "visión" (θεωρία) implicada en la contemplación pertenece a una percepción especial del significado más profundo de la Escritura, junto con las diversas conexiones e implicaciones de esas verdades (así Gregorio de Nisa) y especialmente las formas en que el misterio de Cristo se revela en ella (así Cirilo de Alejandría). En general, designa una forma centrada de "reflexión teológica" sobre la Escritura (A. N. Williams, *Divine Sense*, 140).

contemplación implica al intelecto en función de las capacidades del individuo, en lugar de prescindir de ellas para una evasión mística de la autoconciencia.⁴⁶ Por otra parte, la contemplación en el sentido mínimo definido anteriormente no está reservada a aquellos cuyo heroísmo ascético les ennoblece especialmente hasta la luz. Contemplar la gloria de Cristo en la fe es una posibilidad que se nos concede gratuitamente por la obra objetiva de Cristo y de nuestra unión con Él por el Espíritu. Unidos así a Cristo, "tenemos libertad y acceso a Dios con confianza por medio de la fe en Él" (Ef. 3:12). La contemplación debería centrar nuestra atención en el drama y el poder de la obra objetiva de Dios en Cristo, más que en los dramas subjetivos, o poderes putativos, del alma humana. Pero tal concentración en *esta* realidad objetiva solo es posible por la fe salvadora, que obra por amor.

En segundo lugar, la contemplación es una percepción espiritual en el sentido de la vista, no con los ojos físicos sino con el ojo de la mente. Cuando los teólogos describen la contemplación como un "conocimiento intuitivo", se refieren a algo así como una aprehensión de la verdad más que a los actos de razonamiento que nos conducen a ella. Por eso la contemplación es también como una "mirada": no tenemos que razonar sobre los colores que percibimos en un cuadro porque se nos hacen presentes en el mero acto de mirar.⁴⁷ Cuando Jesús expresa su deseo de que sus discípulos le vean, promete una visión futura de su gloria de la que tenemos un anticipo en la fe. Sin embargo, la percepción de la contemplación es una forma de penetración espiritual en la persona de Cristo que une el conocimiento y el afecto por medio de la fe. En este sentido, "todo el que mira [θεωρῶν, *theōrōn*] al Hijo y cree en él" tendrá "vida eterna" (Jn. 6:40). Y Esteban es capaz de sufrir como Jesús porque "miró al cielo y vio la gloria de Dios" (Hch. 7:55).

---

⁴⁶ Dado que el papel del intelecto es proporcional a las capacidades cognitivas del individuo, la contemplación se ofrece a todos los creyentes independientemente de su capacidad cognitiva.

⁴⁷ Véase, por ejemplo, Augustine, *The Trinity* 15.45; Aquinas, *STh* II-II.180; Polanus, *Syntagma theologiae christianae* 1.8 (11g).

En tercer lugar, la contemplación está determinada por nuestro telos y, por tanto, se centra en la verdad de Dios en y a través de Cristo, en quien "todas las cosas se mantienen unidas" y "en quien están escondidos todos los tesoros de la sabiduría y del conocimiento" (Col. 1:17; 2:3). Cristo es la Verdad. Por eso la unidad de la verdad puede percibirse a su luz: "Todo lo que la fe debe contemplar se nos muestra en Cristo".[48]

El telos de la contemplación es la aprehensión de la verdad, y la Verdad misma reina como el Alfa y la Omega. Por tanto, la contemplación contempla la Verdad como un fin en sí mismo, que no necesita más justificación, como beneficios "prácticos" (aunque los hay). Dios se sirve de la contemplación para purgarnos de la idolatría. Esta idolatría incluye una racionalidad utilitaria idolátrica, según la cual cualquier cosa, incluso Dios, solo nos interesa en la medida en que podemos "obtener" de ella algo más importante.

En este sentido, contemplar la gloria de Cristo en la fe es supremamente "inútil". Pero la inutilidad no es lo mismo que la falta de valor, porque Dios es la fuente de toda bondad, verdad y belleza. Contemplar a Dios vale infinitamente la pena porque es infinitamente deleitoso. No hay nada más verdadero, más interesante, más digno de nuestra atención que Dios. La contemplación busca conocer y gozar a Dios en Cristo por sí mismo, porque comienza en el asombro y está inquieta hasta que encuentra su descanso en Él.[49]

Exégesis

La contemplación influye en la tarea de la exégesis en la medida en que buscamos el rostro de Dios en el "rostro de Dios por ahora", es decir, la Escritura.[50] La exégesis da forma a la contemplación y la

---

[48] Calvin, *Commentary on Ephesians* 3:12.

[49] Cf. Augustine, *On Christian Teaching* 1.3-5; *Confessions* 1.1. Para una breve visión práctica de la contemplación, véase Brakel, *The Christian's Reasonable Service*, 1:652-58.

[50] Augustine, *Sermon* 22.7 (WSA III/2:46).

contemplación da forma a la exégesis. Concluiremos este capítulo desgranando ambas verdades.

La exégesis da forma a la contemplación en el sentido de que, a este lado de la resurrección venidera, contemplamos a Cristo a través del testimonio de sus profetas y apóstoles mientras el Espíritu abre nuestras mentes y corazones para darnos entendimiento. Aquí se aplican las distinciones entre fe y vista. El razonamiento exegético es un proceso discursivo que lleva tiempo y admite sobresaltos. Nada de esto es cierto de la visión a la que un día dará paso la fe. Sin embargo, del mismo modo que la fe conduce a la vista, la actividad discursiva de la exégesis debe conducir a la percepción espiritual de la gloria de Cristo. Lo que buscamos en la contemplación es una forma de razonar con el grano de la Escritura que se abre a verdades que trascienden nuestros sentidos naturales, verdades que requieren un "sentido divino" para ser percibidas.

En relación con la exégesis, podemos definir la contemplación del siguiente modo: *La contemplación es una percepción espiritual de las verdades más profundas de la Escritura relativas a la gloria de Cristo, de manera que suscite deleite y nos conforme con Cristo*. La "gloria" de Cristo incluye aquí no solo la divinidad que posee con el Padre y el Espíritu Santo, sino también todo el misterio de su encarnación, pasión, resurrección y retorno, mediante el cual se nos da a conocer esa gloria.[51] Además, la contemplación suscita deleite y produce conformidad con Cristo, porque cultiva un conocimiento caracterizado por la amistad más que por la mera familiaridad (Jn. 15:15).

Por tanto, la contemplación compromete tanto la inteligencia como los afectos en respuesta a una visión que los asombra. La contemplación no es una mera búsqueda intelectual, porque el conocimiento que deja de lado los afectos no conlleva ninguna convicción y acaba en ateísmo, del mismo modo que el afecto que deja de lado el conocimiento corre hacia la superstición y el sentimentalismo.[52] Comprender el contenido

---

[51] Cf. Alexander of Hales, *Summa theologica* intro. q. 1, c. 3.
[52] Owen, *Meditations and Discourses on the Glory of Christ* XIII (*Works* 1:401).

doctrinal de la fe cristiana es una cosa; conocer a Dios y deleitarse en Él es otra. El conocimiento como tal no siempre es amistad.

A su vez, la contemplación da forma a la exégesis intensificando su enfoque y ampliando su alcance, dentro de los límites de la Escritura. Al leer la Escritura no estamos llamados a la mera observación del texto y sus verdades, sino a "reflexionar penetrantemente sobre los asuntos mismos".[53] Es decir, una exégesis propiamente teológica es aquella en la que la atención del lector está orientada por la visión beatífica y que, por tanto, tiene como objeto la gloria de Cristo y no el texto o sus propiedades naturales aisladamente.[54] Como veremos en el capítulo 3, la exégesis no deja de ser un proceso de razonamiento. Se trata de reunir lo que las diversas partes de la Escritura dicen sobre la gloria de Cristo por medio de la anticipación y la retrospección, y comparar estas verdades entre sí. Pero da un paso más y medita en oración sobre estas verdades hasta que forman una impresión global en nuestra mente que suscita la alabanza.

La fe contempla el significado más profundo que puede dar a cuestiones como la divinidad de Cristo, su relación con el Padre y el Espíritu, su humanidad y la misión por la que se encarnó, y más. Por tanto, para contemplar la gloria de Cristo tendremos que ver cómo esta gloria se despliega a lo largo de todo el canon y cómo alcanza cotas singulares en su cruz y resurrección. Esta exégesis contemplativa nos llevará a reflexionar largo y tendido sobre cuestiones aparentemente recónditas. Sin embargo, tales cuestiones son intrínsecas al objeto de la fe. El razonamiento bíblico demostrará ser contemplativo, en parte, por lo extensa e intensamente que atiende a este objeto, Cristo crucificado y resucitado.

La contemplación por la fe anticipa la visión y saborea algunas migajas de su mesa del banquete. Hay aquí una promesa para la

---

[53] Brakel, *The Christian's Reasonable Service*, 1:653.
[54] Las propiedades naturales del texto —sus circunstancias históricas y materiales, su autoría, su destino, etc.— forman parte de lo que el texto *es*, por lo que *son* asuntos de importancia para la exégesis teológica.

exégesis: cuando persigue el conocimiento y el disfrute de Dios en Cristo, se convierte en un medio para cultivar el anticipo de la visión por la fe y, por tanto, se convierte en una obra de la gracia de Dios en nuestra propia santificación.

¿Qué otra cosa podría ser sino una obra de la gracia, puesto que orientar nuestra atención a confesar la verdad requiere una renovación de nuestro intelecto y voluntad que solo Dios puede efectuar? Al ser renovadas por la gracia de Dios, nuestras atenciones reorientadas se convierten en vehículos adicionales de esa gracia, pues nos permiten conformarnos a la imagen del Hijo de Dios. Al centrarnos en la gloria de Cristo crucificado y resucitado, llegamos a comprender mejor al único Dios verdadero y a Jesucristo, a quien Él ha enviado (Jn. 17:3). Este es, en gran medida, el propósito del Evangelio de Juan e, implícitamente, de toda la Escritura.

El evangelista espera que sus lectores lleguen a ser como el "discípulo amado" y así sean bendecidos como los que creen sin haber visto: "Estas se han escrito para que ustedes crean que Jesús es el Cristo, el Hijo de Dios; y para que al creer tengan vida en Su nombre" (Jn 20:29-31).[55] Después de todo, el discípulo amado es el que "creyó" al ver, no a Jesús resucitado, sino la tumba vacía (Jn. 20:8-9). El hecho de que el testimonio de Juan esté "escrito" significa que ahora está en forma textual. Por tanto, exige actos de lectura, audición y proclamación. La pregunta que se nos plantea como lectores es si seremos "los que no han visto y, sin embargo, han creído" (Jn. 20:29). ¿Serán nuestros actos de lectura los de los discípulos amados?

---

[55] Véase Moloney, *Love in the Gospel of John*, 170-76. El perfecto pasivo de Juan "están escritos" (γέγραπται) es intrigante al menos por dos razones. En primer lugar, "objetiva la transición de la oralidad a la escritura; señala que se trata efectivamente de una obra escrita en el pasado, pero cuya lectura sigue ofreciéndose a todo lector potencial" (Zumstein, *L'Évangile selon Saint Jean*, 2:296). El libro se dirige a *nosotros*. En segundo lugar, se trata de un verbo que Juan reserva hasta este punto de su Evangelio para la Escritura (por ejemplo, 2:17; 6:31; 8:17), lo que proporciona una sutil percepción de la comprensión que Juan tiene de su propio libro (Keener, *The Gospel of John*, 2:1215).

Las culturas intelectuales dominantes de la erudición bíblica moderna a menudo, aunque no siempre, se resisten a aplicar el yugo del discipulado a la lectura de la Sagrada Escritura. Sin embargo, la comprensión de las Escrituras exige que nos sentemos a los pies de Jesús y le sigamos si queremos verle (Luc. 10:41-42; 24:13-35). ¿Qué significa esto, y qué más puede aportar al cultivo de la exégesis expectante? Explorar este tema es la carga del próximo capítulo.

§2. LA ESCUELA DE CRISTO: EL CONTEXTO PEDAGÓGICO DEL RAZONAMIENTO BÍBLICO

Principio 2: Todo lo que la Escritura dice sobre Dios forma parte de la meticulosa y sabia pedagogía divina, mediante la cual Dios adapta la forma de su sabiduría para educar a las criaturas finitas y caídas, de modo que podamos ver su gloria. El razonamiento bíblico se inscribe en este contexto más amplio de la enseñanza divina.

Para buscar siempre el rostro de Dios, debemos hacernos discípulos de Cristo y sentarnos a sus pies para aprender de Él la gloria que tiene con el Padre y el Espíritu Santo. Como vimos en el capítulo anterior, los discípulos de Cristo hacen esto en el presente mediante una atención a la Sagrada Escritura en forma de visión. En este capítulo, debemos profundizar en el contexto general de esta atención, concretamente en cómo la Escritura caracteriza la interacción entre Dios y sus lectores como una forma de enseñanza y aprendizaje.

De hecho, según Juan Calvino, la Escritura es "la escuela misma de los hijos de Dios".[1] Esto refleja una convicción ampliamente compartida en toda la Iglesia cristiana de que detrás de cada maestro

---

[1] Calvin, *Institutes of the Christian Religion* 1.6.4.

humano fiel está Dios como el gran maestro celestial de todos los santos, y la Escritura como el principal medio de instrucción de Dios. Puesto que la Escritura es el plan de estudios y Dios es el maestro, los discípulos son alumnos.

Pero ¿cómo enseña Dios? ¿Que hemos venido a aprender? ¿Y cómo aprendemos bien? Encontraremos respuestas a estas preguntas si prestamos más atención a la actividad docente de Dios, a cómo caracteriza su pacto con su pueblo y a cómo influye en nuestra lectura de las Escrituras. La actividad docente de Dios con el pueblo de su pacto es el marco más amplio en el que tiene sentido nuestra búsqueda de la gloria de Cristo a través de las Escrituras. Este marco más amplio es la "economía" divina, la administración ordenada de la historia y el cosmos por parte de Dios, en la que Dios se inclina para enseñarnos, adaptando sus métodos a nuestras diversas necesidades para hacernos sabios para la salvación (2 Tim. 3:15). Al situarnos dentro de esta economía, nos entenderemos como alumnos de la pedagogía divina, y nuestro acercamiento a la Escritura como una apertura a la enseñanza divina. Como argumentaremos, nuestro acercamiento a la Escritura está conformado por su función en la escuela de Cristo y por sus propósitos pedagógicos e instructivos mientras nos conduce a una contemplación cada vez más profunda de la gloria eterna que Él posee con el Padre y el Espíritu Santo.

El presente capítulo sienta las bases de este argumento al describir la economía divina de la enseñanza, centrándose en la actividad docente de Dios y en cómo llega a su audiencia. El próximo capítulo explorará la Escritura como el "plan de estudios" de esta enseñanza. Nuestro objetivo actual es desentrañar el segundo principio del razonamiento bíblico:

Todo lo que la Escritura dice sobre Dios forma parte de la meticulosa y sabia pedagogía divina, mediante la cual Dios adapta la forma de su sabiduría para educar a las criaturas finitas y caídas, de modo que podamos ver su gloria. El razonamiento bíblico se inscribe en este contexto más amplio de la enseñanza divina.

Procedemos en dos grandes pasos. En primer lugar, enmarcamos nuestra comprensión de la economía pedagógica de Dios observando a su principal agente: Dios maestro. Este papel de maestro y pedagogo distingue a Dios tanto de su pueblo como de los falsos dioses, ya que muestra su singularidad y su sabiduría subyacente. Además, la pedagogía de Dios tiene tres características generales a las que debemos prestar atención: es adaptable, gradual y formativa. En segundo lugar, dado que Dios determina enseñar a alumnos obstinados y rebeldes que prefieren sus propios consejos a los de Dios, debemos fijarnos en el contenido y la posibilidad de la enseñanza divina. Estos dos aspectos van juntos, porque la forma en que Dios nos enseña su sabiduría proporciona la solución sorprendente a su público recalcitrante: La adaptación de Dios a las necesidades de su auditorio acaba por "adaptar" al propio auditorio.

La economía pedagógica de Dios

En primer lugar, debemos comprender lo que significa decir que nuestro razonamiento con las Escrituras, nuestro aprendizaje a los pies de Cristo, se produce en el contexto más amplio de la economía pedagógica de Dios. ¿Qué significa esto y qué aspecto tiene? Podemos empezar examinando brevemente el capítulo inicial de 1 Timoteo. Pablo dice que Timoteo debe "instruir" a los demás que alineen su enseñanza con la de los apóstoles (1 Tim. 1:3). La enseñanza apostólica, incluido este mandato, tiene un objetivo concreto: "el amor nacido de un corazón puro, de una buena conciencia y de una fe sincera" (1:5; cf. 1:3).

Pablo confía este mandamiento a Timoteo en presencia de Jesucristo (1:18; 6:13). A medida que Timoteo cumpla este encargo, instruirá a su congregación en la piedad para que puedan fijar su esperanza en su objeto propio, Dios, y no en las seducciones de este mundo (4:10-11; 5:5-7; 6:17). Si fijan firmemente su atención en Dios, enviarán mitos y especulaciones tontas que desvirtúan lo que Pablo llama "la economía [οἰκονομία konomi'a, *oikonomia*] de Dios que está en la fe" (1:4 TA).

Esta frase desconcertante abarca simultáneamente dos ideas que exploraremos aquí en mayor profundidad. En concreto, la "economía" puede entenderse tanto como "el plan de Dios" (cf. Ef. 1:10) como la "administración" (cf. Tito 1:7) del Evangelio llevada a cabo por los ministros que lo enseñan y predican.[2] En el sentido de que la economía de Dios es su plan ordenado y la administración de todas las cosas, y en particular de la casa que es su Iglesia (1 Tim. 3:15), la economía de Dios es el lugar en el que el "depósito" de la enseñanza celestial se transmite a través del ministerio del Evangelio (1 Tim. 6:20).[3]

Los cristianos participan en esta economía "en la fe", es decir, "mediante la santificación por el Espíritu y la fe en la verdad" (2 Tes. 2:13). Los autores humanos de las Escrituras, los profetas y los apóstoles, se entienden por tanto como "administradores [οἰκονόμους, *oikonomous*] de los misterios de Dios" (1 Cor. 4:1). En los comentarios de Pablo está implícita su identidad como administrador (o "economista") de la enseñanza que ha recibido de Dios y su lugar dentro de la economía más amplia de la enseñanza divina.[4] Para comprender la descripción que hace Pablo de su actividad docente

---

[2] Véase especialmente Richter, *Oikonomia*, 33-92.

[3] Lo que contiene este depósito es la antítesis de la "palabrería inútil y vacía" y de "lo que falsamente se llama conocimiento" (1 Tim. 6:20 TA). En otro lugar, esa "palabrería" se opone a la "palabra de verdad" (2 Tim. 2:15-16). Custodiar el depósito equivale a mantener "la norma [ὑποτύπωσις] de las sanas palabras" (2 Tim. 1:13) o la "forma [τύπον] de doctrina" (Rom. 6:17) que las iglesias recibieron de Pablo y otros apóstoles. El depósito es la enseñanza apostólica en la fundación de la iglesia, y se encuentra en la forma de una estructura y patrón de enseñanza que conecta la verdad con la vida. Véase Spicq, "παραγγελία, παραγγέλλω", en *TLNT* 3:9-11.

[4] La metáfora del οἰκονόμοι es principalmente pedagógica, por lo que no debe sorprender que en su contexto también tenga connotaciones apocalípticas. Véase Gladd, *Revealing the Mysterion*, 183-90; D. L. White, *Teacher of the Nations*, 73-79.

apostólica como "economista", debemos entender al Maestro divino que preside esta economía y a la propia economía.

Dios maestro y pedagogo

El modo en que la Escritura retrata a Dios como maestro y pedagogo, o entrenador, es una ventana al contexto más amplio de la economía pedagógica de Dios. Comprendiendo lo primero (Dios como maestro) entenderemos lo segundo (la economía de la enseñanza de Dios). No debe sorprendernos que la enseñanza y la pedagogía caractericen el ministerio de Cristo. Por ejemplo, los Evangelios destacan ampliamente el papel de Jesús como maestro (διδάσκαλος, *didaskalos*).[5]

Los adversarios de Jesús lo reconocen como maestro, pero solo sus discípulos lo reconocen también como Señor (Mat. 9:11; 17:24). Si los discípulos han de ser como su maestro, tomarán su cruz, recibirán a Jesús como emisario del Padre y recibirán el yugo de Jesús (Mat. 10:25, 38, 40; 11:29). Puesto que las Escrituras dan testimonio de Cristo, tanto si leemos la Ley como los Profetas, debemos "escucharle" porque es nuestro maestro (Mat. 17:5; cf. Jn. 5:37-47; 6:68-69).[6] La actividad docente de Jesús se acentúa especialmente en la atención que Marcos presta a su interpretación de las Escrituras y a su ministerio de predicación (p. ej., Mr. 1:21-27).[7] Jesús cura a ciegos y sordos para que puedan "ver" y "oír" (Mr. 7:6, 31-37; 8:22-26; cf. Is. 29:9, 13, 18; 35:5).

Además, guía a los discípulos por "el camino" porque cumple la promesa de Isaías sobre el maestro divino: "Él, tu Maestro, no se esconderá más, sino que tus propios ojos contemplarán a tu Maestro.

---

[5] Witmer, *Divine Instruction in Early Christianity*, 110-11, dilucida este punto a partir de Juan 3:1-15.

[6] Clement of Alexandria, *Christ the Educator* 1.11.97 (FC 23:86).

[7] Esto lleva a Juan de la Rochelle a la observación de que Marcos destaca la *dignitas doctoris* de Cristo porque omite mucho de lo que narran los otros evangelios para centrarse en el poder interpretativo de Cristo; véase "Introduction to the Four Gospels", en McElrath, *Franciscan Christology*, 50-53.

Tus oídos oirán detrás de ti estas palabras: 'Este es el camino, anden en él', ya sea que se vayan a la derecha o a la izquierda" (Is. 30:20-21; cf. Mr. 1:2; Is. 35:8-10).

La actividad docente de Jesús retoma temas más amplios de toda la Escritura que identifican a Dios como único maestro y fuente de todo entendimiento: "En tu luz vemos la luz" (Sal. 36:9). El papel de Dios como maestro pone de relieve su aseidad divina, pues enseña sin ser enseñado. "¿Quién guio al Espíritu del Señor, o como concejero suyo le enseñó?" (Is. 40:13; cf. Rom. 11:34-35; 1 Cor. 2:15). La sabiduría de Dios no tiene fuente, y por eso es inconmensurable e incomparable a todo entendimiento humano. No hay maestro como Dios, dice Eliú, majestuoso y exaltado en conocimiento, sabiduría y poder (Job 36:22; cf. Is. 40:13). Ana también ensalza la lo incomparable de Dios en este sentido: "Porque el SEÑOR es Dios de sabiduría, y por Él son pesadas las acciones" (1 Sam. 2:3). Por eso, puesto que Dios es el único maestro de su pueblo, los discípulos tienen "un solo maestro", igual que tienen "un solo Padre, que está en los cielos" (Mat. 23:8-9). La idea aquí es que el papel único de Jesús como maestro se ajusta a la unicidad de Dios mismo: *solus Christus* porque *solus Deus*.

Complementando el papel de Jesús como maestro está su pedagogía, o formación formativa. Clemente de Alejandría señala este elemento de la instrucción de Dios cuando describe a Jesús como nuestro pedagogo (παιδαγωγός, *paidagōgos*), o educador, en el sentido de que nos guía "correctamente a la contemplación de Dios, y a una descripción de las obras santas que perduran para siempre".[8] La distinción entre pedagogía y enseñanza es sutil pero importante. En la Antigüedad, los pedagogos ("guías de los pequeños") o psicagogos ("guías del alma") conducían a las personas hacia la virtud y la verdad

---

[8] Clement of Alexandria, *Christ the Educator* 1.7.54 (FC 23:50). Asimismo, Justino Mártir hace un llamamiento a los griegos para que "sean instruidos por la Palabra divina", a fin de que aprendan la verdadera sabiduría y huyan de las pasiones del alma (*Discourse to the Greeks* §5 [*ANF* 1:272]). La pedagogía divina es una convicción muy extendida, especialmente en la Iglesia primitiva, con un significado tanto formal como material.

mediante el ejemplo y la persuasión retórica. Un buen pedagogo sabe qué decir o hacer, cuándo decirlo o hacerlo y cómo, en función de las necesidades de la audiencia y de los propósitos del educador.[9] Y en el núcleo de un buen pedagogo hay un carácter fiable y coherente que merece la pena emular.

Cristo ejemplifica las características de un pedagogo ampliamente a lo largo de su ministerio. Así como los discípulos tienen un solo Maestro y un solo Padre, también tienen "un solo guía" (καθηγητής, *kathēgētēs*), en contraste con la guía "ciega" de los escribas y fariseos (Mat. 23:10, 16, 24). A diferencia de los guías hipócritas que dicen una cosa y hacen otra, los hechos de Jesús son coherentes con sus palabras, por lo que su carga es ligera y no pesada (Mat. 11:30; 23:3). Cristo educa a sus seguidores principalmente con palabras, pero también con el ejemplo (Mat. 20:25-28), así como con lecciones objetivas (Mr. 8:22-33; Jn. 13:1-20). Como observa Agustín, "Incluso las obras de la Palabra son una palabra para nosotros".[10] Y como cabría esperar a estas alturas, estos hechos están destinados a conducirnos a la visión de su gloria. A diferencia de los guías ciegos, Jesús sí puede conducirnos a la *visio Dei* porque ha visto al Padre (Jn. 1:18; 6:46). Más concretamente, ver a Cristo es ver al Padre (Jn. 14:9). Esto es parte de lo que Jesús nos enseña, pero es algo que solo podemos percibir por la fe: "Créanme que Yo estoy en el Padre y el Padre está en Mí; y si no, crean por las obras mismas" (Jn. 14:11).

La pedagogía de Jesús, al igual que su actividad docente, es una ventana abierta a los tratos más amplios de Dios a lo largo de la historia. Siendo el guía más excelente del alma, Dios emplea una variedad de estrategias pedagógicas para la educación de su pueblo del pacto. Según Eliú, "Dios habla de una vez, y otra vez, pero nadie se da cuenta de ello" (Job 33:14). De ahí que, a veces, Dios permita que

---

[9] Rylaarsdam, *John Chrysostom on Divine Pedagogy*, 18-22; Sturdevant, *The Adaptable Jesus of the Fourth Gospel*, 13-46.

[10] Augustine, *Homilies on the Gospel of John* 24.2 (WSA III/12:424); Aquinas, *STh* III.40.1.*ad3*. En una nota relacionada, Jesús es el "único pastor" de su pueblo (Jn. 10:16; cf. Eze. 37:24).

experimentemos sufrimiento por el bien de nuestras almas. Ya sea ordenando el dolor, la debilidad, la pérdida del apetito o el miedo a la muerte, Dios "hace todo esto con frecuencia a los hombres, para rescatar su alma de la fosa, para que sea iluminado con la luz de la vida" (Job 33:29-30).[11]

Cuando Dios hablaba a los profetas, "multiplicaba las visiones, y por medio de los profetas hablaba en parábolas" (Os. 12:10). Por medio de diversos métodos, imágenes y formas de hablar, Dios nos instruye "según considera que conviene a nuestras capacidades y debilidades; pues las Escrituras nos presentan diversas representaciones, que nos muestran el rostro de Dios".[12] Esto significa que a menudo Dios utiliza cosas visibles, o impresiones sensoriales, para enseñar a su pueblo verdades invisibles como Él mismo. El Espíritu Santo utilizó el tabernáculo terrenal como un signo de algo "mayor y más perfecto" (Heb. 8:5; 9:11). En su conversación con Nicodemo, Jesús señala el viento —algo sensible pero visible solo por sus efectos— como imagen de la obra regeneradora del Espíritu (Jn. 3:8). El sentido de estos diversos ejemplos es que la pedagogía de Dios se adapta a las necesidades del auditorio y las circunstancias. Algunas personas y ocasiones requieren imágenes misteriosas y parábolas, mientras que otras requieren reprimendas y palabras duras, mientras que otras se benefician más de palabras amables y gentiles o de actos misericordiosos. En todo esto, Dios enciende la fe, la esperanza y el amor al revelarse a sí mismo.

Situados en la economía pedagógica de Dios, aprendemos muy pronto que Dios es nuestro maestro y pedagogo. Aunque pueda parecer demasiado obvio para merecer discusión, es demasiado importante como para darlo por supuesto. Para comprender la pedagogía de Dios, debemos percibir cómo, en todo lo que Dios dice o hace, trata de

---

[11] Véase, por ejemplo, Croy, *Endurance in Suffering*; Davis, *The Place of Paideia in Hebrews' Moral Thought*.

[12] Calvin, *Commentary on Hosea 12:10*. Véase también Rylaarsdam, *John Chrysostom on Divine Pedagogy*, 76, sobre cómo Crisóstomo favorece este texto para demostrar precisamente este punto.

santificar a su pueblo, formarnos en la virtud, persuadirnos de la verdad y alejarnos de la idolatría, y prepararnos para la visión de su gloria en Cristo. De hecho, esta es la razón por la que comenzamos nuestra consideración de la enseñanza divina mirando a Dios: el centro de la economía pedagógica de Dios es Dios mismo, no la educación de sus alumnos. La pedagogía de Dios no es tanto algo distinto de su enseñanza como el modo en que Dios enseña. Puesto que en este libro nos ocupamos de la enseñanza divina, debemos examinar más detenidamente las características o métodos pedagógicos de la enseñanza divina.

Características de la pedagogía de Dios: Adaptable, Gradual y Formativa

La pedagogía de Dios posee numerosas cualidades, pero para nuestro propósito destacaremos solo tres: su adaptabilidad, su ritmo gradual y su modo formativo. Una de las principales características de la pedagogía de Dios es su bondadosa *adaptación* (συγκατάβασις, *synkatabasis*), a menudo descrita como condescendencia o acomodación. Los profesores adaptables son los que ajustan con consideración su enseñanza a las necesidades de los distintos públicos y circunstancias en que se encuentran, todo ello manteniendo un carácter coherente.[13] La idea prevalece en la tradición teológica, especialmente en los debates sobre la encarnación. Atanasio lo expresa sucintamente:

> Pues como un buen maestro que se preocupa por sus alumnos siempre condesciende [συγκαταβαίνων, *synkatabainōn*] a enseñar por medios más sencillos a quienes no son capaces de beneficiarse

---

[13] La categoría era corriente en las culturas más amplias en las que surgió el Nuevo Testamento. Véase Benin, *The Footprints of God*; Glad, *Paul and Philodemus*; Mitchell, "Pauline Accommodation and 'Condescension' (συγκατάβασις)"; Sturdevant, *The Adaptable Jesus of the Fourth Gospel*, 13-93; D. L. White, *Teacher of the Nations*, 121-24.

de cosas más avanzadas, así hace también la Palabra de Dios... Pues ya que los seres humanos, habiendo rechazado la contemplación de Dios y como hundidos en un abismo con los ojos hacia abajo, buscan a Dios en la creación y en las cosas perceptibles, erigiendo para sí mismos humanos mortales y demonios como dioses, por esta razón el amante de los seres humanos y el Salvador común de todos, toma para sí un cuerpo y habita como humano entre... seres humanos, para que los que piensan que Dios está en las cosas corpóreas puedan, por lo que el Señor obró mediante las acciones del cuerpo, conocer la verdad y por medio de él puedan considerar al Padre.[14]

Dios se hizo carne por aquellos que son carne y cuya atención está lastrada por el pecado, para liberarnos del pecado y elevar nuestra atención hacia Él. Lo mismo puede decirse de toda la enseñanza de Dios, hasta su uso de palabras y categorías humanas: "Tanto por nuestra debilidad como por la sublimidad de las cosas mismas, Dios toma prestadas nuestras palabras".[15] Incluso los administradores de la pedagogía divina son adaptables, como Pablo, que desea ser "todo para todos... por causa del Evangelio" (1 Cor. 9:22-23). Pero, ante todo, la adaptabilidad caracteriza al propio Dios encarnado. Aunque la adaptabilidad es una de las características más importantes de la pedagogía de Dios, no debemos reducir la pedagogía divina a la adaptabilidad.[16] Hay que hablar más de la economía pedagógica, incluso para ver cómo la adaptabilidad funciona como una pieza de un todo más amplio.

---

[14] Athanasius io, *On the Incarnation* 15 (PPS 44a:83); Augustine, *On Christian Teaching* 1.11.

[15] Turretin, *Institutes of Elenctic Theology* 20.8.19 (Giger 3:614). Véase, entre otros, Bengel: "Todo el estilo de la Escritura está lleno de συγκατάβασις" (*Gnomon of the New Testament*, 2:277).

[16] Para algunas calificaciones importantes de la "adaptabilidad", véase Rylaarsdam, *John Chrysostom on Divine Pedagogy*, 22-30; S. E. Harris, *God and the Teaching of Theology*, 3-8.

Las otras dos cualidades de la pedagogía divina pueden ilustrarse a partir de un episodio paradigmático de enseñanza divina, cuando Dios habla a Israel desde el monte Sinaí y le entrega la ley. Que se trata de un episodio de enseñanza divina está claro: Dios instruye primero a Moisés y Aarón sobre lo que deben decir y hacer (Ex. 4:15), y luego instruye a Israel mediante el decálogo en el Sinaí (Ex. 20:1-17; Dt. 4:10-14; 5:6-21). Moisés recuerda todo esto para el pueblo y lo enmarca en términos pedagógicos: "Desde los cielos el Señor te hizo oír Su voz para disciplinarte (לְיַסְּרֶךָ, ləyassərekā / παιδεῦσαί σε, paideusai se; Dt. 4:36). La propia ley tiene una finalidad pedagógica, que podría decirse que se extiende hasta su estilo: la prolijidad y repetición del Deuteronomio nos presenta la ley de forma clara y abundante, de modo que sus exigencias y objetivos son ineludibles.[17] Mirando lo que la Escritura dice sobre la ley, podemos ver además cómo la pedagogía de Dios no solo es adaptable, sino también gradual y formativa.

Junto a su adaptabilidad, la pedagogía de Dios es *gradual* en el sentido de que Dios conduce progresivamente a su pueblo a una mayor comprensión de quién es Él y de lo que significa estar en pacto con Él. Basilio de Cesarea expresa esta idea clave al comentar cómo Dios tiene en cuenta nuestra debilidad con su pedagogía a lo largo de todo el antiguo pacto: "Primero nos enseñó a ver las sombras de los cuerpos y a mirar el sol en el agua, para que no nos cegáramos naufragando en la visión de la luz pura".[18] En otras palabras, Dios solo nos expone más gradualmente a medida que nuestros ojos se adaptan a mayores intensidades de luz. Gran parte de este elemento gradual se trató en el capítulo anterior, cuando vimos el contraste entre los ministerios de Moisés y Cristo. Pero podemos verlo aún más en la forma en que Pablo personifica la ley mosaica como un pedagogo o tutor cuyo trabajo consistía en prepararnos y llevarnos a Cristo, que es su telos (Gal. 3:24; Rom. 10:4).

---

[17] Así Calvino, recogiendo una larga tradición de interpretación: Blacketer, *The School of God*, 109-13.

[18] Basil, *On the Holy Spirit* 14.33 (PPS 42:65).

La ley no podía hacernos perfectos, pero nos llevaba a Aquel que sí puede (Heb. 7:19). Y en este sentido, la ley es simplemente parte de la pedagogía gradual de Dios sobre Israel. De hecho, durante toda la estancia de Israel en el desierto, Dios les guio por medio de un ángel, de quien Dios dice: "Mi nombre está en él" (Ex. 23:21) y a quien Pablo identifica más tarde como Cristo (1 Cor. 10:9).[19] Clemente comenta: "Antiguamente, el Verbo educaba por medio de Moisés, y después por medio de los Profetas; incluso Moisés era de hecho un Profeta. Pues la Ley era la educación de niños difíciles de controlar".[20] Jesús cumple la pedagogía gradual de la Ley y los Profetas, de modo que volvemos a recibir la Ley de Él —mediada a través de su persona, obra y enseñanza— como norma para una vida recta (Mat. 5:17).[21]

Por último, siguiendo con esta función normativa de la ley, podemos ver cómo la pedagogía de Dios es *formativa*. La ley funciona así tanto negativa como positivamente. Por un lado, a través de las exigencias de la ley y de nuestra incapacidad para obedecerlas plenamente, Dios nos guía hacia el conocimiento de nuestro pecado (Rom. 3:20; 7:7-13).[22] Por otro lado, Dios también nos educa

---

[19] Hemos dejado de lado la cuestión de cómo interpretar las teofanías del Antiguo Testamento, pero seguimos la lógica de las opiniones de Agustín en *The Trinity* 3-4, donde argumenta que las teofanías no son cristofanías sino manifestaciones de toda la Trinidad porque Padre, Hijo y Espíritu son inseparables y actúan inseparablemente. Ninguna persona es intrínsecamente más "invisible" que otra. El punto de vista de Agustín ha sido defendido más recientemente por Sanders, *The Triune God*, 224-26. Vermiglio extrae la lógica de Agustín cuando argumenta que las apariciones divinas en forma humana en el Antiguo Testamento difieren de la encarnación de Cristo porque no tienen como objetivo la redención mediante la cruz y la resurrección: *Loci Communes*, II.17.8c-e (291).

[20] Clement of Alexandria, *Christ the Educator* 1.11.96 (FC 23:85); cf. Irenaeus, *Against Heresies* 4.14.2-3 (*ANF* 1:479).

[21] Esto se ha denominado a menudo el "uso didáctico" (*usus didacticus*) de la ley. Turretino comenta cómo Cristo cumplió la ley de tres maneras, "bien como doctrina mediante una predicación fiel, una confirmación sólida y una vindicación poderosa; bien como regla [*normam*] mediante una observancia plena y coherente de la misma; o bien como tipo mediante una consumación perfecta, exhibiendo en sí mismo la verdad de los tipos y profecías y el cuerpo de sus sombras" (*Institutes of Elenctic Theology* 11.3.5 [Giger 2:20]).

[22] Este es el llamado uso pedagógico (*usus paedagogicus*) de la ley.

moralmente, ya que la ley nos aleja de la idolatría y nos arroja sobre la misericordia de Dios (Gal. 3:23).[23]

En Cristo, la ley sirve ahora de regla para la vida cristiana cuando se entiende que en el fondo se trata del amor a Dios y al prójimo. De ahí que haya sido dada "al *regenerado* para que tenga en ella una regla ciertísima para su arrepentimiento y santificación y sea conducido a Cristo por su fuerza pedagógica".[24] Los elementos formativos resultan aún más claros cuando los situamos sobre el trasfondo de los elementos adaptativos y graduales en su relación con Cristo. Así, en otro monte, un Moisés nuevo y mejor interpreta la Torá de una manera nueva y mejor mediante su "enseñanza" (Mat. 7:28; 5:2).[25] Jesús cumple la Ley y los Profetas (Mat. 5:17; 7:12), por lo que su enseñanza extrae a la perfección aquello para lo que fueron concebidos: formar a las personas en las virtudes de la gracia para que "sean perfectas" como su Padre celestial (Mat. 5:48).[26] Esto refleja la esencia de la relación de pacto codificada en la ley: "Sanos serán porque Yo, el SEÑOR su Dios, soy santo" (Lev. 19:2); "Serás intachable delante del Señor, tu Dios" (Dt 18:13). Y todo ello para que el pueblo de Dios pudiera "contemplar al Rey en Su hermosura" (Is. 33:17).

El problema con los alumnos de Dios

Hasta ahora hemos examinado los aspectos adaptativos, graduales y formativos de la pedagogía divina. Con el fin de transformar a su pueblo para que sea santo como Él es santo y lo contemple cara a cara, Dios adapta su enseñanza en función de las necesidades de su pueblo y de las etapas de la historia redentora en que vive. En el centro de la fórmula del pacto encontramos la pedagogía divina expresada en pocas

---

[23] Aquinas, *STh* I-II.98.2; Turretin, *Institutes of Elenctic Theology* 11.3.8.
[24] Heidegger, *The Concise Marrow of Theology*, 14.39.
[25] Allison, *The New Moses*.
[26] Sobre el elemento formador de virtudes de la pedagogía de Jesús en el Sermón del Monte, véase Pennington, *The Sermon on the Mount and Human Flourishing*.

palabras: Israel es de Dios y Dios es de Israel; por tanto, deben ser santos como Dios es santo. Estas son verdades expresadas en la misma Torá que está destinada a formarlos.

Sin embargo, este mismo centro también agudiza el problema de la necesidad radical de Israel, que vemos en cómo responde a las pruebas. Como un maestro, Dios pone a prueba a su pueblo, sobre todo cuando "Dios probó a Abraham" diciéndole que ofreciera a Isaac en holocausto (Gen. 22:1; Heb. 11:17). Esa prueba no es una tentación, porque su finalidad es confirmar la fe, apartando a la gente de la idolatría y el orgullo: "No teman, porque Dios ha venido para ponerlos a prueba, para que Su temor permanezca en ustedes, y para que no pequen" (Ex. 20:20; cf. Sal. 7:9; 11:4-5; 26:1-2; 1 Cor. 3:13). Ejemplos de esta prueba incluyen el hecho de que Dios retenga los medios normales de sustento de la vida para poder proveer a su pueblo de manera extraordinaria, como cuando hizo llover pan del cielo (Ex. 15:25; 16:4). Cuando el pueblo de Dios fracasa en sus pruebas, la causa fundamental es su maldad, orgullo, insensatez y falta general de capacidad para enseñar (Sal. 10:4; Prov. 3:11-12; 4:1, 13). La enseñanza de Dios es adaptable, gradual y formativa, pero también podríamos decir que es *resistida.*

Con problemas como estos, la respuesta no es simplemente más enseñanza. El problema no es educativo, como si la mera ignorancia fuera la causa de la maldad. Según las Escrituras, la maldad es la causa de la ignorancia moralmente culpable: "Los hombres amaron más las tinieblas que la Luz, pues sus acciones eran malas" (Jn. 3:19; Rom. 1:18). Además, esta ignorancia agrava una dificultad a la que ya se enfrentan los seres humanos: es demasiado fácil para criaturas finitas y corpóreas como nosotros permitir que nuestra atención se detenga en las señales que Dios utiliza para enseñarnos, dejando así de seguir estos vectores hasta su fuente última en Dios. Suprimir la verdad con injusticia significa confundir al Creador con la criatura y, por tanto, cambiar la verdad por la mentira (Rom. 1:22-25).

Tal fracaso es una rebelión abierta contra Dios y su enseñanza: "Ellos me dieron la espalda, y no el rostro. Aunque les enseñaba, enseñándoles una y otra vez, no escucharon ni aceptaron corrección" (Jer. 32:33). La necesidad de Israel, y por tanto la nuestra, no solo brota de nuestra condición creada y finita, sino también, más profundamente, de nuestra pecaminosidad. En Adán, todos nos resistimos naturalmente a la enseñanza de Dios, prefiriendo en su lugar el consejo del mundo (Prov. 15, 14; Jer. 10:2).

Entonces, ¿qué esperanza tienen los alumnos de Dios de que se nos pueda enseñar? ¿cómo es posible la enseñanza divina? Para responder a estas preguntas, tenemos que considerar finalmente cómo la enseñanza de Dios, arraigando en nuestros corazones, resuelve estos problemas radicales.

El contenido y la posibilidad de la enseñanza divina

Hasta ahora hemos visto algo del papel único de Dios y algunos de sus métodos dentro de la economía de la enseñanza divina. Sin embargo, en la conclusión de la sección anterior nos topamos con un doble problema fundamental, relacionado con nuestra finitud y nuestra caída. Nuestra caída agrava las dificultades ya presentes en nuestra finitud. Si es difícil para las criaturas pensar en Dios, que es increado e infinito, aún lo es más cuando huimos de las instrucciones de Dios y tratamos de sustituirlas por lo que se nos antoja. Entonces, ¿qué esperanza hay de que las criaturas finitas y caídas lleguen a conocer a Dios?

La esperanza es lo que Dios anuncia para los alumnos descarriados de Israel, que se extiende a los alumnos de Dios hoy. Dios promete que en el nuevo pacto escribirá su instrucción en el corazón de su pueblo (Jer. 31:33). Todo el pueblo de Dios, incluso los niños, serán instruidos por el Señor de una manera aún mayor que antes (Is. 54:13). Calvino dice que Dios "ensalza hiperbólicamente" esta forma mayor al decir que su pueblo ya no necesitará maestros humanos (Jer. 31:34).[27] Y eso es precisamente lo que se cumple en Cristo, nuestro "único maestro"

---

[27] Calvin, *Commentary on Jeremiah* 33:34.

(Mat. 23:10), y en el don del Espíritu Santo: "La unción que recibieron de Él permanece en ustedes, y no tienen necesidad de que nadie les enseñe" (1 Jn. 2:27). Esto sigue siendo cierto a pesar de que Cristo encarga a otros que lleven su enseñanza a las naciones (Mat. 28:19-20). Estos maestros no sustituyen a Cristo, sino que administran su actividad pedagógica (1 Cor. 4:1). Los administradores de la economía pedagógica de Dios solo pueden plantar o regar, mientras que Dios debe dar el crecimiento (1 Cor. 3:6-7). Agustín distingue así entre la enseñanza externa de los mayordomos y la enseñanza interna de Cristo: "El que enseña a los corazones tiene su cátedra en el cielo... El que enseña... es el maestro interior: Cristo enseña; su inhalación enseña".[28]

¿Cómo es esto, y qué dice sobre el problema de nuestra finitud y caída? ¿Cómo aborda la adaptabilidad de Dios estos desafíos? Plantearse estas preguntas es preguntarse cómo es posible la enseñanza divina, cuya consideración concluirá nuestra exposición de la economía pedagógica de Dios.

Las respuestas a estas preguntas surgen en el argumento inicial de la Primera Carta de Pablo a los Corintios, que los teólogos, y cada vez más los eruditos bíblicos modernos, reconocen desde hace tiempo que está impregnada de temas pedagógicos y apocalípticos. La preocupación de Pablo es animar a la Iglesia de Corinto a verse a sí misma desde la perspectiva de su unidad en Cristo, más que desde la de su apóstol o maestro humano favorito, y a vivir en consecuencia con generosidad y amor. Lo hace señalándoles el escándalo de la cruz de Cristo y cómo introduce una nueva forma de ser y una nueva forma de conocer a Dios que está en desacuerdo con las formas ordinarias de conocer y vivir.

En todo momento, Pablo mezcla cuidadosamente temas pedagógicos antiguos y estrategias retóricas, demostrando que es consciente de sí mismo como administrador dentro de una economía pedagógica más amplia. El argumento tiene mucho que decirnos sobre

---

[28] Augustine, *Homilies on the First Epistle of John 3.13* (WSA III/14:63).

nosotros mismos como aprendices y sobre Dios como maestro si examinamos brevemente el contenido y la forma de la enseñanza de Dios y cómo esta responde a nuestra finitud y caída.

Contenido y forma

Según Pablo, en el acto central de enseñanza divina del nuevo pacto, Dios ha revelado su "sabiduría oculta", que "desde antes de los siglos predestinó para nuestra gloria" (1 Cor. 2:7; Is. 28:16). Pablo proclamó por primera vez la sabiduría de Dios a la iglesia de Corinto en "la palabra de la cruz", "Cristo crucificado", que es "poder y sabiduría de Dios" (1 Cor. 1:18, 23-24). Ahora, entre los maduros, Pablo proclama esta misma sabiduría con palabras enseñadas por el Espíritu, "interpretando cosas espirituales a hombres espirituales" (1 Cor. 2:13). Aquí empezamos a ver tanto el contenido como la forma de la enseñanza divina, que giran en torno a la sabiduría de Dios. Cuando recordamos nuestro argumento del capítulo anterior, vemos que la sabiduría de Dios se revela en el mismo lugar que su gloria: La crucifixión de Cristo, cuando es levantado (Jn. 8:28; 12:45), que también incluye una referencia anticipada a su resurrección (cf. 1 Cor. 2:8; 15:1-8). En efecto, la sabiduría cruciforme de Dios nos revela "al Señor de gloria" (1 Cor. 2:8).

El contenido de la enseñanza divina es, por tanto, la sabiduría de Dios, pero existe en dos formas distintas: secreta y oculta en el consejo divino, y proclamada públicamente en la palabra de la cruz de Cristo, que promulga el consejo de Dios (Ef. 3:11). Por eso todos los "tesoros de la sabiduría y de la ciencia" están escondidos en Cristo, como enterrados en un campo (Col. 2:3; cf. Mat. 13:44). Puesto que estos tesoros se encuentran en Cristo crucificado y resucitado, toda la sustancia de la sabiduría que Dios necesita enseñarnos está prácticamente contenida en el Evangelio.²⁹ De ahí que Pablo no conozca "nada... excepto a Jesucristo, y Este crucificado" (1 Cor. 2:2).

La atención de Pablo no está tan restringida como enfocada: no es que no haya nada más que saber sobre Dios aparte de la glorificación de Cristo en y a través de la cruz, sino que todo lo demás que hay que saber se extrae de la cruz como del pozo más profundo. En su alegría, Pablo da todo lo que tiene para comprar este campo. Lo que aprendemos de Dios, como sus perfecciones (p. ej., sabiduría y poder) o su providencia (cf. Gen. 22:8), se aprende al pie de la cruz: "Cristo colgado de la cruz es como un maestro en su cátedra".³⁰ Y si Dios enseña su sabiduría desde la cruz, entonces la forma de la instrucción de Dios debe tener un profundo significado pedagógico que requiere nuestra atención. En el reino de Dios los primeros serán los últimos y los últimos los primeros. A Dios le agrada ocultar su gloria en lo que no es glorioso. También esconde su sabiduría y su poder bajo la apariencia de la necedad y la debilidad (Mat. 11:25-26; 1 Cor. 1:21-23; cf. 2 Cor. 4:7). Explorar dos hilos entrelazados del complejo argumento de Pablo mostrará cómo la pedagogía de Dios responde a nuestra finitud y caída en el mismo aliento.

Posibilidad

Uno de los hilos argumentales de Pablo se refiere al modo en que un Dios infinito se comunica con criaturas finitas. Ya hemos visto la unicidad de Dios como maestro, que pone de relieve la aseidad de Dios, puesto que enseña a todos, pero no es enseñado por nadie (Rom. 11:34). La unicidad de la enseñanza de Dios refleja la relación creadora de Dios con las criaturas: nosotros somos creados, Dios es increado; nosotros somos finitos, Dios es infinito; nosotros somos enseñados, Dios es

---

²⁹ Para más contexto sobre la historia de la interpretación relativa a la "sabiduría" de Dios aquí, véase S. E. Harris, *God and the Teaching of Theology*, 87-103.

³⁰ Aquinas, *Commentary on the Gospel of St. John 19.4.2441*; cf. Augustine, *Homilies on the Gospel of John 119.2*; Aquinas, *STh* I.46.4.resp.

maestro. En esta línea, Pablo alaba el inmenso e incomprensible entendimiento de Dios en términos de "la profundidad de las riquezas y de la sabiduría y del conocimiento de Dios" (Rom. 11:33; cf. Is. 40:13; 1 Cor. 2:16).[31]

Sin embargo, el incomprensible Dios es comprensible para sí mismo, pues el Espíritu "lo escudriña todo, hasta las profundidades de Dios... Nadie comprende los pensamientos de Dios, sino el Espíritu de Dios" (1 Cor. 2:10-11; cf. Dan. 2:22).[32] Tal vez sea un eco de la afirmación de Jesús sobre el conocimiento único del Padre: "Nadie conoce al Hijo, sino el Padre, ni nadie conoce al Padre, sino el Hijo" (Mat. 11:27). Juntas, estas afirmaciones sugieren una verdad básica: la enseñanza divina nos llega desde las profundidades inconmensurables del conocimiento de Dios, que pertenece al Padre, al Hijo y al Espíritu Santo.[33]

Sin embargo, Dios quiere compartir este conocimiento y ser conocido. Aunque "nadie" conoce al Padre sino el Hijo, y "nadie" comprende los pensamientos de Dios sino el Espíritu de Dios, sin embargo, Dios es conocido por aquellos "a quienes el Hijo quiere revelárselo" (Mat. 11:27), y "hemos recibido... el Espíritu que viene de Dios, para que conozcamos lo que Dios nos ha dado gratuitamente" (1 Cor. 2:12). Los verbos "querer" y "dar gratuitamente" muestran que a Dios solo se le conoce por su voluntad y don. Nuestro conocimiento es "de Dios" y depende de su gracia, y por eso mismo podemos conocer las profundidades de Dios en la medida en que Dios las da a conocer. Dicho esto, Dios sigue siendo inagotable, de modo que no conocemos a Dios como Dios conoce a Dios (cf. Jn. 6:45-46; 1:18). Dios es incomprensible, pero no desconocido.

---

[31] Véase Cranfield, *Romans 9-16*, 589; Schreiner, *Romans*, 633-34.

[32] Sobre el trasfondo apocalíptico, relevante para la pedagogía de Dios tal como la hemos presentado, véase Wolff, *Der erste Brief des Paulus an die Korinther*, 58-59.

[33] Sobre el conocimiento de Dios, véase Aquinas, *STh* I.14; Mastricht, *Theoretical-Practical Theology* 1.2.13; Bavinck, *Reformed Dogmatics*, 2:191-210; sobre las cualidades de la sabiduría divina y humana en la historia de la interpretación, véase S. E. Harris, *God and the Teaching of Theology*, 69-86.

Cuando pasamos a preguntarnos cómo pueden las criaturas finitas comprender al Dios infinito, nos enfrentamos directamente al problema de nuestra finitud. La voluntad de Dios es, una vez más, nuestra guía. Como receptor de la sabiduría de Dios y administrador de la enseñanza divina "por voluntad de Dios" (1 Cor 1:1; 4:1), Pablo habla de la "sabiduría de Dios en misterio, la sabiduría oculta que, desde antes de los siglos, Dios predestinó para nuestra gloria" (1 Cor. 2:7). *Dios quiere enseñar* su sabiduría oculta por medio de profetas y apóstoles, para nuestra gloria. Y si Dios no quiere nada en vano, entonces Dios no enseña en vano; por tanto, *Dios quiere ser comprendido*. Pero ¿cómo puede un Dios infinito ser comprendido por criaturas finitas? Tomando prestada una de las imágenes de Jesús, ¿cómo puede un pastor tener un trato racional con las ovejas? Lo absurdo de la imagen insinúa la maravilla de la enseñanza divina: de algún modo, el pastor se traduce a sí mismo a las ovejas.

Como muchos antes que él, Calvino concluye que esto sucede cuando Dios adapta su autoconocimiento infinito a categorías finitas y formas lingüísticas que podemos entender. Lo increado adquiere forma creada. Por tanto, el contenido de la sabiduría de Dios sigue siendo el mismo mientras distinguimos entre su forma increada e infinita y su extensión creada y finita hacia nosotros. Pero la actividad docente de Dios no se completa simplemente porque Dios hable en categorías accesibles a nuestras mentes creadas, porque seguimos necesitando la ayuda de Dios para comprender a Dios. Después de todo, no todos reciben la palabra de la cruz como sabiduría de Dios. La instrucción de Dios sigue siendo inaccesible para quienes rechazan a Dios como maestro.

Esta última idea nos lleva a la forma en que la sabia adaptación de Dios responde a nuestra caída, donde la enseñanza divina emerge realmente en su poder de derribar el mundo. Aunque Dios adapta la forma de su sabiduría al entendimiento humano, esta forma es contraintuitiva: sabiduría disfrazada de necedad, poder en la debilidad. El significado pedagógico de este hecho radica en cómo sirve a los propósitos de Dios de crear un público para sí mismo. La palabra de la cruz representa una inversión inesperada de los modos ordinarios de percepción, tanto al relativizar las mentalidades individualistas y subjetivas como al trastornar dicotomías estándar como poder y debilidad. El efecto de la palabra disruptiva de Dios es separar a sus posibles destinatarios en tres categorías, que Pablo describe como ofensa y posiblemente incredulidad (Is. 8:14; 1 Ped. 2:8), disputa y burla (Hch. 17:32; 25:19), o asombro y maravilla (1 Cor. 1:24-25). Si no fuera por la gracia de Dios, todos pertenecerían a uno de los dos primeros grupos.

Aunque Dios enseña en una forma adaptada al entendimiento de las criaturas, nuestras capacidades y criterios de percepción son hostiles a la enseñanza divina. Por eso, los que se aferran a sus criterios preconcebidos "perecen", y por eso la palabra de la cruz les parece una necedad (1 Cor. 1:18). Confunde a los griegos que buscan sabiduría y a los judíos que buscan espectaculares muestras de poder (1 Cor. 1:22-23). Relativiza la enseñanza elitista de filósofos, escribas y polemistas, que pertenecen a "este siglo", como los gobernantes que condenaron a muerte a Cristo (1 Cor. 1:20; 2:8).[34]

Con su enseñanza, Dios avergüenza todas las expectativas y percepciones propias de "este siglo" (1 Cor. 1:20). Revelándose fuera de las antítesis habituales de sabiduría y necedad o poder y debilidad, Dios demuestra en cambio su sabiduría y poder en la necedad y debilidad de la cruz de Cristo.[35] Por consiguiente, quienes perciben la verdad de la cruz, quienes ven la gloria de Dios en ella y a través de ella, no pueden vanagloriarse de su estatus ni de sus logros, sino solo en el Señor (1 Cor. 1:26-31). No hay nada en los destinatarios de la

---

[34] Véase D. L. White, *Teacher of the Nations*, 110-12. Véase Thiselton, *The First Epistle to the Corinthians*, 233-39, sobre el significado de "gobernantes" (ἄρχων) en 1 Cor. 2:6, 8.

[35] Nótese la especificidad de todo esto: El poder y la sabiduría de *Dios en la cruz de Cristo*. Dios no inicia simplemente una búsqueda dialéctica de realidades generales como el poder y la sabiduría en sus opuestos; la inversión sigue el modelo del reino de Dios.

enseñanza de Dios que los haga aptos para ella, como el saber, el estatus o el prestigio. Como en la creación, Dios no necesita materiales preexistentes porque crea algo nuevo (1 Cor. 1:28). Los que responden a la palabra de la cruz con asombro y gratitud lo hacen por la gracia de Dios.

Esta obra escatológica de Dios es la respuesta a nuestra caída. La enseñanza apostólica está "en misterio", es decir, "en palabras... enseñadas por el Espíritu", de modo que las verdades espirituales solo se "disciernen espiritualmente" (1 Cor. 2:7, 13-14).[36] Entendemos la enseñanza divina no por ingenio o hazaña humana, sino por el "Dios del cielo que revela los misterios" (Dan. 2:28), es decir, "por el Espíritu" (1 Cor. 2:10).[37] El Espíritu de Dios crea la audiencia de Dios. Por decreto soberano, Dios prepara sus misterios para quienes, a su vez, "lo aman" (1 Cor. 2:9; Is. 52:15). Este amor, dice Pablo más adelante, es paciente, bondadoso, humilde y "no se regocija de la injusticia, sino que se alegra con la verdad. Todo lo sufre, todo lo cree, todo lo espera, todo lo soporta" (1 Cor. 13:6-7).

En el lenguaje tradicional, del amor brotan las virtudes necesarias para ser un buen estudiante, como la docilidad, la humildad, la sencillez y otras.[38] Pero el amor es la consecuencia de la fe (Gal. 5:6). Así pues, lo que distingue a los que pueden ser enseñados de los que no lo son es lo mismo que separa a los "maduros" y "espirituales" (1 Cor. 2:6, 15) de los "niños" y meramente "mundanos" (2:14; 3:1): la "fe" (1:21; 2:5).[39] Y este es el don de Dios (Ef. 2:8), que nos concede la "mente de

---

[36] S. E. Harris, *God and the Teaching of Theology*, 38-44. Thiselton analiza los matices apocalípticos en *The First Epistle to the Corinthians*, 242-45.

[37] Brown, *The Cross and Human Transformation*, 31-64 (esp. 59-63), explora las tradiciones apocalípticas sobre el papel del Espíritu en el conocimiento.

[38] Las virtudes relacionadas con ser enseñable están incluidas en el noveno mandamiento: "No darás falso testimonio contra tu prójimo" (Dt. 5:20); cf. Ursinus, *Commentary on the Heidelberg Catechism*, 600-605. Otra discusión más amplia sobre las virtudes necesarias para el razonamiento bíblico se encuentra en Buenaventura, *Collations on the Six Days* 1.2-9.

[39] Fitzmyer, *First Corinthians*, 170.

Cristo" (1 Cor. 2:16). La "mente" en cuestión aquí es toda una nueva forma de percibir, un nuevo *habitus*.[40]

Según Pablo, la enseñanza divina no se limita a adaptarse a nuestras formas finitas de conocer, sino que transforma nuestro entendimiento. La enseñanza interior de Dios crea una mente nueva para que el Espíritu instruya. La obra de adaptación de Dios encuentra así su público creándolo. La adaptación de Dios es más extraña y profunda que cualquier otra pedagogía. Es cierto que Dios adapta la forma de su sabiduría en función de su auditorio y de sus circunstancias. Pero la cruz de Cristo nos muestra que la primera realidad que Dios "adapta" es el propio auditorio. Por obra de Dios, nos hacemos capaces de recibir su paradójica sabiduría.

Lo que vemos en la argumentación de Pablo a lo largo de los primeros capítulos de 1 Corintios es cómo, a partir de las inagotables riquezas de Dios, este nos proporciona generosamente todas las cosas en Cristo para que seamos enseñados por su Espíritu (cf. 1 Jn. 2:6). Dios nos enseña su sabiduría, pero la forma de su instrucción entreteje los elementos adaptativos, graduales y formativos en una síntesis asombrosa. Dios enseña a través de la locura que es sabiduría y se revela en la debilidad que es poder. En la plenitud de los tiempos, al final de una economía gradual de la enseñanza divina, Dios invierte las expectativas y las normas de esta era e introduce la era venidera.

Su adaptación a nuestras necesidades va más allá de nuestra condición de criaturas, desarraigando radicalmente nuestra pecaminosa falta de ser enseñables y formándonos como aquellos a quienes se les ha dado entendimiento para que nos guardemos de los ídolos (1 Jn. 5:20-21). Todo esto conduce a lo que Cristo desea, que veamos su gloria (Jn. 17:24). Así pues, la sabiduría de Dios está decretada para nuestra gloria, para que conozcamos al "Señor de la gloria" y su resurrección (1 Cor. 2:7-8; 15:3-8; Fil. 3:10-11, 21). Solo sobre esta base la enseñanza divina no solo es posible, sino también eficaz y real.

---

[40] Cf. Thiselton, *The First Epistle to the Corinthians*, 275-76.

Conclusión

En este capítulo hemos visto que nuestra atención a la Sagrada Escritura se produce en el marco más amplio de la economía divina en la que Dios enseña a su pueblo. Mucho de lo anterior está implícito en la palabra "doctrina" o enseñanza. Si recordamos que los discípulos deben buscar siempre el rostro de Dios, podemos decir ahora que lo hacemos especialmente a través de la actitud enseñable que adoptamos ante la Escritura. Y en la medida en que la *docilitas* es una apertura a la *doctrina*, entonces los acercamientos didácticos a la Sagrada Escritura están abiertos a la doctrina celestial de Cristo el Maestro (*doctor*). Parte de la pedagogía de Dios consiste en crear un público enseñable, de modo que la virtud de la docilidad es un don de la gracia de Dios. Calvino recuerda célebremente cómo Dios "mediante una conversión repentina sometió y ordenó mi corazón a la docilidad".[41] La nota de la conversión nos recuerda que podemos buscar siempre el rostro de Dios solo si Dios nos busca primero: "Me he descarriado como oveja perdida; busca a Tu siervo" (Sal. 119:176).

Entre las muchas cosas que requiere la docilidad están nuestra atención y nuestra intención. Los lectores de la Escritura que aprenden ponen su atención en Dios, se deleitan en Él y meditan en su Palabra día y noche (Sal. 1:1-2; 119:16, 24, 35, 47, 62). Esta atención es fundamentalmente receptiva y no autónoma. La docilidad también compromete nuestra voluntad, suscitando "el deseo de aprender".[42] La sabiduría y el conocimiento de Dios están ocultos en Cristo, y por eso los lectores dóciles buscan esos tesoros con diligencia (cf. Mat. 13:44). Con el salmista, debemos orar: "Con todo mi corazón te he buscado... en mi corazón he atesorado Tu palabra" (Sal. 119:10-11). También en

---

[41] Calvin, *Commentary on the Psalms* (*CO* 31:22 TA).
[42] Calvin, *Institutes of the Christian Religion* 3.2.5; cf. Augustine, *On Christian Teaching* 2.9.

este caso, el maestro nos enseña a enseñar con su ejemplo, pues Jesús aprendió la obediencia con lo que padeció (Heb. 5:8).

Educados por la gracia de Dios a la docilidad, "abandonamos el dominio del texto" y buscamos más bien ser dominados por la obra de Dios en las palabras de Dios.[43] Debemos estar abiertos a la doctrina en el sentido que la palabra adquiere dentro de la economía pedagógica de Dios: La enseñanza de Dios sobre sí mismo, a través de sí mismo, que tiene como meta la comunión con Él en la vida eterna. Si nuestra lectura de la Escritura se resiste o cercena de algún modo este objetivo, entonces habita en una economía alternativa y se sienta bajo otro maestro. Por esta razón, ha sido necesario examinar el contexto más amplio en el que la Iglesia aprende de las Escrituras.

Sin embargo, una advertencia: la pedagogía divina no es un ácido universal que quema a través de cada texto de la Escritura, limpiando los detalles particulares para aislar solo lo que es relevante para las preocupaciones doctrinales formales. Debemos hacer justicia por igual a las preocupaciones inmediatas de los textos y a su función en la pedagogía de Dios con nosotros, lectores contemporáneos. Por un lado, Dios puso a prueba a Israel y juzgó sus fracasos; por otro, estos mismos acontecimientos cumplen una función más amplia en la economía pedagógica de Dios: "Estas cosas les sucedieron como ejemplo, y fueron escritas como enseñanza para nosotros, para quienes ha llegado el fin de los siglos" (1 Cor. 10:11).[44] Dios disciplinó realmente a su pueblo por sus pecados, tal como se merecían.

Sin embargo, estos episodios *también* forman parte de nuestra educación, por lo que se conservan en el plan de estudios de las Escrituras. Dicho de otro modo: el reconocimiento de la pedagogía de Dios no autoriza una forma de exégesis análoga a una cristología

---

[43] Webster, *Holy Scripture*, 101.
[44] Calvino: "De esto no se sigue que estos castigos no fueran verdaderos castigos de Dios, apropiados para su corrección en aquel tiempo, sino que, así como Dios infligió entonces sus juicios, así quiso que se guardasen siempre en la memoria para nuestra instrucción" (*Commentary on the Epistles of Paul the Apostle to the Corinthians* 1 Cor. 10:11).

meramente ejemplar, como si todo lo que Jesús dice y hace fuera un mero cuento moralista.

La pedagogía divina no se reduce a uno de sus elementos, ya sean sus características adaptativas, graduales y formativas u otras. Más bien, la pedagogía de Dios nos recuerda que en todo lo que Dios hace por nosotros y por nuestra salvación —actos genuinos de juicio y misericordia, salvación y revelación— Dios *también* nos está instruyendo cuidadosamente sobre sí mismo y sobre su voluntad. Otra forma de decirlo es que todo lo que Dios dice y hace es revelador en algún sentido. Esto es lo que hemos articulado en nuestro segundo principio. Entendiendo el objetivo de la pedagogía de Dios, podemos comprender más fácilmente el objetivo de Dios en cualquier parte concreta de la Escritura: conducirnos a la visión de la gloria de Cristo de manera adaptativa, gradual y formativa. La exégesis es, por lo tanto, ineludiblemente doctrinal en el sentido de que es instrucción de Dios, nuestro maestro y pedagogo.

§3. EL PLAN DE ESTUDIOS DE CRISTO: LA FUENTE Y LA PRÁCTICA DEL RAZONAMIENTO BÍBLICO

> **Principio 3:** La Escritura es la forma inspirada y textual de la enseñanza de Cristo en la que Él se hace presente a su pueblo a través del tiempo y el espacio, guiándonos hacia la sabiduría.
> **Regla 1:** Para responder correctamente a las presiones pedagógicas de Dios en su Palabra, lee la Escritura como una unidad, interpretando sus partes a la luz del conjunto y entendiendo el todo como un testimonio armonioso de Dios y de sus obras.
> **Regla 2:** Para comprender la gramática y la sintaxis teológicas de la Escritura, hay que leerla de tal modo que se aprenda cómo sus diversos discursos forman y presuponen una visión teológica más amplia.

En los dos capítulos anteriores hemos considerado el propósito del discipulado —es decir, la visión beatífica— y su contexto, la economía de la enseñanza divina en la que Dios nos conduce a este fin. Este capítulo concluye la primera parte sintetizando brevemente estos principios y preparando el escenario para los capítulos sobre las reglas que siguen en la segunda parte. Nuestra tarea en este capítulo es hacer explícita una afirmación que hasta ahora solo ha estado implícita: la relación mutuamente informativa y recíproca, aunque asimétrica, entre exégesis y teología. Apoyar esta afirmación será el objetivo del resto del libro.

En resumen, describimos esta relación mutuamente informativa entre exégesis y teología como "razonamiento bíblico", que John Webster define como "la aprehensión reflexiva del intelecto redimido del discurso evangélico de Dios a través de la embajada de la Escritura, capacitada y corregida por la presencia de Dios, y que tiene como fin la comunión con Él".[1] El papel central de la Escritura, ya insinuado en los dos capítulos anteriores, debe hacerse ahora más explícito.

Cuando mantenemos ante nosotros la actividad docente de Dios, entonces nuestro razonamiento bíblico se sitúa dentro de una economía más amplia ordenada hacia determinados fines pedagógicos. El fin principal es la visión bienaventurada de la gloria de Dios en Cristo. Al concentrarnos en la enseñanza y la pedagogía de Dios, hemos captado algunas de las vías por las que Dios nos conduce a esta visión. En términos generales, la pedagogía de Dios es adaptativa, gradual y formativa. No solo nos habla con palabras y hechos para que las criaturas puedan entender, sino que también transforma a su audiencia para que podamos ser enseñados.

Del mismo modo que Cristo nos invita a contemplar su gloria por la fe en el "rostro de Dios actualmente"[2] —la Sagrada Escritura—, también la Escritura funciona como el texto principal del plan de estudios. Como dice Calvino, la Escritura es el "don especial, en el que Dios, para instruir a la Iglesia, no solo se sirve de maestros mudos, sino que también abre sus propios labios santísimos".[3] La Sagrada Escritura es la voz del propio Maestro, por lo que desempeña un papel central en la enseñanza divina.

---

[1] Webster, "Biblical Reasoning", 128. Kevin Vanhoozer también ha defendido una explicación del "razonamiento bíblico" muy parecida a ésta en *Remythologizing Theology*, 187-98.

[2] Augustine, *Sermon* 22.7 (WSA III/2:46).

[3] Calvin, *Institutes of the Christian Religion* 1.6.1.

Entre otras cosas, como veremos más claramente a continuación, esto significa que el razonamiento bíblico no puede describirse sin apelar a la presencia y actividad de Dios. Pero, más en relación con nuestros propósitos actuales, Dios también nos enseña a través de diversas acciones autoritariamente atestiguadas en la Escritura y realizadas por ella.[4] Encontrarnos en una economía pedagógica es abrirnos a las múltiples posibilidades que tales acciones nos ofrecen: advertir, reprender, animar, guiar, consolar, mover a la acción, motivar los afectos, refinar la comprensión de la fe (*intellectus fidei*), y más. Aunque el espacio nos impide desarrollar una teología exhaustiva de la Escritura y su interpretación, exploraremos ahora algunas de las formas en que una teología de la Escritura, situada dentro de la economía pedagógica de Dios, influye en la tarea de la exégesis. Así comenzaremos a ver cómo se relacionan la exégesis y la teología.[5]

En otras palabras, este capítulo explora la naturaleza de la Escritura y su interpretación dentro del marco más amplio y la práctica del razonamiento bíblico. En el capítulo anterior investigamos la pedagogía de Dios, y ahora debemos reflexionar más directamente, aunque sea brevemente, sobre el medio central que Cristo utiliza para enseñar a su Iglesia: La Escritura. Para ofrecer un breve relato de la naturaleza e interpretación de la Escritura, examinaremos el carácter de la Escritura a la luz del ministerio actual de Cristo ascendido a la iglesia y cómo la exégesis es una respuesta a su pedagogía y, por tanto, está abierta a la enseñanza divina (*doctrina*). En primer lugar, dilucidaremos nuestro tercer principio examinando lo que el marco del razonamiento bíblico nos dice sobre la naturaleza y la función de la Escritura. Una vez que hayamos comprendido lo que es la Escritura, en la última sección examinaremos algunas consecuencias para la práctica del razonamiento

---

[4] La revelación de Dios siempre emplea una unidad de palabra y acto: Sanders, *The Triune God*, 37-68.

[5] Sobre la teología de la Escritura, véase en particular Bavinck, *Reformed Dogmatics*, 1:283-494; Warfield, *The Inspiration and Authority of the Bible*; Webster, *Holy Scripture*; Swain, *Trinity, Revelation, and Reading*.

bíblico, que nos conducirán a nuestras dos primeras reglas relativas a la interpretación de la Escritura.

El marco del razonamiento bíblico

En el capítulo anterior examinamos el contexto más amplio en el que buscamos el rostro del Señor a través de la Escritura, que es la economía de la enseñanza divina. En esta sección se retoma la discusión en el punto en que se quedó, examinando más detenidamente la Sagrada Escritura y su interpretación a la luz de la economía divina. Puesto que buscamos el rostro del Señor dentro de una economía de la enseñanza divina, y puesto que intentamos meditar en la gloria de Cristo por la fe a través de la lectura de las Escrituras, ¿cómo informa esta economía divina al razonamiento bíblico?

Para responder a esta pregunta, debemos examinar primero qué es la Escritura en la economía divina y, solo después, cómo afecta esto al razonamiento bíblico, "la aprehensión reflexiva del intelecto redimido" de la Escritura. En esta sección, desentrañaremos nuestro tercer principio, que se refiere a la naturaleza y función de la Escritura en la economía: La Escritura es la forma inspirada y textual de la enseñanza de Cristo en la que Él se hace presente a su pueblo a través del tiempo y el espacio, conduciéndonos hacia la sabiduría.

La naturaleza de las Escrituras

Al pasar a considerar la naturaleza y la función de la Sagrada Escritura en la economía divina, podemos aprender mucho del retrato de Cristo y la Escritura en el Apocalipsis, el último libro del canon. Lo primero que hay que observar es cómo la naturaleza de la Sagrada Escritura viene determinada en gran medida por la relación del texto con su fuente. La apertura del Apocalipsis nos dice que es "la revelación de

Jesucristo, que Dios le dio, para mostrar a Sus siervos las cosas que deben suceder pronto" (Apo. 1:1).[6]

La fuente del mensaje es Jesús (Apo. 22:16), el que revela al Padre (Luc. 10:22) porque da a conocer lo que ha "visto" y "oído" del Padre (Jn. 1:18; 15:15). Juan, por su parte, es un "siervo", por lo que su testimonio depende y está al servicio del "testimonio de Jesucristo" (Apo. 1:2; cf. Jn. 8:18). Tanto Juan como Jesús son testigos, pero en un orden determinado. En su testimonio, Jesús y Juan se sitúan en una relación de testigo primario a testigo secundario, de fuente a receptor. Así, Juan escribe sobre lo que ha visto, lo que es y lo que sucederá, en conformidad con la actividad de Jesús, "el que es y que era y que ha de venir" (Apo. 1:8, 19). En primer lugar, vemos que la Sagrada Escritura es una forma de testimonio humano que depende del testimonio divino. Es un testimonio humano que deriva del Dios trino y está determinado por Él.

Además, este testimonio humano toma forma escrita. La forma del testimonio de Juan es textual: en el Espíritu, Juan oye una "gran voz, como sonido de trompeta" que le ordena "escribir" lo que ve y distribuirlo a las iglesias (Apo. 1:10-11).[7] El hecho de que Juan esté "en el Espíritu" indica la inspiración divina de su profecía (Apo. 4:2; 17:3; 21:10; Eze. 3:12).[8] Como los profetas que le precedieron, obedece en medio de esta inspiración y nos proporciona así el Apocalipsis (cf. Jer. 1:7-9; Eze. 2:8-3:4).[9] Así también, bajo la guía del Espíritu, los apóstoles obedecen el mandato de Cristo de ir a las naciones, bautizando, discipulando y enseñando (Mat. 28:19-20; Luc. 1:1-4; Jn. 20:30-31). El resultado orgánico de esta obediencia son los documentos

---

[6] Como deja claro el libro en su forma general, el genitivo Ἰησοῦ Χριστοῦ ("de Jesucristo") es subjetivo, lo que significa que Jesús es quien hace la revelación. Véase Koester, *Revelation*, 211.

[7] Cada "fuerte voz" del Apocalipsis es significativa (Apo. 1:10; 8:13; 10:4; 11:12; 12:10). Cada una de ellas contiene profundas alusiones al Antiguo Testamento (Ex. 19:16; 20:18; 2 Sam. 6:15; Sal. 47:5; Joel 2:1; Zac. 9:14; Heb. 12:18-19). Véase, además, Koester, *Revelation*, 244.

[8] Bauckham, *The Theology of the Book of Revelation*, 115.

[9] Sobre este tema en Jeremías, véase Shead, *A Mouth Full of Fire*.

del Nuevo Testamento. El carácter de su inspiración crea una identidad entre el discurso de Dios y las palabras humanas de sus profetas y apóstoles comisionados. Lo que dice la Escritura, lo dice Dios.[10] De ahí que Pablo pueda decir, en una afirmación representativa, que su enseñanza no es mera palabra humana, sino "palabra de Dios" (1 Tes. 2:13).

En Apocalipsis esto se pone de manifiesto de forma sorprendente: cada una de las siete cartas que Juan escribe a las iglesias, que personifican la profecía en su conjunto, es simultáneamente algo que "el Espíritu dice a las iglesias" (Apo. 2:7, 11, 17, 29; 3:6, 13, 22) y algo que Jesús dice (Apo. 2:1, 8, 12, 18; 3:1, 7, 14). En la relación de siervo de Juan con el Señor encontramos que, para adaptar un dicho de Wallace Stegner, el Apocalipsis es como el resto de la Escritura, solo que más: "hombres inspirados por el Espíritu Santo hablaron de parte de Dios" (2 Ped. 1:21). Las palabras inspiradas de los profetas y apóstoles siguen siendo humanas, con todas sus características esencialmente humanas. Pero son también las palabras de Jesús, el discurso del mismo Dios trino. Como tal, la Sagrada Escritura es autotestimonio divino, y ocupa un lugar único y central en el plan de estudios de la economía pedagógica de Dios. Como maestro de la Iglesia, Jesucristo nos proporciona una forma textual y mediada de su instrucción, consintiendo "encarnarse y expresarse a través de letras, sílabas y sonidos... según el principio de adaptación" (συγκατάβασις).[11]

Más allá de crear una forma escrita de su testimonio a través de los profetas y apóstoles, Jesús también permanece presente ante su pueblo en y a través de ese discurso mediado.[12] Como pronto descubriremos, Juan está contemplando el ascenso del Hijo a la diestra del Padre donde, sorprendentemente, el Hijo se está moviendo libremente a través del

---

[10] Véase, por ejemplo, el detallado, esclarecedor y aún relevante trabajo de Warfield, "'It Says:' 'Scripture Says:' 'God Says'".

[11] Maximus the Confessor, *Ambiguum* 33.2 (Constas, 2:64-65, modificado).

[12] Como observa Webster, "la inspiración verbal es una extensión (no una sustitución) de la teología de la instrucción divina" ("On the Inspiration of Holy Scripture", 246).

tiempo y el espacio. Juan se vuelve para ver la voz y en su lugar ve "siete candelabros de oro.

En medio de los candelabros, vi a uno semejante al Hijo de Hombre" (Apo. 1:12-13). Esta imagen representa la presencia ilimitada de Cristo en todas las iglesias de dos maneras. En primer lugar, el número siete transmite la idea de perfección o plenitud (cf. Gen 2:2-3). Y como Jesús le dice a Juan, "los siete candelabros son las siete iglesias" en medio de las cuales él camina (Apo. 1:20; cf. 1:13; 2:1).[13] Al representar a las "siete" iglesias, los candelabros representan a *todas* las iglesias, lo que el Credo de los Apóstoles designa como una, santa, iglesia *católica*, que incluye al pueblo de Dios a través del tiempo y del espacio.

En segundo lugar, los candelabros eran de especial importancia para el lugar santo del tabernáculo. Se ordenó a Aarón que colocara las "lámparas" para alumbrar "delante del candelabro", de modo que la luz y el fuego, símbolos de la presencia de Dios, brillaran sobre los doce panes de la proposición, que representaban a las doce tribus de Israel (Num. 8:2; Lev. 24:4-6). Esto simbolizaba cómo, a través de la mediación de los sacerdotes, Dios bendeciría a su pueblo y lo guardaría, haría brillar su rostro sobre él y tendría piedad de él, alzaría su rostro hacia él y le concedería la paz (Num. 6:24-26).[14] En un nivel más profundo, los candelabros sirven para subrayar la presencia de Cristo en las iglesias.

En conjunto, la imagen de los siete candelabros representa la revelación profética y apostólica de Cristo: Jesús, con su Iglesia siempre, otorgando la bendición de la presencia de Dios a través de su ministerio sacerdotal en su favor (Mat. 28:20; Heb. 7:25; 9:24).[15] La

---

[13] Juan también menciona los "siete candelabros" cuatro veces, posiblemente significando las cuatro esquinas de la tierra (cf. Leithart, *Revelation 1-11*, 102).

[14] Morales, *Who Shall Ascend the Mountain of the Lord?*, 15-17.

[15] "Lámpara" (λύχνος) se utiliza tres veces en un importante contraste: Babilonia explota a las naciones y por eso "ninguna luz de la lámpara alumbrará más en ti" (Apo. 18:23); pero la nueva Jerusalén estará llena de la luminosa gloria de Dios: "el Cordero es su lumbrera, y "las naciones andarán a su luz" (21:23-24; 22:5). Bauckham, *The Theology of the Book of Revelation*, 131-32. Este contraste

Escritura no es, por tanto, un documento inerte que Jesús deja antes de irse de vacaciones. Al contrario, la Escritura es un instrumento en sus manos, y como tal es "viva y eficaz" (Heb. 4:12).

El Apocalipsis se explaya sobre la presencia de Jesús con las iglesias al presentarnos su actividad en sus tres funciones de profeta, sacerdote y rey. Para ver esto, no necesitamos mirar más allá de la visión de Juan de la investidura real del Señor en el cielo tras su ascensión.[16] Antes de esta visión, Juan ve el cielo abierto y oye la voz de Jesús: "Sube acá y te mostraré las cosas que deben suceder después de estas" (Apo. 4:1). Poco después, ve en la mano derecha de Dios un rollo sellado con siete sellos y oye a un ángel que pregunta si alguien es digno de abrirlo (Apo. 5:1-2). Es importante comprender qué es el rollo, quién es digno de abrirlo y por qué.

El rollo ha suscitado muchos comentarios porque se describe de diversas maneras que aluden a distintas escenas del Antiguo Testamento. Tiene palabras en el anverso y el reverso, como las tablas de la ley (Ex. 32:15) y el rollo de Ezequiel que tuvo que comer (Eze. 2:9-3:3; cf. Sal. 19:7-10). Está sellado, como el libro de Daniel que no debe abrirse "hasta el tiempo del fin" (Dan. 12:4), o la visión de Isaías que no puede recibirse hasta el día en que "los sordos oirán las palabras de un libro, y desde la oscuridad y las tinieblas los ojos de los ciegos verán" (Is. 29:18; cf. vv. 11-12).[17] Hay que dejar que la ambigüedad diga algo antes de movernos demasiado deprisa a asociar las imágenes con una referencia concreta. De hecho, es probable que todas estas alusiones estén en juego si la Ley y los Profetas nos remiten a Cristo (Mat. 17:3-5; Rom. 10:4).

A medida que se desarrolla la escena de investidura, vemos a Cristo tomar el libro en la mano como el verdadero rey davídico que mantiene cerca el testimonio de Dios (Dt. 17:18-20; Jos. 1:7-9). Es un libro de

---

sugiere que la amenaza de Jesús de quitar un candelabro (Apo. 2:5) es como su juicio sobre Babilonia, que será reducida a la nada (Apo. 17-18).

16 Sobre la escena como investidura, véase Aune, *Revelation 1-5*, 336-38.

17 Aune, *Revelation 1-5*, 341-46, analiza estas muchas opciones.

leyes, conquistas y profecías: Jesús lo abrirá para gobernar a su pueblo del pacto (Ex. 24:1-8), para aplastar a los ídolos como hizo Josías (2 Rey. 22:8-23:25) y para revelar lo que ha estado oculto, pero ahora está abierto (Dan. 12:4).[18] Como al principio de su ministerio, Jesús es el digno de abrir y exponer el rollo porque lo cumple como su sustancia (Luc. 4:16-21; Heb. 1:2).

Jesús es "digno" porque es el Cordero cuya sangre rescató al pueblo de Dios de nuestros enemigos, convirtiéndonos en un reino de sacerdotes (Apo. 5:9-10).[19] Su cumplimiento del plan de Dios de ejercer el dominio sobre el cosmos a través de sus portadores de imagen le hace especialmente idóneo para abrir las Escrituras en toda su amplitud (Sal. 8:3-8; Heb. 2:5-18; 1 Cor. 15:21-27).[20] Su muerte y resurrección son, después de todo, "conformes a las Escrituras" (1 Cor. 15:3-4). Jesucristo revela misterios que, de otro modo, estarían ocultos a nuestro entendimiento (Ef. 1:9-10; 3:11).

Como profeta, Jesús habla la palabra de Dios; como rey, Jesús gobierna por la palabra de Dios; como nuestro "misericordioso y fiel sumo sacerdote" (Heb. 2:17), Jesús quita el "velo" que de otro modo cubre nuestros corazones cuando leemos a Moisés (2 Cor. 3:12-18; 4:6). Cristo sigue siendo el "supremo expositor de la Escritura divina".[21] En este ministerio como nuestro profeta, sacerdote y rey, Jesús nos conduce con la Escritura a contemplar la gloria de Dios en su rostro. Por tanto, la Escritura no es solo la palabra escrita de Dios, sino también un instrumento en manos del Maestro, inseparable de su presencia y actividad.

---

[18] Leithart, *Revelation 1-11*, 253-55. La Escritura es, por lo tanto, un ejemplo de "lenguaje en uso" (Ward, *Words of Life*, 77).

[19] Beale, *The Book of Revelation*, 351-55, 357-59, analiza el trasfondo pascual e isaiano de las imágenes del "Cordero", así como el significado de la conquista de Jesús a través de la muerte.

[20] Es este hecho el que, teológicamente, requiere el uso de la *regula fidei* —un resumen sucinto de la proclamación apostólica— en la interpretación. Véase Ferguson, *The Rule of Faith*; Swain, "Ruled Reading Reformed"; cf. Polanus, *Syntagma theologiae christianae* 1.45 (107c).

[21] Polanus, *Syntagma theologiae christianae* 1.45 (112a-b).

La localización económica de las Escrituras

Hasta ahora, el Apocalipsis nos ha permitido vislumbrar la naturaleza u ontología de la Escritura, especialmente en lo que se refiere a su papel en la economía de Dios. Por inspiración del Espíritu y bajo la supervisión de Jesús ascendido, la Sagrada Escritura es la Palabra de Dios que reside en las manos del Señor mientras sigue guiando e instruyendo a su pueblo para que podamos adorarle en espíritu y en verdad. Desde esta perspectiva, John Webster sostiene que debemos situar la Escritura en el tiempo y el espacio en relación con la economía divina de la enseñanza.[22] Desembalando cada una de estas "ubicaciones" introduciremos las consecuencias de la ontología y la función económica de la Escritura relevantes para el razonamiento bíblico.

En primer lugar, cuando entendemos las Escrituras en relación con la ascensión de Cristo y su ministerio continuo para y por la Iglesia, adquirimos un mayor sentido de su ubicación en el tiempo. El movimiento soberano de Jesús entre las iglesias atestigua su identidad como Dios eterno, por lo que no está confinado al pasado ni al futuro. Esto significa que la ubicación temporal de la Escritura es aquella en la que Jesús permanece presente para nosotros ahora. Los enfoques histórico-críticos de la Escritura asumen en gran medida un relato del tiempo no informado ni corregido por el Señor ascendido, presente y gobernante. En consecuencia, el texto suele tratarse como un artefacto de la antigua cultura religiosa accesible principalmente al oficio del historiador más que a la fe del discípulo.[23]

En este sentido, el texto se sitúa en el pasado. No cabe duda de que este texto se origina en el pasado, repleto de una historia material de su composición que puede estudiarse y analizarse con herramientas históricas (localización cultural, circunstancias históricas y sociales de

---

[22] Para lo que sigue, véase Webster, "Resurrection and Scripture", en *The Domain of the Word*, 32-49.
[23] Webster, "Resurrection and Scripture", 42.

autoría y recepción, etc.). Pero el texto es también algo más, a la luz de la inspiración del Espíritu y de la presencia de Cristo: habita en una economía divina en la que su ubicación temporal no es solo el pasado, sino también el presente, pues el Señor sigue hablando con estos textos a su iglesia ahora. De hecho, puesto que ambos públicos forman parte de la misma economía, la división entre públicos "originales" y "contemporáneos" es en realidad una distinción dentro del *único* público que es el pueblo de Dios (cf. Rom. 15:4; 1 Cor. 10:1-4).[24]

En segundo lugar, del mismo modo que Jesús se muda libremente a través del tiempo, tampoco está limitado por el espacio y, por tanto, no es absorbido por la iglesia, ni mucho menos por una congregación o tradición. La ubicación *social* de la Escritura es, por tanto, la iglesia universal que el Padre elige, que Jesús llama a la existencia y llena con su presencia, y que el Espíritu santifica y anima (Ef. 1:23). Dos consecuencias de esta ubicación social merecen nuestra atención. En primer lugar, la Escritura no puede ser absorbida por las prácticas de la iglesia ni hacerse depender de ella para suplir alguna insuficiencia. El Espíritu, no la Iglesia, "llevó consigo" las palabras de los profetas y los apóstoles (2 Ped. 1:21).

El Espíritu da forma textual a la voz de Cristo en la inspiración, y la iglesia es la escucha de esa voz que el Espíritu crea en la iluminación. Así pues, la Iglesia es la criatura de la Palabra de Dios, y no viceversa. De ahí que la Escritura exija una atención siempre nueva por parte de la Iglesia, porque contiene las palabras de vida con las que el Espíritu la renueva. En segundo lugar, los lectores deben ser necesariamente "católicos", agradecidamente receptivos a la generosa provisión divina de maestros a lo largo de la historia de la iglesia universal y más allá de las fronteras confesionales. "Porque todo es de ustedes", nos recuerda Pablo, ya sea el propio Pablo, Apolos, Pedro o cualquier otro maestro fiel, "y ustedes de Cristo, y Cristo de Dios" (1 Cor. 3:21-23).[25]

---

[24] Sarisky, *Reading the Bible Theologically*, 217-32.
[25] Véase S. E. Harris, *God and the Teaching of Theology*, 165-68.

La exégesis nunca debe aislarse de la sabiduría de los santos, pasados y presentes, pues también ellos son provisiones de la generosa pedagogía de Dios. El razonamiento bíblico es aquella forma de atención a la Escritura coherente con la naturaleza de la Escritura en estas ubicaciones temporales y sociales, autorizada por lo que el texto es en la economía pedagógica de Dios.

En esta sección hemos extraído del Apocalipsis un retrato representativo de lo que es la Escritura y de cómo funciona en la economía. La Escritura es el cetro del Señor Jesucristo resucitado, la forma escrita de su voz que la iglesia escucha y obedece. El texto inspirado es la palabra de Dios porque prolonga la actividad docente de Cristo resucitado en lugar de competir con ella. Cristo está presente a la iglesia en y a través de la enseñanza de los profetas y apóstoles, que son administradores de su economía. En todo ello, el gran profeta, sacerdote y rey de la iglesia se dirige, redime y gobierna a su pueblo para presentarlo sin mancha en su presencia.

Buscar el rostro del Señor es, por tanto, atender a la Escritura como un acto comunicativo en el presente que nos incorpora a la audiencia de la iglesia pasada y presente. El razonamiento bíblico encuentra su lugar, en primer lugar, en la economía de la enseñanza divina y, en segundo lugar, en contextos más próximos, como las corrientes particulares de la tradición. Ninguno de estos factores es un obstáculo para una buena exégesis. Por el contrario, son condiciones para ella: los oyentes de la Palabra son los destinatarios de *este* texto, en *este* contexto. En este contexto, ¿qué podemos decir de la práctica del razonamiento bíblico?

La práctica del razonamiento bíblico

Al pasar en esta sección a considerar la práctica del razonamiento bíblico, no estamos pasando tardíamente de asuntos más ligeros a otros de mayor peso. Cualquier cuestión sobre la práctica de la exégesis se basa en convicciones previas sobre la naturaleza y los fines de los intérpretes, así como sobre la naturaleza del texto y el contexto en el que puede ser recibido. Toda postura sobre cómo leer se basa en convicciones sobre quién lee y qué se lee. En términos teológicos, toda hermenéutica escritural implica una antropología y una bibliología.

En los dos capítulos anteriores hemos caracterizado a los lectores de las Escrituras como *discípulos* cuyo fin es la visión de la gloria de Cristo que Él comparte con el Padre y el Espíritu, y *estudiantes* que aprenden solo por la benévola adaptación de Dios. Y hasta ahora en este capítulo hemos considerado la naturaleza de la Escritura en el marco del razonamiento bíblico, la economía divina. Juan nos presenta una imagen del Cristo ascendido que atraviesa el tiempo y el espacio, hablando a todas las Iglesias a través de su autotestimonio escrito como su profeta, sacerdote y rey, y suscitando una alabanza y adoración debidamente ordenadas. De la condición de la Sagrada Escritura como viva vox *Christi* (voz viva de Cristo) en el Apocalipsis, vemos cómo es la *viva vox Dei* (voz viva de Dios). Solo ahora podemos preguntarnos: Teniendo en cuenta quiénes somos como lectores y cuál es el texto que leemos, ¿cómo es el razonamiento bíblico?

Por un lado, ninguna respuesta a esta pregunta estaría completa sin algunas consideraciones básicas. Leer bien requiere competencia en actos de escucha y comprensión, por lo que la exégesis se lleva a cabo mejor cuando se emplea una gama completa de habilidades lingüísticas, gramaticales, históricas y literarias, todas las cuales tienen estándares intelectuales de excelencia. Además, dado lo que hemos dicho en los capítulos anteriores, la exégesis teológica también implica fe, oración, docilidad, humildad, amor a la verdad, voluntad de obedecer y mucho más.[26]

---

[26] Para una lista representativa de tales instrucciones hermenéuticas, véase Polanus, *Syntagma theologiae christianae* 1.45. Más ampliamente a este respecto, véase East, "¿What Are the Standards of Excellence for Theological Interpretation of Scripture?".

Una forma habitual de describir estas responsabilidades es a través de los tres pasos de la explicación, la meditación y la aplicación.[27] En la explicación, el objetivo es comprender lo que dice el texto y cómo lo dice mediante una atención paciente y amorosa a su forma, detalles y tema. Esto incluye la investigación histórica del contexto material del texto, así como el análisis literario de sus rasgos distintivos y su lugar dentro del canon más amplio de la Escritura, todo al servicio de la comprensión de su tema principal: Dios en Cristo.[28] La meditación se produce cuando los lectores comienzan a interiorizar el sentido del texto y a pensar reflexivamente a su luz, leyendo partes concretas de la Escritura a la vista de todo el canon y de la sustancia colectiva de sus enseñanzas. Por último, en la aplicación, el lector recibe el libro como el llamado al discipulado que es y responde a él.

Sin embargo, sin intentar una exposición completa de la hermenéutica, ¿qué debemos decir sobre el razonamiento bíblico para sentar las bases de los capítulos siguientes? A la luz de la naturaleza y el papel de la Escritura como plan de estudios de la instrucción divina, nos centramos en dos consecuencias de la enseñanza divina para el modo en que el razonamiento bíblico responde a la Sagrada Escritura. Respectivamente, comenzamos discutiendo la "exactitud" de la Escritura y luego examinamos cómo la pedagogía de Dios emplea las "presiones" del texto para impulsarnos hacia la comprensión. Juntas, estas dos consecuencias de la enseñanza divina nos proporcionan un enfoque metodológico relativamente sencillo para relacionar teología y exégesis.

---

[27] Ejemplos recientes diferentes pero afines son los siguientes: Yeago, "The Bible"; Swain, *Trinity, Revelation, and Reading*, 125-36; Sarisky, *Reading the Bible Theologically*, 294-326.

[28] Cf. Alexander of Hales, *Summa theologica* intro, q. 1, c. 3, vol. 1:6.

La exactitud de las Escrituras

Los primeros intérpretes cristianos hablaban a menudo de la "exactitud" (ἀκρίβεια, *akribeia*) de las Escrituras para subrayar la intencionalidad, fiabilidad y atención al detalle de la enseñanza divina.[29] La exactitud se consideraba una marca estilística de perfección en la retórica y el arte de la Antigüedad, por lo que esta característica resultaba más evidente a los ojos de los primeros cristianos que a los de los modernos. Sin embargo, algo muy parecido es una extensión de lo que ya hemos visto de la pedagogía de Dios. Puesto que la Escritura es un elemento de la enseñanza divina, comparte las virtudes comunicativas de su Autor inspirador y de sus autores santificados e inspirados.

De ahí que, de diversas maneras, la Escritura comunique meticulosa y deliberadamente la santa enseñanza de Dios. Hay indicios de ello en Lucas, quien afirma que su relato ordenado de los acontecimientos evangélicos es producto de atenderlos cuidadosamente (ἀκριβῶς, *akribōs*) (Luc. 1:3). Además, la exactitud caracteriza la enseñanza de Apolos, que "hablaba y enseñaba con exactitud las cosas referentes a Jesús", aunque Priscila y Aquila "le explicaban con más exactitud el camino de Dios" (Hch. 18:25-26; cf. 23:15, 20; 24:22). Lucas también describe la educación judía y la observancia religiosa de Pablo como exigentes (Hch. 22:3; 26:5). Estos mayordomos de la economía divina mostraban exactitud en su enseñanza y en sus vidas porque se preocupaban por transmitir lo que se les había enseñado de la manera en que se les había enseñado.

Dios le dice a Juan que escriba "porque estas palabras son fieles y verdaderas", conformando así las propias palabras de la profecía al propio carácter de Dios (Apo. 21:5; 22:18-19; cf. 15:3; 19:9; 22:6). Esta exactitud en la enseñanza se debe a la adaptabilidad de Dios; Dios sabe

---

[29] Sobre este motivo en los Padres, véase Rylaarsdam, *John Chrysostom on Divine Pedagogy*, 114-15; Margerie, *The Greek Fathers*, 199-205; Martens, *Origen and Scripture*, 168-81; Ernest, *The Bible in Athanasius of Alexandria*, 168-69.

que es bueno para su pueblo no ser enseñado al azar. Empleando diversos autores humanos, la pedagogía de Dios se caracteriza por una retórica meticulosa que abarca tanto las dimensiones agrarias y poéticas como las emocionales y racionales de la existencia humana. Pero ¿qué significa esta exactitud para el razonamiento bíblico?

La enseñanza de Dios es exacta al menos en dos sentidos importantes para nuestro estudio. En primer lugar, Dios escoge sus palabras con cuidado, en lugar de dejarnos a nosotros la tarea de buscar entre los errores y descuidos de la lengua. En segundo lugar, lo que se enseña conlleva un grado de precisión que debemos captar. El primer sentido es consecuencia de la ontología de la Escritura, a saber, que es un instrumento de la enseñanza divina. El principio aquí es que, como buen maestro, Cristo no engaña ni actúa descuidadamente de palabra o de obra, ni siquiera cuando habla por medio de profetas y apóstoles. En la Escritura, Dios "habla exactamente lo que piensa, y piensa exactamente lo que habla".[30]

Así, el Apocalipsis de Juan concluye con la advertencia de no quitar ni añadir nada a la profecía de su libro, y por inferencia la misma prohibición se aplica a toda la Escritura (Apo. 22:18-19; cf. Dt. 4:2; Prov. 30:5-6). Dado que la enseñanza de Dios emplea tanto palabras y frases exactas como las interrelaciones entre los distintos libros y los dos Testamentos, toda ella recompensa una atención exigente por parte de los alumnos-discípulos. Las consecuencias para la exégesis son que los lectores no deben esperar nada engañoso, nada superfluo y nada finalmente contradictorio (aunque abundan las contradicciones y paradojas aparentes).[31]

El consejo de Crisóstomo es representativo:

---

[30] Irenaeus, *Against Heresies* 2.28.5 (*ANF* 1:400); cf. también Gregory of Nazianzus, *Oration* 2.105 (*NPNF*[2] 7:205).

[31] Todas las paradojas son contradicciones aparentes, pero no todas las contradicciones aparentes son paradojas (por ejemplo, las discrepancias aparentes en el número, el orden y la narración).

Actuemos de modo que todo se interprete con precisión y os instruyamos para que no paséis de largo ni siquiera una breve frase o una sola sílaba contenida en las Sagradas Escrituras. Al fin y al cabo, no son simples palabras, sino palabras del Espíritu Santo, y por eso es grande el tesoro que se encuentra incluso en una sola sílaba.[32]

Cada palabra de la Escritura es un instrumento de la pedagogía de Dios. Por tanto, los lectores debemos ser conscientes de nuestras limitaciones y, a la vez, tener la esperanza de que incluso aquellos fragmentos de la Escritura que nos confunden tienen algún significado más profundo.[33] Ante algo inexplicable, no podemos descartarlo como un mero producto de las circunstancias que rodearon su autoría humana o un resto de burdas capas editoriales de la tradición. Más bien debemos aprender a ver la meticulosa sabiduría de Dios al preservar estas dificultades, que están ahí "para desgastar a Adán y dejar que brille la gloriosa gracia de Cristo".[34] Dios quiere formarnos en la paciencia, a veces incluso confundiéndonos.

El segundo sentido es más amplio: lo que la Escritura enseña posee un grado de exactitud respecto a su tema, Dios en Cristo, que el lector debe discernir, aproximar y nunca transgredir. La primera consecuencia de esto para el razonamiento bíblico en los capítulos siguientes será nuestra disposición a permitir *que* la Escritura nos lleve a considerar y confesar cuestiones relativas a la visión de la gloria de Cristo. La instrucción de Dios nos lleva a contemplar realidades como la vida eterna de Dios, aunque lo hace con una exactitud en la Escritura a la que nuestro entendimiento debe *aproximarse*. Como la iglesia ha escuchado atentamente las Escrituras a este respecto, inevitablemente ha utilizado un lenguaje extrabíblico para parafrasear lo que ha oído. El término "Trinidad" es un ejemplo excelente, ya que es "una palabra ciertamente no escrita en cuanto a sus sílabas, pero evidentemente

---

[32] John Chrysostom, *Homilies on Genesis* 15.3 (FC 74:195).
[33] Bavinck, *Reformed Dogmatics*, 1:439-48.
[34] Augustine, *The Trinity* 2.1 (WSA I/5:97).

escrita en cuanto a su significado".³⁵ El uso exegético de conceptos teológicos y metafísicos como ser, naturaleza y relaciones, por ejemplo, solo puede justificarse si tales conceptos nos ayudan a aproximarnos a la precisión de la propia Escritura.

Es importante no sobrevalorar ni exagerar lo que hace la teología en este punto. En el tratamiento seminal que David Yeago hace de la exégesis teológica, distingue entre conceptos y juicios: "El mismo juicio puede emitirse en una variedad de términos conceptuales".³⁶ Por ejemplo, a pesar de sus diferentes escenarios históricos, la afirmación paulina de la igualdad del Hijo con el Padre, expresada con el concepto de "en forma de Dios" (Fil. 2:6), dice algo sustancialmente, aunque no exactamente, igual que el "del mismo ser" (ὁμοούσιος, *homoousios*) de Nicea.³⁷

Los sujetos considerados en cada texto son idénticos: Jesús de Nazaret. La relación íntima de Jesús con el Padre es "lógicamente equivalente" en cada texto. Y ambas afirmaciones comparten un marco general común de creencia y práctica, a saber, la divinidad de Jesús como garantía del culto que le rinden los cristianos.³⁸ Las sentencias son sustancialmente las mismas (Jesús es Dios), aunque los conceptos no lo sean (forma de Dios, *homoousios*). Desde este punto de vista, la continuidad entre la Escritura y las fórmulas teológicas posteriores "debe buscarse en el nivel de los juicios y no en el de los conceptos".³⁹ El de Yeago es un relato saludable, siempre que recordemos que el significado de los conceptos bíblicos no puede reducirse a los juicios individuales que facilitan, y que no mejoramos la Escritura cuando identificamos juicios particulares y los conceptualizamos con

---

35 Mastricht, *Theoretical-Practical Theology* 1.2.24.vi. El antitrinitario Miguel Servet argumentaba que la Trinidad no era bíblica en parte porque conceptos como persona, esencia y trinidad no se les ocurrían a los autores de las Escrituras. Miguel Servet, *De Trinitatis erroribus, libri septem*, 1.33, 44, 58.

36 Yeago, "The New Testament and the Nicene Dogma", 159.

37 Yeago, "The Bible", 64-65n22.

38 Yeago, "The New Testament and the Nicene Dogma", 160.

39 Yeago, "The New Testament and the Nicene Dogma", 159.

modismos no bíblicos.[40] Así pues, los conceptos teológicos deben considerarse más como aproximaciones a la precisión y claridad propias de la Escritura que como mejoras de la materia prima bíblica.

La segunda consecuencia es que el grado de exactitud de la Escritura estructura *hasta dónde* podemos llevar nuestra contemplación del Dios que habita en luz inaccesible (1 Tim. 6:16). Cuando la teología rastrea el movimiento de la enseñanza divina, lo absorbe y responde con la confesión y la alabanza, intenta seguir la precisión de la Escritura. Puesto que adopta una "retórica del borramiento" ante la Escritura, el razonamiento bíblico puede intentar con confianza la precisión en relación con las cosas de las que habla la Escritura.[41] Nos atenemos tanto a las enseñanzas de la Escritura como a sus silencios.

La advertencia de Calvino es acertada: "Tengamos mucho cuidado de que ni nuestros pensamientos ni nuestras palabras sobrepasen los límites a los que se extiende la misma Palabra de Dios".[42] Esto no quiere decir que haya más virtud en el silencio que en la palabra o que la teología especulativa, bien entendida, sea intrínsecamente depravada. Especular, después de todo, es mirar profundamente lo que hay que ver. Para ver bien, debemos evitar tanto la miopía espiritual como la hipermetropía. La teología puede equivocarse tanto por no ir lo suficientemente lejos como por ir demasiado lejos; los estudiantes no deben quedarse atrás ni adelantarse a su Maestro.

Encontrar estos límites no es una tarea sencilla. Es menos una ciencia que un arte que se adquiere habitando conscientemente la cultura formada por la pedagogía de Dios. Como mínimo, discernir la

---

[40] Sarisky, "Judgements in Scripture and the Creed"; cf. Webster, *Holy Scripture*, 117-20. Merece la pena hacer dos aclaraciones más sobre los "juicios" a la luz de los capítulos anteriores. En primer lugar, el lenguaje de juicio junto con el concepto no debe inducir a error: los juicios bíblicos son dones de la enseñanza divina más que logros de la espontaneidad humana. En segundo lugar, como dones de la pedagogía divina que nos conducen a la visión de la gloria de Cristo, los juicios bíblicos tienen un valor de verdad que no es meramente "regulative" (cf. Kant, *Critique of Pure Reason*, A633-34/B661-62).

[41] Webster, *The Culture of Theology*, 76-78.

[42] Calvin, *Institutes of the Christian Religion* 1.13.21; cf. Cirilo de Jerusalén, *Catechetical Lecture* 16.24 (*NPNF²* 7:121); Gregory of Nazianzus, *Oration* 27.3.

exactitud de la Escritura —hasta dónde lleva la Escritura nuestra contemplación de las realidades trascendentes— es algo que ocurre a través de la propia exégesis. La suficiencia de la Escritura se extiende al estándar de "precisión" que busca la teología. Los lectores deben guardarse de adoptar un criterio ajeno de precisión o de estacionar nuestra atención en algún lugar más allá o por debajo de lo que Dios enseña. La exégesis teológica hace su trabajo cuando se somete a la medida dada por su objeto. De este modo, la razón teológica sigue adonde el Pastor le guía con una precisión que responde a su voz y no a otra.

La presión de las Escrituras

Puesto que la Escritura es la instrucción activa de Cristo resucitado, el razonamiento bíblico le presta una atención exigente como norma que nos vincula a la voz de nuestro Señor. Con tal atención, la exégesis esperará con razón que, en la Escritura, el Señor ha hablado y sigue hablando. Además, la exégesis atenta reconocerá que no puede haber dominio de la enseñanza divina, sino solo sumisión a ella en todas sus alturas y profundidades escriturales. Sin embargo, ¿cómo pasamos de las fascinantes imágenes del Apocalipsis, y mucho menos del material terrenal del Levítico, al lugar donde de repente sentimos la necesidad de elevadas construcciones doctrinales sobre el ser, las relaciones, las naturalezas, etc.? ¿Cómo deberíamos intentar, en oración, corresponder a la exactitud de la enseñanza divina?

Para nuestro propósito, podemos limitarnos a un avance general de la teoría y la práctica exegéticas que constituirán el resto del libro. El razonamiento bíblico sigue la exactitud de la Escritura al atender a la pedagogía de Dios en la Escritura, aprendiendo así su gramática fundamental. A este respecto es útil el tratamiento que hace C. Kavin Rowe de la "presión" o "coacción" de la Escritura. La Escritura no es inerte, según Rowe, sino que ejerce una coacción sobre sus lectores "de tal manera que existe (o puede existir) una profunda continuidad, fundamentada en la propia materia, entre el texto bíblico y la exégesis y la formulación teológica cristianas tradicionales".[43]

Rowe extrae la idea de presión de la relación orgánica entre los Testamentos porque ambos dan testimonio de la misma materia-es decir, del mismo Dios:

> El canon de los dos Testamentos leído como un solo libro presiona a sus intérpretes a hacer juicios ontológicos sobre la naturaleza trinitaria del único Dios *ad intra* sobre la base de su narración del acto y la identidad del Dios bíblico *ad extra*.[44]

Con el trasfondo de la insistencia del Antiguo Testamento en la unidad y la gloria única de Dios, la enseñanza del Nuevo Testamento sobre Cristo nos presiona hacia la teología trinitaria de un modo que no lo haría por sí solo. Para absorber toda la fuerza de las presiones canónicas de la Escritura, debemos tener en cuenta la realidad primaria que está detrás y por encima no solo del texto, sino de toda la historia.[45]

Esto nos lleva a reconocer que la unidad de ambos Testamentos está enraizada no simplemente en su referente primario, sino en su sujeto actuante primario: Dios. Por tanto, la idea de "presión bíblica" nos lleva en última instancia a concluir que "es la presencia de Dios mismo en su Palabra la que quiere y nos mueve a hablar así de Dios".[46] Esto no debería sorprendernos a estas alturas, especialmente a la luz del retrato que hace el Apocalipsis de la Escritura en manos de Cristo resucitado. Así pues, a través del discurso del canon de los dos testamentos, Dios nos presiona de diversas maneras pedagógicas para que reconozcamos la enseñanza divina. Toda "presión" legítimamente percibida es, pues, el efecto de la pedagogía de Dios, que nos impulsa

---

[43] Rowe, "Biblical Pressure and Trinitarian Hermeneutics", 308.
[44] Rowe, "Biblical Pressure and Trinitarian Hermeneutics", 308. Sanders, *The Triune God*, 119, ofrece un axioma lapidario: "Solo lo paneconómico es transeconómico, y viceversa".
[45] Rowe, "Biblical Pressure and Trinitarian Hermeneutics", 311.
[46] Rowe, "Biblical Pressure and Trinitarian Hermeneutics", 309.

hacia la sabiduría (*sapientia*).[47] Ahora podemos formular nuestra primera regla:

> *Para responder correctamente a las presiones pedagógicas de Dios en su Palabra, hay que leer la Escritura como una unidad, interpretando sus partes a la luz del todo y entendiendo el todo como un testimonio armonioso de Dios y de sus obras.*[48]

Pero, ¿qué más se puede decir sobre cómo Dios nos presiona hacia determinadas decisiones interpretativas y juicios teológicos?

La categoría de "presión" nos ayuda a ver cómo la exégesis conduce a la teología, no solo garantizando sino también fomentando la formulación y el reconocimiento doctrinales. Para Rowe, la pregunta exegética más importante en este punto es "cómo". Por ejemplo, las afirmaciones del Nuevo Testamento sobre el culto a Jesús (p. ej., Mat. 2:2, 11) junto con la insistencia del Antiguo Testamento en adorar solo a Dios (Dt. 6:13-15) nos obligan a responder a preguntas de naturaleza ontológica, como "cómo" un judío pertenece a la identidad del único Dios de Israel. O podemos volver a nuestro texto de antes: ¿*Cómo es* que el Apocalipsis presenta a Jesús, el Cordero inmolado, siendo adorado (Apo. 5:12-13) junto a la negativa de los ángeles a aceptar la adoración, que solo se debe a Dios (19:10; 22:8-9)?

Un análisis estrictamente histórico del texto, atado a su entorno material, puede sin duda decirnos *lo que* se dice (al menos según el autor del Apocalipsis): Jesús pertenece a la identidad de Dios, no es un ángel, etcétera. Pero el movimiento de la fe hacia la comprensión exige que veamos algo más que los hechos desnudos. Debemos presionar

---

[47] Véase Aquinas, *STh* II-II.9.4.

[48] Ireneo explica reglas como ésta en respuesta al gnosticismo valentiniano. Véase Margerie, *The Greek Fathers*, 55-56. Véase también Tertuliano, *Against Praxeas* 20: "[Los modalistas] querrían que toda la revelación de ambos Testamentos se redujera a... tres pasajes, mientras que lo único correcto es entender las pocas afirmaciones a la luz de las muchas" (*ANF* 3:615 Augustine, *The Trinity* 1.14; *On Christian Teaching* 2.6-7

para percibir su unidad interior porque "el tipo de cuestiones que plantea la presión del texto bíblico no pueden resolverse desde los recursos noéticos del entorno histórico del texto".[49] La presión de la Escritura nos empuja a preguntarnos no solo *qué* se dice, sino *cómo* se puede decir coherentemente.

De ahí que debamos preguntarnos *cómo* es teológicamente posible —no simplemente histórica, religiosa o culturalmente posible— que un hombre crucificado pueda ser adorado legítimamente. ¿Las diversas afirmaciones del Apocalipsis, por no mencionar el complejo más amplio de movimientos realizados a lo largo del canon en relación con Dios y Jesucristo, se resuelven en una coherencia última? Percibir y concebir esta coherencia última es la labor de la teología, entendida mínimamente como reflexión y exposición de los presupuestos implícitos del discurso profético y apostólico. Esta coherencia y estos presupuestos pertenecen a la visión teológica más amplia de la que forman parte estos textos particulares.

En este sentido, la teología es la gramática de la enseñanza divina. Preguntarse "cómo" es buscar la estructura gramatical que nos permite percibir la coherencia de las diversas y particulares maneras que tienen las Escrituras de hablar de Dios en Cristo. En este caso, en el que se rinde a un judío el culto que solo corresponde a Dios, las doctrinas de la Trinidad y de las dos naturalezas de Cristo proporcionan la gramática necesaria. La exégesis goza así de una primacía epistemológica sobre la teología, porque no puede haber un conocimiento abstracto o inmediato de la doctrina que no se derive de una cuidadosa atención a la textura y la forma del discurso bíblico.[50]

Una vez reconocida, la estructura gramatical que muestra la coherencia de los discursos particulares de la Escritura nos ayuda a su vez a comprender más inteligiblemente la enseñanza divina. Es decir, la teología nos ayuda a leer la Escritura. La gramática con la que habla la Escritura —en nuestro caso, de su enseñanza sobre Cristo y la

---

[49] Rowe, "Para las generaciones futuras", 199.
[50] Rowe, "For Future Generations", 200.

Trinidad— otorga compra hermenéutica tanto a los textos individuales como a su horizonte canónico más amplio. La doctrina funciona así porque se formula a posteriori, sobre la base de una cuidadosa exégesis, y no a priori, impuesta al texto desde otro lugar. Rowe concluye reflexionando sobre la relación entre teología y exégesis:

> Interpretar la Biblia a la luz de la doctrina de la Trinidad no desvirtúa, por tanto, su contenido básico, sino que penetra hasta su núcleo en lo que respecta a la realidad de la identidad divina, el Dios vivo fuera del texto conocido verdadera y plenamente en Jesucristo... Así pues, leer la Biblia a la luz del dogma trinitario posterior es leer la Biblia a la luz de la realidad de Dios mismo tal como nos ha presionado a través de su Palabra, es decir, de su hablar, para que hablemos de él.[51]

La exégesis conduce a la doctrina, y la doctrina vuelve a la exégesis tras absorber las presiones del texto. Esa exégesis teológicamente informada busca resonancias más profundas que sirvan también como pruebas críticas para determinar si la comprensión doctrinal alcanzada es realmente el mejor marco de referencia. En este sentido, la teología es la gramática de la Escritura. De ahí que podamos formular nuestra segunda regla:

> *Para comprender la gramática y la sintaxis teológicas de la Escritura, hay que leerla de tal modo que se aprenda cómo sus diversos discursos forman y presuponen una visión teológica más amplia.*

El argumento de este libro coincide ampliamente con el relato de Rowe sobre la "presión", tal como lo hemos explicado. La exégesis atiende a la presencia pedagógica de Dios en su Palabra. La presión pedagógica de esta Palabra eleva nuestra atención a la gloria de Cristo y de la

---

[51] Rowe, "Biblical Pressure and Trinitarian Hermeneutics", 311-12.

Trinidad, que es el marco de referencia último para entender por qué los textos bíblicos funcionan como lo hacen con respecto a cualquier tema. Una vez percibida, nuestra comprensión de Dios nos ayuda a su vez a comprender el discurso de Dios: la Sagrada Escritura. Por tanto, la teología y la exégesis mantienen una relación mutuamente informativa, aunque asimétrica. La exégesis alimenta la comprensión doctrinal, que vuelve a la Escritura con una mayor aprehensión subjetiva de su alcance, unidad, coherencia temática e interrelaciones. Sin embargo, la comprensión doctrinal no reforma la Escritura, ni la mejora, ni la deja de lado para disfrutar de un acceso sin intermediarios a su materia (*res*). En cambio, la teología vuelve a la Escritura para ser alimentada y corregida, porque el entendimiento de la fe también "vive de todo lo que procede de la boca del Señor" (Dt. 8:3). Por tanto, la iglesia relee la Escritura porque no tiene otra forma de ser.

Conclusión

El contexto de la enseñanza divina es el modo en que la iglesia siempre ha entendido la revelación, la Escritura y la cultura interpretativa receptiva que la presencia del Espíritu genera cuando la iglesia escucha la Palabra de Dios. Consideremos las palabras finales de la *definitio* del Concilio de Calcedonia sobre la unión hipostática:

> No está escindido ni dividido en dos Personas, sino que es uno y el mismo Hijo unigénito, Dios Verbo, el Señor Jesucristo, tal como antes los profetas y después Jesucristo mismo nos han enseñado [ἐξεπαίδευσεν, *exepaideusen*] acerca de él y tal como nos ha sido transmitido [παραδέδωκε, *paradedōke*] por el credo de los Padres.[52]

Con Lutero, debemos decir que "Cristo está por encima de todos los maestros y concilios",[53] sin dejar de reconocer que Cristo también

---

[52] Denzinger §302.
[53] Luther, *On the Councils and the Churches* (1539), en *Luther's Works*, 41:136.

emplea a otros maestros en la economía de su enseñanza. Esta economía, y no otra, sitúa nuestros propios actos de lectura y respuesta. Al leer las Escrituras no respondemos a un artefacto textual inerte de la cultura religiosa, sino al Señor Jesucristo en sus escritos sagrados.

El razonamiento bíblico es aquella forma de atención a la Sagrada Escritura que es enseñada por Dios, enseña sobre Dios y conduce a Dios. Realizada en la fe, con sentido de gratitud y asombro ante la presencia de Dios, nuestra exégesis teológica debe gravitar hacia la visión escatológica de la gloria de Cristo que posee con el Padre. Llevamos a cabo esta labor prestando una atención rigurosa a la enseñanza divina. El razonamiento bíblico se somete a las presiones de la Escritura para captar la gramática de todo el canon y buscar así al único que puede convertir nuestra fe en visión.

Podemos concluir volviendo al punto de partida para examinar el efecto que se pretende con la lectura del Apocalipsis y, por extensión, de toda la Sagrada Escritura. Los que leen y escuchan el Apocalipsis son "bienaventurados" (Apo. 1:3), así como los que lo guardan y adoran a Dios, cuyas vestiduras están lavadas en la sangre del Cordero, y que no quitan ni añaden nada a la profecía; estos entrarán en la ciudad y participarán del árbol de la vida (Apo. 22:6-19; cf. 7:14). Nada de esto deja lugar a lectores desinteresados de las Escrituras. De hecho, estos indicios del prólogo y el epílogo sugieren que el texto tiene una estructura litúrgica, que incorpora al lector o lectores a la profecía, así como al culto tributado al Dios trino.[54]

La doxología inicial de Juan se incluye a sí mismo con las iglesias a las que se envían las cartas, hablando de Dios que "nos ama" y "nos libertó", e "hizo de nosotros un reino" (Apo. 1:5-6). También anuncia a las iglesias la esperanza de que el Señor "viene con las nubes" (1:7). Tanto la doxología como la expectación suscitan la respuesta de la congregación: "Amén" (1:6, 7). Finalmente, el Señor afirma todo esto

---

[54] Para lo que sigue, véase W. G. Campbell, "Apocalypse johannique et adoratuer implicite", quien también hace varias observaciones pertinentes sobre la atmósfera cúltica de Apo. 4-5 y su inclusión del lector/adorador implícito.

como alguien que está en medio de ellos: "Yo soy el Alfa y la Omega... el que es y que era y que ha de venir, el Todopoderoso" (1:8).

El epílogo del Apocalipsis reitera muchas de estas mismas características: bendiciones y advertencias a los lectores, confirmaciones de la presencia y el gobierno del Señor, invitaciones a la confesión y la adoración, y respuesta de la congregación. "El que testifica estas cosas dice: 'Sí, vengo pronto'. Amén. Ven, Señor Jesús" (Apo. 22:20). Por tanto, el lector implícito es también un adorador implícito, que participa en la reconciliación que Jesús resucitado y presente anuncia en las palabras de su testigo designado. Al leer y escuchar la "revelación de Jesucristo" anunciada con su "fuerte voz" a través de lo que Juan ha escrito, también nosotros somos conducidos a la visión del rostro de Dios (22:4).

Estamos siendo convocados a unirnos a la liturgia celestial. Si somos conscientes de lo que está ocurriendo, nuestra respuesta debe ser la misma que la de Juan: "Caí como muerto a sus pies". Pero también debemos recordar que Jesús impone sus manos sobre nosotros y nos dice: "No temas" (Apo. 1:17; Mat. 17:7).

SEGUNDA PARTE: REGLAS CRISTOLÓGICAS Y TRINITARIAS PARA LA EXÉGESIS

§4. DIGNO ERES TÚ: ENTENDIENDO LA ESCRITURA COMO HONRA A DIOS

Principio 4: Dios, creador de todas las cosas *ex nihilo*, es santo, infinito e inmutable. Puesto que Dios es cualitativamente distinto de todas las cosas, difiere de las criaturas de manera diferente a como estas difieren entre sí.

Regla 3: El discurso bíblico sobre Dios debe entenderse de un modo apropiado a su objeto, por lo que hay que leer las descripciones de Dios en las Escrituras de un modo que se ajuste al retrato canónico del santo nombre de Dios y su creación de todas las cosas a partir de la nada.

Los capítulos anteriores han explorado las consideraciones preliminares del razonamiento bíblico: su antropología y telos implícitos, su entorno económico y la naturaleza de su fuente textual, así como los tipos de actos racionales que implica. Hemos visto que el objetivo del razonamiento bíblico es permitirnos "contemplar la hermosura del Señor" (Sal. 27:4). Ahora estamos bien situados para explorar los tipos de exégesis que el razonamiento bíblico permite y requiere. El presente capítulo expone nuestro cuarto principio y nuestra tercera regla juntos, porque están coordinados entre sí. Nuestro principio se refiere a la distinción cualitativa entre Dios creador y todo lo demás, que surge del testimonio de la Escritura sobre la plenitud de Dios y cómo esta se refleja en su dignidad de creador.

La regla que se sigue de esto concierne a lo que es "apropiado para Dios" (θεοπρέπης, *theoprepēs*) o lo que es "digno de Dios" (*digno Dei*). Con esta regla la propia doctrina de Dios se convierte en una herramienta exegética. A la luz de lo que dice la Escritura sobre Dios y la creación —que Dios es eterno, santo y cualitativamente distinto de todas las cosas, a las que creó "de la nada"—, entonces ¿cómo entendemos los pasajes de la Escritura que sugieren, por ejemplo, que Dios cambia de opinión o que Dios tiene cuerpo? Esos pasajes presentan a un Dios mucho más humano de lo que cabría esperar por lo que dice la Escritura en otras partes. Entonces, ¿cómo conciliarlos y dirimir las aparentes discrepancias entre ellos? Esta regla de lo que es "conforme a Dios" guía nuestra lectura de las Escrituras, dándonos una norma para la coherencia de sus variadas y aparentemente conflictivas representaciones de Dios.

Como guía para la lectura de textos religiosos, la regla relativa a lo que es "digno" de Dios tiene sus orígenes remotos en el filósofo griego Jenófanes, que criticó la representación licenciosa de los dioses en textos fundacionales para la cultura y la educación griegas, como la *Ilíada* de Homero.[1] Estos dioses son escandalosamente humanos. Se roban unos a otros, mienten, fornican y, en general, se comportan como seres humanos problemáticos. Para Jenófanes, estas representaciones eran impropias de la verdadera divinidad y, por tanto, indignas de imitación. Su solución fue desmitificar estos pasajes de un modo "acorde" con la verdadera divinidad y, por tanto, útil para la formación de ciudadanos griegos virtuosos.

De ahí que su idea del verdadero ser de Dios se convirtiera en una herramienta hermenéutica utilizada para interpretar los textos problemáticos en cuestión: a la luz de la libertad del verdadero Dios de las pasiones y la depravación, los textos que sugirieran lo contrario

---

[1] Véase Jaeger, *The Theology of the Greek Philosophers*; Sheridan, *Language for God in Patristic Tradition*.

debían leerse de una manera "acorde" con la naturaleza divina de Dios y, por tanto, despojados de su escoria mitológica.

Por sus propias y diferentes razones teológicas y pedagógicas, los primeros teólogos cristianos encontraron una necesidad similar de emplear la comprensión contemplativa de Dios como guía para la correcta interpretación de las Escrituras. Clemente de Alejandría habla de la importancia de esta regla cuando señala la tendencia de la gente a hacer a Dios o a los dioses a su propia imagen, no solo física sino también moralmente: "Por ejemplo, los bárbaros los hacen brutales y salvajes, los griegos más suaves, pero sujetos a la pasión".[2] En los términos de la Escritura, el problema es que los hijos de Adán nos proyectamos a nosotros mismos cuando pensamos y hablamos de Dios: pintamos un cuadro en las estrellas de lo que más deseamos o valoramos y lo llamamos "dios".[3]

Al hacerlo, construimos un dios que avala nuestras propias agendas e interpretaciones perversas de la buena vida. En consecuencia, acabamos con retratos distorsionados de lo que es digno de Dios (lo que es "piadoso") y de la vida que lo refleja (la vida piadosa). Inevitablemente, la forma en que vivimos refleja quién creemos que es Dios (o quién creemos que es "Dios"), del mismo modo que nuestra visión de Dios afecta a nuestra visión de lo que es la vida piadosa. Pero, propensos como estamos a proyectarnos, ¿cómo adquirimos una comprensión objetiva de Dios y, por tanto, de lo que es digno de Dios?

La objetividad no se gana fácilmente y se nos escapa rápidamente de las manos. Debemos intentar una y otra vez apagar nuestros proyectores para que la luz de la verdadera revelación de Dios pueda brillar en nuestras mentes y corazones oscurecidos. Como mínimo, esto requiere apartar la mirada de nosotros mismos y fijarla en Cristo, la Imagen a la que debemos conformarnos, nuestro Maestro a quien

---

[2] Clement of Alexandria, *Stromateis* 7.4.22, en *Miscellanies Book VII* (trad. Hort y Mayor). Clemente se inspira aquí explícitamente en Jenófanes.

[3] El problema se asocia así a la acusación de Ludwig Feuerbach de que la teología cristiana es esencialmente antropología disfrazada, una forma de "proyección". Para el debate, véase Vanhoozer, *Remythologizing Theology*, 17-23.

debemos escuchar y obedecer, nuestra Guía para la piedad (cf. 2 Cor. 4:4; Col. 1:15; 2 Ped. 1:4).

A su manera, esto es lo que hace Clemente. Puesto que Cristo es "sin pecado, sin culpa, sin pasión de alma, Dios inmaculado en forma de hombre, cumpliendo la voluntad de su Padre", entonces debemos intentar "asemejarnos a Él en espíritu en la medida de nuestras posibilidades".[4] De ahí que, por Cristo, "llegamos a ser semejantes a Dios por una semejanza de virtud".[5] Sobre el telón de fondo de lo que Dios es por naturaleza y de quién es, podemos discernir lo que llega a ser de nosotros por gracia, todo lo cual se ve en Cristo, el Dios justo y el hombre justo en uno. Porque Dios es santo y sin pasión, así también lo es Cristo, y así también deberíamos ser nosotros al imitar a Dios en Cristo.

Tradicionalmente, la apelación a la regla de la "adecuación a Dios" adjudica al lenguaje bíblico sobre Dios un carácter metafórico en algunos casos, o antropomórfico o alegórico en otros, todo ello al servicio de la recepción del retrato global que la Escritura hace de la naturaleza divina de Dios en aras de nuestra contemplación e imitación (2 Ped. 1:3-11; Lev. 19:2). Nuestra imitación de Dios a través de la virtud y el modelo de esta imitación, la naturaleza divina de Dios, se iluminan mutuamente, de modo que la interpretación piadosa de la Escritura "honra" a Dios y promueve la virtud cristiana al mismo tiempo.[6] La piedad es, por tanto, la clave para ser un mejor lector de los misterios sagrados de la Escritura, porque lo que nos conviene por gracia refleja lo que conviene a Dios por naturaleza, y viceversa.[7] Por tanto, si nos esforzamos por imitar a Cristo, creceremos como lectores

---

[4] Clement of Alexandria, *Christ the Educator* 1.2.4 (FC 23:5).
[5] Clement of Alexandria, *Christ the Educator* 1.12.99 (FC 23:88).
[6] Clement of Alexandria, *Stromateis* 7.1.3-4.
[7] La noción de θεοπρέπεια peia conlleva el sentido no solo de lo que es conforme a Dios, sino también de *pietas* o *religio*; cf. Wollebius, *Compendium theologiae Christianae* 2.4. Volveremos sobre ello más adelante, al tratar de la regla de la adecuación a Dios.

de las Escrituras, porque creceremos en el respeto a la naturaleza divina de Dios, que es lo que, en última instancia, constituye nuestra regla.

La base bíblica de esta regla ha sido a menudo implícita en el mejor de los casos, dejando la idea de lo que es "digno de Dios" abierta a la crítica de que debe más a preocupaciones filosóficas extrabíblicas que a la narración de las Escrituras de Dios reconciliando al mundo consigo mismo en Cristo. Además, la regla representa una intuición que no concuerda con la mayor parte de la erudición bíblica debido a sus fuertes afirmaciones sobre la vida perfecta de Dios. Por lo tanto, nuestra primera prioridad en este capítulo será demostrar la consonancia de esta regla con las Escrituras. En este capítulo articularemos una versión de esta regla coordinándola con la enseñanza cristiana sobre la creación.

En primer lugar, veremos cómo la Escritura nos presiona hacia la percepción teológica de la distinción cualitativa del Creador respecto a todas las cosas, articulada especialmente en la doctrina fundacional de la creación "de la nada" (*ex nihilo*). Nos centraremos en esta doctrina porque es en sí misma un espejo de lo que dice la Escritura sobre la majestad, libertad y trascendencia de Dios. A continuación, examinaremos cómo esta doctrina afecta a la tarea de la exégesis. Esto requerirá una cuidadosa evaluación del lenguaje bíblico que parece chocar con la distinción cualitativa de Dios respecto a la creación y con su plenitud y bienaventuranza intrínsecas. En un estudio de caso final, aplicaremos nuestra regla al extendido lenguaje del Antiguo Testamento sobre Dios "cediendo" o "arrepintiéndose", observando cómo el razonamiento bíblico centra nuestra atención ampliándola. Al final, veremos que esta regla agudiza los ojos de la fe para percibir la gloria de Cristo.

Las presiones de la liturgia celestial: Dios y la Creación en Apocalipsis 4

En esta sección veremos cómo la Escritura nos guía para reconocer la distinción cualitativa de Dios respecto a la creación, especialmente tal como se ha articulado en la doctrina de la creación *ex nihilo*. La creación de la nada surge indirectamente de la Escritura, concretamente porque refleja lo que la Escritura nos presiona a afirmar sobre Dios junto con lo que tiene que decir sobre la creación misma. Para una enseñanza especialmente esclarecedora sobre Dios y la creación podemos volver al Apocalipsis, un libro en el que la creación "no es simplemente un motivo junto a otros, sino un motivo absolutamente fundamental".[8] En concreto, la liturgia celestial al Creador en la visión de Juan de la sala del trono (Apo. 4:1-11) nos presiona para enmarcar el valor y la dignidad de Dios en relación con la creación *ex nihilo*. A partir de ahí desarrollaremos la "gramática" implícita detrás de estas diversas presiones, desarrollando nuestro principio.

Tras escuchar las cartas a las siete iglesias, Juan es conducido a la sala del trono celestial, donde presencia círculos concéntricos de teofanía y alabanza. Juntos, estos círculos representan la gloria de Dios como creador y la respuesta de adoración de sus criaturas. Sin embargo, antes de que podamos comprender lo que representan estos círculos, nos sorprende la majestuosidad de lo que contempla Juan. El lenguaje de Juan se hace eco de su propia sensación de sobrecogimiento: en lugar de hablar directamente de quién está sentado en el trono, habla trece veces simplemente del "trono" (Apo. 3:21; 4:2, 4-6; 9-10). El ecléctico grupo de adoradores de la visión se describe como "alrededor" o "delante" o "en medio" del trono, pero en cualquier caso están orientados hacia él y nosotros también. "Del trono" salen "relámpagos, voces y truenos", reminiscencia de la teofanía del Sinaí (Apo. 4:5; Ex. 19:16).

El mismo Dios que se mostró a Moisés sin ser visto es visto aquí por Juan de forma igualmente indirecta. Juan solo hablará oblicuamente del "que está sentado en el trono" (Apo. 4:2). A lo largo de los versículos iniciales de Apocalipsis 4, Juan utiliza "semejante" ὅμοιος, *homoios*) para aproximarse a lo que ve con su lenguaje y metáforas

---

8 Hahn, "Die Schöpfungsthematik in der Johannesoffenbarung", 611.

visuales: "El que estaba sentado era de aspecto semejante a una piedra de jaspe y sardio, y alrededor del trono había un arco iris, de aspecto semejante a la esmeralda" (4:3); el mar era "semejante al cristal" (4:6) y los cuatro seres vivientes "eran semejantes" a diversos animales (4:7). Las cosas son así y asá; no hay palabras adecuadas para lo que ve Juan. Toda la visión es apofática, en contraste con las teofanías más ornamentadas de sus fuentes literarias (Ezequiel 1; Daniel 7; Isaías 6). Esta visión del trono es una reflexión austera "sobre la Luz Eterna a través del espejo de las huestes adoradoras del cielo".[9] Incluso al margen de lo que ve Juan, la *forma* en que lo ve nos deja una sensación de pura trascendencia y sublimidad de Dios.

Lo que significan esta trascendencia y sublimidad queda sugerido al descubrir *lo que* ve Juan. En el centro de estos círculos concéntricos está el "halo [ἶρις, *iris*], de aspecto semejante a la esmeralda" alrededor de Aquel que está sentado en el trono (Apo. 4:3 TA).[10] Este nimbo glorioso rodea el trono de Dios, ondulando hacia fuera y suscitando la alabanza de los seres vivientes y de los veinticuatro ancianos (4:6-11).[11] En cada uno de sus himnos encontramos una respuesta a la gloria de Dios desplegada en las ricas metáforas de Juan. En conjunto, estos himnos enmarcan la noción del valor de Dios en torno a su naturaleza única y su actividad creadora. Bastará con considerar brevemente tres elementos principales de estos himnos para mostrar sus presiones antes de considerar su gramática implícita en la sección siguiente.

"Santo, Santo, Santo es el Señor Dios, el Todopoderoso"

El primer himno pertenece a las criaturas situadas en el segundo círculo alrededor de la nube luminosa, inmediatamente frente a Aquel que está

---

[9] Caird, *The Revelation of Saint John*, 63; véase, además, Bauckham, *The Theology of the Book of Revelation*, 40-47; Leithart, *Revelation 1-11*, 220-25.

[10] Para ἶρις como "halo" en lugar de "arco iris", véase Swete, *The Apocalypse of St. John*, 67; Prigent, *Commentary on the Apocalypse of St. John*, 226.

[11] Sobre las identidades de los "seres vivientes" y los "ancianos", véase Aune, *Revelation 1-5*, 287-92, 297-301; Leithart, *Revelation 1-11*, 229-45.

sentado en el trono. Estas criaturas, probablemente los querubines, alaban a Dios de una manera que recuerda a los serafines de Isaías: "Santo, santo, santo, es el Señor Dios, el Todopoderoso, el que era, el que es y el que ha de venir". (Apo. 4:8; Is. 6:3). Esta serie de tres tríadas es una teología abreviada de la identidad y el ser de Dios que fundamenta la respuesta posterior de los veinticuatro ancianos. Los dos elementos clave son la triple declaración de la santidad de Dios y la glosa del nombre divino.

En primer lugar, la revelación de la santidad de Dios implica muchas cosas, pero aquí caracteriza la trascendencia y sublimidad de Dios. Por difícil que sea definirla, la santidad comunica, como mínimo, la idea del carácter distintivo, la pureza y la devoción de Dios a su propia gloria. Así, la santidad fundamenta la autoconsistencia de Dios en todas sus acciones, incluso en su devoción al pueblo de su pacto. Según Johann Albrecht Bengel, la santidad resume la naturaleza de Dios: "La santidad es la gloria oculta, la gloria es la santidad revelada".[12] La santidad de Dios es Dios mismo y, por tanto, no se parece a ninguna otra (Ex. 15:11; 1 Sam. 2:2; Is. 40:25).

La triple alabanza de los querubines a la santidad de Dios sigue a Isaías y subraya esta santidad que no puede concebirse mayor. En hebreo, la doble repetición de una palabra ya expresa una totalidad sin parangón, como los "pozos pozos" en las que cayeron algunos reyes de Sodoma y Gomorra y, podemos suponer, nunca más volvieron a ser vistos (Gen. 14:10). Por lo tanto, una triple repetición empuja nuestra comprensión hasta el punto de ruptura y la detiene allí: "santo, santo" diferiría de todas las demás santidades, pero "santo, santo, santo" difiere de forma diferente.

La visión inaugural de Isaías de la gloria de Dios proporciona un contexto importante a la visión de Juan. Isaías ve serafines alados — literalmente "ardientes"— sobre el Señor sentado en el trono, de forma

---

[12] Bengel, *Erklärte Offenbarung Johannes oder vielmehr Jesu Christi*, 232; cf. Ex. 29:43; Lev. 10:3; Is. 6:3.

parecida a como en el arte egipcio aparecían cobras aladas protegiendo el trono del faraón.

Sin embargo, las diferencias son inquietantes. Las cobras aladas protegerían al faraón con sus alas, mientras que los serafines utilizan sus alas para *protegerse* de Dios (Is. 6:2). Dios no necesita protección, pero en su presencia todas las criaturas la necesitan, incluso los aterradores serafines, que recordaban el peligro que los labios impuros representan para el pueblo de Dios (Num. 21:4-9; Is. 6:5; 10:17).[13] Este mismo Santo ejecutará su justa ira, como declara la profecía de Juan (Apo. 16:1-7). Al igual que Isaías, Juan contempla la aterradora majestad y pureza de Dios, a causa de las cuales Dios no solo difiere incluso de las criaturas más aterradoras, sino que también *difiere de forma diferente*, es decir, única, no de la forma en que las criaturas difieren mutuamente entre sí.

El carácter de trascendencia de Dios implicado en su santidad no es, sin embargo, mera lejanía. Puede afirmarse en la máxima intimidad con su pueblo elegido: "Porque así dice el Alto y Sublime, que vive para siempre, cuyo nombre es Santo: 'Yo habito en lo alto y santo, y también con el contrito y humilde de espíritu, para vivificar el espíritu de los humildes y para vivificar el corazón de los contritos'" (Is. 57:15; Sal. 99). La presencia de Dios ante su pueblo como "Santo de Israel", designación característica de Isaías, implica comunicación y comunión. Dios elige y separa un pueblo para sí, declarando que será santo, modelado según su santidad (Lev. 11:44-45; 19:2; 20:26; 21:8). Cuando Israel deja de ser santo y profana el santo nombre de Dios, Dios actúa para vindicarse a sí mismo (Eze. 36:20-32; Amós 2:7). De ahí que Aquel que es excelso y trascendente esté también cerca, atrayendo hacia sí a "todas las naciones" (Apo. 15:4).

A pesar de todo el carácter distintivo, la pureza y la devoción a su propia gloria que implica la santidad de Dios, nada de ello se ve amenazado, sino que se expresa en la más íntima cercanía y comunión

---

[13] Leithart, *Revelation 1-11*, 242-45; cf. Roberts, "Isaiah in Old Testament Theology", 131-32, sobre el arte egipcio en cuestión.

con su pueblo. La sublime trascendencia de Dios fundamenta así una inmanencia asombrosamente humilde. Esto también es una prueba de cómo Dios difiere de manera diferente.

"El que era, el que es y el que ha de venir"

En segundo lugar, debemos considerar cómo caracteriza Juan la eternidad e inmutabilidad de Dios. Siguiendo la costumbre judía de la época, Juan no utiliza el tetragrámaton (YHWH). Sin embargo, lo parafrasea con una fórmula temporal triádica que aquí se encuentra en boca de los querubines: "el que era, el que es y el que ha de venir" (Apo. 4:8). El trasfondo de la fórmula se encuentra en el diálogo de la antigua teología judía con las afirmaciones filosóficas griegas sobre el Ser.[14] Por tanto, la apropiación de esta terminología filosófica dice algo sobre el ser de Dios, aunque no está tan claro qué es exactamente. Lo que sí está claro es cómo Juan desfigura el griego, lo que resulta sugerente por la exactitud de la Escritura.[15] Las reglas de nuestra gramática mundana, que expresan el ámbito temporal de nuestra experiencia, se doblegan naturalmente ante el peso asombroso y el significado excedente del glorioso Nombre de Dios. Esto se debe a que las palabras tiemblan cuando se les pide que expresen la vida perfecta de Dios. Temblando como tiemblan, ¿qué comunican esas palabras? Para comprender el rico significado de esta paráfrasis filosófica, podemos desglosar sus elementos individuales.[16]

El que era. En el primer caso, tenemos aquí una especie de afirmación de la absolutez, constancia e inmutabilidad de Dios. Los

---

[14] McDonough, *YHWH at Patmos*.

[15] Como han argumentado muchos intérpretes, las cuestiones gramaticales del texto pretenden de algún modo honrar la absolutez o inmutabilidad de Dios. Véase, entre otros, Marckius, *In Apocalypsin Johannis Commentarium*, 13; Charles, *A Critical and Exegetical Commentary on the Revelation of St. John*, 1:10; Aune, *Revelation 1-5*, 30-32.

[16] Para lo que sigue, véase McDonough, *YHWH at Patmos*, 195-217; Aune, *Revelation 1-5*, 30-32; Koester, *Revelation*, 210-20.

verbos "el que es" y "el que ha de venir" emplean participios, pero en griego no hay participio para el pasado de "ser" (εἰμί, *eimi*). Sin un participio pasado para "ser", el participio pasado más cercano habría sido para "llegar a ser" (γίνομαι, *ginomai*), lo que sugeriría que "haber llegado a ser" (ὁ γεγονώς, *ho gegonōs*) era cierto para Dios.[17] Pero como esto implicaría cambio y "devenir" en la vida de Dios, Juan dobla el lenguaje griego para evitarlo. La concisa afirmación de que Dios es "el que era" (ὁ ἦν, ho *ēn*) —combinando un artículo con un verbo finito en imperfecto, un tiempo pasado— subraya la distinción de Dios del reino de las cosas que adquieren y pueden perder su ser, que es el reino de las criaturas (cf. Jn. 1:1-3; Sal. 90:3-6, 9-10; 102:26-27). Las criaturas van y vienen, pero en Dios no hay sombra de variación (Stg. 1:17). Sin embargo, la verdadera fuerza de "que era" deriva de su emparejamiento con el elemento siguiente, "que es" (los dos constituyen una fórmula en Apo. 11:17; 16:5).

El que es. Así como Dios está libre del devenir, también está libre de las limitaciones del tiempo.[18] La descripción de Dios como "el que es" (ὁ ὤν, *ho ōn*) se basa en la traducción de Éxodo 3:14 de la Septuaginta. Allí Dios glosa su nombre propio y personal con la frase "el que Es", utilizando el participio presente (ὁ ὤν, ho *ōn*; cf. Jer. 1:6; 14:13; 39:16-17 LXX).[19] Algunas implicaciones de esta glosa del nombre divino están implícitas en el primer mandamiento, según el cual Israel no debe tener dioses delante de Dios (Ex. 20:3). A saber, que Dios es "el que Es" subraya la diferencia de Dios con los ídolos: a diferencia de los falsos dioses, Dios es real y no depende de las ministraciones de sus adoradores para su ser o su bienestar (Sal. 50:7-15; Is. 46:1-4; Hch. 17:24-25).

---

[17] Así describe Platón el cosmos: "El universo era [γεγονώς] y es y será siempre" (*Timeo* 38c; cf. el contraste con lo "eterno" en 37e-38a). Otros ejemplos pueden encontrarse en McDonough, *YHWH at Patmos*, 211; Aune, *Revelation 1-5*, 31-32.

[18] Aquino deriva lógicamente la eternidad de Dios de su inmutabilidad (*STh* I.10.1; cf. Aristóteles, *Physics* 4.11). Paul van Imschoot conecta estos dos hilos en el Antiguo Testamento en su *Theology of the Old Testament*, 1:54-56.

[19] McDonough, *YHWH at Patmos*, 205-11; Aune, *Revelation 1-5*, 30-31.

No hay condiciones necesarias ni suficientes para la vida de Dios; Él simplemente *es*. En la base de estas implicaciones, "el que Es" significa la inconmensurabilidad de Dios en relación con el tiempo y sus medidas de pasado y futuro, antes y después.[20] Como dice el salmista: "Desde la eternidad y hasta la eternidad, Tú eres Dios" (Sal. 90:2; cf. 93:2; 102:25-27).[21] Por eso Jesús puede decir: "Antes que Abraham naciera, Yo soy", porque la vida de Dios no puede circunscribirse a los límites del tiempo (Jn. 8:58; Heb. 13:8). Los querubines ofrecen así su alabanza al Dios que vive "por los siglos de los siglos" (Apo. 4:9-10; 10:6; 15:7). Cuando "el que era" va emparejado con "el que es", funciona como una declaración de límites, un horizonte que atrae nuestra atención más allá de sí mismo. Dios "era" en el sentido de que Dios existe "antes" de la creación, aunque "antes" y "después" son palabras que miden cosas temporales, por lo que resultan inadecuadas para expresar la verdad sobre Dios.

La inmutabilidad y eternidad de Dios se repiten en el Apocalipsis con la autodeclaración divina: "Yo soy el Alfa y la Omega" (Apo. 1:8), que también se glosa como "el primero y el último" (1:17; 22:13), así como "el Principio y el Fin" (21:6; 22:13). Con el trasfondo de la polémica de Isaías contra los ídolos babilónicos y los falsos dioses, el lenguaje de Juan acentúa la soberanía y singularidad incomparables de Dios: "Yo soy Dios, y no hay ningún otro" (Is. 45:22; cf. 46:9; 47:8-10; 48:12-13; Dt. 32:39).[22] En Isaías 40 leemos que Dios no tiene consejero ni maestro, lo mide todo y no es medido por nadie, trasciende la creación y no obtiene nada de ella, reduce a la nada sin esfuerzo a los más poderosos gobernantes, y así renueva las fuerzas del cansado porque nunca se cansa. Isaías desarrolla aún más este retrato con la fórmula que adopta Juan: "Yo soy el primero y Yo soy el último, y fuera de Mí no hay Dios" (Is. 44:6; 48:12).

---

[20] Swete, *The Apocalypse of St. John*, 5.

[21] Para una lectura atenta de "eternidad a eternidad" como la completa alteridad de Dios y su distinción del tiempo y el espacio, en lugar de una mera duración temporal sin fin, véase Köckert, "Zeit und Ewigkeit in Psalm 90".

[22] Koester, *Revelation*, 220.

En otras palabras, solo Dios es Dios. La verdad es lo bastante importante en el Apocalipsis de Juan como para que Dios mismo pronuncie estas frases siete veces, el número de la plenitud (Gen. 2:2). Acumulativamente, esto sugiere que la unicidad de Dios se extiende hasta el final. No hay rivales para el trono de Dios. Dios supervisa toda la historia porque es el "todo de Dios", es decir, no hay otros dioses junto a Dios. Su divinidad no es una categoría y, por tanto, no se mide por otras "divinidades". Dios no pertenece a un género. "El Señor es uno" y, por tanto, no pertenece a un género (Dt. 6:4).[23]

El que ha de venir. A pesar del énfasis puesto hasta ahora en la majestad trascendente de Dios, el elemento final de la paráfrasis de Juan reafirma la implicación íntima de Dios con sus criaturas de una manera que complementa lo excelso de Dios. Dios "ha de venir" (ὁ ἐρχόμενος, *ho erchomenos*), que subraya el futuro advenimiento de Cristo (cf. Joel 2:1; Mat. 11:3; Heb. 10:37). De manera crucial, este elemento rompe con las fórmulas filosóficas de la divinidad en la Antigüedad. Por ejemplo, tanto Zeus como Atenea son representados como los que "serán" (ἔσσεται/ἐσσόμενον, *essetai/essomenon*).[24] Sin negar que Dios "es" en el futuro igual que Dios "es" en el pasado, el lenguaje escatológico del "está por venir" centra nuestra atención en el hecho de que el Dios tres veces santo, trascendente y eterno está también cerca e implicado en la historia y en el tiempo.

Este lenguaje manifiesta de nuevo la profunda compatibilidad de la trascendencia de Dios con la inmanencia de Dios. En este caso, se trata de que la eternidad y la inmutabilidad de Dios siguen siendo verdaderas al mismo tiempo que Dios "se hizo" hombre en la "plenitud del tiempo" (Jn. 1:14; Gal. 4:4). De hecho, puesto que Dios es el que vendrá, consumará sus propósitos creativos en el enfrentamiento final con "la serpiente antigua que se llama Diablo y Satanás" (Apo. 12:9). Por tanto,

---

[23] Para captar estas verdades, los teólogos hablan de la infinitud y simplicidad de Dios (por ejemplo, Bavinck, *Reformed Dogmatics*, 2:159-77; Maximus, *Two Hundred Chapters on Theology* 1.1-8).

[24] Aune, *Revelation 1-5*, 31.

la "venida" de Dios señala en el Apocalipsis el mismo futuro que en los Profetas: su regreso en juicio y misericordia y la consiguiente vindicación de los santos que perseveren (Apo. 11:17-18; 16:5-7; cf. Ex. 34:6-7). El compromiso de Dios con el pueblo de su pacto en el tiempo y en el espacio se fundamenta en su trascendencia tanto de la creación como del pacto. Podemos confiar en la soberanía del Señor y en la vindicación de su pueblo precisamente porque Dios no está sujeto a las vicisitudes del tiempo.

"Digno eres ..."

Inmediatamente después de que los seres vivientes rinden su confesión, los ancianos toman su turno y nuestro narrador se muda al círculo "exterior". Juan nos dice que "cada vez que los seres vivientes dan gloria, honor, y acción de gracias Aquel que está sentado en el trono", los veinticuatro ancianos arrojan sus coronas de oro alrededor del mar de cristal y responden: "Digno eres, Señor y Dios nuestro, de recibir la gloria y el honor y el poder, porque Tú creaste todas las cosas, y por Tu voluntad existen y fueron creadas" (Apo. 4:9-11). Mientras que los querubines confiesan que Dios es santo (ἅγιος, *hagios*), los ancianos confiesan que Dios es digno (ἄξιος, *axios*) porque lo segundo es una respuesta a lo primero, una antífona.[25] Similares respuestas fundamentadas en la majestad de Dios se encuentran dispersas a lo largo de los Salmos: "Canten al SEÑOR un cántico nuevo; canten al SEÑOR, toda la tierra... Porque grande es el SEÑOR, y muy digno de ser alabado; temible es Él sobre todos los dioses" (Sal. 96:1-4; cf. Sal. 33; 113; 145).

Como se trata de una respuesta, debemos entender que Dios "recibe" gloria y honor de los seres vivientes y de los ancianos en el sentido de que reconocen su santidad (Sal. 29:1-2). Dios no adquiere nada, lo que queda aún más claro cuando los ancianos fundamentan la

---

[25] Jörns, *Das hymnische Evangelium*, 161.

"dignidad" de Dios para recibir alabanzas en su creación de "todas las cosas". ¿Qué significa esto?

"Digno" tiene el sentido de "adecuado", "correcto" o "apropiado", y es este aspecto el más relevante para nuestra norma.[26] Decir que algo es "digno" expresa la adecuación entre una cosa y otra. Así pues, la adecuación describe las relaciones entre las piezas y el conjunto al que pertenecen. Las piezas de un rompecabezas "encajan" si son piezas de *ese* rompecabezas; las melodías "encajan" en las canciones si comparten sus compases, tonalidades y estructuras; las acciones "encajan" en las circunstancias cuando ambas se corresponden y muestran un sentido de ser adecuado. Este sentido es evidente en la Escritura: dar fruto encaja con el arrepentimiento (Mat. 3:8; Luc. 3:8; Hch. 26:20); un castigo justo encaja con el delito (Hch. 23:29; 26:31); el ministerio de Cristo es "adecuado" (ἔπρεπεν, *eprepen*) a causa tanto del plan de Dios como de nuestras necesidades (Heb. 2:10; 7:26); Juan el Bautista "no es adecuado" (οὐκ ... ἱκανὸς, *ouk ... hikanos*), o "indigno" (οὐκ... ἄξιος, *ouk... axios*), para desatar las sandalias de Jesús porque Jesús le supera en jerarquía (Mat. 3:11; Jn. 1:27, 30; 3:31).[27] Los juicios sobre lo que conviene presuponen, por tanto, una visión más amplia del todo en el que se sitúan las partes.

En nuestro texto, la visión más amplia de la santidad eterna de Dios junto con su creación de todas las cosas por su voluntad hace que sea "adecuado" alabar el honor, la gloria y el poder de Dios. Cualquiera que sea el trasfondo histórico inmediato del lenguaje, la "dignidad" contrasta la santidad de Dios con todos y cada uno de los posibles usurpadores, ya sean políticos o demoníacos.[28] Confesar a Dios como "digno" de ser glorificado y honrado es, por tanto, cumplir el primer

---

[26] Véase Tiedtke, "ἄξιος", en *NIDNTT* 3:348-49. Los comentaristas suelen ofrecer poca o ninguna reflexión teológica sobre este lenguaje.

[27] Tal vez, como Moisés, Juan sienta que debe quitarse sus propias sandalias (Ex. 3:5).

[28] Jörns argumenta convincentemente que la fórmula "digno... de recibir" es original de Juan (*Das hymnische Evangelium*, 56-73). Las lecturas del lenguaje "digno" como contraimperial y demás son implicaciones, pero no el centro del énfasis del texto en la singularidad de Dios.

mandamiento (Ex. 20:1-3; Dt. 5:6-7). Cualquier otra persona o cosa es indigna de tal alabanza: "digno" implica *solus Deus*, que a su vez implica *solus Christus* (Apo. 5:12). Esta verdad anima aquí la confesión de que Dios creó "todas las cosas", y que su existencia solo se debe a la "voluntad" de Dios (Apo. 4:11).

En la literatura judía del Segundo Templo, el hecho de que Dios creara todas las cosas es una de las principales características que lo distinguen de todos los demás seres, incluidos los llamados dioses de los gentiles.[29] Para explicarlo, la Escritura vuelve a adentrarnos en terreno filosófico: varios autores del Nuevo Testamento se apropian de la "metafísica preposicional" grecorromana —fórmulas como "de Él, por Él y para Él"— para acentuar el amplio alcance de la actividad creadora de Dios, que no deja nada fuera de su alcance (Jn. 1:3; Rom. 11:36; 1 Cor. 8:6; Col. 1:15-20; Heb. 1:2-3).[30]

Especialmente a la luz de la santidad y eternidad de Dios, la contrapartida de estas fórmulas es la creación por Dios de τὰ πάντα (*ta panta*), "todas las cosas" (Jn. 1:3; Hch. 17:24-25; Rom. 11:36; Ef. 3:9; Col. 1:16; Apo. 4:11; 21:5). El peso acumulativo de estas afirmaciones consiste en subrayar el significado universal de "todas": todas significa todas, no algunas. Todo lo que no es Dios es una criatura. Puesto que todo lo que no es Dios ha sido creado, solo Dios merece el reconocimiento y la alabanza que los ancianos tributan al creador.

La gramática de la liturgia celestial: Trascendencia divina y creación *ex nihilo*

En nuestra visión general de estos himnos en Apocalipsis 4, encontramos una serie de afirmaciones que acumulativamente nos presionan hacia el reconocimiento de una coherencia más profunda o

---

[29] Bauckham, *Jesus and the God of Israel*, 7-11, 26-30, 176-79.
[30] Véase Sterling, "Prepositional Metaphysics in Jewish Wisdom Speculation and Early Christianity"; Cox, *By the Same Word*, 43-51, 141-275; O. McFarland, "Divine Causation and Prepositional Metaphysics".

gramática subyacente. Podemos resumir algunos de nuestros hallazgos en los siguientes puntos.

En primer lugar, Dios es singularmente trascendente. Difiere de todas las demás cosas moral y metafísicamente, pero difiere "de manera diferente", no del modo en que las criaturas difieren entre sí. En segundo lugar, la trascendencia y la inmanencia de Dios son complementarias. La trascendencia de Dios y su cercanía a las criaturas se basan en su vida perfecta. Dios es eminentemente santo y, por tanto, inmutable y eterno, separado en sí mismo de todo lo que no es Dios; sin embargo, por esta misma razón actúa en el escenario de la historia para hacer un pueblo santo para sí mismo. En tercer lugar, solo Dios es verdaderamente Dios; Dios es toda la "divinidad". Lo que significa que Dios sea divino coincide y difiere a la vez de cómo los filósofos conciben normalmente la divinidad (Hch. 17:22-34).

Aunque Juan adopta ciertas fórmulas filosóficas para hablar de "lo divino", también las modifica en consonancia con la polémica general de la Escritura contra los falsos ídolos, los "llamados dioses" (1 Cor. 8:5). En particular, como vimos con el lenguaje "está por venir", la cristología obliga a este reconocimiento. En cuarto lugar, solo Dios es digno de ser reconocido como Dios, porque todas las demás cosas son criaturas. En respuesta a la visión de la santidad eterna de Dios y a la luz de la creación, los ancianos confiesan que Dios es digno de ser alabado *como Dios*. Puesto que Dios es Dios —el creador eterno, santo y todopoderoso—, los reconocimientos de la divinidad genuina solo son "adecuadas" en Dios.

Con estos cuatro elementos a la vista, podemos preguntarnos ahora cómo se articulan a un nivel más profundo. Estas diversas afirmaciones confluyen en lo que Kathryn Tanner denomina un relato "no contrastivo" de la trascendencia de Dios, en el que la distinción de Dios respecto a la creación no es una distinción entre dos cosas dentro del mundo.[31] Los relatos contrastivos de la trascendencia son la moneda de

---

[31] K. Tanner, *God and Creation in Christian Theology*, 37-48.

cambio de los retratos mitológicos de la divinidad que se encuentran en la filosofía pagana, y establecen un juego de suma cero: cuanto más Dios, menos criaturas, como si la presencia y la actividad de Dios desplazaran la presencia y la actividad de las criaturas. En esta imagen, Dios es la parte más alta del conjunto Dios-mundo, pero Dios sigue siendo solo una parte de algo más grande que él mismo. Este relato puede funcionar incluso cuando se considera que Dios está alejado de la creación, porque la condición de "lejanía" es precisamente la *no-proximidad*.

Por otra parte, un relato no contrastivo de la trascendencia rechaza estas falsas dicotomías porque entiende a Dios como únicamente distinto de la creación, no perteneciente a un orden o totalidad mayor que él. Por tanto, Dios puede estar íntimamente cerca de la creación e implicarse en ella sin comprometerse en modo alguno ni a sí mismo ni a sus criaturas. La trascendencia de Dios, el modo en que Dios se diferencia de manera diferente, significa que Dios está más allá de la mera identificación con la creación o de la oposición a ella. Esto nos lleva a nuestro cuarto principio:

> *Dios, que es el creador de todas las cosas* ex nihilo, *es santo, infinito e inmutable. Puesto que Dios es cualitativamente distinto de todas las cosas, difiere de las criaturas de manera diferente a como las criaturas difieren entre sí.*

Una de las afirmaciones más reveladoras de la trascendencia no contrastiva de Dios es el relato de la creación que encontramos implícito en la adoración de los veinticuatro ancianos. Los ancianos perfilan la "divinidad" de Dios sobre el trasfondo de la creación divina de "todas las cosas", cuyo peso hace apropiado confesar a Dios como Dios. Esto tiene sentido cuando comprendemos el carácter de la creación, que distingue firmemente entre Dios y todo lo demás. Aquí debemos insistir en que "todas" en "todas las cosas" no significa secretamente "algunas". Si *todo* lo demás, aparte de Dios, es creado, entonces solo Dios es increado. En consecuencia, el retrato bíblico de la "creación de todas las cosas" de Dios (*creatio omnium*), junto con su retrato de la soberanía y majestad de Dios, lleva naturalmente a la conclusión de que Dios crea "de la nada" (*creatio ex nihilo*).[32]

Según la sabiduría dominante en la antigüedad, el cosmos procedía de algo; solo era cuestión de saber de qué. Tal vez se forjó a partir del cuerpo de un dios asesinado, se generó a partir de la interacción caótica de la materia y el espíritu, o se filtró fortuitamente de alguna fuente divina. Por el contrario, la creación *ex nihilo* significa que no hay "materia" preexistente con la que Dios trabaje cuando crea, ni que la creación sea de algún modo una astilla del viejo bloque divino. La preposición "de" no sugiere que la "nada" sea en realidad algún tipo de material o cosa, una "nada", algo con lo que Dios deba enfrentarse para crear. La creación es, en cambio, un origen puro y absoluto: "la introducción del ser por completo".[33] Por tanto, la creación *ex nihilo* niega que haya algo anterior, superior o coexistente con Dios, que es exactamente lo que afirman los himnos de los querubines y los veinticuatro ancianos.

Las consecuencias de esta intuición fueron de gran alcance para los debates trinitarios del siglo IV y lo siguen siendo hoy.[34] Para ver cómo es esto, debemos comprender cómo la creación *ex nihilo* refina nuestra comprensión de Dios y de las criaturas por igual. La creación *ex nihilo* distingue a la teología cristiana de la filosofía pagana y de la religión natural en un nivel fundacional, porque sus consecuencias van más allá de las afirmaciones sobre los orígenes del mundo (cosmogonía). De hecho, son ante todo afirmaciones sobre la naturaleza de Dios. Ya en nuestro texto vemos cómo la creación *ex nihilo* refleja más que establece la santidad eterna de Dios y su trascendencia no contrastiva.

Como reflejo de verdades más básicas, la distinción entre Dios y la creación se encuentra aguas abajo de la realidad de Dios mismo. En

---

[32] Davison, *Participation in God*, 13-26.
[33] Aquinas, *STh* I.45.1.*resp*.
[34] Véase, por ejemplo, Anatolios, *Retrieving Nicaea*, 36-39, 80-81, 114-20.

otras palabras, Dios es más básico que la distinción entre Dios y la creación. Puesto que la creación es *ex nihilo*, no añade ni quita nada a Dios. Esto conduce a lo que Robert Sokolowski llama la "distinción cristiana" entre Dios y el mundo: Dios es más básico que la creación, de modo que esta última podría no haber existido sin merma alguna de la bondad y majestad de Dios.[35]

La importancia de esta doctrina llega hasta el corazón del Evangelio porque nos ayuda a comprender cómo Dios se hizo hombre sin dejar de ser Dios.[36] Las criaturas se condicionan mutuamente porque dependen unas de otras en muchos aspectos, al existir en el mismo plano metafísico. Por ejemplo, todos dependemos genealógicamente de un padre y una madre, recibiendo rasgos biológicos que no elegimos; dependemos además de quienes nos nutren. Este condicionamiento también es inverso: todos los padres sienten, hasta cierto punto, las penas y alegrías de sus hijos.

Por otra parte, como creador de todas las cosas *ex nihilo*, Dios condiciona todas las cosas, pero no está condicionado por nada, porque Dios no está sujeto a las leyes del ser creado. Dios no es simplemente un ser entre otros seres, una verdad junto a otras verdades o un bien entre otros bienes finitos. Por el contrario, Dios es el creador de todas las cosas *ex nihilo* y, por tanto, no está limitado por nada, ya sean cosas preexistentes o alguna ley eterna por encima de su propio ser. Dios es la fuente de todas las cosas, límites y leyes.

Por eso, la trascendencia cualitativa y no contrastiva de Dios significa que Dios puede ser más inmanente a las criaturas que las criaturas a sí mismas sin que por ello pierda su divinidad.[37] En una

---

[35] Sokolowski, *The God of Faith and Reason*; Sokolowski, "Creation and Christian Understanding".

[36] De hecho, la coherencia de la encarnación descansa en un relato no contrastivo de la trascendencia divina. Véase Tertullian, *Contra Praxeas* 27 (*ANF* 3:623-24); Athanasius, *Carta* 59.2 (*NPNF*[2] 4:570); Cyril of Alexandria, *On Orthodoxy to Theodosius* 10-11, en *Three Christological Treatises*. El Credo de Nicea concluye con el anatema contra quienes afirman que la divinidad del Hijo cambia (Denzinger §126).

[37] Cf. Augustine, *Confessions* 3.6.11.

noción mitológica o pagana de la divinidad, los dioses son solo elementos dentro de un todo mayor, por muy exaltados y elevados que puedan ser dentro de ese todo. Y si los dioses forman parte de un todo mayor, están sujetos a sus reglas. Si tal dios "se hiciera" humano, o se limitaría a "parecer" humano o "transformaría" su divinidad en humanidad, porque su ser se transaría junto a otros seres del mismo orden finito.

En el corazón de las buenas nuevas está la afirmación radicalmente contraria de que Jesús es a la vez Dios y hombre en el sentido más pleno y verdadero de esos términos. Jesús no es humano en mera apariencia ni humano en lugar de divino. Nuestra salvación no exige menos. Confesar a Cristo como Dios inmutable y eterno en un sentido "no contrastivo" nos permite afirmar plenamente la humanidad mutable y temporal de Jesús de Nazaret. De hecho, una de las principales "presiones" hacia la doctrina de la inmutabilidad de Dios en la Iglesia primitiva fue el inequívoco énfasis del Nuevo Testamento en la realidad concreta de la humanidad de Cristo.

Para concluir, la gramática subyacente que podemos discernir de nuestro pasaje es la fuente generadora de la enseñanza cristiana sobre la creación: todo lo que existe es o Dios o una criatura porque Dios es Dios, el creador de todas las cosas *ex nihilo*, y por tanto digno de ser alabado de una manera correspondiente a este carácter distintivo. Nos queda formular esto como una regla para el razonamiento bíblico y poner esta regla a prueba.

La regla de la adecuación a Dios

Equipados con la comprensión adecuada de la distinción cualitativa entre Dios y la creación, que se fundamenta en el santo nombre de Dios y en su creación de todas las cosas *ex nihilo*, podemos desarrollar ahora una regla correspondiente para leer la Escritura con el grano de su propia gramática. Podemos formular nuestra tercera regla de la siguiente manera:

> *El discurso bíblico sobre Dios debe entenderse de un modo apropiado a su objeto, por lo que hay que leer las descripciones de Dios en las Escrituras de un modo que se ajuste al retrato canónico del santo nombre de Dios y su creación de todas las cosas a partir de la nada.*

Sacrificando la elegancia en aras de la claridad, llamaremos a esto la regla de la "adecuación a Dios" (θεοπρέπεια, *theoprepeia*), porque se refiere a cómo nuestra comprensión de Dios, y nuestra lectura de los pasajes de las Escrituras, pueden resultar adecuadas o inadecuadas a la luz de quién y qué es Dios. En nuestra lectura de la liturgia celestial vimos a los veinticuatro ancianos confesar a Dios como "digno" de los honores divinos exclusivos, que era su *respuesta* a la revelación de Dios de su carácter eternamente santo y su creación de todas las cosas de la nada. Al utilizar la regla de la adecuación a Dios como herramienta de razonamiento bíblico, reproducimos la respuesta de los ancianos a la enseñanza divina confesando lo que es "digno" o "apropiado" de Dios. De este modo, nuestros propios actos de lectura de las Escrituras resultan ser respuestas de adoración a la revelación que Dios hace de su santo nombre.

El carácter cristiano de la Regla

Identificar en qué se parece y en qué se diferencia la regla de la adecuación a Dios de su homóloga original en la filosofía griega nos ayudará a extraer su carácter distintivo cristiano. En primer lugar, la semejanza. Como vemos con Clemente de Alejandría, la regla de la "adecuación a Dios" articula un parentesco íntimo entre el crecimiento en la virtud cristiana y la percepción veraz de Dios. Esto no es totalmente distinto de la preocupación de Jenófanes por el ejemplo moralmente nocivo del panteón griego. Así pues, la adecuación a Dios aúna la percepción de Dios por parte de la fe y su puesta en práctica en el amor.

La descripción que hace Pablo del Evangelio como "misterio de piedad" sugiere esta unidad intrínseca de la percepción veraz con la conducta religiosa y la reverencia (1 Tim. 3:15-16). Por un lado, la piedad o "devoción a Dios" (εὐσέβεια [*eusebeia*] o θεοσέβεια [*theosebeia*]) significa reverencia y temor apropiados al Señor, que sirve en momentos cruciales como índice para saber si la verdad se ha interiorizado como es debido.[38] De este modo, Pablo caracteriza la doctrina y la verdad que transmitió como "conforme" tanto a la "piedad" (1 Tim. 6:3; Tito 1:1) como al "glorioso evangelio del Dios bendito" (1 Tim. 1:11). La enseñanza apostólica concuerda tanto con la piedad como con la gloria del Dios bendito porque, a medida que la fe profundiza en la comprensión del "misterio", la piedad permite una mayor percepción de la gloria de Dios, y una mayor percepción de la gloria de Dios permite una mayor conformidad vivida con esa gloria.[39]

La descripción que hace Pablo de este misterio, antes oculto y ahora revelado, abarca toda la verdad de Cristo, desde su encarnación hasta su ascensión y reinado continuo. Todo ello se ordena y encuentra su fuente última en "el Dios bendito". La gloria del Dios bendito irradia hacia atrás y hacia delante desde su epicentro histórico en Cristo, proyectando sombras con los tipos del Antiguo Testamento y enmarcando con su resplandor la silueta del Señor venidero a quien podemos acercarnos, por ahora, solo al oírlo (Mat. 17:5). Como los discípulos en el monte, solo podremos conocer al Señor en su gloria si le tememos y dejamos que ese temor guíe nuestra búsqueda de su rostro. Al hacerlo, discernimos que toda la economía de la salvación está suspendida del "bendito Dios". Que Dios sea "bendito" significa

---

[38] Véase Job 28:28 (LXX); Is. 11:2 (LXX); 1 Tim. 3:16; 4:7-8; 2 Ped. 1:3. Sobre la importancia de tal reverencia y piedad para la regla de fe, véanse los sugerentes comentarios de Torrance, *The Trinitarian Faith*, 38-46.

[39] Nota bene: "permite" no significa "garantiza".

que "se deleita absolutamente en sí mismo, descansa absolutamente en sí mismo y es absolutamente autosuficiente".[40]

Si la enseñanza apostólica concuerda tanto con la piedad como con el despliegue evangélico de la gloria de Dios, que es bienaventurado, es porque existe una correspondencia entre estas dos realidades. La piedad define la verdadera bienaventuranza (Mat. 5:2-11), y la bienaventuranza de Dios es la fuente y la esperanza de la nuestra (1 Tim. 6:15; Tito 2:13). Porque Dios es bienaventurado, "seremos semejantes a Él, porque lo veremos tal como Él es" (1 Jn. 3:2). La enseñanza que promueve la piedad está orientada por una visión de la bendita plenitud de Dios —podríamos decir, su única y divina "piedad"— y las raíces del Evangelio en esa realidad. En el capítulo 1 argumentamos que esta visión se inicia por la fe y se consumará en la visión beatífica. Por lo tanto, el uso de la regla de la adecuación a Dios en el razonamiento bíblico cultiva y es cultivado por la piedad.

La exégesis es "piadosa" en la medida en que percibe y sostiene la propia "piedad" (devoción) de Dios.[41] En otras palabras, la exégesis debe ser una forma de adoración que nos conforme a su Objeto. La adoración, y no el mero conocimiento, es lo que efectúa esta conformidad: para ser santos o bienaventurados debemos ver y adorar al que es tres veces santo, "el bienaventurado y único Soberano, el Rey de reyes y Señor de señores; el único que tiene inmortalidad y habita en luz inaccesible, a quien ningún hombre ha visto ni puede ver" (1 Tim. 6:15-16). Cuanto más adecuadas a Dios sean nuestras propias vidas, más capaces seremos de leer las Escrituras de una manera adecuada a Dios.

La regla cristiana de la adecuación a Dios también difiere significativamente de la de los filósofos griegos y romanos. La concepción de Jenófanes sobre la naturaleza de Dios sirvió como

---

[40] Bavinck, *Reformed Dogmatics*, 2:251.
[41] Este juego de palabras en inglés entre "piadosa" ("godly") y "piedad" (godliness) es meramente heurístico.

herramienta para interpretar críticamente el lenguaje antropomórfico y "mítico" sobre los dioses en la poesía homérica.

Los teólogos cristianos se apropiaron de esta estrategia desmitificadora, pero por sus propias razones, y no porque el Dios de la Biblia les avergonzara moralmente.[42] Una de las presiones implícitas que llevaron a los cristianos a adoptar esta estrategia es el retrato marcadamente no mitológico que las propias Escrituras hacen de Dios. Según Yehezkel Kaufmann, la idea básica de la religión israelita es que Dios "es totalmente distinto y diferente del mundo; no está sujeto a ninguna ley, ninguna coacción ni ningún poder que lo trascienda. En resumen, no es mitológico".[43] En la Escritura están ausentes los intereses reveladores de los mitos paganos, como las teogonías (relatos sobre el origen de la deidad). En el Antiguo Testamento, Dios "no tiene pedigrí, ni padres, ni generaciones; ni hereda ni lega su autoridad".[44]

Sobre todo en la forma en que el Antiguo Testamento describe la guerra de Dios en nombre de Israel, vemos lo que Kaufmann denomina su "no mitologismo" en el hecho de que Dios no necesita arrebatar el dominio a sus enemigos, que son entendidos como ídolos sin vida dependientes de criaturas frágiles y necias (Is. 44:9-20; 45:14-46:13). Con fines polémicos y de contraste, la Escritura emplea lenguaje y conceptos mitológicos de las culturas circundantes de Israel, como el "mar" como fuerza malévola, o la "muerte" como dios que se traga a los vivos.[45] Pero estos contendientes no se entienden mitológicamente. En el mejor de los casos, son criaturas y no suponen una amenaza real

---

[42] Briggman, *God and Christ in Irenaeus*, 92-95.

[43] Kaufmann, *The Religion of Israel*, esp. 21-121 (60). La idea central que extraemos de Kaufmann es que los relatos "mitológicos" de Dios, la humanidad y el cosmos interpretan todo como ontológicamente continuo. Para una visión general del monoteísmo de Kaufmann y una breve defensa contra sus críticos, véase Sommer, *The Bodies of God and the World of Ancient Israel*, 154-74. Estará claro para los lectores por qué no estamos de acuerdo con el argumento de Sommer de que Dios tiene un "cuerpo".

[44] Kaufmann, *The Religion of Israel*, 60-61.

[45] Para un perspicaz estudio introductorio de la polémica apropiación por el Antiguo Testamento de imágenes y conceptos religiosos del ANE, véase Currid, *Against the Gods*.

para Dios. solo Él crea y dirige el mar y se traga a la muerte (Ex. 14:29; Sal. 95:5; Prov. 8:29; Is. 25:8; Apo. 21:1).

Dios no tiene rivales genuinos, no puede ser manipulado por la magia y no está atado por el destino o los talismanes. En resumen, aunque la Escritura utiliza un lenguaje y unas formas de expresión mitológicos, no los utiliza *mitológicamente*.[46] Más bien, la insistencia de la Escritura en la unicidad y singularidad de Dios, que resuena en su eternidad y santidad, así como en la creación *ex nihilo*, necesariamente socava la mitología y su hábitat natural en la religión pagana. El resultado es que no se puede pensar que Dios es como una criatura, porque es como él mismo (Is. 40:25).

Por tanto, la regla de la adecuación a Dios no puede tener nada que ver con la desmitologización de la Escritura, porque la Escritura, por así decirlo, ya nos llega desmitologizada. Por el contrario, la regla de la adecuación a Dios nos alinea con el punto de vista no mitológico de la Escritura y, por tanto, nos ayuda a percibir y recibir el lenguaje de la Escritura a la luz de su objeto, Dios, tal como se revela en todo el canon.

Entendiendo el discurso bíblico conforme a Dios

Hemos fundamentado la regla de la adecuación a Dios en la plenitud de vida de Dios en sí mismo, su trascendencia no contrastiva de todas las cosas y su creación de todas las cosas *ex nihilo*. Además, hemos señalado la función formativa y pedagógica espiritual de la regla: fomenta nuestra comprensión de la divinidad de Dios para que podamos conformarnos a Dios como partícipes de la naturaleza divina (2 Ped. 1:4). En resumen, la regla de la adecuación a Dios prohíbe las interpretaciones mitológicas del lenguaje de las Escrituras, lo que nos permite comprender mejor a Dios y rendirle culto en consecuencia. Pero ¿qué significa esto en la práctica?

---

[46] Por poner otro ejemplo, esto se aplica a las cosmologías de los autores del Nuevo Testamento, que sirven a diversos fines teológicos y retóricos. Véase aquí Pennington y McDonough, *Cosmology and New Testament Theology*.

Tradicionalmente, la lógica de la regla de la adecuación a Dios se basa en alguna perfección sumaria de la naturaleza de Dios, como su gloria, perfección o bienaventuranza.[47] Ahora bien, es posible moverse aquí demasiado rápido, utilizando una concepción a priori de la perfección de Dios para distorsionar el texto y perderse su propia gramática. La noción de perfección o bienaventuranza de Dios que opera en este contexto debe ser recogida de todo el testimonio de la Escritura, no importada de unos pocos silogismos filosóficos. También las perfecciones de Dios son las que le corresponden.[48]

Lo que conviene a Dios solo se aprende considerando toda la Escritura durante mucho tiempo, mediante la oración y la obediencia continuas, y en compañía de muchos santos. Dicho esto, la regla de la adecuación a Dios requiere una cierta noción de la perfección de Dios, aunque la relectura de las Escrituras nos obligue a menudo a refinar nuestra comprensión de su perfección. Contar con ese retrato —que incluye las incipientes notas del Apocalipsis sobre la santidad, el carácter absoluto y la eternidad de Dios— permite que el razonamiento bíblico trate de manera diferente los distintos pasajes. Así pues, cuando los lectores de las Escrituras se encuentran con un lenguaje que parece impugnar la perfección de Dios, ¿cómo entendemos ese lenguaje de un modo que "encaje" con su referente divino? Algunos ejemplos nos darán una idea de la función de esta regla.

Tradicionalmente, el caso más común en el que la tradición aplica la regla de la adecuación a Dios es cuando se enfrenta a un lenguaje antropomórfico o antropopático, que representa a Dios con las formas del cuerpo humano y las pasiones humanas. Por ejemplo, las Escrituras emplean habitualmente un lenguaje antropomórfico, atribuyendo a Dios características humanas como ojos (Eze. 7:4; Amós 9:4; 1 Ped.

---

[47] Implícitamente, por ejemplo, Basilio, *Against Eunomius* 2.23-24. Entre los escolásticos reformados y luteranos, inter alia: Heidegger, *Corpus Theologiae Christianae* 3.3.23; Calov, *Systema Locorum Theologicorum*, 2:230; Owen, *Vindiciae Evangelicae* (*Works* 12:111); Mastricht, *Theoretical-Practical Theology* 1.2.23.7; cf. 1.2.13.11; 1.2.15.19.

[48] Gregory of Nyssa, *Catechetical Discourse* 24.5-7 (PPS 60:115-16).

3:12), manos (1 Sam. 5:11; Amós 9:2) y brazos (Jer. 27:5) tanto como actividades humanas como dormir y viajar (Gen. 11:5; Sal. 44:23; Miq. 1:3). Sin embargo, la Escritura también las niega en ocasiones (Job 10:4; Sal. 121:4; Is. 40:28), en consonancia con la prohibición de representar y concebir a Dios en formas de criaturas (Ex. 20:4).[49]

Del mismo modo que la Escritura utiliza ocasionalmente imágenes y lenguaje extraídos de mitos paganos sin avalar la mitología correspondiente, también la Escritura utiliza el antropomorfismo sin atribuir por ello límites humanos a Dios. Cirilo de Alejandría es representativo cuando dice que los de "juicio maduro" entienden estas figuras del lenguaje del modo más llano o sin adornos, lo que significa entenderlas de un modo "adecuado [πρέποι, *prepoi*] a la naturaleza inefable de Dios".[50] Para nuestros propósitos, esto significa entender el antropomorfismo metafóricamente.

La principal característica de una metáfora teológica es que puede afirmarse *y* negarse de Dios.[51] Pensemos en cuando decimos que "Dios es nuestra roca". No nos referimos aquí a "roca" en el sentido literal de sustancia mineral, sino en el sentido de que la analogía entre las rocas y la fuerza es válida con respecto a Dios. Lo mismo ocurre con el lenguaje antropomórfico. Por ejemplo, Adán y Eva "oyeron el sonido del Señor Dios que se paseaba por el jardín" (Gen. 3:8-9), pero no oímos nada de lo que hace el "sonido", como hierba o pies -un silencio que sugiere que el antropomorfismo no es el punto ni debe tomarse literalmente.[52]

---

[49] Johann Gerhard cataloga muchos ejemplos de este tipo en *Theological Commonplaces* II.8.117-19. Lo primero que hace la regla de la adecuación a Dios cuando nos enfrentamos a este lenguaje es recordarnos que Dios es el creador de todas las cosas *ex nihilo*, incluidas las criaturas humanas que están hechas a su imagen. Esto significa que Dios no es tanto "antropomórfico" como las criaturas son "teomórficas".

[50] Cyril, *Commentary on the Twelve Prophets*, sobre Miq. 1:3-4 (FC 116:185; Pusey 1:605).

[51] Véase, por ejemplo, Clarke, *The One and the Many*, 55.

[52] Véase Cassuto, *A Commentary on the Book of Genesis*, 150-52. El Antiguo Testamento es consciente de las limitaciones de la imaginería antropomórfica, como la forma en que se emplea el lenguaje de Moisés viendo el "rostro" y la

Si entendemos este lenguaje como propio de Dios, que está en todas partes, que no puede ser confinado por su templo (1 Rey. 8:27), y mucho menos por un jardín, entonces no puede sugerir que la presencia de Dios esté localizada en un cuerpo.[53] El lenguaje, adaptado a nuestra experiencia, pinta una vívida imagen de dos hijos que intentan esconderse de su padre, al que han desobedecido (Gen. 3:10). Con referencia a la enseñanza de la Escritura sobre la santidad y la bienaventuranza de Dios, así como sobre la creación *ex nihilo* y su trascendencia infinita del espacio y el tiempo, podemos detectar aquí la metáfora y entender así este discurso bíblico sobre Dios de una manera acorde con Dios. En consecuencia, escuchamos lo que estas afirmaciones tienen que decir: Dios es indestructible y por ello digno de nuestra confianza; Dios es justo y omnipresente, y por ello digno de nuestro temor.

La regla de la adecuación a Dios también nos ayuda a entender el lenguaje teológico que no es metafórico, como la analogía, que guarda cierta semejanza con nuestros usos cotidianos de ese lenguaje y, sin embargo, guarda una semejanza aún mayor. Así es como debemos entender al Hijo como el "unigénito" (Jn. 1:14). Para entender este lenguaje de un modo que se ajuste a Dios, debemos despojarnos de todas las "imperfecciones" o características de creación única que rodean la noción de engendramiento, como el cambio y las distinciones en tiempo y lugar, que son incompatibles con la eternidad e inmutabilidad de Dios.[54]

El engendramiento del Hijo ocurre sin ninguna separación del Hijo del Padre, sin ningún cambio en el ser de Dios, sin ningún antes o

---

"espalda" del Señor (Ex. 33:20-23) para enfatizar la "superioridad cualitativa" de Dios. Véase Moberly, *At the Mountain of God*, 79-83 (82). Podría decirse que ilustra este punto el hecho de que, a pesar de los innumerables antropomorfismos y teriomorfismos de las Escrituras, los arqueólogos todavía no han encontrado iconografía antigua de Yahweh. Véase T. J. Lewis, *The Origin and Character of God*, 287-333.

[53] John Chrysostom, *Homilies on Genesis* 17.3.

[54] Turretin, *Institutes of Elenctic Theology* 3.29.5. Sobre el significado de esta doctrina, véase Sanders y Swain, *Retrieving Eternal Generation*.

después; en resumen, es un *engendramiento eterno*. Lo que nos queda es la idea de una "semejanza" íntima entre el Padre y el Hijo, fundada en una comunicación de todo el ser del Padre, que es lo que "corresponde" a Dios en el lenguaje del engendramiento. De este modo, la generación eterna del Hijo, como la procesión eterna del Espíritu, es "digna" de la divinidad del Padre, porque se ajusta a la vida bienaventurada de Dios que permanece sin cambio, tiempo ni división.[55]

Un ejemplo más son las palabras de Jesús sobre el Espíritu: "Tomará de lo Mío y se lo hará saber a ustedes" (Jn. 16:14). Dídimo el Ciego dice que debemos entender que el Espíritu tomó, o "recibió", todas las cosas del Hijo "de un modo apropiado a la naturaleza divina". Esto significa que "el Espíritu no recibió lo que antes no tenía", porque perder y ganar caracterizan las relaciones finitas y, por tanto, son impropias de Dios.[56] Por tanto, como mínimo, este "tomar" revela un orden dentro de la vida de la Trinidad: el Hijo recibiendo del Padre y el Espíritu recibiendo del Padre y del Hijo.[57]

Hablaremos mucho más de estas cuestiones en capítulos posteriores, especialmente en el capítulo 9. Por el momento, basta con ver que la regla de la adecuación a Dios nos anima a discernir la pedagogía divina que opera en el lenguaje más difícil de la Escritura sobre Dios. Por esta misma razón, el uso de esta regla de adecuación a Dios en la exégesis requiere una atención *más* exigente a las características individuales de cualquier discurso dado, no menos. La regla de la adecuación a Dios se aplica mal con facilidad si nos aleja de las propiedades naturales de la Escritura, como los dominios semánticos de sus palabras, el modo en que se utiliza el lenguaje en discursos concretos, la forma en que los contextos narrativos nos ayudan a ver esas diferencias y muchas otras cosas.

---

[55] Gregory of Nazianzus, *Oration* 2.38 (NPNF² 7:212-13).
[56] Didymus the Blind, *On the Holy Spirit* 163-64 (PPS 43:193-94).
[57] Aquinas, *Commentary on the Gospel of St. John* 16.4.2107-115. Volveremos sobre esta cuestión en el cap. 9.

Distinguir entre los aspectos negativos y positivos de la regla puede ayudarnos a evitar este escollo. Negativamente, Dios no debe ser entendido de forma que *contradiga* su perfección divina. Este aspecto de la regla se ajusta a la "presión" que ejerce el texto al mantenernos en sintonía con su contexto económico más amplio como una parte del testimonio unificado del canon sobre el Dios trino. En este sentido, la regla de la adecuación a Dios incorpora la lógica de la analogía de la fe (regla 1): Las partes individuales de la Escritura deben leerse a la luz del todo. Pero esto no nos exime de un examen cuidadoso de las partes individuales de la Escritura. Positivamente, Dios debe ser entendido de una manera que *sea coherente* con su vida perfecta.

En este sentido, como veremos más adelante en la conclusión, la regla permite cierta flexibilidad en su aplicación, ya que no determina en exceso la propia comprensión de la perfección divina y, por tanto, la propia exégesis de los pasajes que parecen chocar con esa comprensión. Como ya hemos señalado, la regla depende de la comprensión adquirida de la perfección de Dios. Esta comprensión permanece siempre incompleta a este lado de la resurrección, por lo que debemos refinarla continuamente a través de la exégesis contemplativa. Aunque los distintos enfoques de la perfección de Dios darán lugar a lecturas algo diferentes de determinados pasajes, la regla de la adecuación a Dios es aplicable en cualquier caso.

Estudio de caso final: ¿El arrepentimiento es adecuado para Dios?

Dadas las amplias consecuencias de la regla de la adecuación a Dios para la exégesis teológica, se impone un amplio estudio de caso. La prueba debe estar en los hechos. ¿Nos lleva esta regla a profundizar en el texto bíblico y nos ayuda a resolver posibles antinomias? ¿O impone intereses ajenos a los textos particulares y nos aleja de sus preocupaciones nativas? En conclusión, ponemos a prueba la regla en una cuestión exegética tan comúnmente debatida como alistada para fundamentar conclusiones de amplio alcance sobre el carácter de la divinidad de Dios. Quizá nada se oponga tanto a la idea tradicional de que la perfección de Dios es inmutable o impasible como el tema omnipresente en el Antiguo Testamento del "arrepentimiento" o el "ceder" de Dios (todos ellos de la raíz hebrea נחם, *nḥm*).[58] Para muchos, esto es una prueba en contra del apoyo bíblico a la inmutabilidad y la impasibilidad, sugiriendo por el contrario que Dios cambia en algún sentido o que Dios se abre soberanamente al riesgo y la ignorancia.[59]

Un ejemplo paradigmático es la visión de Jeremías de Dios como alfarero que da forma a Israel, su arcilla (Jer. 18:1-11). Cuando el barro se echa a perder en las manos del alfarero, este le da forma en otra vasija "según le pareció mejor al alfarero hacerla" (18:4). Dios se dirige a Israel con la imagen, prometiendo que "se arrepentirá" de su planeada bendición o juicio de una nación si esa nación "se vuelve" o "se arrepiente" de su conducta buena o mala. Por tanto, la actividad de Dios parece depender de la actividad de Israel. El mensaje se repite en otros pasajes de los Profetas:

> Vuelvan ahora al Señor su Dios, porque Él es compasivo y clemente, lento para la ira, abundante en misericordia, y se arrepiente de infligir el mal. ¿Quién sabe si reconsidere y se apiade?. (Joel 2:13-14).

Dios se "arrepiente" en repetidas ocasiones en un sentido que sugiere un cambio de opinión sobre una línea de acción (Oseas 11:8-9; Amós 7:3, 6; Jon. 4:2). Por ejemplo, cuando Saúl desobedece a Dios y toma como rehén al rey de los amalecitas en lugar de destruirlo, Dios le dice a Samuel: "Me pesa haber hecho rey a Saúl, porque ha dejado de seguirme y no ha cumplido Mis mandamientos" (1 Sam. 15:11; cf. 15:35; Gen. 6:6-7).

Sin embargo, las Escrituras también complican este panorama. En la misma narración, Samuel le dice a Saúl que Dios *no* se arrepiente

---

[58] Sobre los diversos significados de la palabra raíz, véase DCH.
[59] Más extensamente, Döhling, *Der bewegliche Gott*.

porque Él "no es hombre para que cambie de propósito" (1 Sam. 15:29; cf. Num. 23:19). Entonces: ¿Se arrepiente Dios o no? ¿Cambia Dios de opinión? ¿Cómo entendemos el tema del "arrepentimiento" de una manera adecuada a Dios?

Aplicar la regla de la adecuación de Dios a estos pasajes nos aleja de una lectura impresionista del lenguaje "ceder", que podría sugerir que Dios cambia literalmente de opinión como las criaturas cambian de opinión. Pero la forma de entender el lenguaje depende de cómo se quiera defender la inmutabilidad o impasibilidad de Dios. Tradicionalmente, cuando los lectores se encuentran con este lenguaje, el resultado es defender la inmutabilidad e impasibilidad divinas negando cualquier tipo de agitación o perturbación emocional en Dios. En esta lectura, en lugar de apuntarnos a una putativa vida emocional dentro de Dios, el lenguaje nos señala la actividad de Dios. Turretino es particularmente claro en este punto:

> El arrepentimiento se atribuye a Dios según el modo de los hombres (*anthropopathos*), pero debe entenderse según el modo de Dios (*theoprepos*): no con respecto a su consejo, sino al acontecimiento; no en referencia a su voluntad, sino a la cosa deseada; no al afecto y a la pena interna, sino al efecto y a la obra externa, porque hace lo que suele hacer un penitente... debe entenderse no patéticamente (*pathetikos*), sino enérgicamente (*energetikos*).[60]

De ahí que la lectura tradicional del lenguaje "arrepentirse" y "lamentar" se refiera a los actos de Dios y no a sus sentimientos. En el centro de las lecturas tradicionales están las dos negaciones aparentemente axiomáticas de la Escritura sobre el arrepentimiento divino: "Dios no es hombre, para que mienta, ni hijo de hombre, para que se arrepienta" (Num. 23:19), y "la Gloria de Israel no mentirá ni

---

[60] Turretin, *Institutes of Elenctic Theology* 3.11.11 (Giger, 1:206).

cambiará su propósito, porque Él no es hombre para cambie de propósito" (1 Sam. 15:29).⁶¹

Los intérpretes contemporáneos a menudo sospechan que las lecturas tradicionales pisotean los textos (quizá no del todo sin justificación), lo que suscita una mayor reflexión crítica. El cuidadoso análisis de Walter Moberly sobre este tema se centra en los contextos narrativos de 1 Samuel 15 y Números 23, donde se producen las únicas negaciones rotundas del arrepentimiento divino. Según Moberly, cuando se leen en su contexto estas afirmaciones axiomáticas lo son solo aparentemente, ya que ambas tienen preocupaciones más locales: en un caso, la negación de que Dios cambie de opinión se refiere a la elección de Israel por parte de Dios (Num. 23:19), y en el otro la negación se refiere a la elección de David por parte de Dios (1 Sam. 15:29).⁶²

Moberly concluye que estas negaciones relativamente raras no deberían ocupar el centro del escenario, como lo hacen en las lecturas tradicionales del tema del arrepentimiento divino. Sin embargo, estas famosas negaciones sí enfatizan la "distinción cualitativa entre el arrepentimiento divino y el humano".⁶³ No existe una analogía positiva entre el arrepentimiento o la renuncia de Dios y el nuestro. Dicho esto, Moberly sostiene que el retrato del alfarero y el barro en Jeremías 18 debería ser axiomático para nuestra interpretación: El arrepentimiento de Dios depende de si los reinos se arrepienten, de si se vuelven hacia el bien o hacia el mal. Esto concuerda con otra formulación axiomática, que se encuentra en Ezequiel 33:12-16, que describe a Dios cambiando en respuesta a los individuos y no simplemente a los reinos.

Sin embargo, tanto en Jeremías como en Ezequiel hay factores cruciales que hablan en contra de cualquier fórmula mecánica y presuntuosa, como "Si te arrepientes, entonces Dios se arrepentirá". En

---

61 Para una interpretación reciente de la lectura tradicional, véase Duby, "For I Am God, Not a Man".

62 Moberly, *Old Testament Theology*, 132-38; también Döhling, *Der bewegliche Gott*, 223-29.

63 Moberly, *Old Testament Theology*, 131

otras palabras, hay motivos para entender estas afirmaciones como *generales* y no universales, y por tanto admiten excepciones a causa de la libertad de Dios. El rey de Nínive expresa este sentido de la libertad de Dios: "¿Quién sabe? *Quizá* Dios se vuelva, se arrepienta" (Jonás 3:9; cf. Joel 2:14). Este sentido de contingencia y soberanía divina encaja en el contexto general tanto de Jeremías como de Ezequiel. Ambos profetas hablan de un tiempo en el que se puede buscar el arrepentimiento con lágrimas, pero no encontrarlo (Jer. 15:1-4; Eze. 33:12-16, 21) o en el que Dios actuará unilateralmente para salvar a su pueblo sin contar con su arrepentimiento previo (Jer. 32:1-44; Eze. 36:16-32).[64]

De ahí que la fórmula axiomática pase a ser: "Si te arrepientes, Dios *puede* ceder". En el centro de este tema, Moberly ve una "tensión creativa" no resuelta entre la libertad de Dios y la respuesta humana, junto con cierto grado de condicionamiento mutuo.[65] Pero admite que, en cualquier consideración de este tema, "la comprensión del tema por parte del intérprete influirá inevitablemente en la forma de interpretar el texto".[66] Es decir, la forma de entender los textos sobre el arrepentimiento divino requiere una perspectiva más amplia que la que ofrecen estos textos. Nuestra comprensión de Dios, la materia última de la Escritura, influye inevitablemente en nuestra comprensión de los textos. Aquí es precisamente donde la regla de la adecuación a Dios puede ayudar.

El análisis de Moberly está más atento a la función narrativa y a la sintaxis de los textos que los relatos tradicionales, pero sus conclusiones respecto a la relación entre Dios y la creación no son por ello más convincentes. Moberly parece estar en deuda con el relato de Karl Barth sobre la constancia de Dios. Según Barth, "Existe algo así como la santa *mutabilidad* de Dios... Su constancia consiste en el hecho

---

[64] Moberly, *Old Testament Theology*, 124-25
[65] Moberly, *Old Testament Theology*, 143.
[66] Moberly, *Old Testament Theology*, 125.

de que Él es siempre el mismo en todo cambio".⁶⁷ Según la concepción ligeramente distinta de Barth sobre la perfección divina, Dios acoge un grado de reciprocidad con la creación tal que sus respuestas pueden implicar lo que tradicionalmente se ha entendido como "cambio" (*motio*) sin perder sus perfecciones esenciales.

Según Barth, Dios reacciona, responde y *cambia* en relación con la criatura de maneras que son coherentes con lo que Dios es y quién es: "Aquel que ama en libertad". Es totalmente plausible que una aplicación de la regla de la adecuación a Dios se detenga en este punto y se contente con esta concepción alternativa, más "suave", de la inmutabilidad de Dios. Sin embargo, la concepción tradicional de la inmutabilidad de Dios es preferible, entre otras cosas por las razones cristológicas antes expuestas, y es compatible tanto con la visión de Moberly de las fórmulas axiomáticas y generales de Jeremías 18 y Ezequiel 33 como con su énfasis en la libertad de Dios.

En primer lugar, debemos entender correctamente la inmutabilidad y la impasibilidad divinas. El malestar con estas doctrinas surge a menudo de la incomprensión de lo que dicen y no dicen sobre Dios. Es importante recordar que la inmutabilidad es ante todo una negación: no hay cambio (*mutatio*) en el ser y la voluntad de Dios. El malentendido aparece cuando confundimos esta negación con una afirmación modal sobre la vida de Dios, como si decir "Dios no cambia" equivaliera a decir "Dios está inactivo" o "Dios es activo solo de una manera", como un tren desbocado o un disco rayado. La negación del cambio se basa en el hecho de que Dios está infinitamente vivo y activo, adaptando su actividad y sus formas a las circunstancias, manteniendo una auténtica comunión moral con las criaturas, y todo ello sin experimentar ningún crecimiento, mejora o pérdida.⁶⁸

---

⁶⁷ Barth, *CD* II/1, 496.

⁶⁸ Matthias Joseph Scheeben explica útilmente cómo la "mutabilidad" de los actos externos de Dios hacia las criaturas es compatible con la inmutabilidad intrínseca de Dios:

Dios mismo, en su obra y en su voluntad, toma en consideración los cambios que se producen en la criatura por sí misma, y ajusta su conducta y disposición en

Malentendidos similares plagan las críticas a la "impasibilidad" (*apatheia*) de Dios, donde la doctrina se confunde con la "indiferencia" (lo que típicamente entendemos por apatía).[69] En efecto, ¿cómo podría un Dios indiferente amar al mundo enviando a su Hijo unigénito a morir por nuestros pecados? Muy al contrario, la impasibilidad es la fuerza del amor indestructible de Dios, la fuerza con la que la muerte de Cristo destruye las pasiones rebeldes del pecado y su fruto, la muerte. La impasibilidad afirma el "amor de Dios que es fuerte como la muerte" (Cant. 8:6) —infinitamente más fuerte, y por tanto más allá de la contienda o la lucha con el sufrimiento. La doctrina niega así que Dios esté sujeto o sea capaz de sufrir (*pathos*, *passio*), sosteniendo en cambio que el ser de Dios no puede verse amenazado por el mal y que el amor de Dios no necesita —de hecho, no puede— ser "incitado a ser por el dolor".[70]

Cuando se entienden correctamente, estas doctrinas encajan y surgen del retrato de la distinción cualitativa de Dios con respecto a la creación como Creador tres veces santo de todas las cosas *ex nihilo*. Este Dios ni siquiera puede "abrirse" voluntariamente al intercambio con el dolor y el cambio, porque está totalmente más allá de la lógica del ser finito que caracteriza ese intercambio. Lejos de comprometer el amor de Dios, la impasibilidad atestigua su profundidad divina. La lógica del ser finito pone límites al amor que las criaturas pueden tenerse unas a otras, mientras que el amor del Señor por nosotros es ilimitado, soberano y salvaje.

---

consecuencia; y así parece que tales cambios en la criatura invaden a Dios mismo en su vida interior, ejerciendo una influencia que afecta y cambia. Sin embargo, las consideraciones que Dios toma en su voluntad y acción nunca son la causa motriz real y subyacente de su voluntad y acción, que siempre reside en Dios mismo. Los diversos temperamentos [*Stimmungen*] en Dios hacia la conducta buena o mala de la criatura no son diversos actos o estados, sino que el mismo amor infinito por el Bien supremo es al mismo tiempo amor por las criaturas buenas y odio o ira contra el mal. (*Handbuch der katholischen Dogmatik* 2, n. 229)

[69] Véanse los ejemplos y la discusión en Dodds, *The Unchanging God of Love*, 208.

[70] Hart, "No Shadow of Turning", 191. Véase, además, sobre la impasibilidad divina, Gavrilyuk, *The Suffering of the Impassible God*.

Desde este punto de vista, la tensión creativa en el corazón de la cesión de Dios y la respuesta humana se contextualiza dentro de la "distinción cristiana". Como aquel que tiene vida en sí mismo y por sí mismo y, por tanto, es verdaderamente libre, Dios está más allá de toda lógica de condicionamiento mutuo con las criaturas. Para Pedro Mártir Vermiglio, el tema del arrepentimiento en toda la Escritura subraya precisamente estas verdades.[71]

Las criaturas no tienen nada que no hayan recibido (1 Cor. 4:7), en consonancia con su propio ser como creadas *ex nihilo*. No nos creamos ni nos recreamos a nosotros mismos, por lo que la voluntad soberana, la gracia y la misericordia de Dios son la consideración final en nuestras obras e incluso aparte de nuestras obras (Rom. 9:16; 1 Cor. 15:10; Fil. 2:13). De ahí que incluso el arrepentimiento condicional de las criaturas sea don de Dios (2 Tim. 2:25), algo por lo que los Salmos nos instruyen a orar (Sal. 51:12; 119:36). Vermiglio superpone el tema del arrepentimiento a consideraciones más amplias sobre la creación y la gracia de Dios, lo que nos ayuda a ver que la misteriosa relación entre la libertad de Dios y la respuesta humana no conlleva ningún indicio de condicionamiento mutuo.

Para concluir: cuando Dios cede, esto significa la voluntad de Dios de relacionarse de manera adecuada con determinadas personas o circunstancias. La norma de lo que "encaja" en estas situaciones es siempre la propia naturaleza de Dios, de modo que actúa de manera coherente con su santidad y bienaventuranza. Es decir, Dios actúa de un modo que le es propio, por lo que debemos entender sus actos en consecuencia. Cuando las personas o las circunstancias cambian, Dios y su voluntad permanecen inalterados, solo que ahora su actividad hacia ellos varía con las circunstancias. Stephen Charnock comenta que Dios perdonó a Nínive:

> Cuando la amenaza fue hecha, ellos eran un objeto adecuado para la justicia; pero cuando se arrepintieron, fueron un objeto adecuado para

---

[71] Vermiglio, *Loci Communes*, I.15 (83-86).

un respiro misericordioso. Amenazar cuando los pecados son muy graves, es parte de la justicia de Dios; no ejecutar cuando los pecados son revocados por el arrepentimiento, es parte de la bondad de Dios.[72]

Podríamos afirmarlo estableciendo una distinción entre respuestas y reacciones. Dios responde a sus criaturas y a la cuestión de su situación moral sin sufrir ningún cambio. Reaccionar, por el contrario, significaría un cambio en Dios acelerado por influencias externas, tal vez incluso influencias "iguales y opuestas". Una reacción es automática y provocada por algo que nos ocurre, o depende de que ocurra o salga a la luz otra cosa. A diferencia de las reacciones, las respuestas no implican necesariamente ese cambio. Los maestros humanos prudentes se anticipan a las preguntas y las responden sin sufrir transformaciones; ¿cuánto más el Maestro divino?

Dios se comunica verdaderamente con sus criaturas al responder a nuestra rectitud o maldad. Así lo confiesa David: "Con el benigno te muestras benigno; con el íntegro te muestras íntegro; con el puro eres puro; y con el perverso eres sagaz" (Sal. 18:25-26). Esta es la dinámica que vemos en Jeremías y Ezequiel, donde Dios advierte de cómo piensa responder a la maldad o a la obediencia de individuos y naciones. Dios promete este tipo de respuestas para plantear la siguiente pregunta a su pueblo: ¿se arrepentirán ahora que Dios está empezando a responder a Jerusalén y Judá con un desastre (Jer. 18:11)? Al igual que ciertos tipos de respuestas, este es, en efecto, un "lenguaje de búsqueda de respuesta".[73] ¿Qué respuesta busca Dios?

Dios llama a su pueblo a arrepentirse de sus malos caminos, a volvernos hacia Él y a resistir hasta el final. Encontramos esto en el tema del arrepentimiento en el Apocalipsis, donde las advertencias se enmarcan con condiciones. Jesús advierte a la iglesia de Éfeso: "Vendré a ti y quitaré tu candelabro de su lugar, si no te arrepientes" (Apo. 2:5). Esta advertencia pretende persuadirles de que perseveren: "Al

---

[72] Charnock, *The Existence and Attributes of God*, 403-4.
[73] Moberly, *Old Testament Theology*, 120.

vencedor, le daré a comer del árbol de la vida, que está en el paraíso de Dios" (2:7); "Retén firme lo que tienes, para que nadie tome tu corona. Al vencedor le haré una columna en el templo de Mi Dios" (3:11-12).

Nuestra confianza es que Dios sigue siendo el Santo en medio de nosotros, por lo que sus acciones hacia nuestro arrepentimiento o no arrepentimiento serán acordes con su propia misericordia y justicia. Nuestras acciones influyen en el modo en que Dios actúa con nosotros, pero lo hacen debido a un cambio que se produce en nosotros, no en Dios; un cambio, además, que Dios obra según su beneplácito (cf. Jer. 18:4).[74] La santa voluntad de Dios es constante en lo que aprueba y en lo que rechaza: "El poder del Rey ama la justicia", por lo que "no eres un Dios que se complace en la maldad" (Sal. 99:4; 5:4; cf. Prov. 6:16-19). El Mesías ama la justicia y odia la maldad (Sal. 45:6-7). Vino a cumplir la voluntad de Dios y a revelar su gracia, todo lo cual había sido planeado y constante desde antes de la fundación del mundo (Tito 2:11; Heb. 10:7).

El Dios que se dirige a nosotros en Cristo es el Dios santo, eterno e inmutable que obra su gracia en nosotros y ajusta en consecuencia su actividad hacia nosotros. Parte de la gracia de su enseñanza consiste en suscitar en nosotros un sentido de lo que es digno de su naturaleza, para que podamos honrarle con la alabanza apropiada, siempre conscientes de que servimos a un Dios que es santo y libre, un Dios totalmente distinto de las deidades manejables de los mitos paganos. Por tanto, nuestro sentido de lo que es digno de Dios debe surgir siempre de nuestro temor de Dios.

Así Cirilo:

> El Padre, pues, lleva al Hijo, mediante el conocimiento y la perspicacia digna de Dios, a aquellos a quienes ha decretado la gracia divina.[75]

---

[74] Maximus, *Ambiguum* 1.4 (Constas, 1:10-11).
[75] Cyril, *Commentary on John* 4.1499 (Maxwell, 1:223).

Ahora debemos seguir explorando otras reglas que dirigen nuestra atención a este tipo de percepciones, comenzando por las que se refieren a la unidad de la Santísima Trinidad.

§5. EL SEÑOR ES UNO: LA UNIDAD Y LA IGUALDAD DE LA TRINIDAD EN EL DOBLE DISCURSO DE LA ESCRITURA

Principio 5: El único Dios vivo y verdadero es eternamente Padre, Hijo y Espíritu Santo, distintos en sus relaciones mutuas y el mismo en sustancia, poder y gloria.

Regla 4: La Escritura habla tanto de lo que es común al Padre, al Hijo y al Espíritu Santo como de lo que es propio de cada persona, reflejando la distinción conceptual entre la naturaleza divina y las personas divinas. El razonamiento bíblico discierne esta distinción, la sostiene y contempla la Santísima Trinidad a su luz. Por lo tanto, hay que leer el discurso de la Escritura sobre Dios de tal modo que se reconozca y se emplee su doble discurso —el común y el propio—, en lugar de hacerlo de un modo que colapse las dos formas en una sola. De este modo, aprendamos a contar personas en lugar de naturalezas.

Los dos capítulos siguientes completan la caja de herramientas del razonamiento bíblico desarrollando otro principio y tres reglas que se derivan de él. Todas ellas se refieren a la unidad e igualdad de la Santísima Trinidad. Los lectores del Nuevo Testamento se encuentran con esta realidad desde el principio, como cuando en el Evangelio de Mateo Jesús advierte a Satanás de que solo se debe adorar a Dios (Mat. 4:10), aunque él mismo recibe adoración (Mat. 2:11; 14:33; 28:17).[1] Si el Hijo recibe la adoración que solo Dios puede recibir, entonces debe ser el único Dios junto con el Padre. No se trata de un juicio aislado, como veremos.

Además, obliga a los lectores a empezar a hacer cuentas con la identidad de Jesús y con lo que significa percibirlo y confesarlo como Señor y Dios. Sin embargo, esta no es la única manera en que los lectores deben reconocerlo. Jesús también nos enseña que el Padre es mayor que él (Jn. 14:28) y que ha venido para someter su propia voluntad a la voluntad del Padre (Mat. 26:39; Jn. 6:38). Hacer justicia a toda la enseñanza de Jesús sobre sí mismo requiere que reflexionemos sobre estos diversos elementos, tarea que nos ocupa en los capítulos siguientes. Pero la presente consideración va primero porque proporciona el telón de fondo necesario: el significado y la importancia de la confesión israelita de la unicidad de Dios para la teología trinitaria y, por tanto, para el razonamiento bíblico.

Como vimos en el capítulo anterior, solo Dios es Dios porque solo Él es "santo, santo, santo", solo Él crea todas las cosas *ex nihilo* y, por tanto, solo Él es digno de toda alabanza. Sin embargo, según Calvino, Dios "se proclama de tal modo Dios único que se ofrece a ser contemplado claramente en tres personas".[2] Nuestra búsqueda del rostro de Dios no es una búsqueda de la divinidad sin nombre, amorfa e impersonal. Por el contrario, nos interesa irreductiblemente el conocimiento de Dios Padre, revelado en su Hijo unigénito Jesucristo, por medio de su Espíritu Santo. Todo conocimiento de Dios es, en

---

[1] Leim, *Matthew's Theological Grammar*, señala hábilmente la importancia de esos detalles para la forma en que Mateo interpreta la identidad de YHWH en torno a la relación Padre-Hijo.

[2] Calvin, *Institutes of the Christian Religion* 1.13.2.

última instancia, conocimiento de estas tres personas en algún aspecto. Y estas tres son un solo Dios. Para ver esto con claridad, el razonamiento bíblico abraza la verdad de la unidad e igualdad de la Trinidad divina. Sin esto perdemos nuestro enfoque en la gloria de Cristo, buscando tontamente la «verdadera» gloria de Dios en algo distinto al Nazareno crucificado sin gloria, en algún lugar distinto de donde Dios pasa ante nuestros ojos. En consecuencia, acabamos menospreciando al Hijo y al Espíritu o contentándonos con relatos abstractos de la "divinidad", sin ver quién es el que nos llama de las tinieblas a la luz.

El presente capítulo explica nuestro quinto principio, que se refiere a la unidad e igualdad de las tres personas divinas: *El único Dios vivo y verdadero es eternamente Padre, Hijo y Espíritu Santo, distinto en sus relaciones mutuas y el mismo en sustancia, poder y gloria*. De este principio se derivan tres reglas que nos ayudan a percibir su misteriosa verdad: que "adoramos a un solo Dios en la Trinidad, y a la Trinidad en la Unidad; sin confundir las personas ni separar la sustancia", por lo que entendemos que el Padre es glorioso, el Hijo es glorioso y el Espíritu es glorioso; sin embargo, no hay tres glorias, sino una sola gloria.[3] Dios no da su gloria a otro (Is. 42:8). Así pues, cuando percibimos la gloria de Cristo crucificado, percibimos la gloria de Dios —y punto—, que es nuestra esperanza y nuestro gozo.

Las tres reglas que siguen a este quinto principio se refieren respectivamente a la doble gramática que asiste a la distinción conceptual entre persona y esencia en Dios, a las operaciones inseparables de la Trinidad y a la práctica bíblica de la "apropiación". Las tres reglas sirven a la contemplación de las *personas* con las que pretendemos comulgar al leer las Escrituras. Estas tres reglas sirven a este fin entrenándonos para contar personas en lugar de dioses, o actores en lugar de acciones, de modo que reconozcamos al Dios único en tres personas en lugar de en cualquier otra cosa.

---

[3] Del *Quicumque vult* (Denzinger §75).

En particular, nos centraremos en las dos primeras reglas, relativas al "redoblamiento" y a las operaciones inseparables. Estas dos reglas forman parte de la misma gramática rectora y discurren por vías paralelas, en cierto modo reforzándose y complementándose mutuamente. Dado que estas reglas tocan el corazón mismo de la teología trinitaria y merecen una explicación cuidadosa, las hemos dividido en dos capítulos. En este capítulo nos centraremos en la regla del redoblamiento, para pasar en el siguiente a tratar las reglas de las operaciones inseparables y de la apropiación. En lo que sigue, comenzaremos analizando nuestro quinto principio relativo a la unicidad del Señor sobre el trasfondo de nuestros hallazgos hasta ahora. A continuación, justificaremos y explicaremos la regla del redoblamiento, lo que nos permitirá hablar de las operaciones inseparables y de la apropiación en el capítulo 6.

La unidad del Señor

De nuestra exploración de la liturgia celestial (Apo. 4) aprendimos que Dios es cualitativamente distinto de todas las cosas, como el que creó todo *ex nihilo*, y es "no-contrastivamente" trascendente. Entre las implicaciones de estas realidades descubrimos la eternidad, impasibilidad e inmutabilidad de Dios, y la idea de que Dios es inconmensurable (es decir, infinito) y, por tanto, la totalidad de la divinidad, excluyendo la pertenencia a cualquier clasificación más amplia de "dioses". Ahora necesitamos relacionar estos descubrimientos con el persistente testimonio del Antiguo Testamento sobre la unicidad de Dios, que sirve como punto de partida para reflexionar sobre la unidad e igualdad de la Trinidad. Dentro de una gramática preliminar de la unicidad de Dios, podemos percibir la importancia del modo en que el Nuevo Testamento atribuye el nombre YHWH al Padre, al Hijo y al Espíritu Santo.

La gramática básica de la confesión de Israel

El hecho de que el SEÑOR sea uno en un sentido singularmente exclusivo encuentra expresión axiomática y litúrgica en el Shemá: "Escucha, oh Israel, el SEÑOR es nuestro Dios, el SEÑOR uno es. Amarás al SEÑOR tu Dios con todo tu corazón, con toda tu alma y con toda tu fuerza" (Dt. 6:4-5).[4] Esta confesión viene a continuación del Decálogo, del que se hace eco, aunque inspirándose especialmente en el primer mandamiento: "Yo soy el SEÑOR tu Dios... No tendrás otros dioses delante de Mí" (Ex. 20:2-3; Dt. 5:6-7). La devoción de Israel debía ser exclusiva porque no hay otro como Dios, que los creó y redimió, que los eligió amorosamente de entre las naciones y pactó con ellos (Dt. 4:32-40; Sal. 96:4-5; Jer. 10:1-25). Hay que amar a Dios con todo el ser, en correspondencia con el hecho de que el SEÑOR es todo Dios: "Amarás al Señor tu Dios con todo tu [ὅλης, *holēs*], corazón y con toda tu alma, y con toda tu mente, y con toda tu fuerza" (Mr. 12:30 TA). Si Dios es toda la "divinidad", entonces no hay otros.

En consecuencia, se prohíbe todo indicio de devoción politeísta (Dt. 12:1-4). Esto es así porque —especialmente a la luz de la creación *ex nihilo*— todos los demás dioses son falsos: "Vean ahora que Yo, Yo soy el Señor, y fuera de Mí no hay dios" (Dt. 32:39). Los ídolos son inertes, mudos y sordos, meros artefactos, cosas hechas de elementos que se desmoronan y se deshacen: "Pues todos ellos son falsos; sus obras inútiles, viento y vacuidad sus imágenes fundidas" (Is. 41:29; cf. 2:8, 18-20). La polémica de Isaías contra la idolatría señala inequívocamente la irrealidad de todos los demás "dioses" (Is. 44:6-20; 45:5-6, 18, 21-22; 46:5-11). En su idolatría, Israel ha "jurado por lo que no es Dios" (Jer. 5:7). Las fuerzas demoníacas que están detrás de la idolatría no son más que "supuestos dioses", pues "por naturaleza no son dioses" (1 Cor. 8:5; Gal. 4:8). Por tanto, la Escritura no contempla

---

[4] Véase Moberly, *Old Testament Theology*, 7-40; Feldmeier y Spieckermann, *God of the Living*, 93-124.

la existencia de otros dioses junto al SEÑOR en un género más amplio de "divinidades".[5]

Cuando empezamos a preguntarnos cómo es verdad lo que dice la Escritura sobre la unicidad de Dios, solo podemos hacerlo teniendo a la vista la gramática de la trascendencia cualitativa de Dios y la creación *ex nihilo*. Es decir, debemos entender la "unicidad" de Dios de una manera acorde con Dios. Las presiones bíblicas que ya hemos considerado, y la gramática que pone al descubierto su lógica interna, centran acumulativamente nuestra interpretación de otros testimonios a lo largo de la Escritura. En conjunto, todo nos lleva a la idea de que Dios "es uno como ninguna otra cosa lo es".[6]

Podemos explicar la gramática consecuente de la unicidad de Dios en dos sentidos que nos serán informativos al avanzar.[7] En primer lugar, Dios es uno en número, lo que los teólogos suelen designar como la unicidad (*singularitas*) de Dios. Dios agota la categoría de "divinidad". De hecho, Dios demuestra que no existe tal categoría, porque Dios es incategorizable. No puede haber otros dioses junto a él porque entonces habría una categoría en la que encajaríamos a Dios, y él no sería "el primero y el último" (Apo. 1:17). En segundo lugar, Dios es

---

[5] Rendtorff, *The Canonical Hebrew Bible*, 634-36. Los primeros historiadores de la religión israelita del siglo XX (como Kaufmann, *The Religion of Israel*), veían el "monoteísmo" como un rasgo temprano y definitivo. Historiadores más recientes sostienen que al menos el monoteísmo teórico (por oposición al práctico) es un desarrollo tardío del período postexílico, debido en parte a su prominencia en Is. 40-55. Véase, por ejemplo, Smith, *The Origins of Biblical Monotheism*; Smith, *The Early History of God*. En muchos aspectos, estos debates son paralelos a cambios similares ocurridos en el siglo XIX (véase la discusión de Bavinck en *Reformed Dogmatics*, 2:170-73). Una evaluación teológica a gran escala de estos debates es necesaria, pero está fuera de nuestro alcance. Baste decir que, independientemente de cómo los historiadores reconstruyan especulativamente la práctica religiosa israelita, el testimonio general del canon sobre la creación *ex nihilo* y la irrealidad de otros "dioses" atestigua sistemáticamente la singularidad ontológica de Dios.

[6] Bernard of Clairvaux, *On Consideration* 5.7.17 (Evans, 161).

[7] Para exposiciones modernas ejemplares de la unicidad de Dios, véase Bavinck, *Reformed Dogmatics*, 2:170-77; Barth, *CD* II/1, 440-61; Sonderegger, *Systematic Theology*, 1:3-45. Es difícil mejorar los fundamentos de la gramática proporcionados por Aquino, *STh* I.3-11.

indisolublemente uno, lo que tradicionalmente se formula como la "simplicidad" (*simplicitas*) de Dios.

La unidad de la simplicidad de Dios implica que Dios ni es una parte ni tiene partes. Los atributos de Dios no son partes de él; Dios "tiene" amor en el sentido de que ama, pero aún más que eso, *es* amor (1 Juan 4:8). Y lo que es más importante y decisivo, como veremos más adelante, el Padre, el Hijo y el Espíritu Santo no son partes de Dios, sino que cada uno de ellos es plenamente Dios. Dios tampoco forma parte de algo más grande que él, como un conglomerado Dios-mundo. Dios no puede mezclarse con la creación porque solo las realidades finitas se mezclan, y cuando lo hacen siempre implican limitaciones de intimidad y agencia.

La sencillez de Dios es, por tanto, una buena noticia: no necesita desplazar a las criaturas para estar íntimamente cerca de ellas; no necesita evacuar su divinidad para hacerse plenamente humano. La proximidad no amenaza a Dios porque no puede hacerlo. En los términos de nuestro capítulo anterior, trascendencia e inmanencia no son mutuamente excluyentes para Dios. Debemos subrayar que estas conclusiones no se derivan de una simple lectura del Shemá, sino de las presiones sumativas de la creación *ex nihilo* y del testimonio unificado del canon de los dos testamentos sobre la unicidad de Dios. Así pues, conceptos teológicos como singularidad y simplicidad nos ayudan a comprender lo que el propio Shemá confiesa: que el Señor es uno. Teniendo esto en cuenta, ¿cómo estructura la unicidad de Dios el testimonio de las Escrituras sobre el Dios trino y nuestra búsqueda de la *visio Dei*?

Las presiones del Shemá a la luz de Jesús: Un Señor, no dos (y mucho menos tres)

El Nuevo Testamento retoma el tema de la unicidad de Dios y, por así decirlo, encaja en él a tres personas distintas: el Padre, el Hijo y el Espíritu Santo. Este hecho por sí solo es sorprendente e informativo, pero para comprender todo su significado debemos prestar atención también al modo en que el Nuevo Testamento atribuye el nombre YHWH a tres personas.[8] Para ilustrar este hecho y el patrón característico con el que se nos presenta, bastará con considerar brevemente algunos textos centrales. Con el trasfondo del testimonio del Antiguo Testamento sobre la unidad de Dios, podremos formular la gramática básica de la unidad e igualdad de la Trinidad.

El texto más famoso que presiona a sus lectores para que identifiquen al Dios único de Israel con las tres personas aparece en las palabras finales del primer Evangelio: "Vayan, pues, y hagan discípulos de todas las naciones, bautizándolas en el nombre del Padre y del Hijo y del Espíritu Santo" (Mat. 28:19).[9] En la Iglesia primitiva, este texto se convirtió en una guía importante para estructurar la catequesis y centrar la enseñanza sobre Dios en la plena divinidad de las tres personas.[10] Gramaticalmente, encontramos un nombre divino singular ("el nombre") aplicado e inclusivo de tres nombres personales distintos, cada uno de los cuales está conectado con los otros mediante una conjunción ("y") y se distingue con su propio artículo ("el").

Estos tres nombres personales son, pues, distintos, unidos entre sí y en pie de igualdad con respecto al "nombre" que pertenece a todos ellos. El bautismo es, pues, "en el nombre" (εἰς τὸ ὄνομα, *eis to onoma*), una referencia oblicua al nombre YHWH, y Aquel a quien este nombre

---

[8] El Nuevo Testamento aplica el Tetragrámaton al Padre, al Hijo y al Espíritu Santo de diversas maneras: a veces identificando el discurso de YHWH en el Antiguo Testamento con una de las personas divinas (p. ej., Is. 6:9 y Hch. 28:25-26; Jer. 31:33-34 y Heb. 10:15), Is. 6:9 y Hch. 28:25-26; Jer. 31:33-34 y Heb. 10:15), otras veces resaltando la conversación divina interna (Heb. 1:5 y Sal. 2:7; Mr. 12:35-37 y Sal. 110:1), o mostrando cómo las personas poseen comúnmente prerrogativas divinas que pertenecen solo a YHWH (p. ej, adoración en Mat. 4:10; Dt. 6:13; cf. Mat. 2:11; 14:33; 28:17), y más.

[9] Para lecturas modernas de este pasaje como enseñanza de la Trinidad, véase Soulen, *The Divine Name(s) and the Holy Trinity*, 182-84; Bauckham, *Jesus and the God of Israel*, 56-57. Rowe, "Biblical Pressure and Trinitarian Hermeneutics", ofrece un breve relato de las presiones que condujeron a la identificación del Dios único de Israel con el Padre, el Hijo y el Espíritu Santo.

[10] Lienhard, "The Baptismal Command (Matthew 28:19–20) and the Doctrine of the Trinity".

singular significa es el Hijo y el Espíritu Santo tanto como el Padre. Si no hubiera otros pasajes que corroboraran estas conclusiones, podríamos dudar de ellas. Pero esta extraña afirmación ilustra una paradoja que encontramos a lo largo de todo el Nuevo Testamento: el único Dios de Israel es efectivamente un Dios, pero también tres personas distintas. Y esta paradoja se expone típicamente mediante un modelo de atribución de un nombre singular a tres personas divinas, sin menoscabo de su distinción permanente entre sí.

Salmo 110

Jesús ilustra esta paradoja y esta pauta explícitamente en su uso del Salmo 110. Al final del Evangelio de Marcos, uno de los escribas pregunta a Jesús cuál es el mandamiento más importante, lo que lleva a Jesús a comenzar su respuesta con el Shemá: "El más importante es: 'Escucha, Israel: El Señor nuestro Dios, el Señor uno es' [κύριος εἷς ἐστιν, *kyrios heis estin*]" (Mr. 12:29; cf. Dt. 6:4 LXX).[11] Jesús quiere sostener la unicidad de Dios, porque ya ha atestiguado implícitamente su propia divinidad recurriendo al Shemá (Mr. 2:7-11). Inmediatamente después, Jesús se encuentra en el templo y reitera que, de hecho, él es ese mismo Señor. Pregunta a la multitud: "¿Por qué dicen los escribas que el Cristo es hijo de David? David mismo dijo por el Espíritu Santo: 'El Señor dijo a mi Señor: "Siéntate a mi diestra, hasta que ponga a tus enemigos debajo de tus pies"' [Sal. 110:1]. David mismo lo llama Señor [κύριος, *kyrios*]. ¿En qué sentido es, pues, su hijo?". (Mr. 12:35-37). El efecto neto de la enseñanza de Jesús es complicar y profundizar nuestra comprensión de quién es realmente. Hay dos a los que David (con razón) llama "Señor", que se dirigen el uno al otro y, por tanto, son distintos. Se podría concluir razonablemente que hay dos Señores. Sin embargo, el hecho de que Marcos coloque estas afirmaciones una al lado de la otra subraya que la lógica general de Jesús funciona dentro

---

[11] El título "Señor" (κύριος, *kyrios*) se traduce sistemáticamente como יהוה (YHWH) en la Septuaginta.

de los límites de la unicidad de Dios. Por tanto, el Padre es el Señor y el Hijo es el Señor, pero no hay dos Señores, sino uno, porque "el Señor es uno". Jesús no niega en ningún momento que él sea el Hijo, ni que el Padre sea el Padre, pero mantiene que ambos son el único Señor de Israel. Tenemos tanto identidad como distinción. Marcos no nos resuelve el enigma, pero lo expone con claridad meridiana. El nombre "Señor" se aplica a dos figuras distintas, el Padre y el Hijo, sin que por ello haya dos Señores. ¿Por qué habla así la Escritura?

1 Corintios 8:4-6

Otro ejemplo de la misma pauta procede de 1 Corintios, donde Pablo aborda una de las controversias de la iglesia relacionada con los alimentos ofrecidos a los ídolos.[12] Merece la pena citar el pasaje completo:

> Por tanto, en cuanto a comer de lo sacrificado a los ídolos, sabemos que "un ídolo no es nada en el mundo", y que "no hay sino un solo Dios [οὐδεὶς θεὸς εἰ μὴ εἷς, *oudeis theos ei mē heis*]". Porque aunque haya algunos llamados dioses, ya sea en el cielo o en la tierra, como por cierto hay muchos "dioses" y muchos "señores", pero para nosotros hay un solo Dios [εἷς θεὸς, *heis theos*], el Padre, de quien proceden todas las cosas y nosotros somos para Él; y un solo Señor, [εἷς κύριος, *heis kyrios*], Jesucristo, por quien son todas las cosas y por medio de Él existimos nosotros". (1 Cor. 8:4-6)

En esta glosa ampliamente reconocida del Shemá, a la que Pablo alude al principio, encontramos de nuevo la pauta de distinguir dos sujetos personales entre sí, identificándolos al mismo tiempo como el único

---

[12] La unicidad de Dios funciona en toda la carta de Pablo para subrayar la clase de pueblo que es la Iglesia, que está en pacto con el único Dios vivo y verdadero y, por tanto, es uno como Él es uno: Macaskill, "The Way the One God Works"; Byers, "The One Body of the Shema in 1 Corinthians".

Dios. En cuanto a la identidad, el sujeto del Shemá es "el SEÑOR es nuestro Dios" (Dt. 6:4), que Pablo separa gramaticalmente para dejar clara su idea. Utiliza "Señor" para Jesús y "Dios" para el Padre, no para distinguir entre Dios y Señor, sino para incluir a Jesús y al Padre en la extensión única de la frase "el SEÑOR es nuestro Dios". Pablo incluso subraya su unidad repitiendo que hay "un solo Dios" y "un solo Señor". Por lo tanto, identifica a ambos como el único Señor de Israel. Por si no quedara suficientemente claro, contrasta la unidad del Padre y Jesús con "muchos 'dioses' y muchos 'señores'" (1 Cor. 8:4-5). Una vez más, el Padre es el Señor y el Hijo es el Señor, pero no hay dos Señores, y "muchos" está fuera de lugar.

Si consideráramos este texto de forma aislada, podríamos sacar todo tipo de falsas deducciones: por ejemplo, que el Padre o el Hijo son solo formas o apariencias de un sujeto unipersonal conocido como "Dios" o "Señor". Pero Pablo no se queda ahí. También distingue firmemente al Padre y al Hijo con un ejemplo de la fórmula preposicional que comentamos brevemente en el capítulo anterior. En este caso, la fórmula tiene un matiz soteriológico: el "por quien" que nos dirige al Padre y el "por medio de quien" que nos sitúa en Cristo son exclusivos de tales fórmulas.[13]

Una consecuencia de estas preposiciones aquí es distinguir firmemente al Padre y al Hijo, aunque también atribuyen a ambos la responsabilidad cósmica de la creación y la salvación que solo pertenece a Dios (cf. Rom. 11:36). Como en nuestro pasaje de Marcos, estas notas de distinción hacen mucho más extraña la identificación común del Padre y el Hijo como YHWH. La pauta en los dos textos es, por tanto, similar: el único Señor Dios se identifica con dos figuras distintas, al tiempo que se excluye la realidad de muchos señores o muchos dioses.

---

[13] Cox, *By the Same Word*, 147.

2 Corintios 3:17

Un último ejemplo nos muestra que la identificación del Señor no se detiene en el Padre y el Hijo, sino que se extiende al Espíritu Santo.[14] En 2 Corintios 3, el Espíritu es un tema destacado: es "el Espíritu del Dios vivo" (2 Cor. 3:3); el Espíritu "da vida", a diferencia de la "letra" (3:6); y la gloria del "ministerio del Espíritu" supera el resplandor de Moisés (3:8). En este capítulo Pablo contrasta la gloria que se desvanece del antiguo pacto con la mayor gloria del nuevo pacto, que ya analizamos brevemente en el capítulo 1.

Continuando con este contraste, Pablo alude al hecho de que cada vez que los israelitas leen a Moisés, un velo cubre sus corazones como el velo cubría el rostro luminoso de Moisés (2 Cor. 3:13-15). Moisés se ponía un velo cuando "entraba a la presencia del Señor [κύριος, *kyrios*] para hablar con él" (Ex. 34:34 LXX; cf. 2 Cor. 3:16), y cuando hablaba con Dios, la "columna de nube descendía" hasta la tienda (Ex. 33:9). Con estos antecedentes, Pablo continúa: "Ahora bien, el Señor es el Espíritu [ὁ δὲ κύριος τὸ πνεῦμά ἐστιν, *ho de kyrios to pneuma estin*]; y donde está el Espíritu del Señor, hay libertad" (2 Cor. 3:17). Al establecer conexiones figuradas entre la "nube" y el "Espíritu" (1 Cor. 6:11; 10:1-2), Pablo dice que el único Señor de Israel es el Espíritu Santo.[15] Sin embargo, Pablo distingue al Espíritu del Señor, a quien también identifica como Cristo (p. ej., 2 Cor. 1:2-3, 14; 4:5, 14).

---

[14] Para lo que sigue, véase especialmente Hill, *Paul and the Trinity*, 143-53, que examina los principales debates y destaca la conexión de la nube y el Espíritu en relación con Éxodo 33. Véase también Rowe, "Biblical Pressure and Trinitarian Hermeneutics", 303-4; Seifrid, The Second Letter of Corinthians, 174-75. Véase, además, Rowe, "Biblical Pressure and Trinitarian Hermeneutics", 303-4; Seifrid, *The Second Letter to the Corinthians*, 174-75.

[15] Otras conexiones figurales podrían alentar aquí una estrecha asociación de "Señor" con el Espíritu, aunque no son decisivas: el Espíritu es quien escribe la Ley en los corazones (2 Cor. 3:3; Jer. 31:33) porque es el "dedo de Dios" (Luc. 11:20; cf. Ex. 8:19; Mat. 12:28) que escribió la Ley en "dos tablas de Piedra" (Dt. 9:10; cf. Ex. 31:18). Véanse los comentarios rudimentarios en Aquino, *Commentary on 2 Corinthians* 3.3.111. En cualquier caso, incluso si "Señor" en nuestro texto no se refiere al Espíritu, sino a Cristo, esto no es un argumento contra la Trinidad; Basilio acepta este significado y lo utiliza para apoyar su caso de la divinidad del

Al igual que en nuestros pasajes anteriores, aquí percibimos un patrón tanto de identificación como de distinción. El Espíritu es a la vez el Señor y distinto del Señor. Aunque en este versículo no encontramos ningún comentario sobre la unicidad del Dios de Israel, sí encontramos que YHWH es el Espíritu del Padre (v. 3) y de Jesucristo (v. 17). Aunque estos tres están relacionados y son distintos entre sí, todos son el único Señor de Israel. ¿Cómo es esto cierto, y qué debemos aprender del propio modelo?

Gramática de lo común y lo propio y la regla del redoblamiento

La pauta básica de los textos que hemos estudiado es la siguiente: YHWH, el "Señor", es uno *y* a la vez Padre, Hijo y Espíritu. La gramática básica del Antiguo Testamento sobre la unicidad de Dios no se atenúa ni matiza en ninguna parte, ni en su exclusividad ni en su indisolubilidad. Dentro de la autoridad permanente de la confesión de Israel, el Nuevo Testamento afirma que hay tres personas simultáneamente distintas que son este único Señor en *el mismo sentido*. Así, el Señor nuestro Dios no es ni muchos señores ni muchos dioses. Cada persona está demarcada de las demás por preposiciones o nombres personales, aunque recibe el nombre singular de "Señor", que no se multiplica en "Señores". Pertenece a la exactitud de la Escritura exponer esta paradoja dentro de un patrón, pues como veremos ahora, el patrón revela normativamente la coherencia última de la paradoja. Pasemos ahora al "cómo" gramatical de este modelo y de la paradoja que comunica.

Lo que une a estos diversos elementos es una gramática que distingue entre la naturaleza divina y las personas divinas. Esta distinción se encuentra en el modo en que la Escritura habla claramente

---

Espíritu sobre la base de nombres comunes que significan ser común (*Against Eunomius* 3.3).

de lo que es *común* a las personas divinas y de lo que es *propio* de cada persona, exigiendo de los lectores un "redoblamiento" de dos niveles correspondientes de discurso para articular lo que es común o esencial y lo que es propio o personal.[16] En resumen, el redoblamiento funciona de la siguiente manera: lo que la Escritura atribuye a las personas divinas en común significa y pertenece a lo que las tres personas divinas poseen por igual, su esencia o ser singular; lo que se atribuye a una sola persona pertenece a su propiedad personal única. Como dice Scott Swain:

> *Las predicaciones comunes* son patrones de discurso que se refieren a lo que las tres personas de la Trinidad tienen en común entre sí como el único Dios... *Las predicaciones propias* son patrones de discurso que se refieren a lo que distingue a las tres personas de la Trinidad entre sí dentro del único Dios.[17]

Hablar de las personas divinas requiere una doble forma de discurso, un redoblamiento.

Aspectos ontológicos y epistemológicos

Esta distinción entre lo común y lo propio es tanto ontológica como epistemológica. De hecho, se basa en algunas afirmaciones ontológicas básicas sobre el ser divino común y la realidad distinta de las personas.[18] En concreto, el Padre, el Hijo y el Espíritu Santo son un solo

---

[16] Los antecedentes históricos se ofrecen en Halleux, "Personnalisme ou essentialisme trinitaire chez les Pères cappadociens?". Una articulación ejemplar de esta distinción por un teólogo contemporáneo es Emery, "¿Essentialism or Personalism in the Treatise on God in Saint Thomas Aquinas?".

[17] Swain, *The Trinity*, 34-35 (énfasis original).

[18] Rowe, "Biblical Pressure and Trinitarian Hermeneutics", 307, reconoce que las presiones mencionadas nos llevan necesariamente a una especificación ontológica en términos de "ser" o "esencia". Hahn adopta el punto de vista opuesto: deberíamos expresar la estructura trinitaria de varios enunciados del Nuevo Testamento *sin* conceptos como esencia o naturaleza debido a la forma "concreta" e histórica en que Dios se revela a sí mismo (*Theologie des Neuen Testaments*,

Dios y no muchos dioses, porque todos poseen el mismo ser numéricamente o "esencia" (*homoousios*).[19] Por eso la Escritura sigue el patrón de atribuir lo que es común a las tres personas divinas *en singular*: hay *un* Señor. Sin embargo, hay un Señor *en tres personas*. Mientras que "Señor" en cada uno de nuestros textos representa lo que es común entre ellas, su ser singular e indisoluble, los nombres personales de "Padre", "Hijo" y "Espíritu Santo" significan lo que es propio y único de cada persona. En ninguna parte estos nombres personales son compartidos entre las personas como lo son los nombres "esenciales" (como "Señor" en nuestros textos o "Dios" en otros; cf. Jn. 1:1; 20:28; Hch. 5:4).

Por tanto, lo que distingue a las personas no es lo que es esencialmente cierto en ellas, sino lo que es personalmente cierto en ellas. Lo que hace del Padre un padre es su paternidad; lo que hace del Hijo un hijo es su filiación; y lo que hace del Espíritu o "Aliento" (πνεῦμα, *pneuma*) un aliento es la "respiración" (espiración).[20] Estas características revelan las relaciones entre las personas y nos ayudan a comprender las procesiones divinas, de las que hablaremos en el capítulo 9. A partir de la paternidad y la filiación, discernimos el engendrar y el engendrado, y así sucesivamente. Puesto que su divinidad es una y la misma, el Hijo tiene "todo" lo que tiene el Padre

---

2:308). Enfrentar categorías metafísicas e históricas es precario por algunas de las mismas razones que Barth utiliza para advertir contra interpretaciones "no teológicamente especulativas" de la obra de Dios *pro nobis* (Barth, *CD* I/1, 420-21; cf. también Emery, *The Trinity*, 91-92). A saber, debemos confesar suficientemente la antecedencia de Dios, su perfecta plenitud antes y aparte de su alcance salvífico. Una respuesta más amplia a los escrúpulos modernos sobre la conceptualidad del "ser" se encuentra en Levering, *Scripture and Metaphysics*, 47-74.

[19] Al afirmar esta identidad de ser, los teólogos pronicenos excluyeron varias alternativas (cf. Cyril of Alexandria, *Dialogues on the Trinity* 1.405e-410b). Por ejemplo, el ser de las distintas personas no es el de esencias meramente similares (*homoiousios*), lo que en última instancia las convertiría en esencias diferentes (*heteroousios*) y, por tanto, en dioses diferentes o en una jerarquía de seres divinos y semidivinos. Tampoco tienen el "mismo" ser en el sentido en que tres personas humanas tienen la "misma" humanidad, que sería una igualdad genérica.

[20] Emery, *The Trinity*, 111-58; Sanders, *The Triune God*, 122-33.

(Jn. 16:15), excepto lo que le hace Padre, es decir, su paternidad.[21] Lo mismo ocurre con el Espíritu en relación con el Hijo y el Padre. La distinción conceptual en Dios entre esencia y persona se articula en la distinción entre dos clases de nombres, comunes y propios.

Cuando empezamos a reflexionar sobre cómo es posible que tres personas distintas tengan todas el mismo ser numérico, otras presiones bíblicas limitan nuestra indagación de manera saludable. La simplicidad de Dios es crucial para ayudarnos a comprender la coherencia subyacente de estas afirmaciones, a la vez que modera nuestras expectativas sobre lo que realmente podemos saber. El sentido básico de la simplicidad de Dios —que Dios no tiene partes— nos permite articular esta identidad numérica al proporcionarnos una negación esencial. Puesto que Dios es indivisiblemente uno, el modo en que cada persona divina posee este mismo ser *no puede* ser un caso de división en el ser de Dios. Dios no es un bloque de materia que pueda dividirse.

Por tanto, cada persona divina es completamente Dios y no meramente parte de Dios. solo si esto es así, los tres son *un solo* Señor Dios: todo lo que es ser YHWH pertenece plenamente al Hijo, plenamente al Padre y plenamente al Espíritu, sin ninguna división cualitativa o cuantitativa.[22] Así pues, tal como se aplica en la teología trinitaria, la simplicidad divina nos permite decir que las personas divinas son indivisiblemente una en su ser común, aunque *distintas* — no divididas— en virtud de sus relaciones mutuas.

La simplicidad de Dios también nos recuerda que hemos llegado al límite de lo que podemos concebir y pensar, pues Dios es incomprensible para nuestro entendimiento finito. Sin embargo, la

---

[21] Véase Athanasius, *Letters to Serapion* 3.3.4-3.7.2; Cyril of Alexandria, *Dialogues on the Trinity* 1.409b-d.

[22] "Todo lo que pertenece al Padre pertenece al Hijo, excepto el no engendramiento. Todo lo que pertenece al Hijo pertenece al Espíritu, excepto el engendramiento. Estas cosas no dividen la esencia... sino que están divididas en la esencia [común]" (Gregory of Nazianzus, *Oration* 41.9 [PPS 36:152]; cf. *Oration* 31.14).

gramática de la Escritura cumple una función epistemológica al proporcionar barandillas para nuestra contemplación de la vida ineludiblemente misteriosa de Dios. Es decir, la gramática de la Escritura *estructura* nuestro pensamiento sobre la unidad de Dios dándonos dos maneras de hablar de la misma realidad incomprensible, de modo que evitemos las contradicciones. Esto es crucial. Distinguir entre persona y esencia mediante la práctica del redoblamiento no nos da acceso a alguna modalidad del ser de Dios por la que entendamos "cómo" Dios es un Dios en tres personas.

La Escritura nos dice *que* las tres personas divinas tienen el mismo ser y *que* son distintas (cf. Heb. 11:6) sin confundir estas dos afirmaciones ni resolver estas afirmaciones "eso" en una afirmación "cómo" más exhaustiva. Cualquier retrato de este tipo requeriría un conocimiento de *lo que* Dios es, que no tenemos.[23] En resumen, la Escritura habla de la Trinidad de dos maneras distintas y complementarias. Una manera habla de lo que es común o esencial, y la otra de lo que es propio o personal. Esto nos capacita para reconocer y afirmar la distinción conceptual básica entre esencia y persona, sin la cual inevitablemente confundimos el sentido y los referentes del discurso de la Escritura. La pauta también requiere que empleemos ambos niveles de discurso para articular la verdad en lugar de utilizar un único nivel de discurso global. El modelo impide que la paradoja se disuelva en contradicción.

La regla del redoblamiento y su importancia

Estas ideas nos dan nuestra cuarta regla:

---

[23] Véase Basilio, *Against Eunomius* 1.14-15. Gregorio Nacianceno: "Estoy satisfecho con la declaración de que es Hijo y de que procede del Padre, y de que el uno es Padre y el otro Hijo; y me niego a entrar en especulaciones sin sentido más allá de este punto" (*Oration* 20.10 [FC 107:114]). Véase también Bavinck, *Reformed Dogmatics*, 1:36-38; 2:47-52.

> *La Escritura habla tanto de lo que es común al Padre, al Hijo y al Espíritu Santo como de lo que es propio de cada persona, reflejando la distinción conceptual entre la naturaleza divina y las personas divinas. El razonamiento bíblico discierne esta distinción, la sostiene y contempla la Santísima Trinidad a su luz. Por tanto, hay que leer el discurso de la Escritura sobre Dios de tal modo que se reconozca y se emplee su doble discurso —el común y el propio—, en lugar de hacerlo de un modo que colapse los dos modos en uno solo. De este modo, aprendemos a contar personas en lugar de naturalezas.*

Podría decirse que la principal contribución de Basilio el Grande a la teología trinitaria consiste en extraer y emplear esta distinción. Basilio reprocha a Eunomio de Cízico que privilegiara los nombres extrabíblicos sobre los que aparecen en las Escrituras y que no distinguiera entre nombres esenciales y personales.[24] Reflexionando sobre el estatus de Dios como único creador, Eunomio concluye que el "no-engendramiento" define la esencia de Dios y, por tanto, cualquier cosa que sea "engendrada", como el Hijo, no puede ser Dios en el mismo sentido que el Padre.[25]

Basilio reconoce la verdad de este concepto —a saber, que la vida de Dios no tiene principio ni fuente— sin dejar que sustituya a los nombres primarios de la Escritura, como "Padre" e "Hijo". Al fin y al cabo, a diferencia del no-engendramiento, el nombre Padre "tiene la ventaja adicional de implicar una relación, introduciendo así la noción del Hijo".[26] Además, no podemos saber cuál es la esencia de Dios, sino

---

[24] Para más matices y contexto, véase Ayres, *Nicaea and Its Legacy*, 191-204; Radde-Gallwitz, *Basil of Caesarea, Gregory of Nyssa, and the Transformation of Divine Simplicity*, 131-37; DelCogliano, *Basil of Caesarea's Anti-Eunomian Theory of Names*.

[25] Basilio señala a Eunomio, *Apology* 7.1-7; 8.1-5.

[26] Basil, *Against Eunomius* 1.5 (FC 122:94); cf. Tertullian, *Against Praxeas* 10. Cirilo examina detenidamente cómo "no engendrado" y "Padre" no significan lo mismo, cómo ser "no engendrado" ni siquiera es particularmente exclusivo de

solo *cómo* es.²⁷ Así que llamar a Dios "no engendrado" simplemente niega que Dios proviene de algo, pero de ninguna manera agota lo que hay que saber acerca de Dios. El principal error de Eunomio es que opera fuera de los propios patrones de discurso de la Escritura, al no distinguir entre nombres esenciales y personales.

Basilio responde con un uso ecléctico de las categorías filosóficas disponibles, haciendo una distinción:

> ¿Quién no sabe que algunos nombres se expresan absolutamente y respecto de sí mismos, significando las cosas que son sus referentes, pero otros nombres se dicen relativos a otros, expresando solo la relación con los otros nombres relativos a los que se dicen?.²⁸

Solo utilizando a la vez nombres "absolutos" y "relativos", o nombres que designan lo común y lo propio, podemos contemplar el misterio:

> La divinidad es común, mientras que la paternidad y la filiación son signos distintivos [ἰδιώματα, *idiōmata*]: de la combinación de ambos,

---

Dios, cómo no puede definir la sustancia de Dios, etc. (*Dialogues on the Trinity* 2.419e-434e).

²⁷ Basil, *Against Eunomius* 1.15.

²⁸ Basil, *Against Eunomius* 2.9 (FC 122:142). La distinción se hace más refinada y sistemática en Augustine, *The Trinity* 5-7. Allí, Agustín se apropia de las categorías aristotélicas para distinguir entre los enunciados que pertenecen a la sustancia de Dios (predicados *ad se*) y los que pertenecen a las relaciones entre las personas (predicados *ad aliquid*). Sin embargo, Aristóteles categoriza las relaciones como accidentes, cosas que cambian una sustancia en algún aspecto, lo que lleva a Agustín a adaptar las categorías a sus propios fines. Puesto que Dios es simple, no tiene partes, como los accidentes (cf. Cirilo, *Dialogues on the Trinity* 2.421c). Por tanto, los enunciados sobre relaciones internas a la vida de Dios pertenecen a las "personas" divinas eternas. Las afirmaciones que se refieren a Dios a partir de nuestra relación con él en el tiempo significan accidentes *en nosotros* y no accidentes en Dios (Agustín, *The Trinity* 5.17). Es un lugar común en la tradición que la relación de Dios con nosotros no es del tipo que caracteriza a los seres finitos (como nuestra relación con Dios), pues tales relaciones finitas siempre producen o significan cambio.

es decir, de lo común y lo único, llegamos a la comprensión de la verdad.[29]

Para entender el lenguaje de la Escritura, debemos ver que tanto no-engendrado como engendrado son verdaderos de Dios, cuando se entienden como predicados "propios" o "personales" referidos al Padre y al Hijo, respectivamente.[30] Por otra parte, los enunciados que se refieren a toda la Trinidad incluyen los que se refieren a las tres personas, o los que se refieren a "Dios" cuando no se trata específicamente de una sola persona divina (como el Padre).[31] El redoblamiento de estas formas distintas de hablar nos mantiene dentro de la enseñanza de la Escritura y nos protege del error.

El próximo capítulo explorará algunas de las formas en que se utiliza el redoblamiento al extenderse a la unidad y distinción de las obras externas de la Trinidad. Para este capítulo ha bastado con exponer nuestro quinto principio, relativo a la unidad de la Trinidad, y la regla sobre el doble discurso de la Escritura.

---

[29] Basil, *Against Eunomius* 2.28 (FC 122:174). Como señalan los traductores, la terminología de Basilio es estoica: "comprensión" (κατάληψις) designa la percepción verdadera, por oposición al conocimiento científico o a la mera opinión (véase n. 83 de *Against Eunomius* 1 [FC 122:110]). Se limita a afirmar nuestra percepción fiable de la verdad, todo ello mientras niega tal percepción de la *ousía* de Dios, que "trasciende no solo a los seres humanos, sino también a toda naturaleza racional" (*Against Eunomius* 1.14 [FC 122:112]; cf. Gregory of Nazianzus, *Oration* 28.3; 40.5).

[30] "No engendrado" puede aplicarse al Padre en el sentido de que no tiene una fuente personal (aunque, estrictamente hablando, el Espíritu tampoco es engendrado). No obstante, puede haber sentidos, que requieren una articulación cuidadosa, en los que "no engendrado" también puede aplicarse a la esencia común de la Trinidad, porque las tres personas son eternas e inmutables (cf. Gregory of Nazianzus, *Oration* 39.12; Juan de Damasco, *On the Orthodox Faith* 1.8).

[31] La razón por la que a veces se predica "Dios" del Padre o "Señor" del Hijo tiene que ver con las apropiaciones, que tratamos en el capítulo siguiente.

Conclusión

El redoblamiento es un efecto de la generosa pedagogía de Dios y, por tanto, un medio por el que somos conducidos a la visión de la gloria de Cristo. Porque Dios es uno y tres en una unidad que trasciende nuestra cognición creada, Dios adapta su enseñanza a nosotros hablando de sí mismo de dos maneras: de una manera como Dios es uno, y de otra manera como Dios es tres. Dios no nos da un discurso singular, tal vez relativo a la "triunidad", sino dos discursos que trazan la unidad y la distinción.

Pedagógicamente, la reduplicación centra nuestra atención en la comunión personal con Dios. Existe aquí un paralelismo formal con la forma en que debemos hablar de dos maneras sobre la única persona de Cristo, a menudo llamada reduplicación o exégesis partitiva, que los capítulos 7 y 8 explorarán. Allí debemos hablar de dos maneras para reconocer a una persona como Dios y como hombre. Aquí, debemos hablar de dos maneras para reconocer a tres personas como un solo Dios. En sentido estricto, ninguna de las dos formas de hablar se refiere en última instancia a "esencias" o "naturalezas" abstractas. Se trata más bien de reconocer a las personas por lo que son: divinas y, en un solo caso, divinas y humanas. Nos resulta imposible sondear las profundidades del Padre, el Hijo y el Espíritu Santo. En cambio, solo mediante un ciclo continuo de repetición de las dos formas de hablar podemos ascender contemplativamente a la verdad.

Por ejemplo, las Escrituras dicen que YHWH está revestido de luz (Sal. 104:2), que el Hijo es "luz" (Jn. 1:9) y que el Padre "habita en luz inaccesible" (1 Tim. 6:16). Las imágenes luminosas también caracterizan la relación del Padre con el Hijo, que es "el resplandor de la gloria de Dios" (Heb. 1:3), y la relación del Espíritu con ambos (1 Ped. 4:14). Una lectura inadecuada une estas afirmaciones sin tener en cuenta el doble patrón de la Escritura, forzándolas a un patrón singular. En consecuencia, las personas acaban diferenciándose por su relación con la "gloria", en lugar de por sus relaciones mutuas.

Sin embargo, dentro de la gramática redoblada o doble de la Escritura, los predicados comunes pertenecen a lo que las personas tienen en común: la esencia divina. Así, Padre, Hijo y Espíritu son todos esencialmente "luz", mientras que el Hijo es "luz de luz" como "resplandor" de la gloria del Padre y, por tanto, *homoousios* con el Padre.[32] Tales juicios nos ayudan a ver lo que vimos en el capítulo 1, que *tanto* el Padre como el Hijo son invisibles.[33] También nos enseña que nuestra esperanza en la visión de la gloria de Cristo no puede ser sustituida por la esperanza de una gloria superior, porque la gloria de Cristo es la misma gloria que pertenece al Padre y al Espíritu. Si buscamos su rostro, buscamos en él la gloria plena de la Santísima Trinidad.

---

[32] Tras considerar tales imágenes, Basilio concluye que incluso podemos entender frases como "luz engendrada" del Hijo y "luz no engendrada" del Padre (*Against Eunomius* 2.29; cf. Agustín, *The Trinity* 7.2-3). Estos enunciados compuestos operan simultáneamente en ambos niveles, el común y el propio.

[33] Véanse las pp. 7-11.

§6. ACTIVIDADES DIVERSAS PERO EL MISMO DIOS: LAS OPERACIONES INSEPARABLES DE LA TRINIDAD Y LA APROPIACIÓN DE LA ESCRITURA

Principio 5: El único Dios vivo y verdadero es eternamente Padre, Hijo y Espíritu Santo, distintos en sus relaciones mutuas y el mismo en sustancia, poder y gloria.

Regla 5: Las obras externas de la Trinidad son indivisiblemente una, como Dios es uno. Siempre que la Escritura mencione solo una o dos personas divinas, entiende que las tres están igualmente presentes y activas, realizando las mismas acciones de maneras que implican sus relaciones mutuas. De este modo, aprende a contar personas en lugar de acciones.

Regla 6: Las Escrituras a veces atribuyen a una sola persona divina una perfección, acción o nombre común a las tres, debido a algún ajuste contextual o analogía entre el atributo común y la persona divina en cuestión. Hay que leer estos pasajes de manera que no comprometan la unidad e igualdad esenciales de la Trinidad.

Nuestro quinto principio se refiere a la unidad e igualdad de las tres personas divinas, que se nos presenta en el doble discurso de la Escritura sobre el Padre, el Hijo y el Espíritu Santo. Hay tres personas que son cada una Dios, pero no hay tres dioses. La regla del redoblamiento del capítulo anterior se ajusta al doble discurso de la Escritura sobre las tres personas divinas, reconociendo que todo es uno en Dios excepto las relaciones que distinguen a las personas entre sí.[1]

Sin embargo, el redoblamiento no dice todo lo que hay que decir. Hay otros factores en las Escrituras que suponen un reto para nuestra visión de la gloria de Cristo, a menos que comprendamos cómo se articulan con la unicidad de la Trinidad y la mantienen. ¿Qué hacemos cuando la Escritura dice que el Espíritu Santo cubrió con su sombra a María, o que el Padre nos eligió en Cristo (Luc. 1:35; Ef. 1:4)? En tales pasajes, una de las personas de la Trinidad parece hacer algo que las otras personas divinas no hacen. Cuando se trata de las obras externas de la Trinidad, ¿la unicidad de Dios es de repente la de un propósito común entre tres actores independientes? Si es así, eso parece entrar en conflicto con lo que hemos discernido hasta ahora sobre la unidad de Dios, especialmente su simplicidad. Y si no es así, ¿por qué habla así la Escritura?

Para responder a estas preguntas, nos centraremos en la indivisibilidad de las obras externas de la Trinidad. La doctrina se formula tradicionalmente como un axioma: "Las obras externas de la Trinidad son indivisibles" (*opera Trinitatis ad extra indivisa sunt*). Este axioma afirma que las obras externas del Padre, del Hijo y del Espíritu son idénticas y numéricamente una. Las tres personas actúan como una sola fuente de todas sus obras externas. A pesar de estar firmemente establecida en la tradición cristiana, esta doctrina ha sido tan

---

[1] Denzinger §1330.

malinterpretada como cualquier otra a lo largo de los últimos cien años.[2] Esto se debe principalmente a que la doctrina contradice todo lo que sabemos sobre la actuación conjunta de las tres personas. De hecho, contradice de plano nuestras intuiciones. Hay buenas razones para ello, como veremos en la conclusión de este capítulo. Pero la doctrina está tan bien establecida porque emerge inevitablemente de la Sagrada Escritura y de las presiones acumulativas de la gramática de la Escritura que hemos discutido hasta ahora.

Para ello, debemos explorar las presiones bíblicas que presuponen la gramática de lo que podemos llamar las operaciones inseparables de la Trinidad, una doctrina que requerirá una exposición cuidadosa debido a su naturaleza contraintuitiva. A continuación, procederemos a formular esta gramática en nuestra quinta regla, pero no es una regla que se sostenga por sí misma. La gramática de las operaciones inseparables va unida a la regla de las apropiaciones, que se refiere a cómo y por qué las cosas que son comunes a la Trinidad —como las perfecciones o las acciones— se atribuyen a veces solo a una de las personas.[3] Veremos cómo estas reglas se complementan entre sí cuando las apliquemos a varios ejemplos exegéticos, preparando el camino para nuestra consideración de la persona de Cristo en los capítulos siguientes.

Presiones de la presencia y el trabajo indivisibles

Después de haber explorado la unidad de ser y la distinción de personas de la Trinidad, debemos ver cómo esta unidad es coherente con la forma en que actúan las personas divinas. En ocasiones, en el Nuevo Testamento, el Padre, el Hijo y el Espíritu parecen actuar de forma

---

[2] Para una visión general del desarrollo antiguo y el declive moderno de la doctrina, véase Vidu, *The Same God Who Works All Things*, 52-90.

[3] Nuestra discusión sobre la apropiación ofrece un "mero" relato que funciona principalmente para apoyar nuestro quinto principio relativo a la unidad e igualdad de la Trinidad. No obstante, nuestro relato se presta a versiones más completas de la práctica, por lo que debería ser útil para todos.

distinta e incluso dispar. Al fin y al cabo, solo el Hijo se hace hombre, obedece al Padre hasta la muerte de cruz, muere y es sepultado. El Padre no obedece en ninguna parte al Hijo, ni el Espíritu muere en la cruz. Por tanto, las tres personas divinas parecen tener sus propios trabajos y funciones. Así, el Nuevo Testamento parece pintar un cuadro en el que podemos contar no solo tres actores, sino también tres acciones. Sin embargo, esto no encaja con la lógica del redoblamiento, en la que podemos contar tres personas, pero no tres dioses. ¿Cómo proceder?

De hecho, una de las principales formas en que el Nuevo Testamento confirma la unidad del ser perteneciente al Padre, al Hijo y al Espíritu Santo es a través de la unidad de sus obras. Agustín comienza su búsqueda contemplativa de la Trinidad reflexionando sobre esta verdad: "Así como Padre e Hijo y Espíritu Santo son inseparables, así también obran inseparablemente".[4] Esta verdad funciona regulativamente, manteniendo nuestra atención en las personas divinas en su unidad e igualdad, en lugar de separar su trabajo independientemente el uno del otro.

La inseparabilidad del obrar no suprime las distinciones entre las personas, pero recuerda a los lectores de la Escritura que siempre que percibimos a una persona, las otras dos personas divinas están implícitamente presentes y activas. Aunque podamos dividir a las personas en nuestro pensamiento, no están ni pueden estar divididas en sí mismas. Esto tiene un significado estructural para la forma en que pensamos y alabamos a las personas de la Santísima Trinidad: "cada uno Dios, si se contempla separadamente, porque la mente puede dividir lo indivisible; los tres Dios, si se contemplan colectivamente, porque su actividad y naturaleza son la misma".[5] Hacer justicia a la enseñanza de la Escritura sobre las operaciones inseparables de la Trinidad implica, por tanto, una extensión de la regla del redoblamiento que reconoce personas distintas actuando en una misma acción. Como

---

[4] Augustine, *The Trinity* 1.7 (WSA I/5:70-71).
[5] Gregory of Nazianzus, *Oration* 23.11 (FC 107:139).

veremos, esta doctrina nos enseñará a contar actores sin contar acciones.

Para ver cómo es esto, debemos explorar cómo la Escritura nos presiona para que percibamos la inseparable presencia y actuación de la Trinidad, que a su vez confirma su inseparable unicidad de ser. Cuatro presiones distintas nos animan colectivamente a discernir esta verdad. Un breve repaso a pasajes representativos del Evangelio de Juan, el Evangelio de Marcos y 1 Corintios lo confirmará.

Presencia y acción correlativas del Padre y del Hijo en el Evangelio de Juan

Del análisis del Evangelio de Juan se desprenden dos conclusiones. En primer lugar, las obras de Dios revelan su ser, por lo que la unidad de las obras de la Trinidad confirma su unidad de ser. El segundo punto amplía este pensamiento: las obras de las personas divinas coinciden porque las propias personas divinas coinciden, siendo mutuamente inmanentes por tener el mismo ser que Dios.

A lo largo de su Evangelio, Juan da testimonio de la identidad del Padre y del Hijo como el único Señor confirmando esta unidad a través de sus obras. Esto se manifiesta explícitamente en un juego de palabras que subraya la profundidad y el misterio de las obras del Hijo. En repetidas ocasiones, los líderes judíos acusan a Jesús de blasfemia por "hacerse" (ποιεῖν, *poiein*) pasar por algo que ellos creen que no es: "igual" a Dios (Jn. 5:18; cf. Fil. 2:6), idéntico a Dios (Jn. 8:53-59), Hijo de Dios (19:7) y Rey (19:12).[6]

Así es precisamente como responden a su afirmación de que él y el Padre son uno: "Tú, siendo hombre, te haces Dios [ποιεῖς σεαυτὸν θεόν, *poieis seauton theon*]" (10:33). Jesús responde dándole la vuelta a la acusación: "Si no hago [ποιῶ, *poiō*] las obras de mi Padre, no me crean;

---

[6] Sobre este juego de palabras, véase Baron, "The *Shema* in John's Gospel", 298-300.

pero si las hago [ποιῶ, *poiō*], aunque a Mí no me crean, crean a las obras; para que sepan y entiendan que el Padre está en Mí y Yo en el Padre" (10:37-38). Juan juega con el verbo ποιέω (*poieō*) para mostrar que Jesús "hace" lo que "hace evidente" su unidad con el Padre: las "mismas" obras que el Padre (Jn. 5:19), obras que corresponden únicamente al Dios de Israel (5:21-27).[7] Estas muchas "obras" incluyen las "señales" que Jesús da para legitimar su afirmación de ser el Hijo de Dios (p. ej., 2:1-11; 4:46-54; 6:1-15), enviado del Padre (5:36; 9:4).

La respuesta de Jesús a los líderes judíos insinúa aún más la igualdad del Padre y el Hijo: "El Padre está en Mí y Yo en el Padre" (10:38; cf. 14:9, 20; 16:32; 17:21).[8] Este tema joánico de la existencia recíproca del Padre y del Hijo está estrechamente vinculado al amor que comparten el Padre y el Hijo, por el que todo el ser de cada uno es abrazado por el otro (15:9-10; 17:24, 26). Su mutua inmanencia se describe también como la "permanencia" del Hijo en el Padre, que es similar a la forma en que el Padre y el Hijo habitan en los creyentes que permanecen en el Hijo cumpliendo sus mandamientos (15:5-7, 9-10; cf. 14:23). Sin embargo, la presencia correlativa del Padre y del Hijo trasciende todo lo que los discípulos tienen con Jesús.[9] El Hijo tiene la *misma* vida "en sí mismo" que el Padre (5:26), lo que confirma sus palabras al Padre: "Todo lo que yo tengo es tuyo, y todo lo que tú tienes es mío" (17:10 NVI; cf. 10:15; 16:15).

El Padre y el Hijo poseen todo lo que tienen en común, y el tema de la inmanencia mutua nos ayuda a ver que sus obras son una de esas posesiones comunes. Pensemos en cuando los fariseos acusan a Jesús de dar testimonio de sí mismo: "Tú das testimonio de Ti mismo; tu testimonio no es verdadero" (Jn. 8:13; cf. 5:31). Jesús responde

---

[7] Véase Kammler, "Die Theologie des Johannesevangeliums", 93, haciéndose eco de Schnelle, *Theology of the New Testament*, 663, 669, 711.

[8] Schnelle, *Theology of the New Testament*, 665-67. La inhabitación mutua incluye también al Espíritu: véase Dídimo el Ciego, *On the Holy Spirit* 106-9.

[9] Jesús habita en el Padre de forma única, como el "unigénito Dios, que está *en* el seno del Padre" (Jn. 1:18). Esto establece por qué el Hijo puede revelar al Padre: como alguien que existe en el Padre, ha "visto" al Padre, mientras que nadie más lo ha hecho (1:18; 3:11-13; 5:19, 37).

señalando que, aunque efectivamente da testimonio de sí mismo, su testimonio no es tan independiente como pueden sugerir las apariencias: "En la ley de ustedes está escrito que el testimonio de dos hombres es verdadero. Yo soy el que da testimonio de Mí mismo, y el Padre que me envió da testimonio de Mí" (8:17-18).

En otras palabras, el testimonio de Jesús sobre sí mismo es, al mismo tiempo, el testimonio del Padre. La lógica del llamado de Jesús depende de la unidad del Padre y del Hijo y, por tanto, de su testimonio. Una de las principales formas en que el Padre da testimonio del Hijo es a través de las obras que éste realiza: "Las obras que el Padre me ha dado para llevar a cabo, las mismas obras que Yo hago, *dan* testimonio de Mí, de que el Padre me ha enviado. El Padre que me envió, Él ha *dado testimonio* de Mí" (5:36-37; cf. 9:4; 10:37-38). El testimonio del Padre sobre el Hijo abarca las obras del Hijo y, por tanto, sus palabras: "Mi enseñanza no es Mía, sino del que me envió" (7:16; cf. 5:37-38; 8:26-28; 12:49-50).

El obrar y el enseñar de Jesús tienen una referencia irreductible al Padre que le ha enviado, por lo que son inseparables de esta relación. Jesús obra, enseña y da testimonio, pero nada de esto está aislado ni procede meramente de sí mismo (Jn. 7:17). Al contrario, todo lo que el Hijo es y hace está relacionado con su Padre. Esta inseparabilidad del Padre y el Hijo aflora de forma más evidente cuando Jesús habla a sus discípulos sobre la revelación del Padre:

> ¿No crees que Yo estoy en el Padre y el Padre en Mí? Las palabras que Yo les digo, no las hablo por Mi propia cuenta, *sino que el Padre que mora en Mí es el que hace las obras*. Créanme que Yo estoy en el Padre y el Padre en Mí; y si no, crean por las obras mismas (14:10-11 AT; cf. 12:44-45).[10]

---

[10] Schnelle, *Theology of the New Testament*, 660-69; Aquinas, *Commentary on the Gospel of St. John* 14.3.1887-96. Siguiendo a Zumstein y su reticencia general con los juicios ontológicos, la unidad del Hijo con el Padre aquí es funcional solo *porque* es ante todo una unidad ontológica de ser (*L'Évangile selon Saint Jean*, 2:67-68).

En todo lo que Jesús hace y dice, el Padre también obra y habla. El Hijo no se limita a representar al Padre.[11] Al contrario, el Hijo y el Padre son uno, de modo que todo lo que el Hijo es y hace remite irreductiblemente al Padre como su fuente, que está inseparablemente presente y actúa *en* él y *con* él. Todo esto manifiesta la unidad e igualdad esenciales del Padre y del Hijo.[12] Por tanto, creer en Jesús es creer en el Padre y ver a Jesús es ver al Padre, no porque sean indistintos, sino porque son inseparablemente uno.[13]

La indivisibilidad de Jesús y el Espíritu (Marcos 3:22-30)

Nuestro segundo pasaje sobre las operaciones inseparables indica que una fuerte identidad e indivisión caracterizan la obra de Jesús y del Espíritu. En el Evangelio de Marcos, Jesús enseña su íntima unidad con el Espíritu Santo y, por tanto, con Dios, en un enfrentamiento con unos escribas. Por su actividad, Jesús ya ha disgustado a su familia, que piensa que "está fuera de sí" (Mr. 3:21). Especialmente a la luz de que Jesús expulsa demonios, los escribas piensan que las cosas son peores: "Tiene a Beelzebú" (3:22).

La primera acusación le resulta indiferente, pero reprende la segunda como blasfemia, que, como confirma Marcos en otros lugares, va dirigida contra Dios (2:7; 14:62-64; 15:29). Al juzgar que su obra procedía de Satanás, Jesús les dice que, de hecho, han blasfemado contra el Espíritu Santo (3:28-30). Puede que a los escribas no les pareciera tan evidente, pero el lector sabe que el Espíritu está "en" — no solo "sobre"— Jesús (1:10). El Espíritu y Jesús son tan intrínsecos entre sí que resulta difícil distinguir o delimitar la obra de uno de la del

---

[11] Filtvedt, "The Transcendence and Visibility of the Father in the Gospel of John", 109-10.

[12] Contra, p. ej., Anderson, "Jesus, the Eschatological Prophet in the Fourth Gospel", 280

[13] Acertadamente señalado por Bieringer, "'... porque el Padre es mayor que yo' (Jn. 14:28)", 196.

otro. De alguna manera, lo que se dice de las obras de Jesús se dice también de las obras del Espíritu.

La forma en que Jesús responde sugiere cómo podríamos conceptualizar esta intimidad de acción entre el Hijo y el Espíritu. Responde a su acusación con una serie de parábolas:

> ¿Cómo puede Satanás expulsar a Satanás? Si un reino está dividido [μερισθῇ, *meristhē*] contra sí mismo, ese reino no puede perdurar. Si una casa está dividida contra sí misma, esa casa no podrá permanecer. Y si Satanás se ha levantado contra sí mismo y está dividido, no puede permanecer, sino que ha llegado su fin. Pero nadie puede entrar en la casa de un hombre fuerte y saquear sus bienes si primero no lo ata; entonces podrá saquear su casa. (Mr. 3:23-27 TA)

Estas parábolas encierran varios contrastes: Jesús no forma parte del "reino" de Satanás, sino que es un invasor hostil del "reino de Dios" (1:15); no forma parte de la casa de Satanás, sino que es un hombre "más poderoso" (1:7) que ha atado a Satanás y ha empezado a saquear su casa (3:27). Pero estos contrastes introducen de contrabando una comparación que se muda de menor a mayor (*a minore ad maius*). Si ni siquiera Satanás está dividido contra sí mismo, con mucha más razón Dios es "indiviso" (ἀμερής, *amerēs*) o inseparable, porque Dios es "uno" (2:7; 12:29). De ahí que, en un sentido profundo, lo que hace Jesús es indivisible de lo que hace el Espíritu, porque Marcos ha identificado la acción de ambos.

La identidad de la acción entre el Padre y el Espíritu (1 Cor. 12:4-11)

La última instantánea es una a la que volveremos más adelante al aplicar nuestra regla, pero aquí debemos ver cómo revela una identidad de acción entre el Padre y el Espíritu. En 1 Corintios, Pablo señala la unidad más profunda que subyace a la diversidad de los dones espirituales de la Iglesia de un modo que sugiere una gramática trinitaria. Comienza exponiendo el origen de los diferentes dones espirituales: "Hay diversidad de dones, pero el Espíritu es el mismo. Hay diversidad de ministerios, pero el Señor es el mismo. Y hay diversidad de operaciones, pero es el mismo Dios el que hace todas las cosas en todos" (1 Cor. 12:4-6).

Paralelamente a tres dones distintos (carismas, ministerios, operaciones) nombra tres *fuentes* aparentemente distintas que revelan una estructura trinitaria: Espíritu, Señor y Dios.[14] Sin embargo, rápidamente complica cualquier noción de fuentes distintas al dar testimonio de su profunda unidad. La diversidad de dones procede del "mismo" (αὐτός, *autos*) Espíritu, del "mismo" Señor y del "mismo" Dios. El uso repetido de "mismo" continúa un énfasis que se encuentra en toda la carta: la unicidad de Dios (8:4-6).[15]

Después de hablar del "único Señor" y del "único Dios", ahora testifica varias veces sobre el "único [εἷς, *heis*] Espíritu" (12:9, 11, 13). Del único Dios procede una diversidad de dones que unen a los miembros del único cuerpo, al servicio del único Dios, mediante una esperanza, una fe y un bautismo comunes (cf. Ef. 4:4-7). El argumento de Pablo se mueve de la unidad a la diversidad y de nuevo a la unidad: las diversas "manifestaciones" del Espíritu se dan "para el bien común" (1 Cor. 12:7).[16] Es decir, de lo que el Padre, el Hijo y el Espíritu tienen

---

[14] En un contexto más amplio, hay que esforzarse para leer esto en términos que no sean trinitarios. No podemos entender el "Espíritu" como algo distinto o inferior a la tercera persona de la Trinidad, como si fuera una cifra del poder de Dios o una referencia al reino de los espíritus creados, pues Pablo utiliza claramente un lenguaje *personal*: el Espíritu obra, distribuye y quiere (1 Cor. 12:11; *pace* Hahn, *Theologie des Neuen Testaments*, 2:290-91). Sobre la historia de estos versículos en las disputas trinitarias, véase Radde-Gallwitz, "The Holy Spirit as Agent, Not Activity".

[15] Waaler, *The Shema and the First Commandment in First Corinthians*, 391-95.

[16] Como deja claro el contexto inmediato, por no hablar de los capítulos siguientes, aquí πρὸς τὸ συμφέρον ron tiene el significado de un "beneficio" *común* y no individual (cf. 1 Cor. 10:23). Así Zeller, *Der erste Brief an die Korinther*, 391.

en común proceden dones que deben crear un eco de esta unidad en la iglesia.

A la luz del gran interés retórico y temático de Pablo por el modo en que la unidad de la Iglesia refleja la propia unidad de Dios, los elementos trinitarios resultan inteligibles. Aunque cada una de las personas de la Trinidad está activa aquí, no están haciendo cosas diferentes como lo hacen los agentes creados finitos. Pablo bloquea cualquier inferencia de este tipo. La actividad de la Trinidad se vuelve casi fluida a medida que avanza el pasaje. Lo vemos más claramente en la superposición o identidad de actividad entre el Padre y el Espíritu con respecto a las actividades u "obras" (ἐνέργημα, *energēma*) de la comunidad: "Todo esto es obra [πάντα δὲ ταῦτα ἐνεργεῖ, *panta de tauta energei*] de un mismo Espíritu, que reparte a cada uno como quiere" (1 Cor. 12:11 TA). Tanto el Padre como el Espíritu distribuyen las actividades (ἐνέργημα, *energēma*) de los miembros de la Iglesia, y ambos potencian (ἐνεργεῖ, *energei*) estas actividades (12:4, 10, 11; cf. Gal. 2:8; 3:5; Ef. 1:11; Fil. 2:13). Ni el Padre ni el Espíritu actúan en exclusiva, ni reparten su actividad entre las distintas partes del cuerpo.

El argumento de Pablo es más extraño: el Espíritu hace "todas las cosas" *y* el Padre "hace todas las cosas" (1 Cor. 12:6, 11). Si el Espíritu obra todas las cosas, entonces el Padre no puede obrar todas las cosas, y viceversa, a menos que sus distintas agencias sean compatibles con una identidad de acción.[17] Entonces, en cierto sentido, su acción debe ser la misma. Si Pablo se centra aquí en la unidad de Dios y, por tanto, en la fuente única de los múltiples dones de la Iglesia, esa unidad ejerce una presión sobre la forma en que habla de la acción de la Trinidad.

---

[17] Augustine, *The Trinity* 1.12, extrae conclusiones similares respecto al Padre y al Hijo de 1 Cor. 8:6, Rom. 11:33-36 y Jn. 1:3. Nuestro texto actual (1 Cor. 12:11) es decisivo para otros: Didymus the Blind, *On the Holy Spirit* 96-97; Athanasius, *Letters to Serapion* 1.30.4-1.31.1; Basil, *On the Holy Spirit* 16.37; *Against Eunomius* 3.4.

La gramática de las operaciones inseparables de la Trinidad

Al ponerlos unos junto a otros, encontramos cuatro presiones distintas en nuestros textos representativos, que nos empujan a articular una gramática subyacente que extrae su coherencia. En Juan, en primer lugar, los actos revelan el ser, de modo que la unidad de acción manifiesta la unidad de ser; en segundo lugar, el Padre y el Hijo habitan el uno en el otro, y esta inmanencia mutua caracteriza también sus obras. En tercer lugar, Marcos identifica las obras de Jesús con las obras del Espíritu, sin sugerir que Jesús retira su agencia para dejar espacio al Espíritu. Son distintas, pero no están divididas. En cuarto y último lugar, Pablo argumenta desde la diversidad de los dones espirituales de la iglesia hasta la unidad de su fuente en el Padre, el Hijo y el Espíritu, identificando explícitamente la acción del Padre y del Espíritu.

La Escritura habla así a causa de la gramática subyacente de las operaciones inseparables de la Trinidad: "Las obras externas de la Trinidad son indivisibles, manteniéndose el orden y la distinción de las personas".[18] Según este elemento tradicional de la enseñanza trinitaria, en cualquiera de sus actos relativos a algo distinto de su vida intrínseca, el Padre, el Hijo y el Espíritu actúan como un solo Dios, pero de acuerdo con las relaciones estructuradas que caracterizan esa vida. Esta doctrina es tan notoriamente difícil como consensuada, por lo que debemos ejercitar la paciencia y la humildad si queremos comprenderla. Para nuestro propósito, solo necesitamos captar algo de la gramática básica que emerge de la Escritura y que alimenta las discusiones más complejas de esta doctrina en el discurso teológico. Hay dos elementos en esta gramática que debemos exponer brevemente.

---

[18] *Opera trinitatis ad extra indivisa sunt, servato ordine et discrimine personarum.* Junto con la simplicidad divina, esta regla se adopta tempranamente de las Escrituras (véase Ayres, *Nicaea and Its Legacy*, 273-301). Véase, además, Emery, *The Trinity*, 159-97; Beckwith, *The Holy Trinity*, 310-33.

En primer lugar, las obras de las personas divinas son inseparables. Juan nos da un ejemplo sorprendente de esta unidad: "En verdad les digo que el Hijo no puede hacer nada por su cuenta, sino lo que ve hacer al Padre; porque todo lo que hace el Padre, eso también [ταῦτα, *tauta*] hace el Hijo de igual manera" (Jn. 5:19). En cuanto a lo que hace el Hijo, no hace cosas distintas del Padre ni meramente parecidas al Padre. Al contrario, hace lo mismo que el Padre. Por tanto, la unidad de la obra del Padre, del Hijo y del Espíritu no es un mero acuerdo o armonía de voluntades o agencias distintas. Si fuera de otro modo, cualquiera que quisiera lo mismo que Dios podría decir: "Yo y el Padre somos uno" (Jn. 10:30).[19] Pero esto es claramente inadmisible. En la obra del Padre, del Hijo y del Espíritu Santo hay algo que es exclusivamente uno. Son tres los que obran en *una misma* obra, como son tres los que poseen un mismo ser.

Por esta razón, los teólogos han relacionado a menudo el ser común del Padre, del Hijo y del Espíritu con su obrar común, y viceversa. Dídimo el Ciego lo expresa claramente:

> Los que tienen una única actividad tienen también una única sustancia. Pues las cosas de la misma sustancia [ὁμοούσια, *homoousia*] tienen las mismas actividades, y las cosas de sustancia distinta [ἑτεροούσια, *heteroousia*] tienen actividades discordantes y distintas.[20]

Podemos extrapolar algo de esta lógica en aras de la claridad: Porque Dios es uno y su poder es uno, entonces el obrar de Dios es también uno. Y como el obrar de la Trinidad es uno, entonces su poder y su ser son uno. Los actos revelan y expresan el ser.

---

[19] Athanasius, *Against the Arians* 3.10.

[20] Didymus the Blind, *On the Holy Spirit* 81 (PPS 43:168) (sobre tales inferencias a la consustancialidad, véase Beeley, *Gregory of Nazianzus on the Trinity and the Knowledge of God*, 182-83). Emery resume: "Las tres personas actúan juntas, no por la yuxtaposición o superposición de tres acciones diferentes, sino en una y la misma acción, porque las tres personas actúan por el mismo poder y en virtud de su única naturaleza divina" (*The Trinity*, 162).

Desentrañar la relación entre esencia, poder y obra ayudará a disipar algunos malentendidos comunes sobre las operaciones inseparables de la Trinidad. En la medida en que los agentes actúan en virtud de sus naturalezas, cuando hay distintos agentes con *distintas fuentes de poder*, habrá distintas obras. Por ejemplo, tres pintores podrían aplicar cada uno una capa de pintura a la misma pared utilizando el mismo cubo de pintura, pero sus acciones seguirían sin ser inseparables e indistintas. Seguiríamos teniendo tres *actos* de pintar *distintos* y, por tanto, tres *causalidades eficientes distintas*, tres capas de pintura *diferentes,* etcétera. No importa que sus esfuerzos sean todos coextensivos y dirigidos al mismo objeto, pues están fundamentalmente separados: un pintor o una mano de pintura podrían existir sin los otros.

No ocurre lo mismo con las operaciones inseparables de la Trinidad. Dios es uno, como lo es su poder, por lo que su obrar es uno. Aunque hay tres personas divinas que actúan (*actiones sunt suppositorum*: las acciones pertenecen a las personas), todas actúan en virtud de su esencia y poder divinos comunes, por lo que su actuación es inseparable e indistinta.[21] Este tipo de albedrío es *sui generis*, solo

---

[21] El axioma metafísico de que "las acciones pertenecen a las personas" (una traducción imprecisa de *actiones sunt suppositorum*) es un producto de los teólogos escolásticos, aunque podría decirse que tiene su origen en Aristóteles (*Metaphysics* 1.1.981a). Dentro de la distinción entre persona y naturaleza, este axioma asegura una serie de afirmaciones antropológicas, trinitarias y cristológicas vitales que no necesitamos abordar en su totalidad. Sin embargo, históricamente ha habido algún pequeño desacuerdo y confusión sobre cómo se cruza con la regla de las operaciones inseparables. Sin entrar demasiado en la cuestión, solo necesitamos observar la distinción entre un poder activo como *la fuente por la cual* (*principium quo*) un actor actúa, y el actor como *la fuente que* (*principium quod*) actúa. Michael Gierens resume el punto esencial: "El principio *actiones sunt suppositorum* se obtiene en la actividad externa de Dios, porque las tres personas divinas son realmente los actores (*principium quod*) de esta actividad. Sin embargo, este principio no exige que en todos los casos existan tantas acciones como actores. A saber, si todos [los actores] en su propiedad [*Eigenart*] hacen surgir la acción en cuestión por el mismo principium *proximum quo*, entonces solo puede resultar un acto" (Pohle, *Lehrbuch der Dogmatik*, 1:349).

Para anticipar los capítulos siguientes: el axioma se aplica también en cristología. Cristo tiene dos naturalezas y, por tanto, dos potencias activas (*principia quo*), pero es una sola persona porque *Él*, el Logos encarnado, es el único actor (*principium quod*) de todos sus actos.

semejante a sí mismo. Así, el Padre crea, el Hijo crea y el Espíritu Santo crea, pero no hay ni tres creadores ni tres actos de creación.

En segundo lugar, aunque las personas obran indivisiblemente como un solo Dios, cada persona obra según las relaciones existentes entre ellas. Lo vemos también en Juan 5:19: "Porque todo lo que hace el Padre, eso también hace el Hijo de igual manera [ὁμοίως, *homoiōs*]" (TA). El Hijo realiza las mismas acciones que el Padre y lo hace de manera semejante (ὁμοίως, *homoiōs*) al Padre. Esta semejanza es probablemente otra manera de decir que el obrar del Hijo es "desde" el Padre.[22] Hay, pues, un orden distinto de actuación entre las personas. Se sugiere un orden relacional cuando Jesús habla de no obrar "desde sí mismo", sino desde el Padre, hablando y haciendo lo que oye y ve del Padre (Juan 7:17; 14:10).

A lo largo del Evangelio de Juan, el Hijo no hace nada simplemente desde sí mismo (5:30; 8:28); todas sus acciones proceden "del" Padre (por ejemplo, 5:19, 30; 7:28; 8:42; 12:49).[23] Asimismo, el Espíritu Santo nunca actúa desde sí mismo, sino solo "desde" el Padre y el Hijo (14:16-17, 26; 15:26; 16:13-15).[24] Estas relaciones ordenadas recibirán una atención más cuidadosa en el capítulo 9. Por ahora, basta con ver que las propiedades personales del Padre, del Hijo y del Espíritu Santo aclaran su única actividad, porque nos hablan de cómo actúan esas tres personas en relación mutua. Las tres personas actúan en virtud de la

---

[22] Augustine, *The Trinity* 2.3, interpreta que ὁμοίως indica orden de actuación, interpretación que nos parece plausible a la luz del argumento que exponemos en el cap. 9. Otros leen ὁμοίως principalmente como otra manera de afirmar la unidad e igualdad del obrar del Padre y del Hijo: Aquinas, *Commentary on the Gospel of St. John* 5.3.752; Kammler, *Christologie und Eschatologie*, 23-24.

[23] Jesús sí entrega su vida "de sí mismo", pero esto contrasta con que las criaturas se la quiten (Jn. 10:18).

[24] Véase esp. Gregory of Nyssa, *On Not Three Gods, To Ablabius*: "Hay una moción... comunicada desde [ἐκ] el Padre a través de [διά] el Hijo a [πρός] el Espíritu" (*NPNF*² 5:334; GNO 3/1:48.23-49.1). Dado que el orden de actuación del Espíritu viene en último lugar, Gregorio pasa a caracterizar al Espíritu como "perfeccionador" (τελειῶν) de las obras externas de la Trinidad (*NPNF*² 5:334; GNO 3/1:50.17).

misma naturaleza divina, que, sin embargo, poseen en relaciones de dar y recibir.[25]

Por tanto, su modo de obrar es el mismo: el Padre obra por el Hijo y por el Espíritu; el Hijo obra desde el Padre y por el Espíritu; y el Espíritu obra desde el Padre y desde el Hijo. A la inversa, el modo y el orden de obrar del Espíritu nos remiten siempre al Hijo, que a su vez nos remite al Padre.[26] Las personas existen y actúan indivisiblemente, siendo y obrando "desde" y "hacia" la otra. En todas estas preposiciones encontramos articuladas las relaciones entre las personas y, por tanto, el orden irreductible intrínseco a su obrar inseparable, que sin embargo permanece oculto a la razón natural.

Reglas de Operaciones y Apropiaciones Inseparables

Resumiendo: las distintas personas divinas realizan obras que son únicas, las mismas e idénticas. Al igual que debemos contar tres personas, pero no tres dioses, podemos contar tres actores, pero no tres acciones.[27] Del mismo modo que el modelo de redoblamiento de la

---

[25] La obra externa de la Trinidad "pertenece a cada persona en el mismo orden e interrelación que la naturaleza divina como *principium quo* de la actividad: pasando del Padre al Hijo, llega al Espíritu Santo por el Hijo y aquí se detiene. Así también es la [causalidad eficiente de las obras externas de la Trinidad] del Padre a través del Hijo en el Espíritu Santo". Scheeben, *Handbuch der katholischen Dogmatik* 2:440n1041; cf. Franzelin, *Tractatus de Deo Trino secundam personas* §12, 213-14. Emery, "The Personal Mode of Trinitarian Action in Saint Thomas Aquinas", argumenta convincentemente que muchos han pasado por alto las consecuencias de este elemento de la teología trinitaria de Aquino. A saber, en virtud de sus *relaciones mutuas,* cada una de las personas tiene un modo distinto de acción que se deriva de sus distintos modos de ser o subsistir. De ahí que, en ocasiones, la Escritura distinga a las personas con ciertas preposiciones "propias" que implican sus propiedades personales: el Padre crea realmente *a través* del Hijo (cf. Jn. 1:3) porque el Padre comunica eternamente su ser y actividad al Hijo. Pero estos modos distintos de actuar no dan lugar a tipos únicos de actividad externa; las obras externas de la Trinidad siguen teniendo un solo principio y un solo efecto.

[26] Basil, *On the Holy Spirit* 18.47.

[27] Marshall, *Trinity and Truth*, 256.

Escritura nos presiona a reconocer tres personas en un mismo ser, también este modelo de redoblamiento nos lleva a reconocer personas distintas actuando en una misma acción. Sobre esta base, podemos formular nuestra quinta regla de la siguiente manera:

> Las obras externas de la Trinidad son indivisiblemente una, como Dios es uno. Siempre que la Escritura mencione solo una o dos personas divinas, comprende que las tres están igualmente presentes y activas, realizando las mismas acciones en formas que implican sus relaciones mutuas. De este modo, aprende a contar personas en lugar de acciones.

Esta regla es una extensión del redoblamiento a nuestra comprensión de los actos económicos de la Trinidad. En lugar de ver acciones distintas que pertenecen a cada persona, o de subordinar a las personas entre sí a causa del orden dentro de su funcionamiento, la regla centra nuestra mirada en la misteriosa unidad e igualdad de la Trinidad. Nos capacita para ver la unidad en todas las obras externas de la Trinidad, sin negar que estas obras se caracterizan intrínsecamente por los distintos modos de obrar de las personas.

Ambos aspectos emergen en el redoblamiento: de cada obra externa de la Trinidad podemos hablar y entenderla de modo esencial como perteneciente a las tres personas indistintamente; también podemos hablar y entender estas obras relativamente como pertenecientes a las tres personas distintamente, siguiendo el orden de sus relaciones entre sí. Al extender de este modo el redoblamiento a las obras exteriores de Dios, las distinciones en el modo y en el orden de obrar conciernen a las personas entre sí, mientras que la igualdad y la identidad conciernen a las personas en relación con las criaturas. Dicho esto, esta regla producirá muy pronto frustración sin una regla complementaria relativa a la "apropiación", que ya ha aparecido en algunos de los textos que hemos considerado anteriormente.

Brevemente, debemos considerar la apropiación antes de aplicar nuestras reglas a algunos ejemplos de la Escritura.

La apropiación describe un fenómeno del discurso bíblico cuando algo que pertenece a las tres personas divinas en común se atribuye solo a una de ellas, como si perteneciera exclusivamente a esa.[28] Algunos ejemplos bíblicos son la afirmación de Pablo de que Cristo es "poder de Dios y sabiduría de Dios" (1 Cor. 1:24), y su adscripción de determinados efectos salvíficos a personas concretas: "La gracia del Señor Jesucristo, el amor de Dios y la comunión del Espíritu Santo sean con todos ustedes" (2 Cor. 13:14). En Apocalipsis, se hace referencia al Padre como "el Todopoderoso" (Apo. 1:8; cf. 1:4), de lo que se hace eco el Credo de los Apóstoles cuando también se apropia de la creación "Dios Padre Todopoderoso". Del mismo modo, se dice que solo el Padre es quien nos eligió y predestinó en Cristo antes de la fundación del mundo (Ef. 1:4-5). Dado que en estos y otros pasajes similares se habla de acciones y perfecciones comunes a las tres personas divinas como si fueran propias de una sola de ellas, debemos tratar este fenómeno junto a las operaciones inseparables.

La regla de la apropiación puede definirse como sigue:

La Escritura a veces atribuye a una sola persona divina una perfección, acción o nombre común a las tres, debido a algún ajuste contextual o analogía entre el atributo común y la persona divina en cuestión. Hay que leer esos pasajes de manera que no comprometan la unidad e igualdad esenciales de la Trinidad.

---

[28] Es cierto que se trata de un concepto anacrónico, ya que la "apropiación" se desarrolló sobre todo en la teología medieval. No obstante, sirve para describir algunas características del lenguaje bíblico. En nuestra opinión, esta doctrina es una de las "reglas" históricamente más complejas, en términos de cómo ha sido interpretada y empleada. En consonancia con nuestro objetivo de proporcionar "rampas de acceso" bíblicas a estos debates más complicados, nuestro enfoque de ella aquí es intencionadamente minimalista en sus compromisos y vinculaciones. Para los antecedentes medievales, un análisis del punto de vista de Aquino y alguna bibliografía relevante, véase Emery, *The Trinitarian Theology of St Thomas Aquinas*, 312-37.

Basta con exponer brevemente esta regla para mostrar cómo defiende la unidad de la Trinidad.

La clave de las apropiaciones ya está sugerida en la propia palabra y en torno a ella. En primer lugar, si se nos permite jugar con algunas connotaciones en inglés, las apropiaciones deben ser *apropiadas*, conformes a una norma objetiva en relación con la cual su "encaje" o adecuación se hace evidente. En otras palabras, las apropiaciones bíblicas funcionan cuando vemos cómo se adecuan a la realidad a la que nos remiten. La Trinidad misma es el objeto especial que las apropiaciones tratan de manifestar. En particular, las distinciones personales entre el Padre, el Hijo y el Espíritu Santo —que nosotros captamos a través de las propiedades (*propria*) de paternidad, filiación y espiración— son la base para determinar la adecuación de una apropiación. Precisamente por eso, las apropiaciones nos llevan a pensar en lo que es "propio" (*ad proprium*) de las personas. Cuando la Escritura atribuye a una persona algo común *como si* fuera propio, nos está llevando a considerar la adecuación o analogía entre el atributo o acción común en cuestión y la propiedad de esa persona. La regla de las apropiaciones discierne así una pequeña manera que tiene la Escritura de centrar nuestra atención en las personas divinas.

La forma en que hemos definido la apropiación pone de relieve su función reguladora y permite cierta flexibilidad en su aplicación. Lo más importante es que la regla de la apropiación nos aleje de comprometer lo que la Escritura nos presenta claramente: la unidad e igualdad del Padre, el Hijo y el Espíritu en toda su irreductible distinción. Las percepciones contemplativas que obtenemos al aplicar esa regla pueden ser, en última instancia, más un arte que una ciencia.

Aplicación de las reglas

Tras haber visto cómo nuestras reglas sobre las operaciones inseparables de la Trinidad y la apropiación de la Escritura surgen de las presiones del discurso bíblico, ahora debemos aplicarlas a la Escritura. Una serie de ejemplos mostrará que esas reglas nos ayudan a evitar inferencias impropias, a centrar nuestra atención en los textos en sus contextos locales y más amplios, y a fomentar la contemplación de la gloria de Cristo que posee con el Padre y el Espíritu.

El poder y la sabiduría de Dios (1 Cor. 1:24)

Nuestro ejemplo inicial se centra en la apropiación, ya que no le hemos prestado mucha atención directa desde el punto de vista exegético. Un ejemplo famoso de apropiación es cuando Pablo llama a Cristo "el poder de Dios y la sabiduría de Dios" (1 Cor. 1:24). Dado que el poder y la sabiduría son posesiones comunes de toda la Trinidad, no propias de ninguna persona, nos encontramos en el ámbito de la apropiación. ¿Cómo ayuda esta regla a desentrañar el lenguaje de Pablo?

En primer lugar, la función regulativa de la regla de la apropiación nos recuerda que no debemos leer esto de manera que divida la sustancia de Dios. El error más fácil a este respecto es malinterpretar este lenguaje como si las Personas de la Trinidad fueran funcionales, haciendo de una de ellas la única o principal poseedora de la perfección o acción en cuestión. Por ejemplo, si entendiéramos que Cristo es la "sabiduría" de Dios en un sentido funcional o formal, entonces el Padre no sería sabio sin el Hijo; Cristo sería la sabiduría en virtud de la cual el Padre es sabio.[29]

A causa de su perfecta unidad e igualdad de ser, la existencia del Hijo no suple o mejora la existencia del Padre, y mucho menos permite la actividad del Padre como un instrumento. El Padre no obra "a través" del Hijo como un carpintero trabaja con un martillo o una persona piensa con su mente. El Padre y el Hijo están en una relación mutua (el

---

[29] Dicho de otro modo: el Hijo se entendería, según este punto de vista erróneo, como el "principio por el cual" (*principium quo*) el Padre es sabio. Esto no solo confundiría al Hijo con la esencia divina, sino que también empezaría a sugerir que Dios se hace a sí mismo. Véase Agustín, *The Trinity* 6.2.

Padre implica al Hijo, el Hijo presupone al Padre), pero no en una relación suplementaria, como si al ser del Padre le faltara algo que el Hijo proporciona. Al cerrar la puerta a estas interpretaciones erróneas, el razonamiento bíblico se mantiene en el buen camino.

Un aspecto central de nuestra búsqueda de la gloria de Cristo es el hecho de que el Hijo glorifica al Padre al ser su representación e imagen perfectas, de modo que el Hijo debe ser todo lo que es el Padre, y viceversa, excepto en la relación de origen que los distingue (Jn. 17:10; 16:15). La gloria de Cristo es la gloria del Padre. Si el Hijo fuera la sabiduría con la que Dios es sabio, entonces el Hijo *no podría* ser la imagen perfecta del Padre (Col. 1:15), el "resplandor de Su gloria y la expresión exacta de Su naturaleza" (Heb. 1:3). Al fin y al cabo, la imagen perfecta de un Padre sin sabiduría carecería en sí misma de sabiduría; el resplandor de una naturaleza sin sabiduría sería tenue.[30] Porque Cristo es todo lo que es el Padre, en Él vemos no solo Luz de Luz, sino Sabiduría de Sabiduría.

En segundo lugar, la apropiación nos invita a contemplar al Hijo mismo en este pasaje. En el contexto del argumento de Pablo, Cristo es la sabiduría y el poder de Dios en el sentido de que *en su cruz* Dios ha actuado con una sabiduría y un poder salvíficos, que confunden por igual a griegos y judíos, y que ofrecen la salvación a todo el que cree (1 Cor. 1:24, 30; Rom. 1:16). Para que nuestras mentes se conformen a las realidades que Pablo proclama, primero debemos permitir que esta revelación de la sabiduría de Dios confunda nuestras definiciones habituales de sabiduría. La debilidad de Dios es el verdadero poder, y el poder del mundo es débil.

La locura de Dios es verdadera sabiduría, y la sabiduría del mundo es locura. Dentro de estas antítesis, ¿por qué Pablo trata estos sustantivos comunes, sabiduría y poder, como si fueran propios del Hijo? Aquino responde que Cristo es el "poder" de Dios en el sentido de que Dios actúa "a través" de él, y que es la sabiduría "de" Dios en el

---

[30] Anatolios, *Deification through the Cross*, 258.

sentido de que es Sabiduría de la Sabiduría, como engendrado eternamente por el Padre (cf. Ef. 3:10; Col. 2:3). Como tal, Cristo trasciende todo poder y sabiduría meramente humanos, y por eso su cruz nos confunde.[31] Si este no es el objetivo inmediato de las palabras de Pablo, no está lejos de la superficie. Porque la sabiduría y el poder de Dios son trascendentes e incomprensibles, abren caminos inesperados en medio de nosotros.

En consecuencia, quienes siguen a Cristo no pueden hacerlo con una sabiduría o un poder que les aleje de la cruz de Cristo, siguiendo tal vez la sabiduría del mundo y su "voluntad de poder". Esa "sabiduría" y ese "poder" son demasiado intuitivos, porque son demasiado mundanos. El camino de un verdadero "hijo", por el contrario, es tomar la propia cruz y seguir a Cristo, como hizo el propio Pablo (1 Cor. 4:9-13). Los verdaderos hijos de Dios son aquellos que, como el Hijo, muestran la sabiduría de Dios en la necesidad y la vergüenza de vivir como sacrificios, que manifiestan el poder de Dios en su debilidad y en el servicio a los demás.[32] Al demostrar la sabiduría y el poder de Dios en su humildad y servicio, Jesucristo nos muestra cómo es la perfecta semejanza con el Padre (cf. Mat. 5:48). Así pues, la apropiación funciona en este caso para elevar nuestra atención hacia el Hijo y adentrarnos más en su economía salvífica, mostrándonos lo que significa ser hijos de Dios que viven del Espíritu (Rom. 8:14-17).

Dones, ministerios y actividades (1 Cor. 12:4-6)

Nuestro siguiente ejemplo nos remite brevemente a un pasaje que ya hemos considerado: 1 Corintios 12:4-6. Aquí Pablo identifica la acción del Padre con la del Espíritu (12:6, 11). Aquí Pablo identifica la obra del Padre con la obra del Espíritu, hablando de sus operaciones inseparables (12:6, 11). No obstante, hay una profunda estructura

---

[31] Aquinas, *Commentary on 1 Corinthians* 1.3.60-62.
[32] Véase aquí Feldmeier, *Power, Service, Humility.*

trinitaria en el pasaje.³³ Pablo habla del Espíritu, el Señor (Jesucristo) y Dios (el Padre) obrando todos ellos para dispensar diversos dones, ministerios y actividades, respectivamente. Si las personas trabajan inseparablemente, ¿por qué repartir estos dones entre las distintas personas? Porque existe una correspondencia o analogía entre las propiedades personales del Padre, del Hijo y del Espíritu y esos diversos dones. Lo explica Ernest Bernard Allo:

> Por apropiación, los "dones", considerados como favores gratuitos, se relacionan todos con el Espíritu Santo, que es Dios comunicándose, el gran "Don" de Dios; considerados como "ministerios" o "servicios", se apropian todos a Cristo, el Rey, la Cabeza que gobierna la Iglesia; y considerados como "actos de poder" o de energía (no exclusivamente "milagros"), remiten todos al Padre, fuente de todo ser y de toda actividad, que (por la Palabra y el Espíritu) "obra todas las cosas en todos".³⁴

Aunque toda la Trinidad crea y dispensa indivisiblemente dones (por ejemplo) a la Iglesia, existe una semejanza entre esos dones y la propiedad personal del Espíritu, la espiración. En la predicación apostólica, al Espíritu se le llama "don" o "don de Dios" (por ejemplo, Hch. 2:38; 8:20; 10:45; 11:17). El Espíritu de Dios es el Don escatológico prometido del nuevo pacto, derramado abundantemente sobre el pueblo de Dios (Joel 2:28-29). En cierto modo, esto pone de manifiesto su distinción con respecto al Padre y al Hijo, de quienes es dado y de quienes procede (de lo que hablaremos en el capítulo 9). Así pues, la apropiación nos ayuda a contemplar a las personas distinguiéndose entre sí dentro de sus obras inseparables.

---

³³ Sobre lo cual véase, por ejemplo, Rowe, "The Trinity in the Letters of St Paul and Hebrews", 49-51.

³⁴ Allo, *Saint Paul: Première Épitre aux Corinthiens*, 323. Tradicionalmente, "Don" ha sido entendido por muchos teólogos como un nombre propio del Espíritu Santo, significando así su propiedad personal de espiración. Para una exposición y defensa recientes, véase Levering, *Engaging the Doctrine of the Holy Spirit*, 51-70.

"El Verbo se hizo carne" (Juan 1:14)

La prueba más notoria de nuestras reglas es la encarnación de Nuestro Señor, que examinaremos con mayor profundidad en los dos próximos capítulos. Podríamos pensar que aquí, precisamente aquí, el Hijo actúa solo. Pero, como argumenta Agustín, aunque solo el Hijo nació de la Virgen María, sin embargo, fue obra del Padre, del Hijo y del Espíritu Santo inseparablemente.[35] Para explicar cómo, podemos emplear el redoblamiento para considerar la acción esencialmente con respecto a toda la Trinidad y luego personalmente con respecto a las relaciones mutuas entre las personas. Al hacerlo, se emplean tanto las operaciones inseparables como la apropiación.

Describir la encarnación exige dos maneras de hablar. Por una parte, vemos a las personas actuando según sus modos distintos de actuar. El Padre envía al Hijo y le prepara un cuerpo (Gal. 4:4; Heb. 10:5) conforme a su paternidad: el Padre no recibe su ser de otro, por lo que no actúa desde otro. El ser enviado del Hijo está en consonancia con su filiación, así como el despojarse a Sí mismo al tomar "forma de siervo", su nacimiento de la simiente de David según la carne (Fil. 2:6-7; Rom. 1:3). Al nacer como hombre, el Hijo despliega su existencia filial en nuestra carne. La forma que adopta su filiación en su existencia humana es la entrega perfecta, la obediencia amorosa y la dependencia total. Así, actúa "desde" el Padre y en referencia a Él.

La encarnación del Hijo incluye también al Espíritu Santo, en consonancia con la inspiración del Espíritu desde el Padre y el Hijo. De este modo, el Espíritu cubre a María y hace fructificar su vientre. Al igual que el Espíritu medita sobre las aguas de la creación y sobre el desierto hasta que dan fruto (Gen. 1:2; Dt. 32:11; Mat. 1:20; Luc. 1:35), así hace fructificar el envío del Hijo por parte del Padre. Sin embargo,

---

[35] Augustine, *Sermon* 52.6-8. Véase, además, Polanus, *Syntagma theologiae christianae* 6.13 (364a-g); Legge, *The Trinitarian Christology of St Thomas Aquinas*, 104-11.

si dejáramos aquí nuestra descripción de la encarnación, correríamos el peligro de describir tres actores y tres acciones, transgrediendo así la regla de las operaciones inseparables. Y aunque eso sería ciertamente más intuitivo para nosotros, no por ello sería más fiel a la enseñanza divina.

Un segundo repaso a la encarnación nos permite verla como un acto indivisible de toda la Trinidad. Aunque implica a los tres actores, la encarnación sigue siendo una acción y no tres. El Padre envió (Rom. 8:3); el Hijo vino (Jn. 6:38); el Espíritu realizó la concepción (Luc. 1:35); sin embargo, cada verbo nombra el mismo acto único de la encarnación. Si bien es cierto que el Padre prepara un cuerpo para el Hijo, también es cierto que el Hijo y el Espíritu realizan este mismo acto. Lo mismo ocurre con el Espíritu que cubre el vientre de María; este acto pertenece por igual al Padre y al Hijo. Todas las cosas han sido hechas por medio del Hijo (Jn. 1:3), y puesto que el cuerpo preparado para Él y concebido en el vientre de María es una criatura, entonces no está fuera de la singular actividad creadora que pertenece a las tres personas divinas. Cuando la Escritura habla de que el *Padre* preparó este cuerpo, o de que el *Espíritu* llevó a buen término la concepción de Jesús, se trata de apropiaciones.

Sin embargo, no es apropiación cuando la Escritura dice que el "Verbo se hizo carne" (Jn. 1:14), o que el Hijo "se despojó a Sí mismo, tomando forma de siervo" (Fil. 2:7). Esto es *propio* del Hijo, porque solo el Hijo se encarna. Una razón importante para ello es que la encarnación da lugar a la unión hipostática, que analizaremos en el próximo capítulo. Aunque el Padre, el Hijo y el Espíritu Santo crean la humanidad del Hijo y la unen a él, solo el Hijo la asume en su propia persona. Este acto inseparable de la Trinidad concluye o "termina" solo en la persona del Hijo.

En un sentido ligeramente análogo, la encarnación del Hijo es como un lanzamiento que toda la Trinidad lanza, pero solo el Hijo atrapa. El redoblamiento capta bien este doble aspecto de la asunción de la carne humana por el Hijo: el *principio de la asunción* es la naturaleza divina que pertenece a toda la Trinidad, concretamente tal como existe en el Hijo, que asume la naturaleza humana, pero el *término de la asunción* es solo el Hijo.[36] Por tanto, la Trinidad crea indivisiblemente la humanidad de Cristo y la une al Hijo, pero solo el Hijo la asume como propia.

Enseñanza divina, de nuevo

Podemos concluir con un último ejemplo que sitúa el razonamiento bíblico en el contexto de las operaciones inseparables de la Trinidad. Cuando examinamos el contexto del razonamiento bíblico en el capítulo 3, vimos que la Trinidad inseparable es responsable de la profecía de Juan en el Apocalipsis. Todo el libro llega a Juan como "la revelación de Jesucristo, que Dios le dio" (Apo. 1:1). Y cada carta a las siete iglesias es pronunciada *simultáneamente* por el Espíritu Santo (Apo. 2:7, 11, 17, 29; 3:6, 13, 22) y por Jesús (2:1, 8, 12, 18; 3:1, 7, 14). Sintetizando estos detalles con redoblamiento, podemos entender la enseñanza divina como una obra indivisible de toda la Trinidad (esencialmente) que permite un orden de actuación entre las personas (personalmente).

El mensaje que viene del Padre a través de Jesús es pronunciado simultáneamente por el Espíritu, de modo que el texto no da pistas sobre dónde termina la actividad de Jesús y comienza la del Espíritu. Tampoco hay ninguna sugerencia de que la enseñanza de una persona sea diferente en contenido o extensión de las otras; su enseñanza es numéricamente una e idéntica. Sin embargo, es evidente que existe un orden entre las personas, visible sobre todo en el Evangelio de Juan. El

---

[36] Aquinas, *STh* III.3.1-2; Turretin, *Institutes of Elenctic Theology* 13.4. Tradicionalmente, los teólogos están de acuerdo en que, en este caso, las obras inseparables de la Trinidad terminan en una persona (el Hijo). Sin embargo, hay desacuerdo sobre si hay otros casos en los que las obras comunes de la Trinidad terminan en personas concretas (como la aparición del Espíritu en forma de paloma). Véase, por ejemplo, Polanus, *Syntagma theologiae christianae* 4.2 (236-37); Turretin, *Institutes of Elenctic Theology* 3.27.20.

Espíritu Santo da testimonio de Cristo igual que el Padre (Jn. 15:26). Jesús dice del Espíritu: "Él los guiará a toda la verdad, porque no hablará por Su propia cuenta, sino que hablará todo lo que oiga, y les hará saber lo que habrá de venir" (Jn. 16:13 TA). El Espíritu toma "todo" lo que el Hijo tiene en común con el Padre y nos lo declara (16:14-15).

Dado que el Padre, el Hijo y el Espíritu actúan de forma indivisible, la obra del Espíritu "hace imposible separar al Jesús que proclama del Cristo proclamado... La brecha entre el pasado y el presente queda abolida".[37] Cuando leemos por la iluminación del Espíritu, vemos Luz de Luz en Luz. Sin embargo, lo que vemos por la fe es una gloria, no tres. Las operaciones inseparables de la Trinidad nos recuerdan, por tanto, que el Dios que actúa en la Escritura no actúa meramente en un tiempo pasado, sino que realiza esas mismas obras en el presente. De este modo, tenemos comunión con los apóstoles a través de la comunión con el mismo Dios: lo que ellos "oyeron" y "vieron", nosotros lo oímos ahora y lo veremos (1 Jn. 1:3).

Conclusión

Ser atraídos por el Espíritu a la enseñanza de Cristo, que Él tiene del Padre, requiere que percibamos el discurso pautado de la Escritura y aprendamos cómo nos capacita para contemplar al Señor a alturas cada vez mayores. Pero, a veces, las alturas pueden ser vertiginosas. La doctrina de las operaciones inseparables, en particular, escandaliza a los oídos modernos, a menudo porque la gente no logra situarla dentro de los propósitos pedagógicos más amplios de Dios con la Escritura. Una de las formas en que solemos distinguir a las personas humanas entre sí es distinguiendo sus acciones.

Por ejemplo, este libro está escrito en coautoría, pero es producto de dos actos distintos de escritura. No hay vuelta de hoja. Quienes

---

[37] Schnelle, *Theology of the New Testament*, 707.

conozcan personalmente a los autores podrán distinguir una voz de la otra porque hay dos voces, dos escritores y dos escritos que se unen en un solo libro. La "unidad" de la actividad de escritura aquí es menos una unidad de agencia que una unidad de producto. Debido a experiencias comunes como esta, parece contraintuitivo decir que no podemos hacer algo similar con las obras externas de la Trinidad. Y esto plantea una pregunta: ¿Por qué la regla de la operación inseparable se centra tan intensamente en la unidad e igualdad de las personas divinas?

El énfasis de la regla en la unidad no tiene nada que ver con privilegiar la esencia única de Dios sobre las tres personas divinas. No es que cuando pensamos en la Trinidad realizando las *mismas* obras pensemos en las personas divinas más verdaderamente que cuando meditamos en su comunión mutua o en sus distintos modos de actuar. Como nos recuerda Gregorio Nacianceno, no debemos "honrar la unidad de Dios más de lo debido".[38] La verdad es que debemos pensar en el Padre, el Hijo y el Espíritu de *ambas maneras* para pensar en ellos de conformidad con la Escritura.

En la medida en que esta regla acentúa la unidad divina, es debido a nuestra tendencia natural a pensar en el Padre, el Hijo y el Espíritu como tres personas humanas que contribuyen al mismo proyecto. Si la regla es contraintuitiva, es porque nuestras intuiciones sobre tres personas trabajando juntas nos engañan cuando se trata de las obras *de la Trinidad*. La regla de las operaciones inseparables disciplina nuestro entendimiento y nuestra palabra en la dirección de la incomprensibilidad y el misterio de Dios, para que no sacrifiquemos la unicidad y la igualdad esenciales de la Trinidad.

Hablar de las personas divinas como realizadoras de las mismas obras, cada una de ellas plenamente Dios, y como distintas y no confundidas entre sí "no nos lleva tanto a imaginarnos fácilmente su diversidad y unidad como a aplazar nuestra comprensión y atraer

---

[38] Gregory of Nazianzus, *Oration* 20.7, in Daley, *Gregory of Nazianzus*, 101

nuestra mente hacia el carácter constantemente fallido (incluso constantemente creciente) de nuestra interpretación de lo que se sostiene en la fe".[39] Así nos equilibramos entre los límites de nuestra comprensión (e imaginación) y las pautas del discurso de la Sagrada Escritura.

Si tenemos problemas con este equilibrio, Agustín nos aconseja purificar nuestra mente con la fe, crecer en la virtud y orar "con los suspiros del santo deseo".[40] No se trata de un saludo espiritualizado. El consejo de Agustín sugiere que las operaciones inseparables de la Trinidad se perciben contemplativamente, desde el "interior" del funcionamiento de la Trinidad, cuando el Espíritu nos introduce en la enseñanza de Cristo y del Padre aquí y ahora. Y esto nos devuelve al punto de partida: el razonamiento bíblico tiene lugar en presencia de Dios. Por tanto, depende de Dios y responde ante Él, cuyo rostro solo podemos buscar en la fe, la humildad y la oración.

---

[39] Ayres, *Nicaea and Its Legacy*, 297.
[40] Augustine, *The Trinity* 4.31 (WSA I/5:184).

§7. UNO Y EL MISMO: LA UNIDAD DE CRISTO Y LA COMUNICACIÓN IDIOMÁTICA DE LA ESCRITURA

Principio 6: Uno y el mismo Señor Jesucristo, el unigénito Hijo del Padre, existe como una sola persona en dos naturalezas, sin confusión ni cambio, sin división ni separación.

Regla 7: El Hijo eterno y divino es el único sujeto de todo lo que Jesús hace y sufre. Cristo es una persona, un agente, un "quién". Por tanto, al leer el testimonio de la Escritura sobre Cristo nunca debemos dividir los actos de Cristo entre dos personas actuantes, atribuyendo unos actos al Hijo divino y otros al Jesús humano como si se tratara de dos personas distintas.

Regla 8: Puesto que Cristo es una sola persona divina que subsiste tanto en una naturaleza divina como humana, la Escritura a veces lo nombra según una naturaleza y predica [dice] de él lo que pertenece a la otra naturaleza. La Escritura atribuye prerrogativas divinas al hombre Jesús, y actos y sufrimientos humanos al Hijo divino. Por tanto, hay que leer la

Escritura de manera que reconozca y reproduzca esta gramática paradójica de la predicación cristológica.

En los capítulos anteriores hemos explorado los principios y las reglas que guían nuestra búsqueda del rostro de Dios en las Escrituras, mientras buscamos la visión de la gloria de Cristo a través de los profetas y apóstoles a quienes comisionó. En los dos últimos capítulos hemos visto que el reconocimiento de la identidad de Jesús nos lleva a ver que Él es, con el Padre y el Espíritu, el único Señor de Israel. Las dificultades intelectuales que esto plantea no se limitan a "cómo" el único Dios puede ser tres personas. Como hemos visto, es una pregunta que la Escritura se niega a responder porque trasciende nuestra comprensión.

En cambio, la gramática regulativa del redoblamiento de la Escritura nos muestra que esta verdad, que es incomprensible, no es sin embargo incoherente. Sin embargo, las dificultades intelectuales se agravan porque es un ser humano, un judío de Nazaret, quien nos enseña todas estas cosas y quien reivindica esta identidad divina sin comprometer ni menoscabar su humanidad. ¿Qué sentido tiene que Jesús sea a la vez Dios y hombre? ¿Qué sentido nos pide Dios que le demos en su Palabra, y cómo alimenta esta verdad la comprensión de la fe y la búsqueda de la visión de la gloria de Cristo?

Una respuesta preliminar a esta pregunta puede encontrarse en las paradojas características que rodean a Cristo. Estas paradojas se encuentran en las Escrituras, como veremos, y por esta razón se extienden a la himnodia. Un verso de un himno muy querido puede pararnos en seco, no por sus palabras arcaicas o su sintaxis rebuscada, sino porque parece pronunciar un absurdo o incluso una blasfemia. Consideremos las siguientes líneas del himno clásico de Charles Wesley, "¡Cómo en su sangre pudo haber!":

> Todo es misterio: el Inmortal muere:
> ¿Quién puede explorar su extraño designio?

Esta copla pretende exponer un misterio, o "extraño designio". Pero ¿"misterio" o "extraño" es solo una palabra educada para "contradicción"? ¿Cómo no va a ser un sinsentido cantar "el Inmortal muere"?

Este capítulo y el siguiente tratan de cómo es posible que esas afirmaciones tan desgarradoramente paradójicas no sean un sinsentido. Por el contrario, tales paradojas combinan y cristalizan las afirmaciones centrales de las Escrituras sobre Cristo. Si todo lo que la Biblia dice sobre Cristo es cierto, entonces Wesley tiene razón: el inmortal murió.

Más que eso, estas afirmaciones paradójicas apuntan a una verdad que subyace a toda nuestra búsqueda de la gloria de Cristo. Según Henri de Lubac, las paradojas son una de las formas en que se expresan los misterios: "La paradoja es la búsqueda o la espera de la síntesis. Es la expresión provisional de una visión que permanece incompleta, pero cuya orientación es siempre hacia la plenitud".[1] Forma parte de la exactitud de la Escritura estar llena de paradojas, especialmente en torno al Hijo de Dios encarnado, que es la paradoja de las paradojas. Jesús es Dios como hombre, hombre como Dios, diferencia infinita dentro de la identidad.

La plenitud hacia la que nos orientan las paradojas cristológicas de la Escritura es la plenitud invisible que habita corporalmente en Cristo (Col. 2:9). El significado pedagógico de estas paradojas se revela en cómo señalan la plenitud inefable, que los santos solo contemplarán cuando contemplemos la gloria de Cristo en la visión beatífica. Puesto que Jesús nos conduce a la visión transfigurada de sí mismo, es imperativo sentir la presión pedagógica de estas paradojas para que nuestra fe se oriente realmente a la visión. Al fin y al cabo, Jesús no es solo la vida y la verdad, sino también el *camino* (Jn. 14:6). Solo Jesús es el camino por el que la fe viaja hacia la visión, y Él es la visión hacia la que la fe viaja.

---

[1] De Lubac, *Paradoxes of Faith*, 9.

Por tanto, para sentir la presión de las paradojas cristológicas de la Escritura, debemos aprender la gramática más amplia que presuponen, una gramática que revela cómo Cristo es tanto el camino para contemplar la plenitud de Dios como la plenitud que contemplaremos. Por tanto, este capítulo y el siguiente consideran la gramática del misterio de Cristo, atendiendo a su encarnación y a la unidad de su persona. El objetivo en ambos capítulos, como en todo el libro, es fijar nuestra atención en *el* Camino que lleva la fe a la vista y tratar de comprenderlo.

Este capítulo expone nuestro sexto principio, que se refiere a la unión hipostática: *Uno y el mismo Señor Jesucristo, Hijo unigénito del Padre, existe como una sola persona en dos naturalezas, sin confusión ni cambio, sin división ni separación*. Esta verdad se manifiesta en otras dos reglas del razonamiento bíblico, que ayudan a fijar la atención de la fe en Jesús: la unidad de Cristo y la comunicación de idiomas (*communicatio idiomatum*).[2] Como veremos, la unidad de Cristo es una observación sencilla y relativamente común sobre Jesús. Sin embargo, esta simple observación tiene importantes implicaciones metafísicas, así como consecuencias de gran alcance que conforman el testimonio de la Escritura sobre Cristo y, por tanto, el nuestro. Una de esas consecuencias es la "comunicación de idiomas", que es una forma de hablar de Cristo que produce paradojas tan sorprendentes como "el Inmortal muere". Exploramos estas dos reglas juntas porque se complementan y se implican mutuamente. La comunicación idiomática extrae implicaciones y recursos teológicos y lingüísticos de la unidad ontológica de Cristo.

Este capítulo procederá en cuatro pasos, cada uno de los cuales tratará el principio y las dos reglas que lo acompañan en tándem. En primer lugar, exploraremos la presión pedagógica de la Escritura que nos impulsa a formular nuestro sexto principio y las dos reglas que se derivan de él. En segundo lugar, discutiremos la gramática teológica de

---

[2] Las traducciones de la frase latina varían. En vez de "modismos", algunos dicen "atributos" o "propiedades".

la unión hipostática. En tercer lugar, sondearemos la sustancia conceptual, las implicaciones y la coherencia de las dos reglas relativas a la unicidad de Cristo. En cuarto lugar, demostraremos la utilidad exegética de ambas reglas analizando una serie de actos salvíficos de Cristo narrados en los Evangelios.

La presión del Nuevo Testamento para confesar la paradójica unidad de Cristo

A continuación, examinaremos las presiones por las que la Escritura nos obliga a confesar la misteriosa unión de divinidad y humanidad en la persona de Cristo. En primer lugar, consideraremos cómo Hebreos y Pablo atribuyen a Cristo una sorprendente diversidad de predicados, diversidad que atestigua su unidad divina. A continuación, examinaremos pasajes de las Escrituras que atestiguan explícitamente el acto de Cristo de encarnarse. Por último, analizaremos pasajes que ejemplifican la comunicación de idiomas: unos que prediquen la humanidad de Dios Hijo y otros que atribuyen la divinidad al hombre Jesús.

El testimonio inicial de Hebreos sobre la divinidad y la humanidad del Hijo único

Comenzamos con la unidad divina de Cristo. Esta unidad es una realidad ontológica con una serie de implicaciones gramaticales. Consideremos cómo Hebreos 1:1-4 atribuye características, acciones y experiencias salvajemente diversas a un mismo sujeto, el Hijo divino encarnado.[3]

---

[3] Para un análisis más completo de los siete predicados que Heb. 1:2-4 atribuye a Cristo, incluida la justificación de algunas de las decisiones exegéticas que se afirman o presuponen a continuación, véase Jamieson, *The Paradox of Sonship*, 51-59.

> Dios, habiendo hablado hace mucho tiempo, en muchas ocasiones y de muchas maneras a los padres por los profetas, en estos últimos días nos ha hablado por Su Hijo, a quien constituyó heredero de todas las cosas, por medio de quien hizo también el universo. Él es el resplandor de Su gloria y la expresión exacta de Su naturaleza, y sostiene todas las cosas por la palabra de Su poder. Después de llevar a cabo la purificación de los pecados, el Hijo se sentó a la diestra de la Majestad en las alturas, siendo mucho mejor que los ángeles, por cuanto ha heredado un nombre más excelente que ellos. (Heb. 1:1-4)

Todo el párrafo habla de un mismo Hijo, no de dos hijos diferentes. Este único Hijo es el medio por el que Dios nos ha hablado en estos últimos días. O podríamos decir más literalmente "el lugar": Dios nos ha hablado ahora "en el Hijo" (1:2; ἐν υἱῷ, *en huiō*). La palabra final de Dios nos llega en la persona de su Hijo.[4] Las dos cláusulas relativas que siguen mantienen nuestro foco de atención fijado en este Hijo: él es a quien Dios nombró heredero de todas las cosas y también aquel por medio del cual creó el mundo (1:2). Aunque las traducciones al español suelen comenzar una nueva frase en el versículo 3, el "Él" es otro pronombre relativo, que continúa la frase atribuyendo a este Hijo rasgos exclusivamente divinos.

En concreto, el Hijo es la efusión personal de la gloria intrínseca del Padre y la comunicación plena de su esencia (1:3). Existiendo como solo Dios existe, hace lo que solo Dios puede hacer: conserva y preserva la existencia de todas las cosas (1:3). A continuación, Cristo es el sujeto único de una serie de verbos: "Después de llevar a cabo... se sentó... siendo..." (Heb. 1:3-4). El primer participio nos dice lo que Cristo hizo antes de sentarse en el trono de Dios: hizo purificación por

---

[4] Como observa Webster, "One Who Is Son", 79, "En el caso de los profetas, ἐν tenía un sentido instrumental; aquí su sentido es más local. Uno podría, tal vez, decir 'en y como', para tratar de captar el sentido de que el acto de revelación de Dios puede atribuirse propiamente no solo a θεός sino también a υἱός, quien es, por consecuencia, no simplemente su causa instrumental".

los pecados, obteniendo la liberación permanente de su pueblo de las consecuencias contaminantes del pecado. El segundo participio nos dice una consecuencia de la sesión de Cristo en el trono de Dios. Al sentarse donde solo Dios puede hacerlo, obtuvo una dignidad que supera infinitamente la de cualquier ángel.

Gramaticalmente hablando, Dios es el sujeto de los versículos 1 y 2. Él es quien habló entonces y ahora. Él es quien habló entonces y ahora. Y, sin embargo, a través de las cláusulas relativas que siguen, Cristo se convierte en el sujeto conceptual de este párrafo antes de convertirse en su sujeto gramatical en el versículo 3, que permanece hasta el versículo 4.

Tras la afirmación inicial de que Dios habló a través de su Hijo, este párrafo ofrece otras siete afirmaciones sobre Cristo. Algunas de ellas dependen conceptualmente de su humanidad. Por ejemplo, el acto de Cristo de purificar los pecados abarca su muerte, resurrección y ascensión al Lugar Santísimo del cielo. Y puesto que los actos de Cristo de sentarse y convertirse siguen a su acto de purificación, conservan una referencia implícita a su humanidad (ahora resucitada). Además, a la luz de su eco del Salmo 2:8, el acto de Dios de nombrar a Cristo heredero de todas las cosas tuvo lugar tras su entronización en el cielo (Heb. 1:2).

Así pues, cuatro de estos predicados —purificar, sentar, llegar a ser, ser constituido— presuponen la encarnación de Cristo y su posesión actual de una naturaleza humana. Pero ¿y los otros tres? Como ya hemos comentado brevemente, el autor también designa a Cristo como divino (Heb. 1:3). El mismo que es el resplandor de la gloria de Dios hizo purificación por el pecado mediante su muerte, resurrección y ascensión. El mismo que creó y sostiene el universo también recibió ese universo como herencia mesiánica. El resultado de este análisis gramatical y conceptual de Hebreos 1:1-4 es que todos ellos describen a la misma persona: el único Hijo divino. Detrás de los siete predicados aplicados a Cristo no hay dos actores, ni dos agentes o personajes, sino uno.

Diversidad de predicados y unidad del sujeto en Pablo y los Evangelios

Lo que percibimos de forma especialmente concentrada en el comienzo de Hebreos se repite sistemáticamente en todo el Nuevo Testamento. Aunque el contenido de las afirmaciones del Nuevo Testamento sobre Cristo varía enormemente, ninguno de sus autores lo divide en dos sujetos. Como observa Rowan Williams refiriéndose a Pablo, "las primeras frases escritas que se conservan que tienen como tema 'Jesús' o 'Cristo'/'el ungido' o 'el Señor Jesús'... muestran una desconcertante variedad de registro o lenguaje en un espacio muy breve". ¿En qué consiste esta desconcertante variedad? "Podemos movernos rápidamente de frases de un tipo que podría aplicarse a cualquier miembro de la raza humana a otras frases que afirman o implican cosas que normalmente no podrían decirse de un sujeto humano".[5]

Para ilustrarlo: Hablando de una misma persona, Jesús, Pablo puede escribir que "nació de mujer", como todos nosotros (Gal. 4:4). Puede nombrar la ascendencia humana de Jesús: de David (Rom. 1:3) y, más ampliamente, de Israel (Rom. 9:5) y, por tanto, de Abraham (Gal. 3:16). Como ser humano, Jesús murió por nuestros pecados, derramando su sangre por nosotros (1 Cor. 11:23-26; 15:3). Y, sin embargo, como vimos en el capítulo 5, Pablo también llama a este mismo hombre el "único Señor" a quien Israel confiesa en el Shemá (1 Cor. 8:6; cf. Dt. 6:4). Además, Pablo aplica con frecuencia a Jesús pasajes del Antiguo Testamento que se refieren explícitamente al único Dios verdadero de Israel (p. ej., Joel 2:32 en Rom. 10:13; Is. 45:23 en Fil. 2:10-11).[6]

También en los Evangelios observamos una asombrosa diversidad de predicados atribuidos al mismo sujeto. Por un lado, Jesús nació (Luc.

---

[5] R. Williams, *Christ the Heart of Creation*, 47.

[6] Sobre esto véase Bauckham, *Jesus and the God of Israel*, 186-91; y Capes, *The Divine Christ*.

2:7), obedeció a sus padres, aprendió y creció (Luc. 2:51-52), enseñó y viajó (Mat. 4:17, 23), se cansó (Jn. 4:6), durmió en una barca (Mr. 4:38), lloró (Jn. 11:35), sufrió humillaciones y torturas (Mr. 15:15-24), fue crucificado, murió y fue depositado en un sepulcro (Luc. 23:33, 46, 53). Por otro lado, calmó una tormenta (Mat. 8:26), caminó sobre las aguas (Mat. 14:26), curó a los enfermos (Mr. 1:31), resucitó a los muertos (Jn. 11:43-44), perdonó pecados (Mat. 9:1-8) y afirmó ser anterior a los patriarcas (Jn. 8:58).[7]

Independientemente de cómo se valore o explique esta diversidad de predicados, todos ellos pertenecen al mismo sujeto activo. El punto es tan obvio que fácilmente podríamos pasarlo por alto. Diga lo que diga Pablo sobre Jesús, solo habla de un Jesús. A esto nos referimos cuando decimos que la unidad de Cristo es una simple observación, incluso de sentido común. Todo lo que el Nuevo Testamento dice sobre Jesucristo, lo dice sobre la *única persona* que lleva ese nombre. Dado todo lo que el Nuevo Testamento dice sobre Jesús, esto no es una mera tautología.

La unidad de Cristo y la encarnación

Otra rama importante de pasajes que nos presionan a confesar la unidad de Cristo son los que narran explícitamente el acto de la encarnación. Famoso y entre los más explícitos es Juan 1:14: "Y el Verbo se hizo carne, y habitó entre nosotros, y vimos Su gloria, gloria como del unigénito del Padre, lleno de gracia y de verdad".[8] El que se hizo carne no es otro que el Verbo eterno, que estaba con Dios en el principio y es Dios (Jn. 1:1). El que vino caminando hacia Juan el Bautista, de tal manera que Juan pudo señalarlo tanto física como verbalmente, es el

---

[7] Para una interpretación más completa de ambas listas, y un sagaz sondeo de su coherencia teológica, véase Gregorio Nacianceno, *Oration* 29.18-20 (PPS 23:85-88).

[8] Schnelle, *Theology of the New Testament*, 639, observa que, junto con Heb. 2:14, esta es la afirmación más clara de la encarnación en el Nuevo Testamento.

que no solo supera a Juan, sino que le precede, y eso eternamente (Jn. 1:15, 19).

Pablo expone esencialmente el mismo punto de diversas maneras. En un lenguaje económico: "Porque conocen la gracia de nuestro Señor Jesucristo, que siendo rico, sin embargo por amor a ustedes se hizo pobre, para que por medio de Su pobre ustedes llegaran a ser ricos" (2 Cor. 8:9). El que era eterna y divinamente rico se hizo pobre —es decir, se hizo hombre mortal— para enriquecernos.[9] En el lenguaje de la misión, del envío de alguien a alguna parte para realizar algo: "Pero cuando la plenitud la plenitud del tiempo, Dios envió a su Hijo, nacido de mujer, nacido bajo la ley, a fin de que redimiera a los que estaban bajo la ley, para que recibiéramos la adopción de hijos" (Gal. 4:4-5).[10]

El Hijo que existía con el Padre antes de ser enviado es aquel a quien el Padre envió y que recibió vida humana de la madre que lo dio a luz. Encomiar la humildad, trazando el arco del mayor anonadamiento concebible:

> Haya, pues, en ustedes esta actitud que hubo también en Cristo Jesús, el cual, aunque existía en forma de Dios, no consideró el ser igual a Dios como algo a qué aferrarse, sino que se despojó a Sí mismo tomando forma de siervo, haciéndose semejante a los hombres (Fil. 2:5-7).

El que siempre ha existido en la forma de Dios, y es igual a Dios por naturaleza, es el que tomó para sí la naturaleza humana, "la forma de siervo".[11] La toma es el vaciamiento. Al hacerse hombre, se humilló,

---

[9] Thrall, *A Critical and Exegetical Commentary on the Second Epistle of Paul to the Corinthians*, 2:532-34, respalda esta "interpretación tradicional".

[10] Sobre la encarnación de Gal. 4:4, véase, por ejemplo, D. A. Campbell, "The Story of Jesus in Romans and Galatians", 119; Hays, *The Faith of Jesus Christ*, 96-97; Gathercole, *The Preexistent Son*, 28-29; Bates, *The Birth of the Trinity*, 116.

[11] En el amplio coro de comentarios eruditos sobre este pasaje, la mayoría sostiene que las dos frases "en forma de Dios" e "igual a Dios" describen la existencia preencarnada del Hijo como Dios, a la par con el Padre. Véase, por ejemplo, el conciso estudio de Martin y Nash, "Philippians 2:6-11 as Subversive Hymnos", 114-16. Especialmente influyente es Wright, *The Climax of the Covenant*,

dado el infinito contraste de dignidad y gloria entre la forma de Dios en la que siempre está y la forma de siervo que tomó.[12]

Volviendo a Hebreos, el autor hace explícito el propósito y la conveniencia de la encarnación del Hijo, atribuyéndola a la agencia del Hijo:

> Así que, por cuanto los hijos participan de carne y sangre, también Jesús participó de lo mismo, para anular mediante la muerte el poder de aquel que tenía el poder de la muerte, es decir, el diablo, y librar a los que por el temor a la muerte, estaban sujetos a esclavitud durante toda la vida (Heb. 2:14-15).

En lo que nosotros somos por naturaleza, Él se convirtió por voluntad.[13] Nótese la referencia intensificada a un único sujeto: "él mismo" y no otro. Aquel a quien corresponden todas las prerrogativas divinas de Hebreos 1:3, aquel que sostiene el universo con su palabra poderosa, es el mismo que entró en nuestra frágil y tensa condición humana para transformarla para siempre.[14]

Empleando diversas metáforas y lenguajes conceptuales, todos estos pasajes dan fe de un acto o acontecimiento. Nacer en el mundo no es el tipo de acontecimiento que los simples humanos podemos atribuir

---

56-98. Si el Hijo preexistente ya posee igualdad con Dios debe determinarse por motivos contextuales. Además de los argumentos contextuales a favor de la preexistencia divina de Cristo en Fil. 2:6-7 ofrecidos por Wright, también merece la pena destacar Bockmuehl, *A Commentary on the Epistle to the Philippians*, 126-38; Oakes, *Philippians*, 193-96; Hellerman, *Reconstructing Honor in Roman Philippi*, 129-48; Hill, *Paul and the Trinity*, 89-97; Martin y Nash, "Philippians 2:6-11 as Subversive *Hymnos*", 114-23. El concepto de "forma" (μορφή) es más amplio que, pero incluye, lo que la teología ha pretendido tradicionalmente con el lenguaje de la "naturaleza".

[12] Como comenta concisamente Barclay, *Paul and the Power of Grace*, 123, sobre Fil. 2:6-11, "Casi todos los eruditos coinciden en que este pasaje (junto con Gal. 4:4, 2 Cor. 8:9 y Rom. 8:3) indica un acto de encarnación, por el que Cristo asume la condición humana y participa de las limitaciones y vulnerabilidades de la naturaleza humana".

[13] Así Bruce, *The Epistle to the Hebrews*, 78n55.

[14] Para más exégesis del testimonio explícito e implícito de Hebreos sobre la encarnación del Hijo, véase Jamieson, *The Paradox of Sonship*, 77-85.

a nuestra propia agencia. Decir que el Logos se hizo carne es decir que el Logos precede a su propia existencia e historia humanas. Por tanto, Dios se hizo hombre. Conceptualmente, aunque no siempre gramaticalmente, Dios Hijo es el sujeto, y "se hizo hombre" es el predicado. Todos estos pasajes parten y presuponen lo que el Hijo es; todos añaden y afirman lo que llegó a ser.

La encarnación no convierte lo divino en humano, sino que une lo humano a lo divino. Sean cuales sean los demás atributos o actos humanos que Juan, Pablo y el autor de Hebreos atribuyen a Jesús, estos pasajes explícitos sobre la encarnación nos dicen que todos esos actos y atributos pertenecen a aquel que es Dios y se hizo hombre. Este mismo sujeto unió a sí una naturaleza humana de tal modo que todas sus características, capacidades y límites pasaron a ser verdaderamente *suyos*.[15] La encarnación hace que nuevas realidades sean verdaderas de este único sujeto; no añade otro sujeto humano junto al divino original.[16] En resumen, el Nuevo Testamento emplea diversas estrategias para subrayar la unidad ontológica y la singularidad de la persona de Cristo. Puesto que recibe todo tipo de predicados, y hace y sufre todo tipo de cosas, debemos reconocer que es un único sujeto actuante (y no muchos).

---

[15] Así Athanasius, *Against the Arians* 3.31 (*NPNF*² 4:410): "Y a causa de esto, se dice que las propiedades de la carne son suyas, puesto que él estaba en ella, tales como tener hambre, sed, sufrir, cansarse, y cosas semejantes, de las que la carne es capaz; mientras que, por otro lado, las obras propias del Verbo mismo, tales como resucitar a los muertos, devolver la vista a los ciegos y curar a la mujer con flujo de sangre, las hizo por medio de su propio cuerpo. Y el Verbo llevó como suyas las enfermedades de la carne, porque suya era la carne; y la carne servía a las obras de la divinidad, porque la divinidad estaba en ella, pues el cuerpo era de Dios".

[16] Como argumentamos en el cap. 4, esto no implica ningún cambio o mutabilidad en Dios. Como analizaremos en el próximo capítulo, el cambio es cierto en el caso del Hijo *con respecto a* su naturaleza humana. Para un análisis interesante de la coherencia entre la encarnación y la inmutabilidad divina, véase Weinandy, *Does God Change?*; Duby, *Jesus and the God of Classical Theism*.

Atribuir humanidad a Dios Hijo y divinidad a Jesús hombre

Otra forma de percibir la presión de las Escrituras sobre la unidad paradójica de Cristo es considerar los pasajes que, implícita o explícitamente, atribuyen humanidad a Dios Hijo o atribuyen divinidad a Jesús hombre. Para anticipar la discusión conceptual que sigue en la siguiente sección, podemos reconocer estos dos tipos de pasajes como articuladores de paradojas cristológicas "ascendentes" y "descendentes".[17]

Para empezar, basta con echar un vistazo a los pasajes sobre la encarnación que acabamos de examinar. Hablando del Verbo que no solo estaba con Dios en el principio, sino que él mismo es Dios, Juan 1:14 nos dice: "El Verbo se hizo carne, y habitó entre nosotros, y vimos Su gloria". En este versículo, "Verbo" es una adscripción de divinidad, un título que lo nombra como Dios. Lo que ya sabemos del Verbo por el contexto anterior nos obliga a considerarlo divino en el sentido más amplio.

Además, Juan 1:14 nos dice que este Verbo divino se hizo hombre. Debido a este acto, todo lo que es cierto del ser humano Jesús de Nazaret es cierto de Dios Hijo. Como observa Bruce Marshall, "Juan toma al Logos como sujeto y le atribuye 'carne'".[18] Del mismo modo, en Filipenses 2:6-7, es el que existe en forma de Dios (ἐν μορφῇ θεοῦ ὑπάρχων, *en morphē theou hyparchōn*) quien se despojó a sí mismo tomando forma de siervo, es decir, "naciendo a semejanza de los hombres." Mientras que el sujeto de la cláusula principal es un pronombre relativo desnudo, la frase preposicional que precede al verbo caracteriza e identifica justamente a quien se despojó de sí mismo asumiendo una naturaleza humana. Pablo identifica a Jesús como

---

[17] En otras palabras, comenzaremos con lo que un erudito denomina comunicación "descendente" de los modismos y, a continuación, analizaremos su contrapartida "ascendente". Véase Strzelczyk, Communicatio *Idiomatum*, 21-23. Véase también el análisis en McCosker, reseña de *Communicatio Idiomatum*.

[18] Marshall, *Trinity and Truth*, 111.

divino y le atribuye el acto de la encarnación y sus consecuencias lógicas: el anonadamiento y la servidumbre.

Un ejemplo aún más agudo de comunicación "descendente" de modismos se encuentra en 1 Corintios 2:8: "Esta sabiduría que ninguno de los gobernantes de este siglo ha entendido, porque si la hubieran entendido no habrían crucificado al Señor de gloria".[19] Aquí, por supuesto, el sujeto gramatical es "ellos", los gobernantes de este siglo. Pero si nos centramos en Cristo, como es nuestra intención a lo largo de este libro, entonces podemos reformular la última cláusula, sin pérdida ni distorsión, de modo que destaque su afirmación cristológica: "El Señor de la gloria fue crucificado".

¿Qué quiere decir Pablo al nombrar a Cristo "el Señor de la gloria"? Las frases bíblicas "la gloria del Señor" (por ejemplo, Exo. 16:7; Num. 14:10), "Dios de gloria" (Sal. 29:3) y "rey de gloria" (Sal. 24:7-10) triangulan el significado de la frase. Al llamar a Cristo "el Señor de gloria", Pablo lo identifica como el que posee la gloria divina única e incomparable (cf. Is. 48:11). Y Pablo afirma que este Cristo divinamente glorioso fue crucificado. Pablo predica un destino ineludiblemente humano del Señor divino. ¿Paradoja? Sí. ¿Contradicción? No. ¿Por qué? Porque precisamente al encarnarse, el Señor de la gloria se hizo crucificable.

Dos afirmaciones en sermones en Hechos probablemente ejemplifican esta misma gramática. En primer lugar, considere lo que dice Pedro en Hechos 3:14-15: "Pero ustedes repudiaron al Santo y Justo, y pidieron que se les concediera un asesino, y dieron muerte al Autor de la vida, al que Dios resucitó de entre los muertos, de lo cual nosotros somos testigos". La frase clave está en el versículo 15: "Dieron muerte al Autor de la vida". Nos inclinamos a tomar "Autor de la vida" como una adscripción de divinidad: Pedro nombra a Jesús como la fuente divina de la creación, el que da vida a todos. Si es así, nos

---

[19] Véase también Jamieson, "1 Corinthians 15.28 and the Grammar of Paul's Christology", 197-98, en el que se basa nuestra discusión.

encontramos ante un caso explícito de comunicación idiomática y una paradoja tan estimulante como la de 1 Corintios 2:8.

Sin embargo, algunos eruditos sostienen que el título de "Autor de la vida" se refiere a Jesús. Sin embargo, algunos estudiosos sostienen que el título simplemente describe a Cristo como, en virtud de su resurrección, la fuente de la vida eterna, la vida salvífica y, por tanto, la única fuente de salvación (cf. Hch. 4:12).[20] Sin embargo, incluso en esta interpretación, la pregunta que sigue es natural: ¿Quién puede dar la vida eterna? ¿Puede concederla cualquier criatura? La Escritura declara rotundamente que solo Dios puede salvar (Dt. 32:39; Jon. 2:9). En cuyo caso, incluso en esta última lectura, Hch. 3:15 sigue siendo un caso implícito de comunicación de frases hechas. El hecho de que Cristo sea quien puede conceder la salvación implica su divinidad, aunque fue al ser asesinado cuando se convirtió en fuente de salvación.

Un segundo ejemplo de este patrón de discurso en los Hechos es menos cierto, aunque merece la pena comentarlo brevemente. En su discurso de Mileto a los ancianos de Éfeso, Pablo les exhorta: "Tengan cuidado de sí mismos y de toda la congregación, en medio de la cual el Espíritu Santo les ha hecho obispos para pastorear la iglesia de Dios, la cual Él compró con Su propia sangre" (Hch. 20:28).[21] ¿Cómo es que Dios tiene sangre con la que comprar un pueblo? La sangre pertenece a su Hijo, que es Dios mismo, que se encarnó por nosotros y para nuestra

---

[20] Véase, por ejemplo, Bock, *Acts*, 171; Peterson, *The Acts of the Apostles*, 175-76; Schnabel, *Acts*, 210-11.

[21] La frase griega detrás de "con su propia sangre" es διὰ τοῦ αἵματος τοῦ ἰδίου. La cuestión gramatical aquí es si la frase genitiva τοῦ ἰδίου modifica adjetivamente a "sangre" o funciona como genitivo posesivo. El primer entendimiento se refleja aquí en la traducción de la ESV; el segundo da el sentido, "la sangre de Su propiedad". Según esta última interpretación, la sangre no pertenece a Dios, sino a aquel que pertenece a Dios, es decir, Jesús. Cualquiera de las dos interpretaciones es gramaticalmente posible. Consideramos que la traducción "por su propia sangre" es la lectura más natural del griego y, por tanto, tomamos Hch. 20:28 como otro ejemplo explícito del Nuevo Testamento de la comunicación de idiomas. Por tanto, discrepamos de Barrett, *A Critical and Exegetical Commentary on the Acts of the Apostles*, 2:977: "*Communicatio idiomatum* no servirá realmente aquí porque no se trata de las dos naturalezas de Cristo, sino de dos Personas de la Trinidad".

salvación. Esa sangre pertenece verdaderamente a Dios porque pertenece verdaderamente a la naturaleza humana que pertenece verdaderamente a Dios Hijo encarnado.

Hasta ahora, hemos considerado pasajes paradójicos "descendentes" que atribuyen cualidades humanas al Hijo de Dios, Jesucristo. Ahora analizaremos brevemente solo algunos de los muchos pasajes paradójicos "ascendentes" que, explícita o implícitamente, atribuyen al hombre Jesús cualidades dignas de Dios. Consideremos primero uno de los más llamativos, en el Evangelio de Juan. En el clímax de un largo y polémico debate sobre la filiación de Jesús y la de sus oponentes, Jesús declara: "En verdad les digo, que antes que Abraham naciera, Yo soy" (Jn. 8:58). Aquí, Jesús reclama para sí el nombre propio, personal y único de Dios y la autoexistencia eterna y atemporal que lo acompaña.[22]

La respuesta de sus adversarios es reveladora: "Tomaron piedras para arrojárselas, pero Jesús se escondió y salió del templo" (v. 59). Intentan apedrear a Jesús porque lo juzgan blasfemo. Como dicen sus adversarios un poco más tarde: "No te apedreamos por ninguna obra buena, sino por blasfemia; y porque Tú, siendo hombre, te haces Dios" (Jn. 10:33; cf. 5:18). Su problema es la evidente humanidad del sujeto hablante que reclama para sí el nombre y la existencia únicos de Dios.[23] En cualquier oración, el sujeto es lo dado a lo que se añade el predicado. En este diálogo, la humanidad de Jesús es lo dado y su divinidad es lo que añade de forma tan provocativa.

Otro par de pasajes que atribuyen divinidad al Jesús humano se encuentran en Colosenses: "Porque agradó al Padre que en Él habitara toda la plenitud" (Col. 1:19); y "porque toda la plenitud de la Deidad

---

[22] Véase, por ejemplo, Neyrey, "Jesus the Judge", 534. Para un apoyo detallado, aunque provisional, de la conclusión de que en Juan 8:58 Jesús reivindica el único nombre divino, véase C. H. Williams, *I Am He*, 279-83. Véase también Bauckham, "Monotheism and Christology in the Gospel of John", 157-59; Baron, "The *Shema* in John's Gospel", 316-33.

[23] Con razón, Macaskill, "Name Christology, Divine Aseity, and the I Am Sayings in the Fourth Gospel", 329n43.

reside corporalmente en Él" (Col. 2:9).[24] En los contextos cercanos de ambas afirmaciones, la humanidad de Jesús se da por sentada o por supuesta. Por ejemplo, 1:18 nombra a Cristo "el primogénito de entre los muertos", presuponiendo su humanidad crucificada y resucitada. La frase de 1:19 continúa afirmando que la sangre de la cruz de Cristo reconcilió todas las cosas con Dios (1:20). Se presenta la humanidad de Cristo y, sobre ese telón de fondo, 1:19 destaca su divinidad.

En sentido estricto, Colosenses 1:19 y 2:9 proporcionan ejemplos implícitos de la comunicación de idiomas, mientras que Juan 8:58 ofrece un ejemplo conceptual más que gramatical. Es decir, Colosenses 1:19 y 2:9 no se esfuerzan por resaltar la humanidad de Cristo. No lo nombran explícitamente como hombre. Sin embargo, su humanidad está implícita incluso en el simple "en él", ya que el contexto requiere la referencia a un ser humano. En Juan 8:58, por el contrario, el "yo" de Jesús no se nombra explícitamente como ser humano. Sin embargo, el hecho inequívoco de su humanidad es una premisa necesaria en la respuesta de sus oponentes, ya que utiliza su voz humana para pronunciar el "Yo soy" divino. Por lo tanto, incluso cuando la gramática lingüística de la frase no predica la divinidad de un sujeto humano, la gramática teológica o conceptual sí lo hace.

Entonces, para resumir, en esta sección hemos estudiado y analizado la presión bíblica tanto a favor de la unidad de Cristo como único sujeto actuante como del modelo de discurso llamado comunicación de idiomas. Puesto que Cristo es uno en un sentido fundamental, ontológico, lo que es divino es verdad de un humano, y este humano es verdaderamente divino. Este hombre es verdaderamente Dios, y Dios es verdaderamente este hombre. Para decirlo de forma más esquemática, en esta sección hemos medido cuatro presiones a partir de diversos pasajes del Nuevo Testamento.

---

[24] El griego de Col. 1:19 no tiene una frase correspondiente a "de Dios"; en su lugar, deja implícita la respuesta a la pregunta: "¿Lleno de qué?". Sin embargo, a la luz de la respuesta explícita en 2:9, la inserción interpretativa al traducir 1:19 está plenamente justificada; acertadamente, Foster, *Colossians*, 195.

Primero, la Escritura habla de Cristo como un único sujeto actuante. En segundo lugar, la Escritura atribuye a este único Cristo una desconcertante diversidad de atributos, acciones, experiencias y sufrimientos. Estos predicados salvajemente diversos proclaman que tanto lo que es propio de la divinidad como de la humanidad le pertenece a él. En tercer lugar, la Escritura atribuye al Hijo divino no solo la posesión de una naturaleza humana, sino también el acto de asumir una naturaleza humana. En cuarto lugar, implícita o explícitamente, los sujetos y predicados de las afirmaciones de la Escritura sobre Cristo cruzan la línea que va de lo humano a lo divino y de lo divino a lo humano.

La gramática de las paradojas cristológicas: La Unión Hipostática

Dadas las presiones discernidas y descritas anteriormente, en esta sección debemos ahora procesarlas para discernir su gramática subyacente, preguntándonos cómo es que estas diversas presiones presuponen y despliegan un marco más profundo de coherencia. En otras palabras, ¿por qué la Escritura habla de Jesús de estas maneras? ¿Cuál es la realidad que exige que se hable de ella con esos patrones paradójicos?

Preservar la paradoja

Al movernos de las presiones de la Escritura sobre Jesús a su gramática subyacente, debemos afirmar de entrada que la verdad que enseñan estos pasajes es irreductiblemente misteriosa. Según Francisco Turretino, las cuestiones más difíciles de la teología son la unidad de tres personas en un solo ser y "la unión de las dos naturalezas en una sola persona en la encarnación".²⁵ Así pues, al hablar de la unión hipostática, no estamos resolviendo sino enunciando el misterio.

Por tanto, no estamos dejando de lado la paradoja, sino reivindicándola como paradoja y no como contradicción. Por "paradoja" entendemos aquí una contradicción aparente que en última instancia es coherente. Que Jesús sea a la vez Dios y hombre parece contradictorio, pero en el fondo no lo es. Así pues, la paradoja es intrínseca a la confesión de que "Jesús es el Señor" (1 Cor. 12:3), y el razonamiento bíblico debe preservar esta paradoja, poseyendo que características aparentemente contradictorias confluyen en Cristo.²⁶

Por esta razón, la encarnación es un misterio, algo que no podemos explicar plenamente. Dada la realidad del Verbo hecho carne, no debemos rehuir la paradoja, sino deleitarnos en ella. La ortodoxia no consiste en explicar el misterio, sino en mantenerlo. La ortodoxia se mantiene erguida no porque descarte el peso de las pruebas inconvenientes, sino porque mantiene verdades aparentemente opuestas en exacto equilibrio. Entonces, ¿qué presupone la presión de las Escrituras sobre la unión en Cristo de la divinidad y la humanidad?

La Unión Hipostática

A la luz de lo anterior, el discurso bíblico sobre la unidad de Cristo y la diversidad de predicados que le son propios se concilian en la gramática subyacente de lo que los teólogos llaman tradicionalmente la unión hipostática. Esta doctrina está claramente articulada por el credo de Calcedonia, del que se hace eco nuestro sexto principio:

> Uno y el mismo Señor Jesucristo, Hijo unigénito, debe ser reconocido en dos naturalezas, sin confusión ni cambio, sin división ni separación. La distinción entre las naturalezas nunca fue abolida por su unión, sino que se conservó el carácter [ἰδιότητος, *idiōtētos*] propio

---

[25] Turretin, *Institutes of Elenctic Theology* 13.6.1 (Giger, 2:310).
[26] Véase, por ejemplo, Pawl, *In Defense of Conciliar Christology*, 25.

de cada una de las dos naturalezas al reunirse en una sola Persona y una sola hipóstasis.²⁷

Nótese en primer lugar que esto no nos dice nada sobre *cómo* se produce la unión hipostática, sino solo *que* la unión se produce en la única persona de Cristo. El Hijo de Dios asumió una naturaleza humana en unión con su persona, de modo que Dios Hijo existe ahora verdaderamente como hombre. Esto sigue siendo un misterio porque *esta* unión personal no es "tal como podría encontrarse en la esfera de la naturaleza creada en absoluto, sino que es una unión absolutamente única, supereminente".²⁸ Por tanto, podemos saber más sobre lo que esta unión no es que sobre lo que es. No se trata de una unión en la naturaleza, donde la divinidad y la humanidad se convierten en una tercera cosa. Tampoco es una mera asociación o conjunción, donde un agente divino y otro humano trabajan en estrecha asociación tras una única apariencia externa. Además, es crucial recordar aquí que los términos "persona" y "naturaleza" son solo metafísicamente. Con respecto a Cristo, se refieren respectivamente a quién es y qué es: Cristo es un "quién" que subsiste en dos "qué".²⁹

Cirilo de Alejandría insiste repetidamente en que el Hijo unió personalmente o "hipostáticamente" la naturaleza humana a sí mismo, en contra de la división de Cristo en dos sujetos distintos que actúan conjuntamente.³⁰ Como dice Cirilo en el segundo anatema de su

---

²⁷ Denzinger §302.
²⁸ Scheeben, *The Mysteries of Christianity*, 319.
²⁹ Tomamos prestado este lenguaje de "un quién, dos qué" de la discusión de la cristología postcalcedoniana en Yeago, "Jesus of Nazareth and Cosmic Redemption", 167-68. Véase también I. McFarland, *The Word Made Flesh*, 7: "El resultado de estos desarrollos postconciliares puede resumirse como sigue: la naturaleza se refiere a *la cualidad* de una entidad, definida por sus cualidades o atributos constitutivos (por ejemplo, 'intelecto inmaterial' como definición de la naturaleza angélica). Por el contrario, la hipóstasis (o persona) se aplica a las entidades que tienen naturalezas racional y espiritual, y que por lo tanto toman forma individualizada como *quiénes*. En otras palabras, ser una hipóstasis es tener una identidad personal: ser *alguien* además de ser *algo*" (énfasis original).
³⁰ Véase, por ejemplo, Cirilo de Alejandría, *Second Letter to Nestorius* 4: "No obstante, puesto que el Verbo unió hipostáticamente a sí mismo la realidad

Tercera Carta a Nestorio, que fue refrendada por el Concilio de Éfeso en el año 431 d.C., "Si alguien no confiesa que el Verbo de Dios Padre se unió hipostáticamente a la carne para ser un solo Cristo con su propia carne, es decir, el mismo a la vez Dios y hombre, que sea anatema".[31] Este entendimiento sustenta la repetida declaración de Calcedonia de que es "uno y el mismo" Cristo quien es a la vez Dios y hombre, y que este uno y el mismo Señor Jesús, el Hijo unigénito del Padre, "debe ser reconocido en dos naturalezas, sin confusión ni cambio, sin división ni separación".[32] solo si el Hijo unió personalmente a sí mismo una naturaleza humana, sus dos naturalezas no están divididas ni separadas.

Thomas Weinandy ha resumido útilmente la interpretación ciriliana y conciliar de la unión hipostática en tres afirmaciones: Es *verdaderamente Dios* Hijo quien es hombre. El Hijo de Dios es verdaderamente *hombre*. Y el Hijo de Dios *verdaderamente es* hombre.[33] Que la unión sea hipostática salvaguarda especialmente la tercera afirmación. Como observa Juan de Damasco: "No separamos cada naturaleza por sí misma, sino que las consideramos unidas entre sí en una Persona compuesta. Pues decimos que la unión es sustancial; es decir, verdadera y no imaginaria".[34] Decir que la naturaleza humana de Cristo está unida a él hipostáticamente es negar que esté unida a él por cualquier vínculo menor o más débil o extrínseco.[35]

---

humana, 'por nosotros y por nuestra salvación', y surgió de una mujer, por eso se dice que fue engendrado de manera carnal". Y en la *Third Letter to Nestorius* 11: "Como hemos dicho antes, significa más bien que unió hipostáticamente la condición humana a sí mismo y sufrió un nacimiento carnal de su vientre". Traducciones de McGuckin, *Saint Cyril of Alexandria and the Christological Controversy*, 264, 273.

[31] Traducción en McGuckin, *Saint Cyril of Alexandria and the Christological Controversy*, 273.

[32] Denzinger §302.

[33] Weinandy, "Cyril and the Mystery of the Incarnation", 30. Véase también la instructiva discusión de estos temas en Weinandy, *Does God Suffer?*, 172-206.

[34] John of Damascus, *On the Orthodox Faith* 3.3 (FC 27:273-74).

[35] Para otros debates clarificadores y fructíferos sobre la unión hipostática véase, por ejemplo, Thomas Aquinas, *STh* III.2; Owen, *Christologia* (*Works* 1:223-35); Turretin, *Institutes of Elenctic Theology* 13.6-7; T. J. White, *The Incarnate Lord*, 73-125. Para una útil visión general de la doctrina de Aquino sobre la unión hipostática, véase Bauerschmidt, *Thomas Aquinas*, 188-97.

Como hemos insinuado en capítulos anteriores, la unión hipostática se comprende mejor con la ayuda de la gramática acumulativamente desarrollada hasta ahora. En primer lugar, invocando la regla de la adecuación a Dios, Atanasio dice que la encarnación "se adecuó supremamente a la bondad de Dios".[36] Dios haciéndose hombre es un acto que se ajusta a Dios porque hacerse hombre no contradice ser Dios. Esto se basa no solo en la bondad de Dios, sino también en su trascendencia no contradictoria. La creación *ex nihilo* es crucial en este punto porque nos recuerda que la relación entre humanidad y divinidad no es competitiva.

En la unión hipostática, las dos naturalezas de Cristo no compiten por el espacio. No hay "espacio" en la naturaleza humana de Cristo que ocupe su naturaleza divina; ambas naturalezas pueden pertenecer al Hijo porque su naturaleza humana no desplaza a su divinidad.[37] La divinidad y la humanidad no son entidades comparables; hay una diferencia infinita entre ellas.[38] En la persona de Cristo, la divinidad y la humanidad no se unen porque una de las dos quede comprometida o reducida. Al contrario, precisamente porque la divinidad y la humanidad no están al mismo nivel, no compiten entre sí en ningún sentido, pueden unirse en la persona del Hijo encarnado. Dios puede hacerse hombre sin dejar de ser Dios.[39]

En segundo lugar, como vimos en el capítulo anterior, la obra de la encarnación es un acto inseparable de toda la Trinidad que, sin embargo, "termina" solo en el Hijo. Como sugiere el lenguaje de la "asunción" o "toma" (Fil. 2:7), solo el Hijo toma la naturaleza humana

---

[36] Athanasius, *On the Incarnation* 10 (PPS 44a:69).

[37] De ahí el "sin división ni separación" de Calcedonia (ἀδιαιρέτως, ἀχωρίστως).

[38] Como dice Henk Schoot, "Dios no es diferente de las criaturas del modo en que las criaturas se diferencian mutuamente. Dios difiere de otro modo" (*Christ the "Name" of God*, 144). Véase también Soskice: "Dios y las criaturas no son simplemente dos tipos diferentes de cosas que deben compararse y contrastarse, con una mucho mayor —y más fuerte— que la otra. El contraste, para retorcer a Wittgenstein, es demasiado grande para ser binario" ("¿Why *Creatio Ex Nihilo* for Theology Today?", 49).

[39] De ahí el "sin confusión ni cambio" de Calcedonia (ἀσυγχύτως, ἀτρέπτως).

en su propia persona. Por tanto, lo que decimos de Cristo lo decimos de esta única persona divina. Aquino resume sucintamente nuestra discusión aquí e introduce implicaciones hermenéuticas de la unión hipostática que desarrollaremos con nuestras reglas en la siguiente sección:

> Solo a la hipóstasis se atribuyen las operaciones y las propiedades naturales, y todo lo que pertenece a la naturaleza en lo concreto; pues decimos que este hombre razona, y es capaz de reír, y es un animal racional. Así también se dice que este hombre es un *suppositum*, porque subyace (*supponitur*) a todo lo que pertenece al hombre y recibe su predicación. Por tanto, si en Cristo hay alguna hipóstasis además de la hipóstasis del Verbo, se sigue que todo lo que pertenece al hombre se verifica de alguien distinto del Verbo, por ejemplo, que nació de una Virgen, padeció, fue crucificado, fue sepultado.[40]

Todo lo que es verdad de la humanidad de Cristo es verdad de la persona del Hijo. Todas las acciones realizadas por el Jesús humano se atribuyen correcta y necesariamente al Hijo divino como su agente. La naturaleza humana de Cristo no actúa independientemente del Hijo divino, porque los actos pertenecen a las personas, no a las naturalezas (*actiones sunt suppositorum, non naturarum*).[41] Y puesto que las personas actúan, entonces la acción de asumir su naturaleza humana pertenece al mismo sujeto de todo lo que la Escritura dice sobre Cristo: el Hijo unigénito. Ahora es el momento de explorar esta lógica y considerar cómo debe guiar nuestra lectura de la Escritura.

---

[40] *STh* III.2.3.*corp*; cf. I.39.5.*ad1*.
[41] Aquinas, *STh* III.3.1.*corp*. Véase nuestra discusión de este axioma en el capítulo anterior.

Reglas relativas a la unidad de Cristo y la comunicación de idiomas

Podemos formular ahora las reglas correspondientes a la gramática de la unión hipostática, y luego profundizar un nivel para sondear su sustancia conceptual, sus implicaciones y su coherencia. Como hemos visto, la unidad ontológica de Cristo da lugar a una unidad gramatical de referencia. En la Escritura, las características propias tanto de Dios como de la humanidad se atribuyen a un sujeto, el Dios-hombre, Jesús el Mesías. Es crucial discernir que la unidad de Cristo no es meramente gramatical, sino ontológica, y la ontología fundamenta la gramática. De ahí la regla 7, que podemos llamar la regla del "sujeto único":

> *El Hijo eterno y divino es el único sujeto de todo lo que Jesús hace y sufre. Cristo es una persona, un agente, un "quién". Por tanto, al leer el testimonio de la Escritura sobre Cristo nunca debemos dividir los actos de Cristo entre dos sujetos actuantes, atribuyendo unos al Hijo divino y otros al Jesús humano como si hubiera dos personas distintas.*

Esta unidad gramatical, a su vez, hace posible y necesario formar dos tipos de oraciones sobre Jesús. Es intuitivo e incontrovertible atribuir predicados divinos a quien se identifica como Dios, y predicados humanos a quien se identifica como humano. Lo que es contraintuitivo y aparentemente contradictorio es nombrar a Cristo según una naturaleza y predicar de él lo que pertenece a la otra. Este patrón de discurso constituye nuestra regla 8, que tradicionalmente se denomina "comunicación de idiomas":

> *Puesto que Cristo es una sola persona divina que subsiste en una naturaleza divina y humana, la Escritura a veces lo nombra según una naturaleza y predica de él lo que pertenece a la otra naturaleza. La Escritura atribuye prerrogativas divinas al hombre*

Jesús, y actos y sufrimientos humanos al Hijo divino. Así pues, hay que leer la Escritura de manera que reconozca y reproduzca esta gramática paradójica de la predicación cristológica.

Y de nuevo, "idioma" aquí significa simplemente "nombre" en el sentido de "descripción".

La regla del "sujeto único" se deriva de la ontología de Cristo como *sujeto único* que existe permanentemente en dos naturalezas. La unidad de Cristo es una regla hermenéutica porque es una realidad ontológica. La gramática cristológica se basa en la ontología cristológica.[42] El modo en que la Escritura habla de Cristo está enraizado en quién y qué es Él y, por tanto, lo revela. Puesto que Cristo es un único sujeto actuante, el Hijo divino que existe como hombre, la Escritura siempre habla de él como tal, y así debemos hacerlo nosotros. Por eso Cirilo infiere una regla hermenéutica crucial de la unión hipostática:

> Si alguien interpreta los dichos de los Evangelios y de los escritos apostólicos, o las cosas dichas de Cristo por los santos, o las cosas que él dice de sí mismo, como referidas a dos prosopas o hipóstasis, atribuyendo unas a un hombre concebido como separado del Verbo de Dios, y atribuyendo otras (como divinas) exclusivamente al Verbo de Dios Padre, sea anatema.[43]

Como observa Aquino, solo confesando que las dos naturalezas de Cristo están unidas en una hipóstasis o persona podemos "salvaguardar la enseñanza de las Escrituras sobre la encarnación".[44] La única manera de "salvar" todos los fenómenos de la enseñanza de la Escritura sobre la encarnación es confesar la unión hipostática en todo su misterio y paradoja. En resumen, la unión hipostática es una destilación

---

[42] Sobre la importancia de la ontología para la cristología, véase T. J. White, *The Incarnate Lord*, 1-21.

[43] Cyril of Alexandria, *Third Letter to Nestorius*, anatema 4; traducción de McGuckin, *Saint Cyril of Alexandria and the Christological Controversy*, 274.

[44] Aquinas, *SCG* 4.39.

conceptual de la Escritura que nos permite adquirir de nuevo la Escritura.[45]

La regla de la comunicación de idiomas se deriva de la ontología de Cristo como sujeto único que existe permanentemente *en dos naturalezas*. Esta regla es una gramática de predicación cristológica que es descriptiva, prescriptiva y generativa. En primer lugar, la comunicación de idiomas es descriptiva porque etiqueta con precisión los patrones bíblicos de atribución. Materialmente hablando, la comunicación de idiomas no añade nada al texto, sino que se limita a discernir y describir la lógica de las predicciones paradójicas de la Escritura sobre Cristo. Son los autores de la Escritura quienes hablan de Cristo de estas maneras; como gramática descriptiva, la frase "comunicación de idiomas" simplemente señala los caminos por los que discurren las palabras.

Además, la comunicación de idiomas es prescriptiva en el sentido de que no debemos dividir los predicados cristológicos en sujetos separados. El temor a una aparente contradicción podría tentarnos a atribuir rasgos humanos al "hombre Jesucristo" como un sujeto actuante, y cualidades divinas al "Dios Hijo" como otro, como si hubiera dos personas. Pero si lo hacemos, anulamos la encarnación y dejamos vacía la realidad de la obra salvadora de Cristo, pues ya no decimos que Dios se hizo hombre. En cambio, el aspecto prescriptivo de la comunicación de idiomas nos recuerda que no solo es lícito sino necesario atribuir predicados divinos al hombre Jesucristo y atribuir rasgos y destinos humanos a Dios Hijo. Nada menos está a la altura de la realidad ontológica de la encarnación.

---

[45] Como observa Schoot, *Christ the "Name" of God*, 151, respecto a la función de la unión hipostática en la teología y exégesis de Aquino, "Con este modelo de la unión personal uno es capaz de dar cuenta de estos textos, mientras que a la inversa, con el modelo de la unión accidental, uno es incapaz de dar cuenta de textos en los que se predica una propiedad divina de un hombre, o una propiedad humana de Dios. La regla es una regla hermenéutica". Véase también Moser, "Tools for Interpreting Christ's Saving Mysteries in Scripture", 287-88.

Por último, la comunicación de idiomas es una gramática generativa. Garantiza la proclamación, la oración y la alabanza que sigue el patrón paradójico de nombrar a Cristo según una naturaleza y predicar de él lo que pertenece a la otra. Puesto que la Escritura hace esto, como vimos anteriormente, nosotros también podemos hacerlo. Y al hacerlo, estamos plenamente justificados para plantear la cuestión de la forma más paradójica posible. Consideremos, por ejemplo, la declaración de Ignacio de Antioquía de alrededor del año 100 d.C. de que los cristianos han alcanzado una nueva vida "a través de la sangre de Dios".[46] O la afirmación de Melito de Sardis en un sermón sobre la Pascua a principios del siglo II: "El que colgó la tierra está colgado; el que fijó los cielos ha sido fijado; el que sujetó el universo ha sido sujetado a un árbol... Dios ha sido asesinado".[47] O podríamos destacar la poética proclamación de Gregorio Nacianceno sobre el nacimiento de Cristo: "Gritaré el significado de este día: el descarnado se hace carne, el Verbo se hace materia, lo invisible se ve, lo intangible se toca, lo intemporal tiene principio, el Hijo de Dios se hace Hijo del Hombre: '¡Jesucristo, ayer y hoy, el mismo también por todos los siglos!'"[48]

Ninguno de estos teólogos dice que una perfección divina se transforme en su contrario. Por el contrario, el sujeto-cláusula fija la identidad de quien posee el rasgo humano o sufre el destino humano que le atribuye el predicado. Considérese, por ejemplo, la cuidadosa discusión de Cirilo de Alejandría sobre la afirmación de Lucas de que Jesús "crecía en sabiduría, en estatura y en gracia ante Dios y los hombres" (Luc. 2:52):

> Aquel que como Dios es todo perfecto, se somete al crecimiento corporal; lo incorpóreo tiene miembros que avanzan hasta la madurez de la virilidad; está lleno de sabiduría quien es él mismo todo sabiduría. ¿Y qué decimos nosotros a esto? Contemplad por

---

[46] Ignatius of Antioch, *Ephesians* 1.1 (trad. M. W. Holmes, 183).
[47] *Peri Pascha* 96.711-15; en Melito de Sardis, *On Pascha and Fragments*, 55. Cf. *Fragment* 13 (en Hall, 80-81).
[48] Gregory of Nazianzus, *Oration* 38.2 (en Daley, *Gregory of Nazianzus*, 118).

estas cosas al que era en la forma del Padre hecho semejante a nosotros; al rico en la pobreza; al alto en la humillación; al que se dice "recibe", de quien es la plenitud como Dios. ¡Tan completamente se vació el Verbo de Dios![49]

A veces se acusa a Cirilo de confundir la divinidad y la humanidad de Cristo, como si enseñara que tras el momento de la encarnación Cristo poseía una sola naturaleza, un "qué", compuesto de divinidad y humanidad como la harina y los huevos hacen la masa. Sin embargo, la negación explícita de Cirilo de tal enseñanza es sorprendente, tanto en la exposición anterior como en una declaración como la siguiente:

> Pero ¿quién sería tan equivocado y estúpido como para pensar que la naturaleza divina del Verbo se había transformado en algo que antes no era? o que la carne fue cambiada por algún tipo de transformación en la naturaleza del Verbo mismo? Esto es imposible.[50]

El Verbo se hizo carne: Dios Hijo se hizo hombre. Dado que Dios es cualitativamente trascendente, eterno e inmutable, su divinidad no se transformó en humanidad. Tampoco su humanidad se transformó en divinidad. En cambio, debido a la realidad ontológica de la unión hipostática, la Escritura atribuye la divinidad al hombre y la humanidad a Dios. La comunicación de idiomas es una gramática basada en la asunción por Dios Hijo de la humanidad en unión personal consigo mismo. Esta gramática discierne y despliega la lógica del discurso de la Escritura sobre el Hijo encarnado.

Desde el punto de vista histórico y dogmático, la comunicación de idiomas no fue un punto final de la reflexión cristológica, sino un punto de partida crucial. Hemos visto que la comunicación de idiomas está

---

[49] Cyril of Alexandria, *A Commentary upon the Gospel according to S. Luke by S. Cyril, Patriarch of Alexandria*, 29 (trans. Smith; mayúsculas modernizadas).

[50] Cyril of Alexandria, *Sobre la unidad de Cristo* (PPS 13:77). Para un estudio útil de la enseñanza de Cirilo sobre esta cuestión, véase Loon, *The Dyophysite Christology of Cyril of Alexandria*.

explícitamente atestiguada en las Escrituras y, de la forma más vigorosa, es empleada por los teólogos cristianos desde principios del siglo II en adelante. Así pues, la comunicación de idiomas no es una conclusión lógica a la que los teólogos hayan llegado mediante una larga cadena de razonamientos deductivos. Por el contrario, desde algunas de las primeras reflexiones posapostólicas sobre las Escrituras, la comunicación de idiomas ha sido una herramienta para preservar y proclamar la paradoja de la persona de Cristo en declaraciones compactas y provocativas. Como explica Thomas Weinandy:

> Así, el conjunto de la cristología patrística ortodoxa, incluidas las afirmaciones conciliares, puede verse como un intento de defender la práctica y clarificar el uso de la comunicación de idiomas... Históricamente, pues, no fue un relato ortodoxo o conciliar de la Encarnación el que dio lugar a la comunicación de idiomas, fue la comunicación de idiomas la que dio lugar al relato conciliar y ortodoxo de la Encarnación.[51]

La unidad de Cristo es una faceta del testimonio de la Escritura sobre la persona de nuestro redentor. Del mismo modo, el movimiento lingüístico y conceptual de atribuir cualidades divinas y humanas a la única persona del Hijo se practica en la Escritura y también es una forma necesaria de decir de Jesús todo lo que la Escritura dice de Jesús. La comunicación de idiomas no es un mero razonamiento correcto sobre la Escritura; es una forma en que la propia Escritura razona.

Aplicación de las reglas

Veamos ahora cómo estas dos reglas nos ayudan a leer correctamente las Escrituras. En esta sección abordaremos brevemente tres instantáneas bien conocidas del ministerio de Jesús extraídas de los

---

[51] Weinandy, *Does God Suffer?*, 175.

Evangelios sinópticos: su afirmación de perdonar los pecados, que suscitó la acusación de blasfemia (Mr. 2:1-12 y par.); el hecho de que calmara la tempestad y caminara sobre las aguas, que provocó tanto desconcierto como adoración (Mr. 4:35-41 y par.; Mr. 6:45-52 y par.); y el hecho de que resucitara a una joven de la muerte, cuyo anuncio previo provocó un desprecio incrédulo (Mr. 5:21-24, 35-43 y par.). Al considerar cada uno de ellos, prestaremos especial atención a las prerrogativas divinas que Jesús ejerce como hombre y a la necesidad de percibir la base ontológica de tales actos para responder a ellos correctamente. En otras palabras, sean correctas o incorrectas, adecuadas o inadecuadas, las respuestas a las acciones de Jesús revelan que la identidad que reclama para sí es divina en el sentido más pleno.[52]

Perdón y blasfemia

En primer lugar, consideramos la afirmación de Jesús de perdonar los pecados. En Marcos 2:1-4 leemos que los amigos de un paralítico lo bajan por el tejado de un edificio abarrotado para acercarlo a Jesús. El versículo 5 nos dice la respuesta de Jesús: "Viendo Jesús la fe de ellos, dijo al paralítico: 'Hijo, tus pecados te son perdonados'". "Esto provoca una oposición inmediata y teológicamente bien fundada: Algunos de los escribas, sentados allí, se preguntaban: "¿Por qué habla Este así? Está blasfemando: ¿quién puede perdonar pecados, sino solo Dios?" (vv. 6-7). Jesús percibe su agitación interior y les lanza un desafío. ¿Qué es más fácil, pronunciar el perdón o curar con una palabra? Para los interlocutores de Jesús, la respuesta sería obvia: el perdón es mucho más difícil (vv. 7b-9).

Sin embargo, para fundamentar la afirmación de que, de hecho, puede llevar a cabo la hazaña más difícil, Jesús responde: "'Pues para que sepan que el Hijo del Hombre tiene autoridad en la tierra para perdonar pecados' dijo al paralítico, 'A ti te digo: levántate, toma tu

---

[52] Véase Gathercole, "The Trinity in the Synoptic Gospels and Acts", 59.

lecho y vete a tu casa'" (vv. 10-11). El hombre se levanta inmediatamente y sale a la vista de todos, de modo que toda la multitud "estaba asombrada, y glorificaban a Dios, diciendo: 'Jamás hemos visto cosa semejante'" (v. 12).

Muchos eruditos han entendido la declaración de Jesús en el versículo 5 como una absolución sacerdotal o una declaración profética.[53] Sin embargo, todos los esfuerzos por evitar que Jesús afirme que efectúa el perdón naufragan ante la respuesta de los escribas en el versículo 6. Solo si Jesús reivindicara la prerrogativa divina única de perdonar los pecados le acusarían de blasfemia.[54] El problema con la acusación de blasfemia de los escribas no es la presuposición teológica de que solo Dios puede perdonar los pecados. "¿Qué Dios hay como tú, que perdona la iniquidad y pasa por alto la rebeldía del remanente de su heredad?". (Miq. 7:18). Tampoco se equivocan al considerar una blasfemia la usurpación humana de una prerrogativa divina. Pero esa es solo la cuestión.

¿Es Jesús meramente humano? ¿Es su pretensión de perdonar una usurpación? Thomas Weinandy observa: "De nuevo, lo que causa consternación... no es lo que se dice y se hace, sino quién alega autoridad y poder para decirlo y hacerlo: Jesús, el hombre".[55] Los escribas, interiormente, ya habían emitido su juicio sobre la cuestión de la identidad de Jesús, un juicio que, en Mateo 9:4, Jesús caracteriza como pensar mal. Weinandy de nuevo:

> Sus pensamientos son malos precisamente porque ya han descartado que Jesús pueda ser Dios, y por tanto no estaban abiertos a la

---

[53] Tomamos prestadas estas descripciones resumidas de Gathercole, "The Trinity in the Synoptic Gospels and Acts", 59.

[54] Con razón, Hofius, "Jesu Zuspruch der Sündenvergebung", 40-41: "Si la palabra de Jesús se hubiera significado solo como una confirmación autorizada del perdón concedido por Dios, un narrador familiarizado con el pensamiento del judaísmo antiguo no podría haber descrito la reacción de los escribas tal como ocurre en Marcos 2:6ss".

[55] Weinandy, *Jesus Becoming Jesus*, 125.

revelación contenida en la curación subsiguiente que manifestará que él es verdaderamente Dios con la autoridad y el poder de perdonar.[56]

En esto los escribas se anticipan a muchos eruditos modernos.

Sin embargo, incluso algunos estudiosos recientes que no se proponen corregir o contradecir la afirmación de Cristo parecen, no obstante, reacios a admitir toda su fuerza. Por ejemplo, algunos sostienen que Jesús solo afirma que es el agente autorizado de Dios.[57] Sin embargo, como señala Kavin Rowe en relación con la versión de Lucas, la acusación de blasfemia "nunca habría surgido de esta forma precisa sobre la presuposición de una cristología de agente".[58] La fuerza de la respuesta de los escribas revela la magnitud de la afirmación de Cristo, como un sismógrafo que mide un terremoto.

La prerrogativa reclamada es divina; el que la reclama es humano. La disyuntiva así forzada es, en última instancia, teológica: o Jesús blasfema o es Dios encarnado. O intenta una usurpación arrogante o atestigua la unión hipostática. Los escribas se inclinan por lo primero. La multitud, sin embargo, parece tener al menos un leve presentimiento de lo segundo: se asombran, glorifican a Dios y declaran: "¡Jamás hemos visto cosa semejante!". (Mr. 2:12). Aunque es probable que su juicio cristológico no esté completamente formado, su asombro y alabanza señala el camino correcto. La alabanza y asombro es la respuesta adecuada a este individuo singular, a este hombre que pretende hacer lo que solo Dios puede hacer.

---

[56] Weinandy, *Jesus Becoming Jesus*, 125.

[57] Por ejemplo, a pesar de muchas observaciones matizadas y útiles, el relato de Marcus, "Autoridad para perdonar pecados en la tierra", se queda corto en última instancia en este punto. Y concluye: "Cuando actúa así en la tierra, no pretende hacerlo por su propio poder, sino por el poder de Dios; por tanto, cualquier acusación de que los cristianos adoran a dos dioses es errónea" (204). Como sugería nuestro capítulo anterior y mostrarán los capítulos siguientes, lo que se requiere en última instancia para dar cuenta de la identidad de Cristo en los Evangelios es una dialéctica en la que algo derivado del Padre puede, sin embargo, ser posesión propia del Hijo, incluso cuando el "algo" en cuestión es una prerrogativa o perfección propiamente divina.

[58] Rowe, *Early Narrative Christology*, 103.

¿Cómo nos ayudan las reglas del presente capítulo a leer con el grano de este pasaje? La regla del tema único nos prepara para medir con precisión las dimensiones teológicas de la controversia entre Jesús y los escribas. La cuestión es precisamente la identidad de Jesús. ¿Por qué habla así este hombre? ¿Quién se cree que es? solo si este hombre es realmente Dios, su discurso no es condenable. Blasfemar es humano; perdonar es divino. Y la regla de la comunicación de idiomas nos recuerda que la gramática sigue a la ontología y la ontología fundamenta la gramática. Los escribas critican la gramática de Jesús ("Tus pecados te son perdonados") porque malinterpretan su ontología ("este hombre", como si "hombre" agotara quién y qué es Jesús). El pronunciamiento del perdón de Jesús es una ejemplificación narrativa de la comunicación de idiomas en su forma ascendente: el sujeto es humano, el predicado divino.

Obras con el agua que suscitan asombro y adoración

En segundo lugar, contemplamos a Jesús calmando la tempestad y caminando sobre las aguas. Esta vez la instantánea es en realidad un díptico. El primer panel está formado por Marcos 4:35-41 y sus paralelos sinópticos. El escenario es el mar de Galilea, que Jesús y sus discípulos atraviesan de noche en una barca (vv. 35-36). Se levanta una tempestad que amenaza con hundir la pequeña embarcación. A pesar de la lluvia y las olas, Jesús duerme en la popa. Exasperados por la aparente indiferencia de Jesús ante su difícil situación, los discípulos le despiertan, diciendo: "Maestro, ¿no te importa que perezcamos?" (vv. 37-38). Jesús se levanta y reprende al mar, ordenándole que se calme: "¡Cálmate, sosiégate!" Inmediatamente cesan el viento y la tempestad (v. 39). Jesús reprende entonces a sus discípulos: "¿Por qué están atemorizados? ¿Aún no tienen fe?" (v. 40). La narración concluye con la respuesta de los discípulos: una mezcla de asombro e incomprensión. "Y se llenaron de gran temor, y se decían unos a otros: '¿Quién, pues, es Este que aun el viento y el mar le obedecen?" (v. 41).

Esta narración evoca sorprendentemente el Salmo 107.[59] El salmo habla de hombres que hacen negocios en barcos sobre el gran mar (Sal. 107:23). Cuando el Señor desencadena una feroz tormenta, se les acaba el valor, claman al Señor y él los libra (vv. 25-28). ¿Cómo? "Cambió la tempestad en suave brisa y las olas del mar se calmaron" (v. 29). Al responder a los gritos de los discípulos reprimiendo la tempestad, Jesús desempeña el papel y manifiesta la autoridad de Dios mismo. ¿Quién puede dominar la tempestad con una palabra de mando? El que le dice: "Hasta aquí llegarás, pero no más allá" (Job 38:11). El que gobierna la furia del mar, calma sus olas crecientes (Sal. 89:9; cf. 65:7); el que reprendió al mar en la creación lo confina a sus límites (Sal. 104:7, 9); el que reprendió al Mar Rojo en el éxodo hace de su lecho una calzada para sus redimidos (Sal. 106:9).

"¿Quién, pues, es Este que aun el viento y el mar le obedecen?". Buena pregunta. Marcos no la responde explícitamente, al menos no aquí, pero cualquier lector instruido en el Antiguo Testamento puede hacerlo (recuérdese la analogía de la regla de fe). El que estaba tan cansado que podía dormir en medio de la tempestad es también el que gobierna las olas embravecidas. El durmiente humano es también el soberano divino.

El segundo panel del díptico es también una historia marítima. En Marcos 6:45-52, los discípulos de Jesús se embarcan y comienzan a cruzar el mar de Galilea hacia Betsaida, mientras Jesús se queda atrás para despedir a la multitud y orar. Al atardecer, se levanta una tormenta que les impide avanzar. Entonces Jesús da el paso natural, normal, sin excepciones, de salir hacia ellos por la superficie del mar (vv. 45-47). Quiere "pasarlos de lago" (v. 48), pero cuando los discípulos le ven, le toman por un fantasma y gritan asustados. Él les responde: "Tengan ánimo; soy Yo, no teman" (v. 50). En cuanto Jesús sube a la barca, cesa

---

[59] Como observa Weinandy, *Jesus Becoming Jesus*, 129, "Todo el suceso es casi una representación literal del Salmo 107". Véase también el perspicaz análisis de este relato en Hays, *Echoes of Scripture in the Gospels*, 66-69, en el que se basa el nuestro.

el viento y los discípulos se quedan atónitos (vv. 51-52). Mientras que Marcos solo nos habla de su asombro, Mateo añade: "Entonces los que estaban en la barca le adoraron, diciendo: 'En verdad eres Hijo de Dios'" (Mat. 14:33).

Cuatro características de las acciones humanas de Jesús y de las respuestas de los discípulos revelan su divinidad.[60] En primer lugar, vemos su soberanía sobre la naturaleza. Jesús no necesita ni barca ni vela para hollar las olas y vencer al viento. La traducción de Marcos de esta acción en el versículo 49 parece diseñada para evocar la traducción de la Septuaginta de Job 9:8, "el único que extendió el cielo, *y camina sobre el mar como sobre tierra seca*".[61] solo el Señor de la creación puede tratar el mar como una acera.

En segundo lugar, esta evocación de Job 9 desvela también la enigmática frase que precede inmediatamente: "Quería pasarlos de largo" (v. 48). ¿Con qué propósito hizo Jesús como si fuera a pasar junto a ellos? Para señalar que su acercamiento era el acercamiento del inasible Dios de Israel. Como confiesa Job: "Si pasara junto a mí, ciertamente no lo vería, y *si pasara junto a mí*, ni siquiera lo sabría" (Job 9:11 LXX).[62]

En tercer lugar, en este contexto, debemos entender la autoidentificación de Jesús no solo como el anuncio de su presencia, sino también como la apropiación de la autodesignación única de Dios. En griego, el alentador saludo de Jesús contiene la frase ἐγώ εἰμι (*egō eimi*, v. 50). En el Antiguo Testamento griego, esta frase aparece con frecuencia en boca de Dios como afirmación de su singularidad y dominio divinos.[63] Estas frases, a su vez, se hacen eco de la revelación

---

[60] Para un análisis más completo de todos estos puntos, véase Hays, *Echoes of Scripture in the Gospels*, 70-73.

[61] Traducción de NETS, 675 (énfasis añadido). El "caminar sobre el mar" de Marcos (ἐπὶ τῆς θαλάσσης περιπατοῦντα) se hace eco de "camina sobre el mar" en la traducción griega de Job 9:8 (περιπατῶν... ἐπὶ θαλάσσης). Véase también nuestro análisis anterior de este pasaje en el cap. 1.

[62] Traducción de NETS, 675 (énfasis añadido).

[63] Véase LXX Dt. 32:29; Is. 41:4; 43:10, 25; 45:18, 19; 46:4; 51:12; 52:6. Véase también el análisis en C. H. Williams, "I Am' Sayings", 398.

definitiva de Dios a Moisés como "Yo soy el que soy", o "Yo soy El Que Es" (ἐγώ εἰμι ὁ ὤν [egō eimi ho ōn], Ex. 3:14).⁶⁴ Al identificarse ante sus discípulos, Jesús se identifica como el Dios de Abraham, Isaac y Jacob.⁶⁵

En cuarto lugar, debemos tener en cuenta la adoración de los discípulos a Jesús en Mateo 14:33. Dadas las acciones de Jesús en el contexto y el contenido de su confesión ("Verdaderamente eres Hijo de Dios"), debemos entender esta acción como adoración en sentido pleno.⁶⁶ Esta es una respuesta apropiada solo si Jesús es verdaderamente divino. Y si Jesús es verdaderamente divino, entonces finalmente esta es la única respuesta apropiada. Si Jesús no es el "Yo soy" que se apareció a Moisés, entonces sus discípulos están cometiendo idolatría y blasfemia.

¿Qué nos aportan las reglas de este capítulo sobre este par de pasajes? Principalmente, nos permiten reconocer quién es el que habla y el viento obedece. De nuevo, como en el caso de la afirmación de Jesús de perdonar los pecados, la regla del sujeto único nos permite reconocer que Dios mismo —es decir, Dios Hijo— es el sujeto divino de todos los actos humanos y palabras humanas de Jesús. Por inaudito y por rupturista que sea, percibir la unidad divina de Cristo nos permite resistir la tentación de intentar resolver la paradoja repartiendo los actos de Cristo entre dos sujetos, uno humano y otro divino. Y la regla de comunicación de los idiomas ofrece pistas gramaticales correctamente formadas sobre las que pueden discurrir la paráfrasis y la exposición de estos pasajes.

El hombre Jesús es adorado porque solo este hombre es Dios. La ontología divina de Jesús justifica la adscripción de ese predicado a este sujeto. Por otra parte, Dios mismo durmió en una barca y luego despertó para calmar la tempestad. Ambos tipos de oraciones —las que

---

⁶⁴ Esta última traducción procede de NETS, 53.
⁶⁵ Weinandy, *Jesus Becoming Jesus*, 130, mide correctamente la carga teológica de esta autoidentificación.
⁶⁶ Para un extenso argumento en apoyo de esta conclusión, véase Leim, *Matthew's Theological Grammar*, 125-66.

atribuyen la divinidad al hombre Jesús y las que atribuyen la humanidad a Dios Hijo— realizan actos no solo legítimos sino necesarios para desplegar el misterio de estas narraciones.

Sueño y desprecio

Más brevemente, nuestro tercer y último episodio es la curación por Jesús de la hija de Jairo (Mr. 5:21-24, 35-43). Al principio, Jairo, un jefe de la sinagoga, implora a Jesús que venga a curar a su hija, que está a punto de morir. Después de que el camino de Jesús hacia la casa de Jairo se ve interrumpido por la curación de una mujer que supura sangre, llegan unos de la casa del jefe para decirle que Jesús ya no puede hacer nada: la muchacha ya ha muerto. Jesús escucha a los mensajeros y les responde: "No temas, cree solamente" (v. 36). "¿Creer en quién?", podríamos preguntarnos. Al entrar en la casa con solo tres discípulos, Jesús se encuentra con un ruidoso grupo de plañideras y les dice: "¿Por qué hacen alboroto y lloran? El niño no ha muerto, sino que duerme" (v. 39). Como era de esperar, se ríen. Pero él los echa a todos y se lleva consigo a los padres de la niña y a sus discípulos a la habitación de la niña. Entonces, "tomándola de la mano, le dijo: 'Talita cum', que traducido significa: 'Niña, a ti te digo, levántate'" (v. 42). Inmediatamente, la niña se levanta y empieza a andar, "y ellos quedaron al instante sobrecogidos de asombro" (v. 42).

El testimonio más directo de la divinidad de Jesús en este pasaje es su poder sobre la muerte. Como proclama el Señor, resucitar a los muertos es una prerrogativa exclusivamente divina: "Vean ahora que Yo, Yo soy el Señor, y fuera de Mí no hay dios. Yo hago morir y hago vivir. Yo hiero y Yo sano, y no hay quien pueda librar de Mi mano" (Dt. 32:39). Pero ¿y los profetas Elías y Eliseo? ¿No resucitaron a los muertos?[67] No del todo. Elías "clamó al SEÑOR" y "el SEÑOR escuchó la voz de Elías" (1 Rey. 17:20, 22). Eliseo también "oró al SEÑOR" (2

---

[67] Como afirma, por ejemplo, Kirk, *A Man Attested by God*, 92.

Rey. 4:33). Los profetas pidieron a Dios que resucitara a los muertos, y Él lo hizo. En cambio, Jesús simplemente le ordena que se levante. Es el trato directo de Jesús lo que priva a la muerte de su poder. El mismo que es soberano sobre el mar y las tormentas también es capaz de apagar la muerte con una simple orden de voz (cf. Jn. 11:43).

Una prueba indirecta de la divinidad de Jesús se observa también en la interacción entre su orden de creer (v. 36) y la incredulidad de la multitud ante su diagnóstico inicial: "La niña no ha muerto, sino que está dormida" (v. 39). ¿Creer en quién? La narración responde: en aquel que puede rescatar a una niña de la muerte. Sin embargo, tomando al pie de la letra la afirmación de Jesús del versículo 39, la multitud se ríe, delatando la incredulidad. Alguien que confunde la muerte con el sueño es más digno de desprecio que de confianza. Sin embargo, el error es suyo. Para quien está en las manos sanadoras del Señor de la vida encarnado, la muerte no es una amenaza para la vida, como tampoco lo es el sueño.

También en este caso, la regla del sujeto único y la comunicación de idiomas nos ayudan a formular las preguntas adecuadas y a discernir las respuestas del texto en cuestiones de identidad y agencia. El hombre Jesús es el que hace, y lo que hace es divino. El discurso humano de Jesús realiza la obra divina de la resurrección. Las palabras humanas manifiestan el poder divino. Jesús hace cosas divinas humanamente.[68] No hay ningún indicio de que haya otro agente actuando a diferencia del hombre Jesús y en conjunción con él. Lo que hace muestra quién es: los actos divinos que realiza humanamente atestiguan que es Dios encarnado. Lo que hace le identifica ineludiblemente como el

---

[68] Así Moser, "Tools for Interpreting Christ's Saving Mysteries in Scripture", 289: "Y las dos energías de Cristo concurren en una única 'acción teándrica' narrada en las Escrituras, que es un complejo estado de cosas compuesto por un producto final humano y un producto final divino. Por poner un ejemplo: cuando Jesús cura a la niña fallecida, la toma de la mano humanamente y la devuelve a la vida divinamente, de modo que resucita de entre los muertos (Luc. 8:54-5). Los dos productos finales de sus dos energías son el contacto y la curación, y estos concurren a un estado de cosas, la resurrección de esta niña". Véase también Weinandy, *Jesus Becoming Jesus*, 123.

verdadero Dios. En el versículo 39, Dios llama sueño a la muerte y se burla de él. En el versículo 41, sin inmutarse, la mano de un hombre levanta a una muchacha de su lecho y su palabra la levanta de la muerte.

Conclusiones: Del balde al río

Este capítulo ha articulado una regla y dos principios, cada uno de los cuales se refiere tanto a la unidad como a la dualidad de Cristo. El principio simplemente declara este misterio bíblico, utilizando un lenguaje tomado directamente de una confesión de fe probada en el tiempo. Las dos reglas son formas necesarias y complementarias de mantener la unidad de Cristo a la luz de su dualidad. La regla del sujeto único nos recuerda que, por desconcertante que sea la variedad de acciones y rasgos que la Escritura atribuye a Cristo, los atribuye todos a un único sujeto actuante, Dios Hijo encarnado. Y la regla de la comunicación de idiomas discierne cómo la Escritura aplica predicados divinos al hombre Jesús de Nazaret y rasgos humanos a Dios Hijo. Puesto que la Escritura habla de Cristo de estas dos formas alucinantes, podemos —y debemos— hacerlo.

Esto es ciertamente un misterio, y claramente una paradoja. Pero ¿es una contradicción? En absoluto, si Jesús es quien la Escritura dice que es: verdadero Dios y verdadero hombre en una sola persona. Las tensiones que surgen al afirmar todo esto, a la vez, de un solo sujeto son signo, no de incoherencia, sino de la plenitud inagotable de este sujeto. No traemos más que un balde a este río.

§8. MAYOR QUE SÍ MISMO Y MENOR QUE SÍ MISMO: LAS DOS NATURALEZAS DE CRISTO Y EL DISCURSO PARTITIVO DE LA ESCRITURA

Principio 6: Uno y el mismo Señor Jesucristo, el unigénito Hijo del Padre, existe como una sola persona en dos naturalezas, sin confusión ni cambio, sin división ni separación.

Regla 9: La Escritura habla de Cristo de una manera doble: unas cosas se dicen de Él como divino, y otras cosas se dicen de Él como humano. El razonamiento bíblico discierne que la Escritura habla del único Cristo en dos registros para contemplar al Cristo entero. Por tanto, lee la Escritura de tal modo que disciernas los distintos registros en que la Escritura habla de Cristo, pero sin dividirlo.

Nuestro sexto principio, siguiendo a Calcedonia, pretende confesar que Jesucristo es una sola persona: el mismo Hijo engendrado eternamente del Padre se hizo hombre en estos últimos días por nosotros y para nuestra salvación. El último capítulo defendió la unidad de Cristo e indagó en las afirmaciones paradójicas con las que la Escritura dirige nuestra atención a la plenitud de su gloria. A este respecto, tratamos de mantener que Jesús es *"una persona* en dos naturalezas". El presente capítulo sigue considerando a un mismo Cristo, pero trata de mantener que este único Cristo es, en efecto, "una persona *en dos naturalezas*". ¿Por qué es necesario este elemento para el razonamiento bíblico, especialmente cuando perseguimos la visión de la gloria de Cristo?

Como ya hemos visto varias veces, reconocer la identidad de Cristo exige que hagamos justicia a las muchas cosas extrañas que las Escrituras dicen de él, cosas que parecen incompatibles con el hecho de que Jesús sea el único Dios de Israel con el Padre y el Espíritu Santo. Por ejemplo, Jesús dice a sus discípulos: "Si me amaran, se regocijarían, porque yo voy al Padre, ya que el Padre es mayor que Yo" (Jn. 14:28). ¿Cómo puede el Padre ser mayor que el Hijo si el Hijo y el Padre son uno, como dice el propio Jesús (Jn. 10:30)? En otro lugar, Pedro proclama que, tras la resurrección y ascensión de Jesús al cielo, "Dios lo ha hecho Señor y Cristo" (Hch. 2:36). ¿Significa esto que, mientras el Padre es siempre Señor, el Hijo solo se convirtió en Señor recientemente? ¿Y no haría eso que el señorío del Hijo fuera menor que el del Padre?

Si uno toma estos pasajes para hablar de la esencia de Cristo como Dios, solo se puede concluir que Jesús no es verdaderamente Dios, sino que es algo menos que Dios, un semidios, tal vez. Pero eso choca claramente con el testimonio de las Escrituras sobre Cristo, que hemos visto en capítulos anteriores. Entonces, ¿qué nos enseñan estos pasajes, y cómo exigen ser leídos?

En este capítulo argumentaremos que la solución a cada uno de estos enigmas es nuestra novena regla. Una implicación más de nuestro sexto principio, que Cristo es una persona que existe en dos naturalezas, podemos llamarla la regla de la "exégesis partitiva".[1] La regla es la siguiente:

---

[1] Véase, por ejemplo, la declaración clásica de Agustín sobre esta regla:

La Escritura habla de Cristo de una manera doble: algunas cosas se dicen de él como divino, y otras cosas se dicen de él como humano. El razonamiento bíblico discierne que la Escritura habla del único Cristo en dos registros para contemplar al Cristo entero. Por tanto, lee la Escritura de tal modo que disciernas los distintos registros en que la Escritura habla de Cristo, pero sin dividirlo.

La Escritura atribuye al único Cristo atributos y actos divinos y humanos, como un dúo en el que cantan en armonía un bajo y una soprano.

La exégesis partitiva considera una afirmación bíblica sobre Cristo y se pregunta: "¿En qué sentido se aplica?".[2] Esta mañana, a eso de las 9:00 a.m., yo (Jamieson) me instalé en la Sala Principal de Lectura de la Biblioteca del Congreso en Washington, DC. Imagínense que, poco después de sentarme, recibí una llamada telefónica de mi estimado coautor, Tyler, preguntándome cómo estaba la sala. Tras salir a contestar mi teléfono, que parpadeaba en silencio, podría haber

---

Encontramos esparcidas por las Escrituras, y señaladas por doctos expositores católicos de las mismas, una especie de regla canónica, a la que nos aferramos con la mayor firmeza, acerca de cómo debe entenderse que nuestro Señor Jesucristo es Hijo de Dios, a la vez igual al Padre por la forma de Dios en que es, y menor que el Padre por la forma de siervo que tomó. En esta forma, en efecto, se muestra no solo menor que el Padre, sino también menor que el Espíritu Santo, e incluso menor que sí mismo, y no como lo que era, sino como lo que es. En efecto, cuando tomó la forma de siervo, no perdió la forma de Dios. (*The Trinity* 2.2 [WSA I/5:98])

Para un análisis profundo del uso que Agustín hace de esta regla y su papel en su teología y epistemología, véase Ayres, *Augustine and the Trinity*, 142-73. La expresión "exégesis partitive" fue acuñada por Koen, "Partitive Exegesis in Cyril of Alexandria's Commentary on the Gospel according to St. John". La etiqueta parece estar ganando un uso más amplio, en gran parte gracias a la influencia de John Behr. Como sostiene acertadamente Behr, *The Nicene Faith*, 14, la exégesis partitiva es un punto de inflexión entre el trinitarismo proniceno y sus rivales.

[2] Macdonald, "Pro-Nicene Exegesis in Hilary of Poitiers' *De Trinitate* and Basil of Caesarea's *Contra Eunomium*" 14.

respondido: "Está casi vacía". Tyler podría haber replicado entonces: "¿Qué, no hay libros allí?". Pero yo hablaba de gente, no de libros. Por lo que sé, la colección de referencia general de 70 000 volúmenes de la Sala de Lectura Principal permanece intacta. Pero el número de personas presentes, tanto lectores como turistas, ha fluctuado a lo largo del día. La sala puede estar tanto llena de libros como vacía de gente. Estas afirmaciones hablan de dos dimensiones de una entidad única e indivisa.

La exégesis partitiva discierne el referente preciso y el alcance de las afirmaciones escriturales sobre Cristo. Puesto que la Escritura proclama un único Cristo que es a la vez divino y humano, la exégesis partitiva reconoce y mantiene una distinción entre las naturalezas divina y humana de Cristo. Como vimos en el capítulo anterior, en Cristo mismo, las naturalezas divina y humana se unen en una única hipóstasis, sin división ni separación. Pero para pensar y hablar correctamente sobre este Cristo indiviso, debemos reconocer que algunas cosas que la Escritura dice de Él solo son verdaderas por y con referencia a su naturaleza humana o a su naturaleza divina. Mientras presupongamos la unidad divina de Cristo y, por tanto, que estamos hablando de un único sujeto actuante, también podemos llamar a la exégesis partitiva "exégesis de dos naturalezas".[3]

Para usar un par de palabras patrísticas comunes: la exégesis partitiva distingue entre "teología" y "economía" con referencia a Cristo mismo.[4] Algunos pasajes hablan de Cristo en cuanto Dios. Es decir, hablan de él con referencia a, o según, la "teología". Otros pasajes hablan de Cristo en cuanto Hijo divino que se hizo hombre para realizar nuestra salvación. Es decir, hablan de Él con referencia a la "economía". Y algunos pasajes combinan esas dos categorías; hablan de Él de las dos maneras a la vez.

---

[3] Como hace, por ejemplo, Wiles, *The Spiritual Gospel*, 116.

[4] Para una breve introducción a la distinción patrística teología/economía y una ilustración de la compra que hace de la cristología de Hebreos, véase Jamieson, *The Paradox of Sonship*, 31-36.

Como vimos en el capítulo anterior, algunos pasajes atribuyen al hombre Jesús lo que solo pertenece a Dios. Los primeros escritores cristianos utilizaban los términos "teología" y "economía" en un sentido amplio para referirse, respectivamente, al ser de Dios y a la administración ordenada que Dios hace de la historia y del cosmos. Esa administración culmina en el plan salvífico de Dios, que se centra en la misión encarnada de Cristo y se cumple en ella; este es el sentido en el que utilizaremos "economía" en lo que sigue.

Al igual que el capítulo anterior, este se desarrolla en cuatro pasos. En primer lugar, justificaremos esta regla, discutiendo pasajes de las Escrituras que ofrecen precedentes bíblicos para la práctica de la exégesis partitiva. En segundo lugar, examinaremos más a fondo esta regla elaborando su gramática subyacente. En tercer lugar, emplearemos esta regla en la interpretación de una serie de pasajes bíblicos, incluidos los ejemplos presentados anteriormente. En cuarto lugar, sacaremos algunas conclusiones sobre cómo la exégesis partitiva ayuda a leer correctamente las Escrituras.

Presiones partitivas en el Nuevo Testamento

La distinción empleada en la exégesis partitiva surge de algunas de las mismas presiones que evaluamos en nuestro último capítulo, pasajes que nos enseñan que Cristo es un "quién" con dos "qué". La Escritura enseña que Jesús es el Hijo divino que se hizo hombre para nuestra salvación, y que este único Cristo es, por tanto, tanto humano como divino. De ahí que algunos pasajes hablen de *él* por su divinidad y otros por su humanidad.

Pero, para abrir un nuevo camino: dada la confesión del Nuevo Testamento de la humanidad y divinidad de Cristo, una segunda y decisiva justificación de la exégesis partitiva es cuando los autores del Nuevo Testamento limitan el alcance de sus predicados sobre Cristo a lo que es "en la carne" o "según la carne". Ya hemos visto que la exégesis partitiva implica delimitar el alcance de una afirmación sobre

Cristo. Para hacerlo de forma concisa, se podría utilizar naturalmente algún tipo de calificador adverbial o preposicional. Se podría decir que Cristo es creador "como Dios" y es criatura "como hombre". O, como dice la Definición de Calcedonia, Cristo es "consustancial con el Padre en cuanto a su divinidad, y lo mismo consustancial con nosotros en cuanto a su humanidad".[5] En lo que sigue argumentamos que los propios escritores de las Escrituras emplean ocasionalmente tales calificativos partitivos, o particiones preposicionales, aunque estos solo se orientan en una dirección.

Nacimiento humano y genealogía de Cristo (Rom. 1:3; 9:5)

Por ejemplo, consideremos dos afirmaciones casi idénticas de Pablo en su carta a los Romanos. En el comienzo de su epístola, Pablo afirma que el Evangelio, que fue prometido de antemano por medio de los "profetas en las Sagradas Escrituras" (1:2), se refiere al Hijo de Dios, "de la descendencia de David según la carne" (1:3) Ahí está esa partición preposicional, "según la carne" (κατὰσάρκα, *kata sarka*). Pero para discernir la fuerza de este delimitador partitivo, necesitamos escarbar bajo la superficie de la traducción. Para traducir el griego subyacente de forma más completa y explícita, se podría traducir esta frase como "que en cuanto a la carne llegó a existir por medio de la simiente de David".[6]

En este contexto, el verbo que Pablo usa (γίνομαι, *ginomai*) significa más naturalmente "vino a la existencia". Además, Pablo no se limita a decir que Cristo descendió de David, sino que vino a la

---

[5] Traducción de N. P. Tanner, ed., *Decrees of the Ecumenical Councils*, 1:86. El griego tras "en cuanto a su divinidad... en cuanto a su humanidad" es κατὰ τὴν θεότητα... κατὰ τὴν, que también podría traducirse "según su divinidad/humanidad".

[6] Para una defensa detallada de esta lectura de Rom. 1:3, de la que depende la discusión anterior, véase Bates, "A Christology of Incarnation and Enthronement", 114-23. Para un análisis más breve, véase Jamieson, *The Paradox of Sonship*, 161-67.

existencia "por medio de la simiente de David" (ἐκ σπέρματος Δαυίδ, *ek spermatos Dauid*), una referencia implícita a la descendencia davídica de la madre de Jesús, María. Así, Pablo nombra a Jesús Hijo de Dios y narra el acontecimiento de su encarnación —su asunción de vida humana y linaje derivado de su madre-.

Con este trasfondo exegético esbozado, el calificativo partitivo de Pablo "según la carne" debería saltar de la página. Nadie habla así de su linaje, y con razón. Sería poco elegante e innecesario, a menos, por supuesto, que el linaje de uno sea algo más que su propio linaje. ¿Por qué especifica Pablo que el linaje *humano* de Jesús procede de la descendencia de David? Porque ese no es el único linaje que tiene. Jesús no solo es hijo de David, sino también de Dios. Así que, aunque el calificativo partitivo de Pablo solo mira en una dirección, podemos parafrasear adecuadamente la partición de Pablo con un paralelismo calcedoniano. En Romanos 1:3, Jesús es Hijo de Dios en cuanto a su divinidad, e hijo de David en cuanto a su humanidad.

En una línea muy parecida, más adelante en la misma carta Pablo dice del pueblo judío: "De quienes son los patriarcas, y de quienes, según la carne, procede el Cristo, el cual está sobre todas las cosas, Dios bendito por los siglos. Amén" (Rom. 9:5). Aunque la sintaxis de esta frase es difícil, creemos que Pablo sí aclama explícitamente a Cristo como "Dios".[77] Además, Pablo especifica que, como Mesías, Cristo pertenece a la raza judía "según la carne" (κατὰ σάρκα, *kata sarka*). En cuanto a su naturaleza humana, Jesús el Mesías es judío.

¿Por qué incluye Pablo esta partición calificativa, esta preposición delimitadora "según"? Porque, como divino, la existencia de Jesús trasciende totalmente las categorías étnicas. Sin embargo, como ser

---

[7] Véase especialmente M. J. Harris, *Jesus as God*, 143-72; Kammler, "Die Prädikation Jesu Christi als 'Gott' und die paulinische Christologie"; Carraway, *Christ Is God over All*; Gathercole, "Locating Christ and Israel in Romans 9-11", 118-22.

[7] Véase especialmente M. J. Harris, *Jesus as God*, 143-72; Kammler, "Die Prädikation Jesu Christi als 'Gott' und die paulinische Christologie"; Carraway, *Christ Is God over All*; Gathercole, "Locating Christ and Israel in Romans 9-11", 118-22.

humano, se le puede identificar por su origen étnico. También aquí, como en Romanos 1:3, Pablo yuxtapone la naturaleza divina y el linaje humano de Jesús. Pablo habla del único Cristo en dos registros distintos y complementarios, y delimita el alcance del registro humano.

La manifestación de Cristo en la carne (1 Tim. 3:16)

Otro pasaje en el que Pablo emplea una frase preposicional que es, al menos implícitamente, "partitiva" es 1 Timoteo 3:16: "E indiscutiblemente, grande es el misterio de la piedad: Él fue manifestado en la carne [ἐφανερώθη ἐν σαρκί, *ephanerōthē en sarki*], vindicado en el Espíritu, contemplado por ángeles, proclamado entre las naciones, creído en el mundo, recibido arriba en gloria." Aquí nos centramos principalmente en la frase "manifestado en la carne", que declara una acción y su ubicación o medios. La manifestación de Cristo en la carne reveló "el misterio de la piedad".

En el Nuevo Testamento, "misterio" no es un enigma insoluble, sino el plan de Dios, que antes estaba oculto y ahora ha sido revelado (cf. Rom. 16:25; Ef. 3:4-5; Col. 1:26).[8] La manifestación de Cristo en la carne sacó a la luz el plan salvífico de Dios. Además, este versículo identifica implícitamente a Cristo como el misterio: él es lo que estaba oculto y ahora se ha revelado. Esto implica que la existencia de Cristo, en sentido estricto, no comenzó con su existencia humana. Para emplear una metáfora necesaria, vino a la tierra desde otro lugar.

Con frecuencia en el Nuevo Testamento, el verbo traducido aquí "se manifestó" se refiere a la encarnación de Cristo, su aparición en el escenario mundial al final de los tiempos (p. ej., Heb. 9:26; 1 Ped. 1:20; 1 Jn. 3:5, 8). Se trata de una forma fuerte de hablar de un ser humano. Implica algo más que el mero nacimiento. Una leve analogía de esta "manifestación" puede vislumbrarse en una de las historias de P. G.

---

[8] Véase especialmente Lang, *Mystery and the Making of a Christian Historical Consciousness*, 31-129.

Wodehouse sobre el desventurado Bertie Wooster y su mayordomo-salvador, Jeeves.

> "¿Señor?" dijo Jeeves, como manifestándose. Una de las cosas raras de Jeeves es que, a menos que lo vigiles como un halcón, rara vez lo ves entrar en una habitación. Es como uno de esos tipos raros... que se disuelven en el aire y recorren el espacio de un modo incorpóreo y vuelven a reunir las piezas justo donde las necesitan.[9]

En opinión de Bertie Wooster, el hecho de que Jeeves se manifieste atestigua su dignidad casi divina y sus capacidades sobrehumanas. En la confesión paulina del misterio de la piedad, la manifestación de Jesús es su acto de encarnarse para salvarnos, llevando así a buen término el propósito eterno de salvación de Dios (cf. 2 Tim. 1:9-10).

También debemos considerar la frase "en la carne". Es probable que no se refiera únicamente al nacimiento de Cristo como ser humano, sino a toda su trayectoria terrenal posterior.[10] Toda la vida de Jesús en la tierra fue una revelación, un dar a conocer lo que había estado oculto. Esta revelación tuvo lugar "en la carne": por medio de su naturaleza humana. Hay otra realidad, más allá y antes de la manifestación de Jesús en la carne, que su vida en la carne manifiesta. Aquí, el calificativo de Pablo "en la carne" no tiene precisamente la misma función limitadora que la frase "según la carne" en los pasajes que hemos considerado anteriormente. Sin embargo, implica una realidad distinta de la humanidad de Cristo, independiente de su humanidad, y mayor que su humanidad, que se revela a través de su humanidad.

---

[9] Wodehouse, "Leave It to Jeeves".
[10] Así, Gundry, "The Form, Meaning and Background of the Hymn Quoted in 1 Timothy 3:16", 209-10.

Preposiciones partitivas en 1 Pedro

En 1 Pedro aparecen otros dos calificativos preposicionales partitivos. "Porque también Cristo murió por los pecados una sola vez, el justo por los injustos, para llevarnos a Dios, muerto en la carne pero vivificado en el espíritu" (1 Ped. 3:18). Y, "por tanto, puesto que Cristo ha padecido en la carne, ármense también ustedes con el mismo propósito, pues quien ha padecido en la carne ha terminado con el pecado" (1 Ped. 4:1). En 1 Pedro 3:18, la frase "en la carne" especifica aquello en lo que Cristo sufrió: su naturaleza humana. Lo más probable, como en la traducción NVI, es que la frase "en el Espíritu" especifique la agencia por la que Cristo resucitó de entre los muertos: la acción del Espíritu Santo.[11] Y en 1 Pedro 4:1, la frase "en la carne" especifica de nuevo que Cristo sufrió con respecto a su existencia física, mortal, humana. Este versículo afirma el sufrimiento carnal de Cristo para animar a los creyentes a soportar fielmente lo mismo.

Ahora bien, a diferencia de los pasajes de Pablo que hemos considerado, estos versículos no se refieren ni implican la divinidad de Cristo. Sin embargo, la conclusión del relato de la obra salvadora de Cristo en 1 Pedro 3:18-22 es que "está a la diestra de Dios, habiendo subido al cielo después de que le habían sido sometidos ángeles, autoridades y potestades". El mismo Cristo que padeció en la carne es el que, tras su resurrección, ascendió al cielo y se sentó en el mismísimo trono de Dios. Sentarse en el trono de Dios en el cielo es promulgar la soberanía divina única, gobernar como solo Dios puede hacerlo.[12]

Puede que el hecho de que Pedro señale la carne como aquella en la que Cristo sufrió no tenga una motivación abiertamente partitiva; puede que simplemente esté subrayando la solidaridad de Cristo con aquellos a los que salva. Sin embargo, los delimitadores partitivos de Pedro son totalmente coherentes con el hecho de que Cristo tenga una

---

[11] Así, por ejemplo, Schreiner, *1, 2 Peter, Jude*, 184. Cf. 1 Tim. 3:16, donde "vindicado en el Espíritu" probablemente describe la resurrección de Cristo.
[12] Bauckham, *Jesus and the God of Israel*, 152-81.

existencia más que humana, es decir, divina, y dejan espacio lingüístico y conceptual para ello. Como confiesa Pedro en 1:3, Jesús es "nuestro Señor" y, sin embargo, también sufrió por nosotros en su naturaleza humana.

La forma doble de Cristo (Fil. 2:6-7)

Como mencionamos al principio de esta sección, en cierto sentido todo pasaje que atribuya a Jesús una característica humana o una divina es, en el sentido más amplio, una garantía para la exégesis partitiva. Sin embargo, un pasaje destaca por ejercer una presión especialmente clara para distinguir entre las afirmaciones bíblicas que hablan de la divinidad de Cristo y las que hablan de su humanidad. Ese pasaje es Filipenses 2:6-7, ya que hace ambas cosas, en paralelo. Si empezamos por el versículo 5, encontramos a Pablo exhortando a los filipenses a tener en sí mismos los sentimientos de Cristo Jesús, "el cual, aunque existía en forma de Dios, no consideró el ser igual a Dios como algo a qué aprovecharse, sino que se despojó a Sí mismo tomando forma de siervo, haciéndose semejante a los hombres" (vv. 6-7).

La forma de Dios en la que Jesús existía antes de su encarnación y en la que sigue existiendo le hace igual a Dios.[13] Por tanto, sean cuales sean los matices que subyacen en la superficie conceptual de la frase "forma de Dios" (μορφῇ θεοῦ, *morphē theou*), Pablo utiliza la frase para emitir el juicio de que Jesús es uno con el Padre, que comparte con el Padre todo lo que significa ser el único Dios verdadero.[14] Pero Jesús

---

[13] La frase "aunque existía en forma de Dios" traduce un participio presente en griego (ὑπάρχων). El texto no indica que Jesús renunciara a la forma de Dios cuando tomó la forma de siervo. Los antitrinitarios (como los socinianos) siempre han impugnado la interpretación de que "forma de Dios" incluya lo que los teólogos entienden por "esencia divina." La obra de Holloway, *Philippians*, 117-29, es un ejemplo moderno similar de cómo se pierde la fuerza teológica de este pasaje al extraerlo del canon más amplio (descuidando la *analogía fidei*) y de la economía divina.

[14] Sobre la distinción entre juicios y conceptos, con especial referencia a este pasaje, véase esp. Yeago, "The New Testament and the Nicene Dogma".

no solo existe en la forma de Dios; también tomó para sí "la forma de siervo" (μορφὴν δούλου, *morphēn doulou*).

¿Qué es esta forma de siervo? Es "la semejanza a los hombres". En estos dos versículos Pablo enseña que Jesús *es* Dios y que se *hizo* humano. ¿Qué significa que Jesús "se despojó a Sí mismo"? No es que se despojara de la divinidad; eso no sería propio de Dios. Más bien, siendo y permaneciendo Dios e igual a Dios Padre, entró en un estado drásticamente inferior al que es intrínsecamente suyo. El vaciamiento adquiere su significado dentro del mismo versículo: "tomando" (λαβών, *labōn*). Jesús "se vació" en la encarnación no restando divinidad, sino añadiendo humanidad.[15] De este modo se humilló a sí mismo para servir a los demás, la misma vocación que Pablo insiste a los filipenses (cf. Fil. 2:3-4).

Así, en estos versículos, Pablo utiliza la misma palabra, "forma", en dos registros distintos, para identificar tanto la divinidad que Cristo posee eternamente como la humanidad que asumió en su encarnación. Aquí solo hay un agente, un sujeto actuante, Jesús el Mesías. Pero a este único Jesús Pablo le atribuye dos "formas", dos "qué". Los "qué" de Dios y de la humanidad son suyos. Estos dos "qué" no se contradicen ni compiten entre sí. Estas dos realidades no se disputan el espacio. Dado que confluyen en una persona, un sujeto actuante, es posible referirse a esa persona con vistas a cualquiera de las dos realidades, o a ambas a la vez. Y, como veremos en las dos secciones siguientes, la Escritura habla de las tres maneras.

---

[15] De ahí que debamos entender los verbos predicados de la acción encarnadora de Dios Hijo —"se despojó de Sí mismo", "llegó a ser"— de una manera acorde con Dios y, por tanto, no como un desplazamiento o transformación de su divinidad. Si la divinidad de Cristo se negociara así con el ser criatural, Pablo estaría hablando de los dioses de los mitos que son ontológicamente continuos con la creación (y se contradiciría de hecho a sí mismo; cf. 1 Cor. 8:4-6).

La gramática de las dos naturalezas de Cristo

Hasta ahora hemos visto que la Escritura nos presiona para que hablemos del único Jesucristo de dos maneras: una manera en cuanto que es Dios, otra manera en cuanto que es hombre. Si nos preguntamos cómo la Escritura puede hacer esto, debemos recurrir a la gramática que exploramos en el capítulo anterior. Allí vimos que Cristo es el único Hijo divino que asume la naturaleza humana en una unidad con su persona, poseyendo así dos "naturalezas". ¿Qué podríamos decir brevemente sobre estas naturalezas como "gramática" para nuestra regla de exégesis partitiva?

La doble "homoousión"

La naturaleza divina de Cristo ("la forma de Dios") incluye todo lo que hemos visto en los capítulos anteriores del retrato que la Escritura hace de Dios. Todo lo que es propio de Dios es propio de Cristo, porque posee el mismo ser (*homoousios*) que el Padre y el Espíritu. A Cristo pertenecen prerrogativas divinas únicas, como la creación y la salvación, así como perfecciones divinas como la santidad, la eternidad y la inmutabilidad. Realiza las mismas operaciones inseparables que el Padre y el Espíritu y posee la misma dignidad, poder y gloria que ellos. Por tanto, como vimos en el capítulo anterior, posee auténticamente perfecciones divinas y es sujeto de acciones genuina y únicamente divinas.

Cuando el Hijo asumió nuestra naturaleza humana en la plenitud de los tiempos, el que es eternamente *homoousios* con el Padre y el Espíritu se hizo *homoousios* también con nosotros (Mat. 1:18-25; Luc. 1:31-32; Gal. 4:4; Heb. 2:10-16). De este modo, su humanidad entró en la comunión más íntima posible con Dios. No se trata simplemente de que Dios Hijo esté presente en su naturaleza humana de un modo especial, sino de que esta naturaleza humana es la suya propia. En esta unión personal, las dos naturalezas de Cristo siguen siendo distintas, y la naturaleza divina sigue siendo cualitativamente diferente y superior a su naturaleza humana. La naturaleza divina de Cristo llena e impregna su humanidad sin desplazar la integridad humana de esa naturaleza. La unión hipostática no convierte la humanidad de Cristo en algo más que humano.

Puesto que el Hijo es Dios y, por lo tanto, cualitativamente trascendente como creador de todas las cosas *ex nihilo*, su divinidad no entra en un juego de suma cero con su humanidad. Existe una profunda compatibilidad entre su divinidad y su humanidad. Por tanto, la naturaleza humana del Hijo es y sigue siendo en todo lo que es la nuestra, solo que sin pecado (Heb. 2:17; 4:15). Turretino expresa este juicio conciliar: "La consustancialidad (*homoousion*) de Cristo con nosotros consiste en la identidad de naturaleza y de propiedades esenciales".[16] El Hijo tomó como suyos un cuerpo y un alma verdaderamente humanos, completos con una mente, voluntad y pasiones humanas. También asumió "sus enfermedades sin culpa (*adiablētois*)", como la mortalidad, la necesidad de aprender y la susceptibilidad a las penas.[17] Al ser plena y verdaderamente humano, el Hijo tiene propiedades genuinamente humanas y es objeto de acciones y pasiones genuinamente humanas.

Tradicionalmente ha sido importante subrayar que la humanidad del Hijo carecía de personalidad propia antes de que el Hijo la asumiera en su propia persona. Así de nuevo Turretino: "Por tanto, la naturaleza humana singular de Cristo estaba completa físicamente en su ser sustancial en cuanto a sus partes integrantes, pero no metafísicamente en cuanto al modo de subsistencia".[18] Esto significa que la humanidad asumida del Hijo no gana nada como naturaleza por la unión

---

[16] Turretin, *Institutes of Elenctic Theology* 13.5.13 (Giger, 2:309). La pecaminosidad no es una propiedad esencial de la naturaleza humana porque los seres humanos no fueron creados pecadores.

[17] Turretin, *Institutes of Elenctic Theology* 13.13.10 (Giger, 2:351).

[18] Turretin, *Institutes of Elenctic Theology* 13.5.13 (Giger, 2:309). Sobre el significado más amplio y el contexto de esta aclaración, véase Riches, *Ecce Homo*, 107-27.

hipostática, aunque sí gana existencia real en su persona. Si la humanidad del Hijo tuviera personalidad propia, entonces el Hijo habría asumido una naturaleza humana en vez de humana, lo cual es incompatible con lo que vimos en el último capítulo sobre la unidad de Cristo.

Considerada al margen de la unión hipostática, a la humanidad del Hijo no le faltaría nada *como naturaleza*, aunque no existiría en una persona (sería *anhipostática*, impersonal).[19] Pero en cuanto pertenece al Hijo —y nunca hay un momento en que no pertenezca así, pues fue creada en el momento en que fue asumida—, pertenece a su persona (es *enhipostática*). Por tanto, al pertenecer a Cristo, su humanidad permanece íntimamente unida a Él y depende de Él para su existencia personal. En toda esta existencia y dependencia, sin embargo, las naturalezas divina y humana de Cristo permanecen distintas entre sí: de ahí los adverbios de Calcedonia, "sin confusión ni cambio, sin división ni separación".[20] La enseñanza bíblica que nos empuja a realizar una exégesis partitiva justifica también el uso de estos adverbios al confesar cómo las dos naturalezas de Cristo se unen en una sola persona. Y esta distinción permanente, que es una característica de la gramática del discurso bíblico sobre la Trinidad y Cristo, justifica la exégesis partitiva.

La regla de la "exégesis partitiva"

La exégesis partitiva es, por tanto, una estrategia de lectura de las afirmaciones bíblicas sobre Cristo que se desprende necesariamente de la realidad de Cristo. Puesto que cualquier pasaje de la Escritura puede

---

[19] Véase Aquinas, *STh* III.4.2.*ad2*; Turretin, *Institutes of Elenctic Theology* 13.6.8.

[20] Técnicamente, a causa de la simplicidad divina del Hijo, hay una distinción meramente conceptual entre su persona y su divinidad, mientras que sigue habiendo una distinción real entre su persona y su naturaleza humana. Esto no es más que una manera de afirmar la anterioridad del Hijo a su propia existencia humana.

referirse a Cristo en vista de una u otra naturaleza o de ambas, la exégesis partitiva pregunta: "¿De qué dimensión de la existencia de Cristo está hablando el autor?". Podemos profundizar en la exégesis partitiva, o regla de la "forma de siervo", desgranando tres aspectos relevantes de esta regla, ilustrando cada uno de ellos con declaraciones programáticas de exégesis partitiva de algunos de sus practicantes más ejemplares.

En primer lugar, la exégesis partitiva es un medio legítimo, justificado y exegéticamente necesario para bloquear inferencias erróneas de la humanidad o divinidad de Cristo que socavarían la integridad de la otra. Como ha demostrado nuestra regla de la adecuación a Dios, tales inferencias serían inconsistentes con la relación no competitiva entre la divinidad y la humanidad de Cristo. Estas dos naturalezas pueden existir en una persona sin desplazarse la una a la otra. Además, aquellas propiedades de Cristo que no son propias de Dios —como aprender, cansarse y morir— tienen un fundamento real en la humanidad de Cristo. De este modo, la exégesis partitiva se atiene a la regla del discurso conforme a Dios con respecto a Cristo encarnado. Reconoce los elementos del discurso bíblico sobre Cristo que son únicamente conformes a Dios, lo que a su vez ayuda a identificar los elementos que son conformes a la "economía" de su carne. Distinguir estos elementos permite comprender mejor no solo su divinidad y su humanidad, sino también la economía salvífica de nuestro Señor.

Para ilustrar algo de esto, podemos considerar cómo Atanasio recoge el calificativo partitivo "en la carne" de 1 Pedro 4:1 y lo aplica a cuando de Jesús "se dice que tuvo hambre y sed y que trabajó y no supo, y que durmió, y que lloró, y que pidió, y que huyó, y que nació, y que no quiera la copa, y en una palabra que sufrió todo lo que pertenece a la carne". Atanasio toma el calificativo partitivo de Pedro para indicar "que estas afecciones pueden ser reconocidas como, no propias del Verbo mismo por naturaleza, sino propias por naturaleza de la carne misma". A cualquiera que pudiera concluir que tales declaraciones ponen en peligro una confesión de la verdadera divinidad de Cristo, Atanasio responde:

> Que nadie tropiece, pues, con lo que es propio del hombre, sino más bien que se sepa que el Verbo mismo es impasible por naturaleza, y que, sin embargo, a causa de la carne de que se revistió, se le atribuyen estas cosas, puesto que son propias de la carne, y el cuerpo mismo es propio del Salvador.[21]

Y sobre el mismo tema en una obra diferente, Atanasio observa:

> Y así como cuando oímos que es Señor y Dios y luz verdadera, lo percibimos como procedente del Padre, así también es justo que cuando oigamos "creado" y "siervo" y "padecido" no los refiramos a la divinidad, pues allí están fuera de lugar, sino que midamos estas afirmaciones en referencia a la carne que llevó por nosotros. Porque estas cosas pertenecen propiamente a la carne, y la carne no es de otro, sino del Verbo.[22]

Ser creado y siervo y haber sufrido son verdades de Cristo, pero no a causa de su naturaleza divina. Como observa Atanasio, "están fuera de lugar" con respecto a la divinidad de Cristo. Por eso debemos medir —delimitar, observar el alcance y los límites adecuados— estas afirmaciones con respecto a la humanidad asumida de Cristo. Estas realidades criaturales pertenecen realmente al Verbo divino porque esa naturaleza humana pertenece realmente al Verbo divino.

Agustín destaca también el poder de la exégesis partitiva para resolver aparentes contradicciones:

---

[21] Athanasius, *Against the Arians* 3.34 (*NPNF*² 4:412). Cf. Athanasius, *On the Incarnation* 18 (NPNF 44a:88-91).

[22] Athanasius, *Defense of the Nicene Creed* 3.14 (en Anatolios, *Athanasius*, 191). Cf. *On the Thought of Dionysius* 9; *Letters to Serapion* 2.8.1, 3.

> Siempre que conozcamos esta regla para entender las escrituras sobre el Hijo de Dios y podamos así distinguir las dos resonancias que hay en ellas, una sintonizada con la forma de Dios en la que está, y es igual al Padre, y la otra sintonizada con la forma de siervo que tomó y es menor que el Padre, no nos disgustarán las afirmaciones de los libros sagrados que parecen estar en franca contradicción entre sí.[23]

Las dos resonancias distintas están ahí en los pasajes bíblicos, como una línea de soprano y otra de contralto en una partitura coral.[24] Pero debemos entrenar nuestros oídos, por así decirlo, para distinguir las dos líneas. Una vez que lo hagamos, no nos alterará la aparente contradicción porque sabremos que, y sabremos por qué, la contradicción es solo aparente.

En segundo lugar, la exégesis partitiva se ocupa no solo de una distinción abstracta entre las dos naturalezas de Cristo, sino del movimiento por el que Aquel que *es* el Hijo eterno *se hizo* hombre por nosotros y para nuestra salvación. Como acabamos de oír decir a Agustín, la exégesis partitiva nos permite distinguir "dos resonancias" en la Escritura, "una sintonizada con la forma de Dios en la que está... la otra sintonizada con la forma de siervo que tomó". Y todo lo que Cristo tomó en su economía encarnada —la naturaleza humana que tomó para sí y el ministerio salvífico que emprendió— lo tomó por nosotros. De ahí que la exégesis partitiva sea, en última instancia, una cuestión no solo ontológica, sino también soteriológica. La exégesis partitiva nos permite distinguir entre la divinidad preexistente de Cristo y la humanidad "proexistente": todo lo que Cristo asumió en la

---

[23] Augustine, *The Trinity* 1.22 (WSA I/5:86).
[24] Como comenta Ayres, *Augustine and the Trinity*, 146, "la Escritura misma establece una *regula* o regla para nuestra lectura, hablando a veces de Cristo en cuanto que era un ser humano, a veces con referencia a su *substancia*, a su condición de eterno. La división, debe notarse, no es simplemente entre las dos 'naturalezas' de Cristo, sino que se basa en una comprensión de Cristo como un sujeto del que se puede hablar como es eternamente y como es habiendo asumido la carne".

encarnación, lo asumió *pro nobis*, por nosotros y para nuestra salvación. Como proclama Gregorio Nacianceno:

> Asumió lo peor para darnos lo mejor; se hizo pobre para enriquecernos con su pobreza; tomó la forma de siervo para devolvernos la libertad; descendió para enaltecernos; fue tentado para que conquistemos; fue deshonrado para glorificarnos; murió para salvarnos; ascendió para atraer hacia sí a nosotros, que yacíamos abatidos en la caída del pecado.[25]

Además, considere cómo Gregorio incorpora la ontología, la soteriología e incluso la epistemología en esta nítida declaración de la regla de la exégesis partitiva:

> En resumen: debes predicar las expresiones más sublimes de la Divinidad, de la naturaleza que trasciende las experiencias corporales, y las más bajas del compuesto, de aquel que por vosotros se vació, se encarnó y (para usar un lenguaje igualmente válido) se "hizo hombre". Luego fue exaltado, para que ustedes acabaran con la carnalidad terrenal de sus opiniones y aprendan a ser más nobles, a ascender con la Divinidad y a no detenerse en las cosas visibles, sino a elevarse a las realidades espirituales, y para que supieran qué pertenece a su naturaleza y qué al plan de salvación de Dios.[26]

En esa frase final, Gregorio nos insta a distinguir entre dos categorías de predicados legítimos sobre Cristo. La primera es "lo que pertenece a su naturaleza": su naturaleza divina, la naturaleza que tiene por naturaleza, por así decirlo. La segunda es "lo que [pertenece] al plan de salvación de Dios": la naturaleza que Cristo asumió para salvarnos. El griego aquí traducido "plan de salvación de Dios" es en realidad una

---

[25] Gregory of Nazianzus, *Oration* 1.5 (*NPNF²* 7:203). Véase también Turretin, *Institutes of Elenctic Theology* 13.3.19.
[26] Gregory of Nazianzus, *Oration* 29.18 (PPS 23:86). Cf. *Oration 30.1*.

sola palabra, οἰκονομία (*oikonomia*), "economía". La exégesis partitiva marca la distinción entre teología y economía, ya que estos conceptos pertenecen al ser y a los actos de Cristo. Puesto que Cristo es Dios por naturaleza, la "teología" lo describe como Dios. Puesto que se hizo hombre por nosotros, la "economía" detalla lo que pertenece a ese estado en el que entró voluntariamente.[27]

En tercer y último lugar, en su forma paralela, reduplicativa, la exégesis partitiva articula el respeto y la base en que los predicados divinos y humanos pertenecen a Cristo.[28] Como Dios, Cristo es el Creador; como hombre, también es una criatura. Como hombre, Cristo murió; como Dios, resucitó tres días después (Jn. 10:17-18). Las proposiciones reduplicativas como estas especifican la razón por la que estos predicados se aplican a este sujeto: Jesús.[29] La exégesis partitiva depende de la distinción previa entre teología y economía. Aclara el objetivo y la amplitud de las afirmaciones bíblicas que se refieren a cada una de ellas.

El modo reduplicativo de la exégesis partitiva coloca este material bíblico en columnas paralelas y nombra el fundamento ontológico de cada una.[30] Tal predicación reduplicativa distingue, sin separarlas, las dos fuentes de las acciones salvíficas del único Cristo encarnado. Para ilustrar esta técnica, podemos considerar cómo Gregorio Nacianceno emplea el lenguaje reduplicativo en una letanía lapidaria y cargada de paradojas sobre lo que Cristo hizo y sufrió:

> Como hombre fue bautizado, pero como Dios absolvió los pecados; él mismo no necesitó ritos purificadores: su propósito era

---

[27] Sobre el uso que hace Gregorio Nacianceno de la distinción entre teología y economía, véase Beeley, *Gregory of Nazianzus on the Trinity and the Knowledge of God*, 194-201.

[28] Para un útil debate reciente sobre las proposiciones reduplicativas en cristología, véase Moser, "Tools for Interpreting Christ's Saving Mysteries in Scripture", 291-93.

[29] Moser, "Tools for Interpreting Christ's Saving Mysteries in Scripture", 292.

[30] Las cuatro frases anteriores se hacen eco de Jamieson, *The Paradox of Sonship*, 36-37, y las revisan ligeramente.

santificar el agua. Como hombre fue puesto a prueba, pero como Dios salió victorioso; sí, tengan buen ánimo, porque ha vencido al mundo. Pasó hambre, pero alimentó a miles. Él es en verdad "pan vivo y celestial". Tuvo sed y exclamó: "El que tenga sed, que venga a mí y beba". En verdad prometió que los creyentes se convertirían en fuentes. Estaba cansado y, sin embargo, es el "descanso" de los cansados y agobiados... Es apedreado, y sin embargo no es golpeado; ora, y sin embargo escucha la oración. Llora, pero pone fin al llanto. Pregunta dónde está Lázaro: era hombre, pero resucita a Lázaro: era Dios. Se vende, y el precio es barato: treinta monedas de plata; pero vuelve a comprar el mundo a costa de su propia sangre: ... Si la primera serie de expresiones te hace ir por mal camino, la segunda te quita el error.[31]

Podemos concluir adecuadamente esta sección y enlazar nuestra discusión con el capítulo anterior considerando la exégesis partitiva que hace Agustín de 1 Corintios 2:8. Nótese la facilidad con la que Agustín se mueve entre el único "quién", el "Señor de la gloria", y su doble modo de existencia, los dos "qué" en los que subsiste.

> Sin embargo, si no fuera una misma persona que es Hijo de Dios en virtud de la forma en que es, e Hijo del hombre en virtud de la forma de siervo que tomó, el apóstol Pablo no habría dicho: *Si la hubieran entendido no habrían crucificado al Señor de gloria* (1 Cor. 2:8). Fue en forma de siervo como fue crucificado, y sin embargo fue el Señor de gloria quien fue crucificado. Porque ese "tomó" fue tal que convirtió a Dios en hombre y al hombre en Dios. Sin embargo, el lector atento, serio y devoto comprenderá qué se dice de él en aras de qué, y qué en virtud de qué.[32]

---

[31] Gregory of Nazianzus, *Oration* 29.20 (PPS 23:87-88).
[32] Augustine, *The Trinity* 1.28 (WSA I/5:91).

La exégesis partitiva en acción: Tres estudios de casos exegéticos

Pasemos ahora a nuestra propia exégesis. En esta sección emplearemos la exégesis partitiva para interpretar pasajes que plantean diversos retos teológicos o conceptuales. En primer lugar, consideraremos la afirmación de Jesús de que el Padre es mayor que él (Jn. 14:28). En segundo lugar, abordaremos la declaración de Pablo de que, al final, Jesús se somete al Padre, lo que algunos intérpretes consideran que indica una diferencia ontológica (1 Cor. 15:24-28). En tercer lugar, tendremos en cuenta una serie de pasajes en los que se concede a Jesús una nueva dignidad o estatus en su entronización en el cielo (Hch. 2:36; Rom. 1:3-4; Fil. 2:9-11; Heb. 1:3b-4). Si Jesús se convirtió en Señor o Hijo u obtuvo el nombre divino en su exaltación, ¿significa esto que ninguna de esas dignidades era suya antes de ese momento?

El Padre, mayor que el Hijo

Nuestro primer reto es un pasaje que presenta al Padre como superior al Hijo y, por tanto, aparentemente plantea un problema teológico. Dirigiéndose a sus discípulos la víspera de su crucifixión, Jesús dice: "Oyeron que les dije: 'Me voy, y vendré a ustedes'. Si me amaran, se regocijarían, porque voy al Padre, ya que el Padre es mayor que yo" (Jn. 14:28). Si el Padre es mayor que el Hijo, ¿significa eso que el Hijo es de algún modo eterna e intrínsecamente inferior y, por tanto, no es "Dios" en el sentido pleno de la palabra? En absoluto. Jesús, un ser humano que se dirige a sus discípulos cara a cara, está hablando con referencia a su naturaleza humana.[33]

---

[33] Algunos intérpretes patrísticos sostuvieron que la superioridad del Padre sobre el Hijo en este versículo se refiere a la generación eterna del Hijo. Así, por ejemplo, Gregory of Nazianzus, *Oration* 30.7 (PPS 23:98). Aunque se trata de una doctrina bíblica, no estamos convencidos de que éste sea el texto adecuado para

Pero ¿es la exégesis partitiva un mero recurso desesperado, sacando un conejo teológico de la chistera exegética? No a la luz del contexto más amplio. Consideremos que a lo largo de Juan 14-17, el "discurso de despedida" de Jesús, éste describe su inminente crucifixión, resurrección y ascensión como su partida del mundo y su regreso al Padre. "Y si me voy y les preparo un lugar" (Jn. 14:3); "Y conocen el camino adonde voy" (14:4); "y aún mayores (obras) que estas hará, porque Yo voy al Padre" (14:12; cf. 14:19, 25, 27; 16:5, 7, 16, 28; 17:5, 11, 13). En el dolor de los discípulos por la inminente pérdida de la presencia personal de Jesús, no ven que la marcha de Jesús es mejor para ellos y mejor para él.

La partida de Jesús es mejor *para ellos* porque solo dando su vida en la cruz, resucitando de la muerte y ascendiendo al cielo, Jesús preparará un lugar para los discípulos con el Padre (14:2-3), les legará una paz inexpugnable (14:27), derrotará a Satanás (14:30-31) y vencerá al mundo (16:33). solo después de sufrir, resucitar y ser entronizado con poder en el cielo, Jesús enviará a los discípulos su Espíritu, que les dará poder para dar testimonio y convencer al mundo (16:7-15; cf. 14:25-26). solo cuando a Jesús se le conceda un poder ilimitado en el cielo podrá capacitarnos para hacer "obras mayores" que las que él mismo hizo, al actuar desde el cielo para responder a nuestras oraciones y transformar la vida de las personas en todo el mundo (14:12-14). El "ir al Padre" de Jesús en Juan 14:28 implica y conlleva todo esto.

Y la partida de Jesús no solo es mejor para nosotros, sino también *para Jesús*. solo muriendo, venciendo a la muerte, y volviendo a su Padre del cielo, Jesús, ahora un ser humano glorificado, el primero de la nueva creación, puede ser entronizado en el poder y recibir el dominio universal. Jesús, hablando desde su humanidad, dice que es mejor que suba al Padre, porque solo entonces Dios responderá a la oración de Jesús: "Y ahora, glorifícame Tú, Padre, junto a Ti, con la gloria que tenía contigo antes que el mundo existiera" (17:5). Como

---

ella. Discutiremos la hermenéutica de la generación eterna, y la enseñanza trinitaria relacionada, en el próximo capítulo.

comenta Cirilo, "Lo provechoso para él fue su ascensión al Padre y su retorno, ya manifiesto, a su propia gloria y autoridad y a su honor digno de Dios, ya no oculto en las sombras".[34]

Como en su transfiguración, en la ascensión de Jesús su humanidad se hace más transparente a su divinidad, asegurando así nuestra propia glorificación. De ahí que lo que es "mejor para Jesús" como hombre resulte de nuevo "mejor para nosotros", porque toda su existencia humana es una "proexistencia": para nosotros y para nuestra salvación. Como escribe Agustín en una línea similar:

> Por eso dijo: "Si me amaran, se regocijarían, porque voy al Padre", porque la dicha debe extenderse a la naturaleza humana precisamente porque ha sido tomada de tal manera por el Verbo unigénito que fue establecido inmortal en el cielo, y la tierra fue hecha tan sublime que el polvo incorruptible se sentó a la diestra del Padre. Pues de este modo dijo que iría al Padre. Porque en verdad el que estaba con él iba a él. Pero ir a él y retirarse de nosotros fue esto: cambiar y hacer inmortal lo mortal que nos quitó y elevar al cielo aquello por lo que estuvo en la tierra por nosotros.[35]

La exégesis partitiva de Agustín de este versículo nos alerta sobre otro detalle crucial del texto. Cuando Jesús dice: "Yo voy al Padre", esa afirmación solo tiene sentido con referencia a su naturaleza humana. solo en su naturaleza humana puede estar alejado del Padre; solo en su naturaleza humana puede "ir" al Padre. En su naturaleza divina, está siempre "con" su Padre, en la unidad indisoluble de la única naturaleza divina. Así pues, no es arbitrario ni forzado limitar el referente de "el Padre es mayor que yo" a la naturaleza humana de Jesús, puesto que la afirmación inmediatamente anterior de Jesús se mueve precisamente dentro de ese límite. De ahí que Agustín dé en el clavo al concluir:

---

[34] Cyril of Alexandria, *Commentary on John* 10.1 (Maxwell, 2:202).
[35] Augustine, *Tractates on the Gospel of John* 78.3 (FC 90:109-10). Véase también Cyril of Alexandria, *Commentary on John* 10.1 (Maxwell, 2:204).

> En la medida, entonces, en que el Hijo no es igual al Padre, se iba al Padre, de quien vendrá a juzgar a vivos y muertos; pero en la medida en que el Unigénito es igual al Engendrador, nunca se retira del Padre, sino que está con él en todas partes, íntegramente, con igual divinidad, al cual ningún lugar confina.[36]

Lejos de ser un encubrimiento mal ajustado de un texto teológicamente incómodo, la exégesis partitiva nos ayuda a discernir el misterio de la economía que late a través de Juan 14:28. Jesús vuelve al Padre que es más grande que él, como hombre, para obtener lo que es mejor para él y mejor para nosotros.

El Hijo sometido al Padre

Otro pasaje que parece cuestionar la completa unidad e igualdad de Jesús con el Padre es 1 Corintios 15:24-28, donde Pablo escribe:

> Luego vendrá el fin, cuando entregue el reino a Dios Padre, después de haber destruido todo dominio, toda autoridad y todo poder. Porque debe reinar hasta que haya puesto a todos sus

---

[36] Augustine, *Tractates on the Gospel of John* 78.3 (FC 90:107). En otro lugar, Agustín toma Juan 14:28 como prueba crucial de la deidad de Cristo. Su solución es que la Escritura afirma que el Hijo es a la vez igual al Padre en virtud de la forma de Dios (por ejemplo, Juan 10:30) y menor que el Padre en virtud de la forma de siervo (Juan 14:28). Escribe:

> Porque no tomó la forma de siervo de tal manera que perdiera la forma de Dios en la que era igual al Padre. Por tanto, si tomó la forma de siervo de tal modo que no perdió la forma de Dios —puesto que es el mismo Hijo unigénito del Padre el que es a la vez en forma de siervo y en forma de Dios, igual al Padre en la forma de Dios, en la forma de siervo el mediador de Dios y de los hombres el hombre Cristo Jesús—, ¿quién puede dejar de ver que también en la forma de Dios es más grande que él mismo y en la forma de siervo es menos que él mismo? No en vano la Escritura dice ambas cosas: que el Hijo es igual al Padre y que el Padre es mayor que el Hijo. Lo uno debe entenderse en virtud de la forma de Dios, lo otro en virtud de la forma de siervo, sin confusión alguna. (*The Trinity* 1.14 [WSA I/5:77])

enemigos bajo sus pies. El último enemigo en ser destruido es la muerte. Porque "Dios ha sometido todas las cosas bajo sus pies". Pero cuando dice: "todas las cosas están sujetas", es evidente que se exceptúa al que sometió todas las cosas bajo sus pies. Cuando todas las cosas estén sujetas a él, entonces el Hijo mismo también estará sujeto a aquel que sometió todas las cosas a él, para que Dios sea todo en todos.

Para muchos estudiosos, parece implícita una inferioridad intrínseca y ontológica del Hijo respecto al Padre cuando Jesús "entrega el reino al Dios y Padre" (1 Cor. 15:24), momento en el que "también será sujetado" a Dios Padre (1 Cor. 15:28).[37] De ser así, parecería una inferencia natural tomar estos versículos en contra de la igualdad divina de Cristo con el Padre. Pero eso sería, por supuesto, leer este pasaje de otra manera que no fuera conforme a Dios, transgrediendo también nuestro quinto principio relativo a la unidad e igualdad ontológicas de la Trinidad. De hecho, hay al menos tres indicios claros en este pasaje de que Pablo está hablando de Cristo como humano, sobre la base de su humanidad.[38]

En primer lugar, el pasaje presupone claramente la encarnación continuada de Cristo después de la resurrección, y la humanidad de Cristo es un tema central del contexto del pasaje. En el pasaje, el que destruirá todo poder, el que debe reinar hasta que la muerte sea derrotada, es Cristo resucitado. Aunque su resurrección le convierte en un nuevo tipo de ser humano, es precisamente como ser humano como Cristo reina ahora en el cielo (vv. 25-26). En un contexto más amplio: el versículo 21 dice: "Porque ya que la muerte entró por un hombre, también por un hombre vino la resurrección de los muertos". Y los

---

[37] Así, con distintos matices y énfasis, Kreitzer, *Jesus and God in Paul's Eschatology*, 159; Ziesler, *Pauline Christianity*, 39-40; Dunn, *The Theology of Paul the Apostle*, 248-49; McGrath, *The Only True God*, 50.

[38] Para una versión más completa de este argumento, véase Jamieson, "1 Corinthians 15:28 and the Grammar of Paul's Christology", del que se han extraído estos argumentos, incluidas algunas frases textuales aquí y allá.

versículos 45-49 continúan la comparación entre Adán y "el último Adán" (v. 45), el "hombre del cielo" cuya imagen llevará un día su pueblo (vv. 47-49).

En segundo lugar, Pablo cita y alude a las Escrituras de una manera que retrata la sumisión del Hijo al Padre como un acto culminante de la obediencia humana requerida. En otras palabras, el acto final de sumisión de Cristo al Padre (1 Cor. 15:28) completa su cumplimiento representativo de la vocación humana de ser los "gobernantes gobernados" o vicegerentes de Dios.[39] Lo vemos en tres lugares de nuestro pasaje y su contexto en los que Pablo cita o alude a las Escrituras. En primer lugar, en el versículo 27, Pablo cita el Salmo 8:6, que celebra el dominio que Dios concedió a la humanidad en la creación, para presentar el gobierno de Cristo en el cielo como el cumplimiento de este gobierno gobernado. Con su resurrección, Cristo lleva a buen término el encargo de Adán.[40] Y un componente necesario de esta comisión es la obediencia.

En segundo lugar, en el versículo 21 Pablo alude a todo el relato de la creación y la caída de Génesis 1-3 con su frase "la muerte entró por un hombre". El problema que aborda la resurrección de Cristo y su reinado destructor de la muerte es el legado de la ruinosa desobediencia de Adán. En tercer lugar, en el versículo 24, cuando Pablo dice que Cristo destruirá "todo dominio y toda autoridad y poder", se hace eco del lenguaje de la traducción griega antigua de Daniel 7:13-14, 26-27, sobre uno "semejante a un hijo de hombre" a quien "todos los dominios servirán y obedecerán". Estas citas y alusiones se suman a un retrato de Cristo como el Mesías, el Hijo del Hombre, que gobierna como un ser humano representativo, restaurando a la humanidad a su lugar como gobernantes gobernados de la creación. Puesto que la desviación de la humanidad de su destino fue instigada por el pecado de Adán, es

---

[39] Tomamos prestada la frase "gobernantes gobernados" de Leeman, *Political Church*, 154.

[40] Parafraseando a Meyer, *Adam's Dust and Adam's Glory in the Hodayot and the Letters of Paul*, 168.

apropiado que la hazaña final del reinado redentor del último Adán sea un acto de obediencia.

En tercer lugar, 1 Corintios 15:28 narra el final de la mediación mesiánica del Hijo, la culminación del gobierno redentor que el Padre le delegó. Jesús ejerce el oficio de Mesías como humano, para los humanos. Y la secuencia de 1 Corintios 15:20-28, especialmente los versículos 24-28, pronostica las tareas finales de este gobierno redentor. La resurrección de Cristo le convierte en "primicia de los que durmieron", garantizando la resurrección, en su venida, de los que le pertenecen (v. 23). Entonces, y solo entonces, la muerte, el último enemigo, será vencida (vv. 25-26). Cuando Cristo haya vencido a todos sus enemigos, incluida la muerte, no tendrá necesidad de reinar de manera distinta a la de Dios Padre. Una vez cumplida con éxito su misión mesiánica, Cristo devolverá al Padre las llaves de su cargo. Misión cumplida. Una vez que todos los enemigos hayan sido sometidos, el general regresará al rey que le encomendó y le rendirá la debida sumisión.[41] Como veremos más adelante, el reinado mesiánico de Cristo, claramente redentor y mediador, comenzó con su entronización en el cielo (Hch. 2:32-36; Rom. 1:3-4; 14:9; Fil. 2:9-11; Heb. 1:3-4) y concluirá con su regreso.

De ahí que el alcance y el significado de la sujeción del Hijo al Padre en 1 Cor. 15:28 estén condicionados por su humanidad. Como dice Agustín: "En cuanto que es Dios, juntamente con el Padre nos tendrá por súbditos; en cuanto que es sacerdote, juntamente con nosotros le estará sujeto".[42] Esta sumisión no es eterna, sino que se realiza en la consumación de todas las cosas. La sumisión del Hijo al Padre no es algo verdadero en virtud de su divinidad "desnuda", sino algo que hace como humano, en y por su humanidad.[43]

---

[41] Ciampa y Rosner, *The First Letter to the Corinthians*, 767-68, 776-77, despliegan esta analogía en detalle. Si se mantiene la analogía dentro de su ámbito, como hacen ellos, es totalmente adecuada.

[42] Augustine, *The Trinity* 1.20 (WSA I/5:84).

[43] Tomamos prestado el término "desnudo" (γυμνός) de Cirilo de Alejandría para referirnos al Hijo en su sola divinidad, aparte de su humanidad asumida.

Jesús se convierte en Señor e Hijo

El tercer desafío consiste en una red de cuatro pasajes en los que se concede a Jesús una nueva dignidad o estatus en su entronización en el cielo, tras su resurrección y ascensión.

> A este Jesús resucitó Dios, de lo cual todos nosotros somos testigos. Exaltado, por tanto, a la diestra de Dios, y habiendo recibido del Padre la promesa del Espíritu Santo, ha derramado esto que ustedes ven y oyen. Porque David no ascendió a los cielos, pero él mismo dice:
>
>> "Dijo el Señor a mi Señor:
>> 'Siéntate a mi derecha,
>>> hasta que ponga a tus enemigos por estrado de tus pies'.
>
> Sepa, pues, con certeza toda la casa de Israel, que a este Jesús a quien ustedes crucificaron, Dios lo ha hecho Señor y Cristo. (Hch. 2:32-36)
>
> ... acerca de Su Hijo, que nació de la descendencia de David según la carne, y que fue designado Hijo de Dios con un acto de poder, conforme al Espíritu de santidad, por la resurrección de entre los muertos: nuestro Señor Jesucristo... (Rom. 1:3-4 TA)[44]
>
> Por lo cual Dios también lo exaltó hasta lo sumo, y le confirió el nombre que es sobre todo nombre, para que al nombre de Jesús se

---

Véase Cirilo, *On the Unity of Christ* (PPS 13:103; PG 75:1324); discusión en McGuckin, *Saint Cyril of Alexandria and the Christological Controversy*, 221-22.

[44] Hemos cambiado "declarado" de la traducción inglesa ESV por "designado", ya que los sentidos básicos del verbo griego utilizado aquí (ὁρίζω) son "determinar, fijar, establecer, designer", y el verbo nunca significa "declarar" en el Nuevo Testamento ni en otra literatura griega helenística. Para una discusión del uso que BDAG 723 §2b, en nuestra opinión, glosa erróneamente como "declarado", véase Jamieson, *The Paradox of Sonship*, 162n58.

doble toda rodilla de los que están en el cielo, y en la tierra, y debajo de la tierra, y toda lengua confiese que Jesucristo es Señor, para gloria de Dios Padre. (Fil. 2:9-11)
Él es el resplandor de Su gloria y la expresión exacta de Su naturaleza, y sostiene todas las cosas por la palabra de Su poder. Después de llevar a cabo la purificación de los pecados, el Hijo se sentó a la diestra de la Majestad en las alturas, siendo mucho mejor que los ángeles, por cuanto ha heredado un nombre más excelente que ellos. (Heb. 1:3-4)[45]

Estos pasajes tienen mucho en común.[46] Cada uno proclama o presupone la resurrección de Cristo y su ascensión al cielo. Cada uno anuncia lo que ocurrió después, en la entronización de Cristo en el cielo. Todos afirman que, en ese momento, Cristo recibió algo o se convirtió en algo: "Dios lo ha hecho Señor y Cristo" (Hch. 2:36); "fue designado Hijo de Dios con un acto de poder" (Rom. 1:4); Dios "le confirió el nombre que es sobre todo nombre", es decir, el nombre único y divino (Fil 2:9);[47] Jesús se hizo "mucho mejor que los ángeles, por cuanto ha heredado un nombre más excelente que ellos" (Heb. 1:4). Por último, cada pasaje ha suscitado dos errores opuestos.

Un error es inferir que lo que Jesús llegó a ser en su entronización, no debe haberlo sido en ningún sentido antes. Si fue solo en su entronización que Jesús se convirtió en Señor, fue nombrado Hijo, recibió el nombre sobre todo nombre, y se hizo superior a los ángeles, entonces antes de esa entronización no debía haber sido Señor o Hijo o poseer el nombre o ser superior a los ángeles. Un segundo error es afirmar que todas las frases citadas anteriormente solo deben revelar, o declarar abiertamente, algo que ya era el caso. Este segundo error es

---

[45] Hemos cambiado "llegando a ser" de la traducción inglesa ESV por "siendo", ya que el participio aoristo (γενόμενος) informa de una acción que ocurrió al mismo tiempo que la entronización de Jesús y es consecuencia lógica de ella.

[46] Véase Jamieson, *The Paradox of Sonship*, esp. 156-68.

[47] Sobre "el nombre sobre todo nombre" en Fil. 2:9 como YHWH, el único nombre divino, véase, por ejemplo, Bauckham, *Jesus and the God of Israel*, 199-200.

especialmente llamativo. Después de todo, sabemos por estos mismos autores que Jesús es por naturaleza Señor e Hijo (Luc. 1:43; 2:11; Rom. 1:3; 8:32; 10:13; Gal. 4:4). Posee siempre la naturaleza de Dios y, por tanto, su nombre (Fil. 2:6). Es intrínsecamente superior a los ángeles como su creador y sustentador (Heb. 1:3, 10-12).

El primer error encalla en todos estos textos, ya que enseñan que Jesús es Dios por naturaleza. El segundo error choca con los verbos de los cuatro pasajes que estamos considerando: "hecho" (Hch. 2:36); "designado" (Rom. 1:4); "exaltado" y "conferido" (Fil. 2:9); "siendo" y "heredado" (Heb. 1:4). Ninguna de ellas puede ser glosada adecuadamente como "revelada" o "dada a conocer como". Tratar cada una de estas acciones como si simplemente mostraran algo que ya era cierto es descartar la afirmación principal de cada pasaje. Entonces, ¿cómo resolvemos este dilema interpretativo?

Podemos empezar a desenredar estos hilos preguntándonos: ¿De qué tratan estos pasajes? La respuesta resumida más sencilla es "la entronización de Jesús como Mesías". Entre otras cosas, el Mesías es un rey. Es descendiente de David, heredero del trono de David (2 Sam. 7:12-14). Esto significa que, si Jesús es el Mesías, necesita un trono para reinar. ¿Dónde está ese trono? ¿Y cuándo empezó a reinar? Nuestro coro de cuatro voces de pasajes del Nuevo Testamento responde al unísono: "Su trono está en el cielo, y comenzó a reinar cuando ascendió allí después de resucitar de entre los muertos".

¿Cómo lo sabían Pedro (que habló en Pentecostés en Hechos 2), Pablo y el autor de Hebreos? Porque la Escritura se lo dijo. Dos pasajes del Antiguo Testamento son especialmente importantes para entender nuestros pasajes del Nuevo Testamento y, de hecho, para entender todo el testimonio de las Escrituras sobre la persona y la obra de Cristo: El Salmo 2:7 y el 110:1. En el Salmo 2, Dios se ríe de las naciones furiosas y rebeldes (vv. 1-4). ¿Por qué resultarán vanas las conspiraciones de los pueblos (v. 1)? Porque Dios pronunciará estas temibles palabras: "Yo mismo he consagrado a Mi Rey sobre Sión, Mi monte santo" (v. 6). Es esta entronización real, este establecimiento de un rey en el oficio, lo que proclama el versículo siguiente: "Anunciaré el decreto del Señor que me dijo: 'Mi Hijo eres Tú, Yo te he engendrado hoy'" (v. 7). Este Hijo reinará no solo sobre Israel, sino sobre todas las naciones, hasta los confines de la tierra, y los que rechacen su gobierno serán arruinados (vv. 8-9).

El Salmo 110:1 también anuncia la entronización del Mesías. En el versículo inicial de este Salmo de David, leemos: "Dice el SEÑOR a mi Señor: 'Siéntate a Mi derecha, hasta que ponga a Tus enemigos por estrado de Tus pies'". El trono en el que Dios invita a sentarse al Mesías es su propio trono, el único trono del cielo. La conversación que David pudo escuchar fue un anticipo profético de la instalación de Cristo en el trono del cielo.

Tanto el Salmo 2:7 como el Salmo 110:1 son antecedentes decisivos de nuestros cuatro pasajes.[48] La afirmación de Pablo en Romanos 1:4 de que Jesús "fue designado Hijo de Dios con un acto poder" alude claramente al Salmo 2:7. Además, Hebreos 1:5 cita el Salmo 2:7 para aclarar que el "nombre" que Jesús heredó es "Hijo", en el sentido de "Mesías que reina con poder", y que es por heredar este nombre y el gobierno celestial al que le da derecho por lo que Jesús, "que fue hecho un poco inferior a los ángeles" (Heb. 2:9), es ahora superior a los ángeles. Además, Hechos 2:34-35 cita íntegramente el Salmo 110:1, y Hebreos 1:3 alude a él y luego lo cita en el versículo 13.

El cambio en el estatus de Cristo que anuncian todos estos pasajes es análogo al que se produce cuando un presidente estadounidense jura el cargo. Tras recibir la mayoría de los votos del colegio electoral, se convierte en presidente electo, con derecho al cargo, pero sin ejercerlo todavía. solo después de jurar su cargo el 20 de enero comienza su

---

[48] ¡Para estudios sobre la relevancia de estos dos versículos para estos pasajes del Nuevo Testamento, véase especialmente L. C. Allen, "The Old Testament Background of (Προ) Ορίζειν in the New Testament"; Hay, *Glory at the Right Hand*; Hengel, " 'Sit at My Right Hand!' "; Whitsett, "Son of God, Seed of David"; Jipp, *Christ Is King*, 174-75, 201-2, 207-8; Jipp, " 'For David Did Not Ascend into Heaven...' (Hch. 2:34a)".

mandato. Durante su ministerio terrenal, Cristo fue identificado correctamente como el Mesías, como el Hijo de David (por ejemplo, Mat. 16:16; 20:30; 21:9). Pero solo cuando fue entronizado en el cielo comenzó a ejercer plenamente las prerrogativas del cargo.

¿Qué papel desempeña la exégesis partitiva en todo esto? En cierto sentido, lo hemos estado haciendo todo el tiempo. Pero podemos resumir toda esta discusión diciendo que el cambio en todos estos pasajes se refiere a la naturaleza humana de Cristo, no a su naturaleza divina. Cuando Jesús resucitó de entre los muertos, Dios Padre le concedió toda autoridad en el cielo y en la tierra (Mat. 28:18). Ya poseía esa autoridad como Dios, pero la recibió como hombre. Ese mismo principio —"ya" como Dios, "de forma nueva" como hombre— se aplica a muchos detalles de estos versículos. Según Lucas, Jesús es Señor incluso antes de nacer (Lucas 1:43; 2:11), pero según Hechos 2:36, en su resurrección y exaltación Dios lo "hizo" Señor: Dios le confirió el derecho a ejercer plenamente el Señorío que le corresponde por derecho divino natural.

En Romanos 1:3-4, Jesús ya es Hijo de Dios según su divinidad, y en su entronización entra en el poderoso oficio de la filiación mesiánica. En Filipenses 2:9-11, que a Jesús se le "dé" el nombre divino significa probablemente que ahora, como ser humano, se le concede ejercer la autoridad intrínseca y recibir el culto debido al portador de ese nombre. En Hebreos 1:3-4, como Hijo divino por naturaleza, Jesús es "el resplandor de Su gloria y la expresión exacta de su naturaleza", y en su entronización obtuvo el oficio de señorío universal al que solo él, como Dios encarnado, tenía derecho. En otras palabras, ninguna de estas afirmaciones implica ni falta ni cambio en la naturaleza divina de Cristo. Todas ellas se aplican a Jesús exclusivamente sobre la base de la naturaleza humana de la que se revistió para convertirse en nuestro redentor.

Al leer los cuatro pasajes, es crucial que tengamos en cuenta la impactante novedad de la ascensión, que rompe categorías. Un ser humano de carne y hueso está ahora presente en el cielo, y no solo presente, sino sentado en el trono. Los intérpretes patrísticos a menudo captan esta novedad con más agudeza que los modernos.[49] En su ascensión y entronización, Jesús recibió como hombre lo que siempre poseyó como Dios. Jesús comenzó a hacer como hombre lo que siempre había hecho como Dios: reinar sobre todos. En esta línea, el tratamiento que hace Atanasio de Filipenses 2:9 es clarificador e iluminador.

> Y el término en cuestión, "altamente exaltado", no significa que la esencia del Verbo fuera exaltada, pues siempre fue y es "igual a Dios", sino que la exaltación es de la humanidad. Por eso no se dice esto antes de que el Verbo se encarnara, para que quede claro que "humillado" y "exaltado" se refieren a su naturaleza humana; porque donde hay humildad, también puede haber exaltación; y si por el hecho de encarnarse se dice "humillado", está claro que también por ello se dice "altamente exaltado". Porque de esto necesitaba la naturaleza del hombre, a causa de la condición de humillación de la carne y de la muerte... Pero si ahora por nosotros Cristo ha entrado en el mismo cielo, aunque ya antes y siempre fue Señor y artífice de los cielos, por eso para nosotros está escrita esa exaltación presente.[50]

"Por nosotros": todo lo hizo por nuestra causa. Todo lo soportó y realizó por nosotros. Fue exaltado para glorificarnos (1 Cor. 2:7); fue enriquecido con el botín de la victoria sobre la muerte para darnos dones (Ef. 4:7-8). Todo lo que llegó a ser en la economía, lo hizo por nosotros. Se encarnó, no porque a él le faltara algo, sino porque a nosotros nos faltaba todo.[51]

---

[49] Así, por ejemplo, los perspicaces comentarios partitivos del teólogo latino del siglo IV Rufino sobre la ascensión de Cristo en *A Commentary on the Apostles' Creed*, 65-66.

[50] Athanasius, *Against the Arians* 1.41; traducción adaptada de *NPNF²* 4:330, con la cita de la Escritura modernizada, siguiendo aproximadamente la ESV.

[51] Para una rica exposición de este tema, véase Atanasio, *Against the Arians* 3.37-40 (*NPNF²* 4:414-16).

Conclusión: Todo lo que Cristo hizo, sufrió y llegó a ser

Concluimos este capítulo extrayendo dos conclusiones complementarias sobre cómo la exégesis partitiva nos ayuda a percibir correctamente la Escritura y al Cristo del que la Escritura da testimonio. En primer lugar, en relación con la Escritura, la exégesis partitiva nos ayuda a percibir hasta qué punto es omnipresente y coherente su testimonio de la divinidad de Cristo. La objeción más natural y contundente a la exégesis partitiva es que da por supuesto lo que tiene que demostrar. Esta objeción sostiene que la exégesis partitiva proyecta una cristología de "dos naturalezas" sobre los autores bíblicos y ordena en la exégesis lo que en realidad está más desordenado en los textos. En respuesta, daríamos la vuelta a la objeción. A pesar de las frecuentes objeciones de los eruditos modernos, todos los autores del Nuevo Testamento dan testimonio de la identidad divina de Cristo.[52]

Y, como hemos visto en capítulos anteriores, solo si se comete el error crítico de pensar en la "divinidad" y la "humanidad" como tipos de ser que pueden clasificarse y compararse juntos, se puede considerar que la adscripción de ambas a Cristo crea algún tipo de "lío" conceptual o exegético. Como saben todos los padres, la ropa y los juguetes amontonados en el suelo crean desorden. solo pueden ensuciar porque ocupan espacio y, por tanto, compiten por él. Por el contrario, en este estrecho sentido, la divinidad y la humanidad de Cristo se parecen más al color y al sonido. Más de uno no significa menos de otro.

Además, como han demostrado nuestros estudios de casos exegéticos, acercarse al texto con los oídos sintonizados para escuchar las dos frecuencias, divina y humana, atribuidas al único Cristo nos ha ayudado a oír lo que hay en el texto. Cuando les conviene argumentar

---

[52] Véase, por ejemplo, Rowe, "Luke and the Trinity"; Gathercole, *The Preexistent Son*; Bauckham, *Jesus and the God of Israel*; Rowe, *Early Narrative Christology*; Gathercole, "Paul's Christology"; Tilling, *Paul's Divine Christology*; Hays, "Faithful Witness, Alpha and Omega"; Hays, *Echoes of Scripture in the Gospels*.

en contra de la plena divinidad de Cristo, los eruditos modernos a veces parecen olvidar que el Cristo del que habla un pasaje es humano. El Cristo que se somete al Padre en la consumación de todas las cosas sigue siendo, y será siempre, humano (1 Cor. 15:28). El que confiesa que el Padre es mayor que él es el que, como humano, está lejos del Padre y pronto cerrará esa brecha (Jn. 14:28).

Por último, tener el oído atento a ambas resonancias nos ayuda a discernir el orden y la armonía del canto en dos partes de las Escrituras sobre la persona de Cristo. Cristo es a la vez igual a Dios como Dios y menos que Dios como hombre. Es a la vez atemporal y nacido en el tiempo, ilimitado y sujeto a los límites de la carne. Como dice —o, podríamos decir, canta— Gregorio Nacianceno:

> Gritaré el significado de este día: el que no tiene carne se hace carne, el Verbo se hace materia, lo invisible se ve, lo intangible se toca, lo atemporal tiene principio, el Hijo de Dios se convierte en Hijo del Hombre: 'Jesucristo, ayer y hoy, y por los siglos de los siglos'.[53]

En segundo lugar, incrustada como está en la Escritura como un aspecto de la pedagogía de Dios, la forma de una norma de siervo nos ayuda a contemplar correctamente a Cristo, y en él nuestra salvación. La exégesis partitiva nos permite percibir que todo lo que Cristo hizo, lo hizo por nosotros. La exégesis partitiva no consiste simplemente en distinguir entre la divinidad y la humanidad en Cristo; consiste en percibir el hilo unificador de la economía encarnada que emprendió por nosotros. Esta regla nos ayuda a percibir el alcance y la sustancia del viaje de Cristo a nuestra "ciudadanía lejana". Todo lo que Jesús es y hace como hombre apunta a nuestra salvación. Como ha dicho Rowan Williams, "El Hijo no necesita nada y por eso es libre de darlo todo".[54]

Desde el inicio de la economía hasta su consumación, desde la concepción virginal hasta la entronización de Cristo en el cielo, todo lo

---

[53] *Oration* 38.2 (en Daley, *Gregory of Nazianzus*, 118).
[54] R. Williams, *Christ the Heart of Creation*, 163.

que Cristo hizo y sufrió y llegó a ser, lo hizo y sufrió y llegó a ser por nosotros.[55] En otras palabras, la exégesis partitiva nos dirige no a la humanidad de Cristo considerada en abstracción de su persona, sino tal como subsiste en ella mientras reconcilia al mundo consigo. Cuando la pregunta exegética "¿Qué?" o "¿En qué sentido?" nos dirige a la humanidad de Cristo, la siguiente pregunta es "¿Por qué?". Y el núcleo de la respuesta es siempre: "Por nosotros y por nuestra salvación".

---

[55] Este punto está bien expuesto por Wiles, *The Spiritual Gospel*, 150, resumiendo el relato de Cirilo de la economía encarnada de Cristo tal como se proclama en el Evangelio de Juan.

§9. DIOS DE DIOS: DE LAS MISIONES A LAS PROCESIONES

Principio 7: Dentro de su unidad e igualdad, las tres personas existen en relaciones de origen: el Hijo es generado eternamente del Padre, y el Espíritu procede eternamente del Padre y del Hijo.

Regla 10: La Escritura atribuye con frecuencia a las personas divinas relaciones y acciones ordenadas que no comprometen su unidad e igualdad, sino que solo significan que una persona existe eternamente a partir de otra: el Hijo del Padre, el Espíritu del Padre y del Hijo. Leamos la Escritura de modo que reconozcamos y defendamos estas relaciones ordenadas de origen.

Uno de los principales objetivos de este libro es proporcionar categorías en las que todo lo que la Escritura dice sobre Cristo pueda encontrar un lugar adecuado. Piense en una cocina ordenada y bien surtida, donde cada plato, ingrediente y herramienta tiene un hogar amplio, ordenado e intuitivamente ubicado. Discernir la gramática teológica de la Escritura nos proporciona cajones del tamaño, la forma y la ubicación adecuados en los que almacenar el conocimiento de Dios en Cristo. A menudo, leer las Escrituras es como aprender cuál es el lugar de cada cosa en la cocina de otra persona. En capítulos anteriores, hemos ido descubriendo dónde están los cajones, qué va en ellos y por qué.

Siguiendo con la visión de la gloria de Cristo, hemos visto que es uno e igual al Padre. Junto con el Padre y el Espíritu Santo, el Hijo es el único y verdadero Dios de Israel. Por ser un solo Dios junto con el Padre y el Espíritu, las obras del Hijo son idénticas a las del Padre y del Espíritu y no pueden separarse de ellas. Este mismo Hijo, que es y sigue siendo Dios, también se hizo hombre para realizar nuestra salvación. Puesto que el Hijo tomó la naturaleza humana en unión personal consigo mismo, se siguen todo tipo de predicados paradójicos. Por ejemplo, el Señor de la gloria fue crucificado por nosotros. Y, por último, al tener ambas naturalezas, divina y humana, la Escritura habla del Hijo en modos propios de Dios y en modos propios de la economía de su carne. Es menor que el Padre en cuanto hombre, pero igual al Padre en cuanto Dios.[1]

Pero hay muchas afirmaciones bíblicas sobre Cristo que no encajan en ninguno de los cajones que hemos descubierto hasta ahora. Por ejemplo, consideremos Juan 5:19, que este capítulo tratará en detalle: "En verdad les digo que el Hijo no puede hacer nada por su cuenta, sino lo que ve hacer al Padre; porque todo lo que hace el Padre, eso también hace el Hijo de igual manera". A primera vista, la frase "no puede hacer nada por su cuenta" podría llevarnos a pensar que Cristo se refiere a su naturaleza humana. Pero la frase siguiente lo descarta. Si el Hijo hace todo lo que hace el Padre, entonces la actividad de la que habla Jesús excede lo que realiza como ser humano. Entonces, ¿cómo es que Jesús puede realizar actos divinos de una manera que no es "por su cuenta"? ¿Y qué papel desempeñan afirmaciones tan enigmáticas en el movimiento por el que Dios atrae nuestros corazones y mentes hacia lo alto para contemplar su gloria?

---

[1] Siguiendo a Agustín: "The Catholic rule of faith: Christ equal to the Father as Word, less than the Father as man" (*Homilies on the Gospel of John* 18.1 [WSA III/12:321]).

Este capítulo introduce nuestro último principio y regla. Ambos se refieren a las relaciones eternas de origen dentro de la Trinidad. Como veremos, algunos pasajes de la Escritura enseñan que una persona divina existe eternamente a partir de otra, lo que significa que tenemos que leer todos los pasajes relacionados a la luz de esta "procedencia" eterna. Esto es lo que llamaremos la regla "desde otro". Aquí llegamos tanto al límite de lo que podemos decir como al pináculo de lo que debemos ver.

Apartándonos un poco de la norma, en lugar de presentar un extenso estudio de caso exegético, este capítulo consistirá en gran parte en examinar una serie de tres conjuntos de presiones bíblicas: primero, los nombres "Padre", "Hijo" y "Espíritu Santo" y su amplificación escrituraria; segundo, que los distintos modos de acción de las personas divinas revelan sus distintos modos de ser; tercero, que las misiones del Hijo y del Espíritu en el tiempo revelan sus procesiones eternas. A continuación, trataremos brevemente la gramática del principio relativo a las relaciones de origen y las dimensiones conceptuales de su regla derivativa. Concluiremos reflexionando sobre el modo en que las misiones divinas nos introducen salvíficamente en el misterio de la Trinidad.

Primera presión: Los nombres "Padre", "Hijo" y "Espíritu Santo" y su amplificación bíblica

En esta sección y en las dos siguientes, medimos la presión bíblica por la que la Escritura nos enseña a contemplar las distinciones y el orden entre el Padre, el Hijo y el Espíritu Santo. En el capítulo 5, hicimos una primera aproximación a este material y vimos *que* el Padre, el Hijo y el Espíritu Santo son distintos en sus relaciones mutuas; ahora vemos algo más del *cómo*. Además, el análisis del funcionamiento inseparable de la Trinidad en el capítulo 6 anticipó y, en cierto sentido, tomó prestado del análisis más completo de las relaciones eternas de las personas divinas que se realiza en este capítulo.

Nuestro primer conjunto de presiones consiste en los nombres bíblicos "Padre", "Hijo" y "Espíritu Santo" y la manera en que la Escritura expone esos nombres. Comenzaremos con cómo "Padre" e "Hijo" son evidentemente designaciones relativas, luego consideraremos cómo la Escritura revela más plenamente la relación del Hijo con el Padre, y finalmente concluiremos con la amplificación de la Escritura del nombre "Espíritu Santo".[2]

"Padre" e "Hijo" como nombres relativos

En su uso cotidiano, la palabra "hijo" nombra una relación, al igual que "padre". Un hijo es siempre hijo *de* alguien. Decir: "Simón es hijo de Juan" es decir: "Juan es padre de Simón". Los términos "padre" e "hijo" se implican mutuamente. Son recíprocos o correlativos. De ordinario, pertenecen a la relación en la que un hombre es el progenitor de un hijo varón (aunque hay usos extraordinarios, como en la adopción). Llamamos a estos términos "relativos" porque la realidad que significan es una relación.[3] Y esta relación es de origen: un hijo es *de* su padre. Los términos "padre" e "hijo" se refieren a un sujeto no simplemente como ese sujeto es en sí mismo, sino solo como ese sujeto existe en relación con otro.

---

[2] Nuestra aproximación a los nombres personales de la Trinidad en esta sección es particularmente deudora de Swain, "Divine Trinity", esp. 87-90, 92-102.

[3] Para una discusión que fue ampliamente influyente en la antigüedad sobre "relación" o "cosas relativas" como categoría filosófica, véase Aristóteles, *Categories* 7, 6a36-37: "Llamamos *relativas* a todas aquellas cosas de las que se dice que son justamente lo que son, *de o que* otras cosas, o de alguna manera *en relación con* otra cosa" (trad. Ackrill, 17). Aristóteles extiende su discusión para cubrir los términos relativos en *Categories* 7, 6b6-8, y ofrece una segunda definición de relativos como cosas para las cuales "*ser es lo mismo que estar de alguna manera relacionado con algo*" en *Categorías* 8, a31-32 (trad. Ackrill, 22 [énfasis original]). Sobre estas dos definiciones de Aristóteles, véase la discusión en Sorabji, *The Philosophy of the Commentators, 200-600 AD*, 3:79-81. Véase también la distinción de Platón entre entidades y términos absolutos y relativos en, por ejemplo, *Sophist* 255c; *Republic* 438ab; y *Parmenides* 133d.

Del mismo modo, en la Escritura, cuando se utilizan como títulos que identifican quiénes son intrínsecamente Jesús y su Padre celestial, los términos "Padre" e "Hijo" no son absolutos, sino relativos.[4] En concreto, estos dos nombres son correlativos: nombran una relación que se implica mutuamente. Cirilo de Alejandría explica: "Los nombres relativos se significan mutuamente, y cada uno da conocimiento del otro... Por consiguiente, "Padre" es un nombre relativo, e igualmente lo es "Hijo".[5] Por eso, continúa razonando, si uno conoce al Hijo, conoce al Padre (Jn. 8:19), y, "Todo aquel que niega al Hijo tampoco tiene al Padre; el que confiesa al Hijo tiene también al Padre" (1 Jn. 2:23).[6]

En todo el Nuevo Testamento, las identidades personales del Padre y del Hijo se definen con referencia la una a la otra.[7] Esto es evidente tanto en el uso simple y sin matices de los títulos "el Padre" y "el Hijo" (Mat. 28:19; Jn. 3:35; 1 Cor. 15:24, 28) como en las frecuentes referencias de Jesús a "mi Padre" (Mat. 7:21; 12:50; Jn. 10:29). Jesús reivindica una relación categóricamente única con Dios cuando lo llama "mi Padre", es decir, "su propio padre" (Jn. 5:18). Del mismo modo, el Hijo es "propio" del Padre (Rom. 8:32). En todos estos casos, "Padre" designa a una persona divina como fuente de otra; "Hijo" designa a uno como engendrado del otro. Más adelante tendremos que profundizar en esta metáfora biológica del "engendramiento", pero de

---

[4] Todos los usos bíblicos de "Padre" e "Hijo" para nombrar a Dios son relativos en algún sentido, pero no siempre nombran la misma relación. Dios es llamado "Padre" en las Escrituras en virtud de su papel como creador de todo (Is. 45:9-13) y como redentor de Israel (Ex. 4:22; Dt. 32:4-6, 18). Cuando se usa para describir la relación de Dios con todas las cosas como su creador, "Padre" significa la esencia de Dios y se refiere a las tres personas en común. Y como observa Carson, "Juan 5:26", 86, "Hijo" puede referirse a Jesús "como Hijo de Dios en virtud de su papel como rey davídico y mesiánico por excelencia, sin ninguna asociación eterna y 'trinitaria' necesaria". De ahí nuestra matización anterior: es cuando se utilizan para identificar a las personas divinas cuando los términos son relativos entre sí.

[5] Cyril of Alexandria, *Dialogues on the Trinity* 4.509c-d (SC 237:154 [AT]); véase también Orígenes, *On First Principles* 1.2.10.

[6] Cyril of Alexandria, *Dialogues on the Trinity* 4.510a (SC 237:156 [AT]).

[7] Para un estudio en profundidad de algunos casos clave de este fenómeno en Pablo, véase Hill, *Paul and the Trinity*. Véase también Watson, "The Triune Divine Identity".

momento basta con ver que estos nombres de parentesco son recíprocos y nos indican una relación de origen.[8]

Además, la relación mutua que significan estos nombres es única, caracterizada por la singularidad de Dios mismo. Consideremos las palabras de Jesús en Mateo 11:27: "Todas las cosas me han sido entregadas por Mi Padre; y nadie conoce al Hijo, sino el Padre, ni nadie conoce al Padre, sino el Hijo, y aquel a quien el Hijo se lo quiera revelar".[9] El conocimiento mutuo y exclusivo que el Padre y el Hijo tienen el uno del otro atestigua su unidad e igualdad divinas. Nótese también cómo los dos títulos se utilizan sin más especificación: "el Padre" y "el Hijo". En este sentido, solo hay un Padre y un Hijo: su relación es categóricamente única. El Padre no es "un" padre, o como un padre, sino que es *el* Padre de *este* Hijo. "Padre" nombra quién es Dios Padre de manera única.

Cuando percibimos la correlatividad de estos nombres sobre el trasfondo de la unicidad de Dios, podemos ver cómo las relaciones significadas por "Padre" e "Hijo" son intrínsecas a la vida de Dios. Así, esta relación mutua se caracteriza por todas las perfecciones de Dios, como la eternidad y la inmutabilidad. Es decir, debemos entender la relación en sí de un modo propio de Dios. "Padre" no es algo en lo que Dios se convierte, algo que podría no haber sido. Por el contrario, "Padre" significa la identidad única de la "primera" persona de la Trinidad en relación con su Hijo. El Padre es siempre Padre de su Hijo. Lo mismo, *mutatis mutandis,* puede y debe decirse del Hijo. "Padre" e "Hijo" nombran una relación dentro de Dios, no una relación entre Dios y lo que no es Dios. Una vez más, "Padre" e "Hijo" no se refieren de

---

[8] Como observa Soulen, *"Generatio, Processio Verbi, Donum Nominis",* 137, "A diferencia de la mayoría de los sustantivos comunes, los términos de parentesco tienen un carácter inherentemente recíproco".

[9] Para una exégesis concisa y esclarecedora de Mat. 11:25-27 que rastrea sus implicaciones trinitarias, véase Swain, "The Mystery of the Trinity". Para un estudio cuidadoso de las identidades mutuamente constitutivas de Padre e Hijo en el Evangelio de Mateo, véase Leim, *Matthew's Theological Grammar.*

manera absoluta o indiferenciada a la única esencia divina. En cambio, nombran una relación en la que subsiste esa esencia.[10]

Amplificación escritural de "Hijo"

Esta interpretación de "Padre" e "Hijo" como términos correlativos y relacionales que indican una relación eterna de origen se ve confirmada por el modo en que el Nuevo Testamento amplifica —es decir, expone o desarrolla— lo que significa para Jesús ser Hijo de Dios. Consideraremos dos formas en que la Escritura amplifica el título de "Hijo".

La primera está tomada del Evangelio de Juan y se refiere a lo que significa decir que el Hijo es "engendrado" del Padre. En el prólogo, Juan utiliza el título "unigénito" para el Hijo: "El Verbo se hizo carne, y habitó entre nosotros, y vimos Su gloria, gloria como del unigénito del Padre, lleno de gracia y de verdad" (Juan 1:14). A diferencia de las primeras traducciones inglesas del griego (Tyndale, RV, Biblia de Ginebra), la mayoría de las traducciones modernas toman la palabra griega μονογενής, (*monogenēs*) con el significado de "único" o "uno y solo", sin implicación necesaria de engendramiento.[11]

Sin embargo, Lee Irons ha presentado recientemente un caso detallado y convincente de que *monogenēs*, cuando se aplica al Hijo en el Evangelio y la primera epístola de Juan (Jn. 1:14, 18; 3:16, 18; 1 Jn. 4:9), siempre se utiliza en un sentido biológico metafórico que significa

---

[10] Se trata de una observación común entre los primeros teólogos. Véase, p. ej., Athanasius, *Against the Arians* 1.33, 34; 3.6 (*NPNF*² 4:325-26, 397); Basil, *Against Eunomius* 1.5, 2.9 (cf. 2.4, 22, 28-29); Gregory of Nazianzus, *Oration* 30.19-20; Gregory of Nyssa, *To Peter* 7g; *Against Eunomius* 3.1.133-34; 3.2.107-8, 143. Sobre el papel de la relación y los nombres divinos relativos en la teología trinitaria de Gregorio de Nisa, véase Maspero, "Life from Life", esp. 415-25; Maspero, "Trinitarian Theology in Gregory of Nyssa's *Contra Eunomium*", 472, 491.

[11] Por ejemplo, las traducciones en inglés: CSB, ESV, NET, NIV, NLT, NRSV.

"unigénito".[12] Nótese que en Juan 1:14, Jesús es el "unigénito *del Padre*". No solo eso, sino que el carácter de su "gloria" es el del "unigénito del Padre".[13] Que Jesús sea el "unigénito" es la razón por la que manifiesta la gloria de su Padre; ser el "unigénito" también infiere la manera en que manifiesta esa gloria: como Padre, como Hijo. El término μονογενής (*monogenēs*) indica que el Hijo existe *desde* el Padre como engendrado o generado por el Padre.[14]

Sin embargo, todo depende de que entendamos este "engendramiento" de una manera acorde con Dios. El Evangelio de Juan nos ofrece aquí más orientación con otras formas en que amplifica el título "Hijo". En una serie de afirmaciones a lo largo del Cuarto Evangelio, Jesús utiliza el lenguaje de "dar" y "tener" la vida, la gloria y el nombre divinos únicos de maneras que solo pueden implicar que el Padre comunica eternamente la naturaleza divina al Hijo. Pensemos en ello:

> Porque como el Padre tiene [ἔχει, *echei*] *vida* en Él mismo, así también le dio [ἔδωκεν, *edōken*] al Hijo el tener vida en Él mismo. (Jn. 5:26)
> Y ahora, glorifícame Tú, Padre, junto a Ti, con la gloria que tenía [εἶχον, *eichon*] contigo antes que el mundo existiera. (Jn. 17:5)
> Padre santo, guárdalos en Tu nombre, el nombre que me has dado [δέδωκάς, *dedōkas*], para que sean uno, así como nosotros somos uno. Cuando yo estaba con ellos, los guardaba en Tu nombre, el nombre que me diste. (Jn. 17:11-12).

---

[12] Véase Irons, "A Lexical Defense of the Johannine 'Only Begotten'"; para esta redacción de su principal afirmación, véase 112. La siguiente discusión se debe en gran medida a Irons.

[13] Como indica la partícula griega ὡς: "gloria *como* del unigénito del Padre". Como observa Juan Crisóstomo, "la palabra 'como' en este contexto no expresa semejanza o comparación, sino que afirma y define inequívocamente" (*Homilies on John* 12 [FC 33:112]).

[14] Considera también, especialmente, Juan 1:18: "Nadie ha visto jamás a Dios; el unigénito Dios, que está en el seno del Padre, Él lo ha dado a conocer". Sobre lo cual véase, por ejemplo, Rainbow, *Johannine Theology*, 104; de la Potterie, "The Truth in Saint John", 71; Dahms, "The Johannine Use of Monogenēs Reconsidered".

Padre, quiero que los que me has dado, estén también conmigo donde Yo estoy, para que vean Mi gloria, la gloria que me has dado, [δέδωκάς, *dedōkas*] porque me has amado desde antes de la fundación del mundo. (Jn. 17:24)

Para nuestro propósito, basta con examinar Juan 5:26. Aquí Jesús proclama que posee la clase de vida que solo Dios tiene.[15] Aquí, Jesús proclama que posee la clase de vida que solo Dios tiene: "vida en Él mismo".[16] Dios es el único que tiene inmortalidad (1 Tim. 6:16). Solo Dios no necesita nada y lo da todo (Hch. 17:24-25). Todas las cosas dependen de él y él no depende de nada (Rom. 11:36). Solo Dios es fuente de vida (Sal. 36:9), porque solo Dios es eternamente plenitud de vida en sí mismo.

En resumen, la misma vida que pertenece al Padre pertenece al Hijo. Pero Jesús nos dice también *la manera en que* posee esta vida divina: "así también le dio al Hijo el tener vida en Él mismo". Si la posesión de esta vida por parte de Jesús tuvo alguna vez un principio, de modo que hubo un tiempo en que no la tuvo, entonces la vida en cuestión no podría ser la misma "vida en Él mismo" que tiene el Padre. Como observa D. A. Carson, la construcción "así como... así también" "asegura que cualquier cosa que signifique 'vida en Él mismo" en la

---

[15] Sobre Juan 17:5, 11-12 y 24, véase, por ejemplo, Kammler, *Christologie und Eschatologie*, 181; Kammler, "Die Theologie des Johannesevangeliums", 89n41; Hengel, "The Prologue of the Gospel of John as the Gateway to Christological Truth", 272; Gieschen, "The Divine Name in Ante-Nicene Christology", 136-37. Véase también Gieschen, "The Divine Name That the Son Shares with the Father in the Gospel of John".

[16] Para reflexiones fructíferas sobre la enseñanza bíblica de la aseidad de Dios, véase Webster, "Life in and of Himself"; Webster, "Eternal Generation"; Bavinck, *Reformed Dogmatics*, 2:150-52. Para el ajuste conceptual de la aseidad divina con la cristología de Juan del nombre divino y sus dichos "Yo soy", véase Macaskill, "Name Christology, Divine Aseity, and the I Am Sayings in the Fourth Gospel". Por último, para lecturas contemporáneas de Juan 5:26 que consideran que el versículo atestigua la concesión eterna de la vida divina del Padre al Hijo, en la que se basa nuestra discusión, véase, por ejemplo, Kammler, *Christologie und Eschatologie*, 170-83; Rainbow, *Johannine Theology*, 104; Carson, "John 5:26", esp. 79-87; Blumhofer, *The Gospel of John and the Future of Israel*, 109.

existencia del Padre, significa lo mismo en la existencia del Hijo".[17] Por tanto, esta entrega de "vida en Él mismo" del Padre al Hijo solo puede ser eterna —sin antes ni después, ni principio ni fin— y, por tanto, distinta de cualquier entrega ordinaria. Juan 5:26 revela así el modo o manera de la vida divina de Jesús. Él posee eternamente la vida en sí mismo, y esa vida en sí mismo procede del Padre.

Con "dar" y "tener", Juan amplifica "Hijo" y "engendrar" en el mismo aliento. Como un padre engendra un hijo que comparte su naturaleza, así el Padre da o comunica eternamente su propia naturaleza al Hijo. Dado el uso prominente del título "el Hijo" en Juan 5:26 y su contexto cercano, debemos entender esta comunicación eterna de la naturaleza divina del Padre como un comentario sobre el título "Hijo". Esto es lo que significa para este Hijo ser el Hijo de este Padre. Y puesto que la vida comunicada es la misma en el Hijo que en el Padre, debemos entenderla de un modo propio de Dios: sin género ni genética, materia ni maduración, espacio ni cisma, vientre ni guerra.[18] No se trata de teogonía ni de creación, sino simplemente de una comunicación sobrenatural propia de la vida perfecta de Dios, en la que una persona se distingue de otra.

Una segunda forma en que la Escritura amplifica el nombre personal "Hijo" es a través de una serie de imágenes o analogías que caracterizan al Hijo como poseedor de la naturaleza divina y a la vez como derivación de esa naturaleza del Padre. Estas imágenes o analogías no nos proporcionan ningún tipo de comprensión exhaustiva del misterio de las relaciones intradivinas. En cambio, la luz que arrojan sobre esta realidad es oblicua y parcial, pero no por ello menos fiable y suficiente. Consideremos tres pasajes de este tipo, todos ellos referidos al Hijo:

---

[17] Carson, "John 5:26", 85.
[18] Sobre la ausencia de género en Dios, véase, por ejemplo, Gregory of Nazianzus, *Oration* 31.7 (PPS 23:121-22). Sobre la normatividad y validez permanentes de nombres masculinos como "Padre" e "Hijo" en la teología trinitaria, véase especialmente DiNoia, "Knowing and Naming the Triune God".

Él es la imagen del Dios invisible, el primogénito de toda creación. (Col. 1:15)

Él es el resplandor de Su gloria de Dios y la expresión exacta de Su naturaleza, y sostiene todas las cosas por la palabra de Su poder. (Heb. 1:3)

En el principio ya existía el Verbo, y el Verbo estaba con Dios, y el Verbo era Dios. (Jn. 1:1)

Cada uno de estos pasajes habla explícitamente del "Hijo" (cf. Col. 1:13-14; Heb. 1:2) o del "unigénito" (cf. Jn. 1:14), y cada uno amplía este único tema con analogías extraídas de realidades creadas: imagen, resplandor y expresión, y verbo (palabra). Cada una de estas analogías habla de la incomprensible relación de origen que el Hijo guarda con el Padre. En Colosenses, el Hijo es la "imagen" que refleja la plenitud de Dios. En Hebreos, el Hijo es el "resplandor" y la "expresión" del Padre, lo que establece una analogía entre una semejanza y su origen. Ambos términos indican que Dios Padre es el origen del Hijo, como el sol es el origen de la luz que irradia y un sello es el origen de su impresión en cera. Y del mismo modo que una "palabra" es concebida por la mente del que la pronuncia y la expresa, así también el Hijo expresa intrínsecamente al Padre. Como dice Agustín: "No podemos hablar de una palabra sin entenderla como palabra de alguien y de aquel de quien procede".[19] Todos estos símbolos muestran cómo el Hijo procede del Padre como su semejanza, aunque en el contexto de una clara afirmación de la plena divinidad del Hijo y, por tanto, de su igualdad con el Padre.

Atanasio llama *"paradeigmata"* (παραδείγματα) a ilustraciones bíblicas como estas. Entre otras cosas, este término griego puede significar "patrón" o "modelo".[20] Cada ilustración, cada *paradeigma*,

---

[19] Augustine, *Answer to an Arian Sermon* 17 (WSA I/18:154). Véase también Gregory of Nazianzus, *Oration* 30.20 (PPS 23:109-11).

[20] Véase, por ejemplo, Athanasius, *Against the Arians* 2.32 (*NPNF*² 4:365); *Letters to Serapion* 1.19-20 (PPS 43:82-85). Para estudios instructivos sobre la lectura que hace Atanasio de estos *paradeigmata* escriturísticos, véase Anatolios,

trata un elemento de la existencia de la creación como analogía de la relación del Hijo con el Padre. Esa relación es en cierto modo parecida —aunque también distinta— al modo en que una imagen representa su original, al modo en que la luz irradia del sol, al modo en que una forma es estampada por un molde, al modo en que una palabra expresa a su interlocutor. Aunque estas imágenes ponen de relieve distintos aspectos de la relación del Hijo con el Padre, su hilo conductor es la "procedencia".

Al igual que los nombres "Padre" e "Hijo", estas cuatro ilustraciones —imagen, resplandor, expresión y palabra— contienen términos relativos. Una imagen es "de" algo o alguien; el resplandor es "de" su fuente de luz; una expresión es "de" su original; una palabra es "de" su hablante. De ahí que debamos entender que los nombres relativos "Padre" e "Hijo", por un lado, y este conjunto de predicados relativos, por otro, se informan mutuamente. Aquino explica:

> Porque tiene el nombre de 'Hijo' para mostrar que es de una naturaleza con el Padre; 'Esplendor', para mostrar que es coeterno; 'Imagen', para mostrar que es enteramente semejante; 'Palabra', para mostrar que no es engendrado carnalmente. Ningún nombre podría ser ideado para resaltar todo esto.[21]

Así pues, todos estos *paradeigmas* bíblicos iluminan el nombre de "Hijo" y se iluminan entre ellos. Son como reflejos, desde distintos ángulos y sobre distintas superficies, de algo demasiado brillante para que podamos contemplarlo directamente. Pero los necesitamos a todos juntos para no concebir la relación del Hijo con el Padre de un modo que lleve algún rastro de los límites de la criatura. Como observa Peter Leithart, cada uno de estos símbolos "ayuda a la purificación apofática de nuestros pensamientos sobre Dios como Padre e Hijo. Un paradigma

---

Athanasius, 79-80; Anatolios, *Retrieving Nicaea*, 110-14; Ernest, *The Bible in Athanasius of Alexandria*, 151-59; Leithart, *Athanasius*, 42-46.

[21] Aquinas, *STh* III.34.2.*ad3* (trad. O'Brien, 37).

limpia al otro".²² ¿Cómo es la filiación del Hijo? No tiene principio, porque es como el resplandor de la luz desde su fuente: en cuanto tienes luz, tienes resplandor. No implica ninguna disminución del ser del Hijo en comparación con el del Padre, porque el Hijo es imagen del Padre de tal modo que comparte plenamente la naturaleza del Padre. No implica ninguna derivación material, porque es como la palabra de un orador que surge de su interior. Aunque la relación eterna, personal y mutuamente constitutiva del Padre y del Hijo escapa necesariamente a nuestro alcance exhaustivo o a nuestra comprensión completa, estos nombres y analogías arrojan sobre ella una luz verdadera y fiable.²³ Nos dan medios reales, aunque limitados, de "lucha racional con el misterio".²⁴

Hemos subrayado aquí las relaciones de origen, pero sigue siendo cierto que, por esta razón, estos títulos revelan la unidad y la igualdad del Padre y del Hijo. Cada uno de estos *paradeigmas*, leído en su contexto escritural y coordinado con los títulos personales "Padre" e "Hijo", afirma dos realidades complementarias sobre el Hijo: posee la naturaleza divina y existe en una relación irreversible con el Padre.²⁵ Es decir, cada *paradeigma* atestigua tanto lo que tiene en común con el Padre y el Espíritu (su único ser divino) como lo que le es propio como Hijo (su generación eterna a partir del Padre). Como Verbo del Padre (Jn. 1:1), el Hijo es Dios y procede de Dios. Como resplandor y

---

[22] Leithart, *Athanasius*, 46.

[23] Así Athanasius, *Against the Arians* 2.32: "Puesto que la naturaleza humana no es capaz de comprender a Dios, la Escritura ha puesto ante nosotros tales símbolos (*paradeigmata*) y tales imágenes (*eikonas*), para que podamos entender de ellos, aunque sea ligera y oscuramente, cuanto nos es accessible" (en Anatolios, *Athanasius, Against the Arians*, 127).

[24] Barth, *CD* 1/1:368. Scheeben nos recuerda lo que es un misterio: "Dos elementos son esenciales para un misterio: en primer lugar, que la existencia de la verdad propuesta no es alcanzable por ningún medio natural de cognición, que se encuentra más allá del alcance del intelecto creado; en segundo lugar, que su contenido es capaz de aprehensión solo por conceptos análogos" (Scheeben, *The Mysteries of Christianity*, 11).

[25] Comentando el tratamiento que da Atanasio a Jn. 14:6, 1 Cor. 1:24 y Heb. 1:3, Anatolios escribe: "Todas estas relaciones no son reversibles, aunque designen igualdad" (*Athanasius*, 79).

expresión ontológica del Padre (Heb. 1:3), el Hijo es Dios y procede de Dios. Como imagen perfecta del Padre, cocreador y sustentador de todo (Col. 1:15-17), el Hijo es Dios y procede de Dios.

En otras palabras, cada *paradeigma* habla en dos registros a la vez: lo esencial y lo relativo, lo común y lo propio, aunque de forma diferente. Cada *paradeigma* atestigua directamente la relación personal e irreversible en la que existen el Padre y el Hijo, el Padre engendrando al Hijo y el Hijo siendo engendrado por el Padre. Del mismo modo, cada imagen significa también indirectamente la esencia divina que poseen en común y que el Padre comunica al Hijo.[26]

El nombre "Espíritu Santo" y su amplificación escritural

¿Cómo amplifica la Escritura el título "Espíritu Santo" para atestiguar su relación de origen? Esto es un poco más difícil. Dos razones bastarán para plantear el problema a nuestros efectos. En primer lugar, el nombre "Espíritu Santo" no es en sí mismo exclusivo del Espíritu Santo. Puesto que Dios es "espíritu" (Jn. 4:24), y las tres personas de la Trinidad son "santas" (Mr. 1:24; Jn. 17:11; Rom. 1:4), el significado superficial del título "Espíritu Santo" no transmite, intrínsecamente, lo que distingue a la tercera persona de la Trinidad de las otras dos. De hecho, parece un candidato poco probable para un nombre personal.[27] Principalmente, entendemos que "Espíritu Santo" significa una persona distinta por la forma en que se utiliza en el discurso bíblico.[28]

En segundo lugar, la identidad del Espíritu como persona divina distinta se revela "al final", por así decirlo, en la economía divina. Gregorio Nacianceno señala que la divinidad del Espíritu se nos revela en el momento oportuno de la economía, "tras el regreso de nuestro Salvador al cielo", cuando el Espíritu habita personalmente en nosotros

---

[26] Véanse las discusiones relacionadas en Aquinas, *STh* I.29.4; I.34.1.

[27] La rareza del nombre a este respecto podría entenderse como un medio pedagógico de evitar que confiemos demasiado en las metáforas sociales de la Trinidad.

[28] Aquinas, *STh* I.36.1.*corp*.

y nos enseña la relación entre el Padre y el Hijo.²⁹ Puesto que estamos situados al otro lado de Pascua y Pentecostés, el razonamiento bíblico se produce cuando el Espíritu actúa en nosotros y en medio de nosotros: "Nadie puede decir: 'Jesús es el Señor', excepto por el Espíritu Santo" (1 Cor. 12:3). Si vemos que la Luz (Hijo) procede realmente de la Luz (Padre), es solo porque lo vemos *en* la Luz (Espíritu). La luz con la que vemos algo —un ser querido, un cuadro, las palabras de una página— no suele reclamar directamente nuestra atención. En este sentido, hablar del Espíritu se parece mucho a que un pez aprenda lo que es estar mojado. Naturalmente, entonces, discernir la relación de origen del Espíritu a partir de su nombre y su amplificación bíblica va a ser más complicado.

Aunque el nombre "Espíritu Santo" no es intrínsecamente relativo como "Padre" e "Hijo", sí lo es en su uso. De manera análoga a como el espíritu de una persona le pertenece, el Espíritu Santo pertenece tanto al Padre como al Hijo. Cuando hablamos del espíritu de un ser humano, usamos "de" para significar posesión. "Porque entre los hombres, ¿quién conoce los pensamientos de un hombre, sino el espíritu del hombre, que está en él?". (1 Cor. 2:11). La Escritura hace algo parecido con el uso de "Espíritu" en construcciones genitivas.

El Espíritu Santo no solo es *de* Dios (p. ej., Mat. 12:28), sino también *del* Padre y *del* Hijo: "Porque no son ustedes los que hablan, sino el Espíritu de su Padre que habla en ustedes" (Mat. 10:20); "Y porque ustedes son hijos, Dios ha enviado a el Espíritu de Su Hijo a nuestros corazones, clamando: '¡Abba! ¡Padre!'" (Gal. 4:6; cf. Hch. 16:7; Fil. 1:19; 1 Ped. 1:11). Del mismo modo, Pablo nombra al Espíritu de las tres maneras cuando escribe:

> Sin embargo, ustedes no están en la carne sino en el Espíritu, si en verdad el Espíritu de Dios habita en ustedes. Pero si alguien no tiene el Espíritu de Cristo, el tal no es de Él... Si el Espíritu de Aquel que resucitó a Jesús de entre los muertos habita en ustedes, el mismo que

---

²⁹ Gregory of Nazianzus, *Oration* 31.27 (PPS 23:138).

resucitó a Cristo Jesús de entre los muertos, también dará vida a sus cuerpos mortales por medio de Su Espíritu que habita en ustedes (Rom. 8:9, 11).

En particular, Pablo se dirige aquí a los creyentes que están *en el Espíritu* y que, por tanto, conocen esta Luz por la luz que arroja sobre su propia filiación adoptiva (Rom. 8:15).

El uso relativo que la Escritura hace del "Espíritu Santo" muestra que pertenece tanto al Padre como al Hijo. La identidad misma del Espíritu —*de* quién es el Espíritu— se relaciona tanto con el Padre como con el Hijo. Pero ¿en qué sentido debemos entender el propio nombre "Espíritu"? Tanto la palabra hebrea (רוּחַ, *rûaḥ*) como la griega (πνεῦμα, *pneuma*) utilizadas en las Escrituras para designar al Espíritu derivan etimológicamente de "aliento". Jesús ofrece una lección objetiva cuando "sopla" el Espíritu sobre los discípulos (Jn. 20:22).[30] El aliento en un ser vivo es espíritu, vida (Jn. 6:68; Stg. 2:26). Como veremos más adelante, la revelación trinitaria del nuevo pacto revela que el Espíritu no es simplemente una forma de hablar de Dios, sino que es *soplado* eternamente, por así decirlo, por el Padre y, como veremos, por el Hijo.

Llevando la imagen hasta sus límites, podríamos decir que el Espíritu es algo así como —en un sentido propio de Dios— el Aliento que respiran el Padre y el Hijo: no algo de lo que dependan para su vida, como el ser humano depende del aire como vehículo de vida, ni tampoco una mera expresión de la vida, porque en el ser humano el aliento que respira no es en sí mismo su vida, sino solo su manifestación. En Dios, el Aliento del Padre y del Hijo es interior a ambos y procede de ellos como poseedor de esa vida en sí mismo.[31] Situado junto a ellos, el Espíritu es plenamente Dios y, por tanto,

---

[30] *Pneuma* también puede significar "viento", con connotaciones materiales del mundo natural. Jesús también apela explícitamente a este sentido (Jn. 3:8).

[31] Véase, por ejemplo, Gregory of Nyssa, *Catechetical Oration* 2-4 (PPS 60:68-71); Owen, *Pneumatologia* 1.ii (*Works* 3:55).

"respirado" como el "Aliento" que es *homoousios* con el Padre y el Hijo.[32]

La amplificación más directa del nombre del Espíritu y del sentido en que es "soplado" es también la atestación escritural más explícita de la relación de origen del Espíritu. En Juan 15:26, Jesús promete: "Cuando venga el Consolador, a quien yo enviaré del Padre, es decir, el Espíritu de verdad que procede [ἐκπορεύεται, *ekporeuetai*] del Padre, Él dará testimonio acerca de Mí".[33] La frase "que procede del Padre" podría referirse solo a la misión del Espíritu en el tiempo, su venida a los discípulos de Jesús para iluminarlos y morar en ellos. Sin embargo, desde nuestro punto de vista, es más probable que esta frase se refiera a la procesión eterna del Espíritu desde el Padre, su "salida" inmanente y ontológica.

Una razón es que, si la frase se refiriera a la misión del Espíritu en el tiempo, sería algo redundante y no encajaría bien en el contexto. Además, el tiempo presente "procede" sugiere una realidad continua, no un acontecimiento puntual. El Espíritu Santo procede, emana, surge eternamente del Padre (παρὰ τοῦ πατρός, *para tou patros*) y, como veremos, también del Hijo. Lo que significa exactamente "procede", sin embargo, está fuera de nuestro alcance. Gregorio Nacianceno resume la dificultad:

> En la medida en que procede del Padre, no es criatura; en la medida en que no es engendrado, no es Hijo; y en la medida en que la procesión es el medio entre la ingeneración y la generación, es Dios... ¿Qué es, pues, "proceder"? Explícame la ingeneración del Padre y yo te daré una explicación biológica del engendramiento del Hijo y de la

---

[32] Thomas Aquinas, en *STh* I.36.1.*ad2*, concluye que, tomando la expresión compuesta "Espíritu Santo" como un solo nombre, si tenemos en cuenta la procesión del Espíritu como "el que es espirado" —es decir, por analogía con el aliento de una persona—, entonces "podemos entender una relación incluso en el nombre".

[33] Especialmente en la tradición latina, el nombre "Espíritu" también se ha ampliado con los nombres "Don" y "Amor". Véase Levering, *Engaging the Doctrine of the Holy Spirit*, 51-70.

procesión del Espíritu, y enloqueceremos los dos por husmear en los secretos de Dios.[34]

Proceder, como respirar, debe entenderse en un sentido propio de Dios como una comunicación sobrenatural de vida dentro de Dios que no es generación y que distingue al Espíritu hipostáticamente del Padre y del Hijo. Decir mucho más que esto sería un desastre.

Las Escrituras utilizan con frecuencia construcciones genitivas, con o sin proposición, para nombrar al Espíritu en relación con otra persona divina (Mat. 10:20; Jn. 15:26; 1 Cor. 2:11-12; Gal. 4:6). Tanto si enfatizan la posesión como el origen, todas estas construcciones genitivas apuntan a relaciones de "procedencia" u origen.[35] Aunque cuesta un poco verlo, el uso relativo del nombre "Espíritu Santo" remite la existencia del Espíritu al Padre y al Hijo, a quienes pertenece y de quienes procede. Por tanto, el Espíritu Santo, como el Hijo, es Dios y *de* Dios.

En esta sección hemos visto que los títulos "Hijo" y "Espíritu Santo", tal como se utilizan y amplían en la Escritura, son términos relativos. Nombran relaciones de origen o "procedencia" dentro de la única esencia divina indivisa. El Hijo y el Espíritu Santo son Dios y proceden eternamente de Dios.

Segunda presión: el modo de actuar revela el modo de ser

El segundo conjunto de pasajes que nos presionan para confesar relaciones de origen dentro de la Trinidad son los que nos muestran modos ordenados de acción dentro de la Trinidad. Puesto que las acciones revelan el ser, como vimos en el capítulo 6, estos modos de

---

[34] Gregory of Nazianzus, *Oration* 31.8 (PPS 23:122).
[35] Según Scheeben, *Handbuch der katholischen Dogmatik*, vol. 2, n. 1017, los teólogos griegos tendían a enfatizar el genitivo de origen, los latinos el genitivo de posesión.

operación revelan modos ordenados de subsistencia. Examinaremos primero cómo actúan el Hijo y el Espíritu en la economía, y luego consideraremos el orden de actuación y subsistencia entre las personas que se manifiesta en los pasajes en los que una persona actúa "a través" de otra.

La acción del Hijo y del Espíritu en la economía

Pasemos ahora al modo en que el Hijo y el Espíritu actúan cada uno en la economía de la salvación, que revela sus relaciones eternas de origen. Tres pasajes del Evangelio de Juan atestiguan con especial claridad el modo de actuar del Hijo desde el Padre, y merece la pena citarlos íntegramente:

> En verdad, en verdad les digo que el Hijo no puede hacer nada por su cuenta [ἀφ' ἑαυτοῦ, *aph' heautou*], sino solo lo que ve hacer al Padre; porque todo lo que hace el Padre, eso también hace el Hijo de igual manera. Pues el Padre ama al Hijo, y le muestra todo lo que Él mismo hace. (Jn. 5:19-20)
> Mi enseñanza no es Mía, sino del que me envió. Si alguno está dispuesto a hacer la voluntad de Dios, sabrá si Mi enseñanza es de Dios o si hablo de Mí mismo [ἀπ' ἐμαυτοῦ, *ap' emautou*]. El que habla de sí mismo [ἀφ' ἑαυτοῦ, *aph' heautou*] busca su propia gloria; pero Aquel que busca la gloria del que lo envió, Él es verdadero y no hay injusticia en Él. (Jn. 7:16-18)
> Jesús le dijo: "¿Tanto tiempo he estado con ustedes, y todavía no me conoces, Felipe? El que me ha visto a Mí, ha visto al Padre. ¿Cómo dices tú: 'Muéstranos al Padre'? ¿No crees que Yo estoy en el Padre y el Padre en Mí? Las palabras que Yo les digo, no las hablo por Mi propia cuenta [ἀπ' ἐμαυτοῦ, *ap' emautou*], sino que el Padre que mora en Mí es el que hace las obras. Créanme que Yo estoy en el Padre y el Padre en Mí; y si no, crean por las obras mismas." (Jn. 14:9-11 TA)

Aunque cada pasaje tiene matices e implicaciones contextuales diferentes, todos ellos se refieren a las cuestiones de la agencia del Hijo y su origen. Profundizar en cada uno de ellos requeriría más espacio del que disponemos, por lo que debemos contentarnos con un examen más profundo de Juan 5:19-20.[36]

Para entender la primera mitad del versículo 19, es crucial leerlo a la luz de la segunda mitad. En primer lugar, la negación: "En verdad les digo que el Hijo no puede hacer nada por su cuenta, sino lo que ve hacer al Padre". Luego, la razón: "Porque todo lo que hace el Padre, eso también hace el Hijo de igual manera". Este versículo es negación y afirmación a partes iguales. En la primera mitad, Jesús niega que haga algo "de" o a partir de sí mismo. En la segunda mitad, afirma que hace todo lo que hace su Padre. La afirmación es tan categórica y completa como la negación. Y solo podemos entender la negación a la luz de la afirmación. No es solo que el Hijo haga solo lo que ve hacer al Padre, sino que el Padre le muestra *todo lo que hace,* lo que significa que todo lo que hace el Padre, lo hace el Hijo. Como Jesús reitera en el versículo 20: "Pues el Padre ama al Hijo, y le muestra todo lo que Él mismo hace". Por tanto, como vimos en el capítulo 6, el Padre y el Hijo actúan inseparablemente.

Por un lado, la afirmación del versículo 19 descarta el uso de la exégesis partitiva para entender toda la declaración de Cristo a causa de su naturaleza humana. Si el Hijo hace todo lo que hace el Padre —incluyendo, por ejemplo, crear y sostener el universo[37]—, entonces está hablando de obras que hace como Dios, no como hombre. En otras palabras, el marco de referencia de Jesús aquí no se limita a su actividad encarnada. Así pues, al decir que no hace nada "por su cuenta", las

---

[36] Entre los tratamientos eruditos modernos de estos versículos que hemos podido consultar, el más perceptivo exegéticamente y perspicaz teológicamente es, con mucho, el de Kammler, *Christologie und Eschatologie,* 20-40.

[37] Acertadamente señalado por Neyrey, *An Ideology of Revolt,* 21, 22, 24.

palabras de Jesús nos dan una idea del modo en que existe y actúa como Dios Hijo. Habla de sí mismo en clave divina, no humana.[38]

Además, la negación de Jesús no puede significar que el Padre actúe temporalmente antes e independientemente del Hijo, de modo que el Hijo actúe después e imitando al Padre. Esto contradiría claramente lo que las Escrituras en general y el Evangelio de Juan en particular dicen sobre la creación. El prólogo de Juan nos dice: "Todas las cosas fueron hechas por medio de Él, y sin Él nada de lo que ha sido hecho, fue hecho" (Jn. 1:3). El Padre no creó nada aparte del Hijo. Todo lo que creó, lo creó por medio del Hijo, con el Hijo.

Si concebimos la acción del Padre y del Hijo como una secuencia temporal en la que el Padre primero crea y muestra, y el Hijo después consulta e imita al Padre, entonces acabamos teniendo que decir que el Hijo se creó a sí mismo. Esto no solo no tiene sentido, sino que viola la regla de la adecuación a Dios.[39] Además, si pensamos que cada acto que Jesús realizó como humano correspondió a un acto discreto y previo del Padre, nos encontramos con absurdos. ¿Acaso el Padre caminó sobre las aguas antes que Jesús o resucitó a Lázaro de entre los muertos antes que Jesús? ¿Hizo el Padre primero el mundo, para que el Hijo hiciera un mundo distinto tomando como modelo el primero?[40]

---

[38] Como observa Aquino, si esto se refiriera a su naturaleza humana, "entonces uno se vería obligado a decir que todo lo que el Hijo de Dios hizo en su naturaleza asumida, el Padre lo había hecho antes que él. Por ejemplo, que el Padre había caminado sobre las aguas como lo hizo Cristo: de lo contrario, no habría dicho, **sino solo lo que ve hacer al Padre**" (*Commentary on the Gospel of St. John* 5.3.746 [negrita original]).

[39] Cf. Augustine, *Homilies on the Gospel of John* 19.1 (WSA III/12:334): "Si todo lo que aquí se dice, en efecto, se entiende en relación con los sentidos humanos o de un modo literal, al alma, atiborrada de fantasías, solo se le ocurren algunas imágenes del Padre y del Hijo o como dos seres humanos, uno mostrando algo, el otro viéndolo; uno hablando, el otro escuchando; todo eso proporciona ídolos al corazón".

[40] Así Gregory of Nazianzus, *Oration* 30.11: "Limpia a los leprosos, libera a los hombres de demonios y enfermedades, devuelve la vida a los muertos, camina sobre el mar, hace todas las demás cosas que hizo: ¿cómo o cuándo anticipó el Padre estas acciones del Hijo?". (PPS 23:102). Igualmente Augustine, *Homilies on the Gospel of John* 20.5-6 (WSA III/12:362-63).

Así pues, no podemos explicar las palabras de Jesús con referencia a su naturaleza humana, ni concebir los actos del Hijo y del Padre según el modelo de dos agentes criaturales que actúan independientemente, uno después del otro. No debemos importar ninguna concepción criatural a la acción del Hijo y del Padre de la que habla Jesús. ¿Qué significa, pues, la negación de Jesús de que no puede hacer nada por sí mismo, ni de sí mismo? Significa que actúa desde el Padre porque existe desde el Padre. No actúa por sí mismo porque no existe por sí mismo.[41] Como es eternamente, actúa en el tiempo.

Nuestro pasaje implica la generación eterna del Hijo desde el Padre con los verbos "ver", "amar" y "mostrar". Todas ellas son descripciones metafóricas de la relación eterna de origen del Hijo. En primer lugar, consideremos que el Hijo "ve" todo lo que hace el Padre. En el Evangelio de Juan destaca el tema de la invisibilidad del Padre, por lo que el "ver" en cuestión no puede ser una visión humana con ojos humanos (1:18; 6:46; cf. 3:11, 13). La afirmación se refiere a la divinidad del Hijo. Pero en su divinidad trascendente, el Hijo no tiene ojos con los que "ver". De ahí que debamos interpretar esta expresión conforme a Dios.[42]

Ver es recibir conocimiento. Jesús recibe el conocimiento, el ser, el poder, la sabiduría y todo lo que es como Dios en el acto eterno del Padre de engendrarlo.[43] En segundo lugar, lo mismo se sugiere en el

---

[41] Como observa Hilario de Poitiers, *The Trinity* 7.21 (FC 25:247), enmarcando acertadamente la aportación teológica de ambas mitades de nuestro versículo, "Él es el Hijo porque no puede hacer nada por sí mismo; Él es Dios porque Él mismo hace las mismas cosas que hace el Padre". Cf. Augustine, *The Trinity* 2.3.

[42] Como observa acertadamente Cyril of Alexandria, *Commentary on John* 2.6 (Maxwell, 1:148).

[43] Así Aquinas, *Commentary on the Gospel of St. John* 5.3.750: "Y así, puesto que el acto de ver indica la derivación del conocimiento y la sabiduría de otro, es propio que la generación del Hijo a partir del Padre sea indicada por un acto de ver". Nótese cómo Aquino descarta antes cualquier sentido de inferioridad ontológica del Hijo apelando a la categoría apropiada de "relación": "Además, al decir que el Hijo no puede hacer nada por sí mismo, no se implica ninguna desigualdad, porque esto se refiere a una relación; mientras que la igualdad y la desigualdad se refieren a la cantidad" (5.3.749).

versículo 20: "Porque el Padre ama al Hijo, y le muestra todo lo que Él mismo hace". Nótese el tiempo presente de "ama" y "muestra". No deben tomarse como actos temporalmente sucesivos, sino como un acto único y eterno.[44] Esto es efectivamente lo contrario de la segunda mitad del versículo 19. El Hijo "ve" todo porque el Hijo "ve" todo. El Hijo "ve" todo porque el Padre "muestra" todo. Entendido en sentido divino: el Hijo lo recibe todo eternamente porque el Padre lo da todo eternamente.[45] El Hijo actúa como existe: *desde* el Padre.[46] Recibe del Padre el poder y el conocimiento para hacer lo que el Padre hace porque recibe del Padre la esencia divina que poseen en común.[47]

Por tanto, Jesús niega que actúe de sí mismo precisamente para justificar la afirmación de que actúa como Dios, de que hace lo que solo Dios puede, dar vida en el día de reposo: "Hasta ahora Mi Padre trabaja, y Yo también trabajo" (5:17; cf. 14:9-11). La negación de Jesús de que

---

[44] Acertadamente, Kammler, *Christologie und Eschatologie*, 35-36, 38.

[45] Véase Cyril of Alexandria, *Commentary on John*, 2.6 (Maxwell, 1:148).

[46] Acertadamente, Watson, "Trinity and Community", 179, comentando Juan 17: "Todo lo que Jesús es, tiene y hace es un don del Padre, y debe reconocerse como tal si se quiere comprender al propio Jesús". Cf. Keck, "Derivation as Destiny", 283, sobre cómo en el Evangelio de Juan, tanto en lo que se refiere a Jesús como a sus oponentes, la derivación revela la identidad:

> Para empezar, "de" implica que lo decisivo de una persona no es autogenerado ni autodefinido; al contrario, uno es totalmente contingente en el centro donde se constituye el yo. Queda excluida una antropología basada en un yo autónomo. En Juan, hablar de derivación es en sí mismo una forma de hacer una afirmación antropológica. De hecho, la reiterada insistencia de Jesús en que no actúa ni habla por su cuenta (5:19, 30; 7:16-18; 8:28, 42) demuestra que también en cristología ocurre exactamente lo mismo con el lenguaje "de". Por eso la sentencia de Jesús: "El que escucha las palabras de Dios es de Dios" (8:47), se aplica tanto a él como a aquellos de sus oyentes que aceptan su palabra.

Aunque Keck no lo plantea de forma tan explícita o doctrinal como nosotros, entiende que el "ser de" o "ser desde" de Jesús en relación con el Padre constituye su identidad. En cierto sentido, nos limitamos a extraer las necesarias implicaciones ontológicas y teológicas de la idea de Keck.

[47] Véase Augustine, *Homilies on the Gospel of John* 18.10; 20.4, 8; 23.11. Véase también Ayres, *Augustine and the Trinity*, 243, sobre la apelación de Agustín aquí a la simplicidad divina.

actúa desde sí mismo es precisamente lo que verifica su identidad propiamente divina. En otras palabras, los oponentes de Jesús tienen razón al escuchar las palabras de Jesús como una afirmación de divinidad, pero se equivocan al concluir que la afirmación de Jesús va más allá de la evidencia (5:18). Juan 5:19-20 no se limita a afirmar que Jesús actúa con poder divino y que recibe ese poder del Padre: que es Dios y *procede de* Dios. La enseñanza de Jesús aquí va un paso crucial más allá: es precisamente su ser de *Dios* lo que le convierte en Dios. Jesús hace todo lo que hace el Padre porque Jesús no hace nada por sí mismo: todo lo que Jesús es y es *del* Padre.[48]

Tanto en Juan 7:16-18 como en 14:9-11 se encuentra una línea de pensamiento muy parecida. En ambos, Jesús habla de sí mismo como "de otro", es decir, del Padre. Y estas afirmaciones no se refieren a lo que es verdadero en virtud de su naturaleza humana. Tampoco se limita a afirmar su unidad e igualdad con el Padre, aunque estén implícitas en cada afirmación. En cambio, dice algo más, algo que complementa y fundamenta su unidad e igualdad con el Padre. En cada pasaje, Jesús enseña que es Dios desde Dios. Actúa desde el Padre porque existe desde el Padre.

Pasemos ahora al modo de actuar del Espíritu Santo, que queda claro en otro pasaje del Evangelio de Juan. Hablando del modo de actuar único del Espíritu en relación consigo mismo y con el Padre, Jesús instruye a los discípulos:

> Aún tengo muchas cosas que decirles, pero ahora no las pueden soportar. Pero cuando Él, el Espíritu de verdad, venga, los guiará

---

[48] Durante algunas décadas después del 360 d.C., Juan 5:19 fue objeto de intensas discusiones en polémicas pronicenas y antinicenas. Para una visión general de estos debates exegéticos, y un análisis detallado de la exégesis de Agustín del versículo, véase Ayres, *Augustine and the Trinity*, 233-51. Cf. también la visión más breve de la interpretación pronicena del versículo en Barnes, *The Power of God*, 163-65. Para una muestra de lecturas nicenas y pronicenas, véase, por ejemplo, Athanasius, *Against the Pagans* 46; Ambrose, *On the Faith* 4.39-72; Basil, *Against Eunomius* 1.23; Didymus the Blind, *On the Holy Spirit* 158-62, 165; Cyril of Alexandria, *Commentary on John* 2.6.

a toda la verdad, porque no hablará por Su propia cuenta [ἀφ' ἑαυτοῦ, *aph' heautou*], sino que hablará todo lo que oiga, y les hará saber lo que habrá de venir. Él me glorificará, porque tomará de lo que es Mío y se lo hará saber a ustedes. Todo lo que tiene el Padre es Mío; por eso dije que Él toma de lo Mío y se lo hará saber a ustedes. (Jn. 16:12-15)

Como el Hijo, el Espíritu no se envía a sí mismo. Tampoco habla "desde sí mismo". Como el Hijo, la enseñanza del Espíritu no tiene nada de original: "Hablará todo lo que oiga"; "Toma de lo Mío y se lo hará saber a ustedes". Porque el Espíritu toma su enseñanza del Hijo, glorifica al Hijo. Pero lo que el Espíritu toma del Hijo pertenece originalmente al Padre: "Todo lo que tiene el Padre es Mío".

El Espíritu prolonga y completa una cadena de "transmisión" del Padre al Hijo y a través del Hijo al Espíritu. El Padre envió al Hijo; el Padre y el Hijo envían al Espíritu (Jn. 14:26; 15:26). El Hijo hizo y dijo lo que vio y oyó del Padre; el Espíritu habla lo que oye del Hijo y declara lo que toma del Hijo. Todo lo que pertenece originalmente al Padre es también del Hijo y está a disposición del Espíritu para que lo tome y lo cuente. El envío del Hijo es la fuente, su nombre la autoridad, su enseñanza el contenido y su gloria la meta de la misión del Espíritu.

A la luz de todo esto, ¿qué significa que el Espíritu no habla por sí mismo, sino que habla solo lo que oye (v. 13)? Significa que el Espíritu habla solo lo que recibe del Hijo, que pertenece originariamente al Padre, porque existe desde el Hijo, que, con y desde el Padre, es el principio u origen eterno del Espíritu. El Espíritu es Dios. No necesita oídos para oír. No necesita instrucción para remediar la ignorancia. No tiene ninguna carencia que llenar "tomando" lo que pertenece al Hijo. Si tomáramos literalmente tales expresiones, imaginaríamos mitológicamente al Espíritu Creador como una especie de criatura finita.

En cambio, como vimos en el capítulo 4, debemos interpretar los verbos "oír" y "tomar" en un sentido propio de Dios.⁴⁹ Todas estas formas de hablar, obviamente humanas, son metáforas deliberadamente antropomórficas y complementarias de una realidad inefable e incomprensible: la procesión eterna del Espíritu desde el Padre y el Hijo. El Espíritu habla desde el Hijo porque existe desde el Hijo. El Espíritu es Dios desde Dios.

En esta sección solo se han examinado brevemente algunas de las formas en que los modos relativos de acción del Hijo y del Espíritu implican sus modos relativos de subsistencia. ¿Por qué las acciones del Hijo revelan al Padre? Porque el Hijo existe desde el Padre. ¿Por qué el ministerio del Espíritu glorifica a Cristo? Porque el Espíritu existe a partir de Cristo. Como se es, así se actúa. Todo lo que es de otra cosa manifiesta aquello de lo que es. La forma en que el Espíritu revela al Hijo revela que él es del Hijo; la forma en que el Hijo revela al Padre revela que él es del Padre.⁵⁰

Una persona obra "a través de" otra

Pasemos ahora a una serie de pasajes en los que una persona divina obra a través de otra. A la luz de las relaciones eternas de origen de las personas divinas por los nombres divinos relativos (con su ampliación escrituraria), y de los pasajes considerados anteriormente en los que una persona divina obra explícitamente "a partir de otra", discerniremos en estos pasajes un orden de acción que revela indirectamente un orden de ser. El Padre obra por medio de su Hijo y de su Espíritu, y el Hijo obra

---

⁴⁹ Véase p. 83. Véase también Cyril of Alexandria, *Commentary on John* 11.1-2 (Maxwell, 2:258-59). Cf. también Didymus the Blind, *On the Holy Spirit* 153 (PPS 43:191); Augustine, *Tractates on the Gospel of John* 99.4 (FC 90:223-24).

⁵⁰ Véase Aquinas, *Commentary on the Gospel of St. John* 16.4.2017; 17.2.2185. Véase también la discusión en Emery, "Biblical Exegesis and the Speculative Doctrine of the Trinity in St. Thomas Aquinas's *Commentary on St. John*", 40. Para una discusión instructiva del principio (¡bíblico!) de Aquino de que los modos de actuar de las personas divinas revelan sus modos de ser, véase Emery, "The Personal Mode of Trinitarian Action in Saint Thomas Aquinas", 54-59.

también por medio de su Espíritu. Aquí consideraremos muy brevemente las misiones divinas, antes de tratarlas con más detalle en la sección siguiente. Como veremos, un indicio crucial del vínculo revelador entre la acción y el ser es que el orden que percibiremos en estos pasajes no es reversible.

En primer lugar, consideremos cómo actúa el Padre a través del Hijo.[51] Varios pasajes representativos hablan del acto creador en términos que revelan un orden personal de actuación dentro de la Trinidad:

> Todas las cosas fueron hechas por medio de Él [δι' αὐτοῦ, *di' autou*]. (Jn. 1:3; cf. 1:10)
> Sin embargo, para nosotros hay un solo Dios, el Padre, de quien proceden todas las cosas y por quien existimos, y un solo Señor, Jesucristo, por quien son todas las cosas [δι' οὗ τὰ πάντα, *di' hou ta panta*] y por quien existimos. (1 Cor. 8:6)
> Porque en él [ἐν αὐτῷ, *en autō*] fueron creadas todas las cosas, tanto en los cielos como en la tierra, visibles e invisibles; ya sean tronos o dominios o poderes o autoridades; todo ha sido creado por medio de Él y para Él [δι' αὐτοῦ, *di' autou*] y para él". (Col. 1:16)
> En estos últimos días nos ha hablado por Su Hijo, a quien constituyó heredero de todas las cosas, por medio de quien hizo también el universo [δι' οὗ καὶ ἐποίησεν τοὺς αἰῶνας, *di' hou kai epoiēsen tous aiōnas*]. (Heb. 1:2)

En cada uno de estos pasajes, Dios Padre es el iniciador del acto creativo, y una frase preposicional equivalente a "por medio de él" identifica al Hijo como mediador de ese mismo acto creativo.[52] Ya sea

---

[51] Aunque aquí nos fijamos en la creación, podríamos considerar con la misma facilidad y provecho la redención (cf. Jn. 3:17; Hch. 2:22; Col. 1:19-20). El mundo fue salvado de la misma manera en que fue creado: por medio de Él.

[52] Para una variedad de perspectivas ampliamente complementarias sobre la apropiación por el Nuevo Testamento de tales fórmulas preposicionales, véase Grant, "Causation and 'The Ancient World View' "; Hurtado, *Lord Jesus Christ*, 124-

mediante un verbo activo, como en Hebreos 1:2, o pasivo, como "fueron hechos" o "fueron creados", cada pasaje atribuye la agencia iniciadora al Padre y la agencia intermediaria al Hijo. Solo se contempla un único acto divino de creación, aquel por el que Dios trajo a la existencia todo el universo sin la ayuda de ayudantes no divinos o de material preexistente.[53]

Sin embargo, dentro de este único acto divino, las personas se relacionan entre sí de forma distinta y en un orden irreversible. Como vimos en el capítulo 6, el Padre creó todas las cosas "por medio" del Hijo "no porque el Hijo sea una causa instrumental, sino porque es un principio de un principio".[54] Esta agencia "de otro" no disminuye la dignidad divina del Hijo: junto con el Padre, es el único Creador. Los pasajes del contexto próximo de estas afirmaciones también se apropian del acto de la creación de forma única y directa al Hijo (Heb. 1:10-12) y le atribuyen el acto únicamente divino de conservar la creación (Col. 1:17; Heb. 1:3). En otras palabras, el hecho de que el Hijo cree *desde el Padre* no significa que sea menos que el Creador, sino que crea de un modo propio del Hijo. El Padre crea como uno no a partir de otro, mientras que el Hijo crea como uno a partir de otro. La obra es inseparablemente una, pero el orden de actuación entre las personas mantiene el orden de sus relaciones mutuas.

Además, en la gran extensión de su economía salvífica, el Padre actúa no solo a través de su Hijo, sino a través de su Espíritu. Bajo el Antiguo Pacto, el Padre enviaba su ley y sus palabras "por su Espíritu" (ἐν πνεύματι αὐτοῦ, *en pneumati autou*) a través de los profetas (Zac. 7:12 LXX; cf. Neh. 9:30 LXX). Cuando esa revelación no logró su fin

---

25; Cox, *By the Same Word*, 141-275; Bauckham, *Jesus and the God of Israel*, 214-15; Romanov, "Through One Lord Only"; O. McFarland, "Divine Causation and Prepositional Metaphysics"; Kugler, "Judaism/Hellenism in Early Christology".

[53] Como señala Hill, *Paul and the Trinity*, 114-15, en 1 Cor. 8:6 Pablo parece adaptar una fórmula monoteísta que también utiliza en Rom. 11:36: "De Él, por Él y para Él son todas las cosas" (ἐξ αὐτοῦ καὶ δι' αὐτοῦ καὶ εἰς αὐτὸν τὰ πάντα). Al dividir estas preposiciones entre "un solo Dios" y "un solo Señor, Jesucristo", Pablo atribuye a ambos el acto único, únicamente divino, de crear todas las cosas.

[54] Aquinas, *STh* I.39.8.*corp* (trad. O'Brien, 137).

previsto, Dios prometió ir un drástico paso más allá: en lugar de limitarse a hablar a su pueblo por su Espíritu desde fuera, transformaría a su pueblo por su Espíritu desde dentro. "Y sucederá que después de esto, derramaré Mi Espíritu sobre toda carne" (Joel 2:28; cf. Is. 32:15; Eze. 36:27; 37:14; 39:29). Y al final, el Padre impartirá una nueva vida a su pueblo que no solo será espiritual, sino también física. ¿Cómo? Por su Espíritu:

> Si el Espíritu de Aquel que resucitó a Jesús de entre los muertos habita en ustedes, el mismo que resucitó a Jesús de entre los muertos, también dará vida a sus cuerpos mortales por medio de Su Espíritu [διὰ τοῦ... αὐτοῦ πνεύματος, *dia tou... autou pneumatos*] que habita en ustedes (Rom. 8:11).

En cada uno de estos actos —inspiración profética, infusión transformadora y resurrección al final de los tiempos— el Padre obra por el Espíritu. También podríamos decir que el Espíritu obra desde el Padre. Ahora bien, ¿por qué lo haría?

Consideremos de nuevo que cada uno de estos actos —revelación, transformación y resurrección— son propiamente divinos. El hecho de que el Espíritu sea descrito como el medio de la actividad del Padre en cada uno de ellos no indica ninguna inferioridad ontológica. Preposiciones como "por" o "a través de" no significan que una persona sea el instrumento o medio de la acción de otra.[55] Estas preposiciones

---

[55] Es cierto que, cuando se utiliza para caracterizar la agencia de las criaturas, la construcción "διά + genitivo" identifica con frecuencia un instrumento utilizado por un agente. Sin embargo, es una observación común que, en el griego helenístico, el rango semántico de las preposiciones se solapaba mucho más que en el uso clásico. Así, por ejemplo, en el Nuevo Testamento, διά con el genitivo puede indicar agencia en construcciones pasivas (por ejemplo, Mateo 26:24 y par.), un papel que paradigmáticamente desempeña ὑπό más el genitivo. Además, debemos recordar que, en 1 Cor. 8:6, por ejemplo, Pablo usa la preposición διά no solo para distinguir al Hijo del Padre, sino también para identificar al Hijo como el único Dios creador. Por tanto, la preposición por sí sola no puede implicar inferioridad ontológica alguna. Por el contrario, dado su papel en el contexto, señala (indirectamente) la unidad de esencia del Hijo con el Padre, y

solo tienen que significar "desde". De nuevo, debemos recordar la regla de las operaciones inseparables. También debemos recordar que, cuando se aplican a Dios, estas preposiciones agenciales deben entenderse de forma adecuada a Dios. Después de todo, Pablo las utiliza para hablar del Padre mismo: "Fiel es Dios, por medio de quien [δι' οὗ, *di' hou*] fueron llamados a la comunión de su Hijo" (1 Cor. 1:9). De modo que si el Padre obra "por" o "a través de" el Espíritu, ello sugiere mero orden: el Espíritu obra desde el Padre porque es del Padre.

Por último, considera cómo, en su economía encarnada, el Hijo actúa por el Espíritu. Exorciza a los espíritus malignos por el Espíritu Santo: "Pero si Yo expulso los demonios por el Espíritu de Dios, entonces el reino de Dios ha llegado a ustedes" (Mat. 12:28). Tras su resurrección, instruye a sus apóstoles por el Espíritu: "por el Espíritu Santo Él había dado instrucciones a los apóstoles que había escogido" (Hch. 1:1-2). Se ofrece a Dios por el Espíritu para limpiarnos interiormente: "Cuánto más la sangre de Cristo, quien por el Espíritu eterno Él mismo se ofreció sin mancha a Dios, purificará nuestra conciencia de obras muertas para servir al Dios vivo" (Heb. 9:14). Finalmente, tras sufrir su propio bautismo de fuego, bautiza a los creyentes con el fuego de su Espíritu: "Él los bautizará con el Espíritu Santo y con fuego" (Mat. 3:11; cf. Mr. 1:8; Luc. 3:16; Jn. 1:33; cf. Hch. 2:1-4, 33). ¿Cómo cura, limpia y transforma Jesús a su pueblo? Actúa por medio de su Espíritu. No solo el Hijo y el Espíritu actúan desde el Padre, sino que el Espíritu también actúa desde el Hijo.

En ninguna parte se invierten estos patrones. Ningún texto bíblico nos dice que el Hijo o el Espíritu actúen a través del Padre, o que el Espíritu actúe a través del Hijo. Nunca el Hijo envía al Padre, ni el

---

(directamente) su diferenciación personal del Padre. Kammler, "Die Prädikation Jesu Christi als 'Gott' und die paulinische Christologie", 174-75, señala acertadamente que las diferentes preposiciones que Pablo usa con Dios y Cristo aquí "no erigen una diferencia *ontológica* entre Padre e Hijo, sino que marcan —en el sentido de una *distinción divina interna*— la irreversibilidad de la relación del Padre y el Hijo" (énfasis original). Véase también Basil, *On the Holy Spirit* 3.5-5.12.

Espíritu envía al Padre o al Hijo.⁵⁶ Estas pautas de acción trinitaria ordenada no son reversibles. Como hemos visto, el hecho de que una persona divina actúe por medio de otra no implica inferioridad alguna en la persona por medio de la cual actúa. Sin embargo, esta acción ordenada nos dice algo distinto del Hijo que del Padre; nos dice algo distinto del Espíritu que del Padre y del Hijo. Así como la flecha de la acción apunta del Padre al Hijo, y a través del Hijo al Espíritu, así también la flecha del ser. El Padre obra por medio del Hijo y no al revés, porque el Padre engendra al Hijo y no al revés; el Padre y el Hijo obran por medio del Espíritu y no al revés, porque el Padre y el Hijo espiran al Espíritu y no al revés. Como son, así obran: el Hijo del Padre, y el Espíritu del Padre y el Hijo.

Tercera presión: las misiones divinas

La tercera presión bíblica que nos empuja a formular la regla "de otro" son las propias misiones divinas. Aquí es donde el argumento se impone. De hecho, solo a la luz de todo el conjunto de reglas que hemos reunido a lo largo del libro se ve que las misiones del Hijo y del Espíritu revelan sus procesiones eternas, ni más ni menos. Cada uno de los principios doctrinales y de las reglas exegéticas que hemos discernido aclara el vínculo revelador entre misión y procesión. Cada uno nos ayuda a reconocer los datos relevantes que tenemos sobre la mesa y a ponerlos todos en su justo lugar.

En consecuencia, en lo que sigue recurriremos, implícita o explícitamente, a cada uno de los principios y reglas de nuestro juego

---

⁵⁶ Mat. 4:1 ofrece una aparente excepción: "Entonces Jesús fue llevado por el Espíritu [ὑπὸ τοῦ πνεύματος] al desierto para ser tentado por el diablo". Aquí parece que el Espíritu inicia la acción y el Hijo responde. ¿Está el Hijo obrando desde el Espíritu? ¿Envía el Espíritu al Hijo al desierto? En cierto sentido, sí. Sin embargo, esta iniciativa del Espíritu es una característica de la unción del Hijo con el Espíritu como ser humano. No es que el Espíritu inicie una acción en la que el Hijo medie como Dios, sino que, como ser humano verdaderamente obediente, Jesús sigue aquí la guía del Espíritu para obedecer allí donde Adán e Israel fracasaron. Véase la esclarecedora discusión en Marshall, "*Ex Occidente Lux?*", 39.

de reglas de razonamiento bíblico para responder a la pregunta: ¿Qué revela de Dios el hecho de que Dios envíe a Dios?[57] Lo que veremos, una vez más, es que tanto el Hijo como el Espíritu no solo son Dios, sino que proceden de Dios. Las misiones revelan las procesiones.

Ahora bien, haríamos bien en exponer algunos de los pasajes clave antes de trabajar sobre ellos. En primer lugar, que el Padre envió al Hijo:

> El que los recibe a ustedes, me recibe a Mí; y el que me recibe a Mí, recibe al que me envió. (Mat. 10:40; cf. Mr. 9:37; Luc. 9:48; 10:16)
> No he sido enviado sino a las ovejas perdidas de la casa de Israel. (Mat. 15:24)
> También a las otras ciudades debo anunciar las buenas nuevas del reino de Dios, porque para esto Yo he sido enviado. (Luc. 4:43)
> Entonces el dueño de la viña dijo: "¿Qué haré? Enviaré a mi hijo amado; quizá a él lo respetarán". (Luc. 20:13; cf. Mat. 21:37; Mr. 12:6)
> Porque Dios no envió a Su Hijo al mundo para juzgar al mundo, sino para que el mundo sea salvo por Él. (Jn. 3:17)[58]
> Dios, habiendo resucitado a Su siervo, lo ha enviado para que los bendiga, a fin de apartar a cada uno de ustedes de sus iniquidades. (Hch. 3:26)
> Pero cuando vino la plenitud del tiempo, Dios envió a Su Hijo, nacido de mujer, nacido bajo la ley, a fin de que redimiera a los que estaban bajo la ley, para que recibiéramos la adopción de hijos. (Gal. 4:4-5; cf. Rom. 8:3)

---

[57] Lo que sigue se basa especialmente en Augustine, *The Trinity* 2.7-11. Véase también la perspicaz discusión en Sanders, *The Triune God*, 93-119.

[58] El acto del Padre de enviar al Hijo destaca especialmente en el Evangelio de Juan. Véase también Jn. 3:34; 4:34; 5:23, 24, 36, 38; 6:29, 38, 39, 44, 57; 7:16, 29, 33; 8:29, 42; 9:4; 10:36; 11:42; 12:44, 45, 49; 13:20; 14:24; 15:21; 16:5; 17:3, 8, 18, 21, 23, 25; 20:21. Cf. 1 Jn. 4:9, 10, 14.

Luego, después de que el Hijo muriera por nuestros pecados, resucitara de entre los muertos, ascendiera al cielo y se sentara a la diestra de Dios, el Padre envió el Espíritu concediendo al Hijo que lo derramara:

> Yo enviaré sobre ustedes la promesa de Mi Padre; pero ustedes, permanezcan en la ciudad hasta que sean investidos con poder de lo alto. (Luc. 24:49)
> Pero el Consolador, el Espíritu Santo, a quien el Padre enviará en Mi nombre, Él les enseñará todas las cosas, y les recordará todo lo que les he dicho. (Jn. 14:26)
> Cuando venga el Consolador, a quien yo enviaré del Padre, es decir, el Espíritu de verdad que procede del Padre, Él dará testimonio de Mí. (Jn. 15:26)
> Pero Yo les digo la verdad: les conviene que Yo me vaya; porque si no me voy, el Consolador no vendrá a ustedes; pero si me voy, se lo enviaré. (Jn. 16:7)
> Así que, exaltado a la diestra de Dios, y habiendo recibido del Padre la promesa del Espíritu Santo, ha derramado esto que ustedes ven y oyen. (Hch. 2:33)
> Y porque ustedes son hijos, Dios ha enviado el Espíritu de Su Hijo a nuestros corazones, clamando: "¡Abba! ¡Padre!" (Gal. 4:6)

En lo que sigue, consideraremos en general estos pasajes en términos de lo que atestiguan en común: que el Padre envió al Hijo, y que el Padre y el Hijo enviaron al Espíritu. Como hemos señalado antes, nuestra principal cuestión exegética es qué revelan todos estos pasajes sobre Dios —específicamente, sobre la relación entre las personas divinas—. ¿Qué clase de Dios puede enviar a Dios?

Lectura normada de las Misiones

Nuestras dos primeras reglas —relativas a la analogía de la fe y a la presión pedagógica de la Escritura— nos recuerdan que debemos leer estos pasajes de tal manera que se cohesionen entre sí y con el resto de la Escritura, y de un modo que presuponga y persiga una visión teológica más amplia. Por tanto, debemos estar alerta ante la posibilidad de que las intuiciones que naturalmente traemos a estos pasajes puedan inducirnos a leerlos de un modo que choque con el testimonio global de la Escritura sobre el Padre, el Hijo y el Espíritu.

También debemos leer los pasajes en los que Dios "envía" a Dios de una forma propia de Dios. Esto no es como una criatura enviando a otra o como Dios enviando a una criatura. Se trata de un envío como ningún otro. Así que cuando Dios envía a Dios, enviar no es mandar, e ir no es obedecer. ¿Por qué? Porque mandar pertenece a un superior y obedecer a un inferior.[59] Pero no hay superioridad ni inferioridad en la divinidad única, indivisa y consustancial de la Trinidad. Además, cuando Dios envía a Dios, Dios no es enviado a algún lugar donde antes no estaba, porque Dios no es un ser finito circunscrito por el espacio, estando presente en algunos lugares y no en otros. Por tanto, si una persona divina es "enviada", solo puede significar que comienza a estar presente para las criaturas de un modo nuevo. ¿Cuál es ese nuevo modo? Para el Hijo, es la encarnación; para el Espíritu, es la morada de los creyentes. Reflexionaremos sobre ello más adelante.

Aquí la unidad de Cristo es también una barrera exegética crucial. Es el Hijo quien es enviado, no un Jesús humano que de algún modo es personalmente distinto del Hijo. El mismo Hijo que siempre está en el mundo como Dios entra de nuevo en el mundo como hombre (Jn. 1:10; 8:42; 16:28). El envío del Hijo nos obliga a hablar de él en dos registros paralelos y complementarios, como acabamos de hacer. En otras palabras, los pasajes que enseñan el envío del Hijo exigen una exégesis partitiva. Nos obligan a hablar del Hijo como el Dios que es y como el hombre en que se convirtió. Muchos de los pasajes que nos enseñan el

---

[59] Así Aquino, comentando Jn. 5:30: "Ahora bien, obedecer pertenece a quien recibe una orden, mientras que mandar pertenece a quien es superior" (*Commentary on the Gospel of St. John* 5.5.795). Véase, además, Wittman, "*Dominium Naturale et Oeconomicum*", 151-60.

envío del Hijo nos dicen no solo que fue enviado, sino también con qué fin y qué asumió para emprender su misión salvadora.

Consideremos, por ejemplo, Juan 6:37-38, especialmente el último versículo: "Todo lo que el Padre me da, vendrá a Mí; y al que viene a Mí, de ningún modo le echaré fuera. Porque he descendido del cielo, no para hacer Mi voluntad, sino la voluntad del que me envió". Jesús continúa diciendo que la voluntad del Padre es que el Hijo conceda la vida escatológica, de resurrección, a todos los que creen en Él (vv. 39-40). Como Hijo enviado y encarnado, Jesús se somete y se entrega por completo al propósito salvífico del Padre.

El Hijo no se encarnó para obedecer al Padre, sino para obedecer al Padre como segundo Adán.[60] Es soteriológicamente necesario que la voluntad que el Hijo somete al Padre sea humana. Que el Hijo pueda subordinar su voluntad al Padre no es, pues, un rasgo de su divinidad, ni de su filiación eterna y divina, sino de la naturaleza humana que asumió para nuestra salvación. Como Dios, el Hijo manda toda la creación junto con el Padre y el Espíritu; como hombre, el Hijo obedece a la voluntad salvífica del Padre. Esta obediencia que tiene por objeto la salvación es la forma que adopta su filiación en su estado encarnado.[61] De ahí que la justificación de las afirmaciones bíblicas que implican desigualdad entre el Padre y el Hijo no sea el mero hecho de que el Hijo fue enviado, sino la forma de siervo que el Hijo adoptó para sí en el envío.[62] Después de todo, el envío del Espíritu no implica ninguna desigualdad o inferioridad por parte del Espíritu.[63]

---

[60] Véase Bavinck, *Reformed Dogmatics*, 3:377-81.
[61] Véase especialmente Sanders, "What Trinitarian Theology Is For", 31, 35.
[62] Esto va en contra de una corriente influyente de la erudición contemporánea sobre Juan que ve el envío como una prueba de subordinación. Véase, por ejemplo, Barrett, "Christocentric or Theocentric?", 13; Ashton, *Understanding the Fourth Gospel*, 218-19; Borgen, "God's Agent in the Fourth Gospel", 167-73; Loader, *Jesus in John's Gospel*, 22, 360-61; Anderson, "Jesus, the Eschatological Prophet in the Fourth Gospel", 280-81.
[63] Como demuestra Agustín en *The Trinity* 2.11.

En este punto, nuestras reglas nos permiten afinar nuestra comprensión de las misiones y de lo que revelan.⁶⁴ Las misiones son como una flecha de doble cara, que nos señala a la vez su origen y su destino. Así pues, una misión divina consta de dos elementos: una relación de la persona enviada con el que envía (*terminus a quo*; fuente), y una relación de la persona enviada con el objetivo de su envío (*terminus ad quem*; destino), que incluye un efecto creado.⁶⁵ Como observa Scott Swain, "una misión tiene una profundidad eterna (en la relación de origen de una persona divina) y una orilla temporal (en la venida de una persona divina para habitar entre las criaturas)".⁶⁶

La aplicación de esta distinción a las misiones decisivas del Hijo y del Espíritu que los revelan como personas distintas —Navidad y Pentecostés— ilustrará su utilidad y su poder descriptivo. En la misión del Hijo, su fuente es el Padre y su destino es toda su economía encarnada. El efecto creado de este destino es la naturaleza humana que unió a sí hipostáticamente. En la misión del Espíritu en Pentecostés, su fuente es el Padre y el Hijo, y su destino es la persona interior del creyente, donde derrama las bendiciones escatológicas del nuevo pacto. Los efectos creados que revelan su destino son las lenguas de fuego que descendieron sobre aquellos a quienes el Espíritu llenó por primera vez (Hch. 2:3).

Este signo visible de la presencia del Espíritu atestiguaba que se había cumplido toda la serie de promesas del antiguo pacto relativas a que Dios derramaría su Espíritu, incluidas las profecías de Juan el Bautista. No solo eso, sino que la señal visible de la presencia del Espíritu atestiguaba que Cristo había cumplido su propia promesa de

---

⁶⁴ Los teólogos han distinguido a menudo entre misiones "visibles" e "invisibles", las primeras revelan una persona invisible a través de un efecto creado que es visible y las segundas a través de un efecto creado que es invisible. Véase, por ejemplo, Emery, *The Trinitarian Theology of St Thomas Aquinas*, 178-94; Legge, *The Trinitarian Christology of St Thomas Aquinas*, 24-58. Nuestra discusión se centra principalmente en las llamadas misiones visibles.

⁶⁵ Aquinas, *STh* I.43.1.

⁶⁶ Swain, *The Trinity*, 114.

enviar su Espíritu a sus discípulos (Jn. 15:26; 16:7; Hch. 1:4-5; 2:33).[67] En otras palabras, las lenguas de fuego manifiestan visiblemente el envío invisible del Espíritu a los corazones de los creyentes, que se convierten en templos del Espíritu Santo.

Pero si el Padre envía al Hijo, esto parece dividir las obras de la Trinidad. Entonces, ¿cómo nos ayuda la regla de las operaciones inseparables a entender las misiones? Como vimos en el capítulo 6, la encarnación de Cristo es una obra única e indivisible de la Trinidad indivisa. Por tanto, no debemos concebir la encarnación del Hijo, o el envío del Espíritu para que habite en los creyentes, según el modelo de tres agentes criaturales que completan aspectos separados de un proyecto compartido.

Sin embargo, si la encarnación del Hijo es obra de toda la Trinidad, ¿entonces su envío es obra de toda la Trinidad? Y si es así, ¿cómo pueden las misiones revelar algo sobre las relaciones de la persona divina enviada? Aquí debemos distinguir entre diferentes sentidos de "el que envía". Si por "el que envía" entendemos el principio del efecto creado que revela el nuevo modo de presencia de la persona enviada en el mundo, entonces, en un sentido impropio y técnico, "el que envía" podría considerarse la Trinidad indivisa.[68] Pero si por "el que envía" entendemos la fuente o principio de la persona que es enviada, entonces el que envía no es toda persona divina, sino propiamente hablando solo una persona (en el caso del Hijo, el Padre) o dos personas (en el caso del Espíritu, el Padre y el Hijo).[69]

---

[67] Véase, además, Bavinck, *Reformed Dogmatics*, 3:499-503.

[68] Aunque esto nos muestra el sentido estricto en el que afirmaciones como "la Trinidad envió al Hijo" o "el Hijo se envió a sí mismo" son ciertas, por lo general no es aconsejable ni útil hacer este tipo de afirmaciones.

[69] Aquinas, *STh* I.43.8.*corp*: "Si se designa al que envía como principio de la persona enviada, en este sentido no envía cada persona, sino solo aquella persona que es principio de la persona que es enviada; y así el Hijo es enviado solo por el Padre; y el Espíritu Santo por el Padre y el Hijo. Sin embargo, si la persona que envía se entiende como el principio del efecto implicado en la misión, en ese sentido toda la Trinidad envía a la persona enviada". Aquino tiene en mente Is. 48:16.

¿Qué nos aporta esta distinción sobre los pasajes de "envío" que estamos comentando? Simplemente esto: en la medida en que cada persona divina es Dios, esa persona es la causa del efecto creado que manifiesta el envío de una persona divina. Pero solo en la medida en que las personas divinas están relacionadas entre sí se dice explícitamente en el Nuevo Testamento que una envía a otra. Las relaciones de envío solo se dan cuando existen relaciones de origen. Por eso nunca se dice que el Padre sea enviado: él es el origen del Hijo y del Espíritu, no ellos de él.[70]

Recapitulando: la regla de la adecuación a Dios nos recuerda que las misiones divinas no son como las misiones de las criaturas. No implican secuencia temporal, conmutación local ni cadena de mando. La exégesis partitiva nos recuerda que Cristo posee a la vez la forma de Dios y la forma de siervo, y solo en virtud de esta última es en modo alguno inferior al Padre. Por tanto, el Hijo obedece *porque* es enviado, no en su envío. Por último, la regla de las operaciones inseparables nos recuerda que las tres personas divinas están presentes y actúan en cada una de las misiones, conservando al mismo tiempo sus modos distintos y ordenados de subsistencia y de actuación recíproca. El Padre no envía al Hijo como cualquier ser humano envía a otro, porque ningún ser humano comparte una única esencia y poder.

Lo que revelan las misiones

Cuando hemos despejado la mesa y ordenado los datos relevantes en su lugar correspondiente, ¿qué nos queda? ¿Qué revelan las misiones divinas sobre las personas divinas y sus relaciones mutuas? Para encontrar la respuesta, podemos volver una vez más al Evangelio de Juan. A lo largo del Evangelio de Juan, la cuestión de la identidad de Jesús está estrechamente ligada con la de su origen. Al final, en el

---

[70] Augustine, *The Trinity* 4.28 (WSA I/5:181): "Pero cuando el Padre es conocido por alguien en el tiempo no se dice que haya sido enviado. Pues no tiene a nadie más de quien ser o de quien proceder".

contexto de todo el Evangelio, las dos preguntas tienen una única respuesta. ¿De dónde viene Jesús? ¿Y quién es? Juan responde a ambas: "De Dios". Consideremos este intercambio entre Jesús y sus oponentes:

> 'Sin embargo, nosotros sabemos de dónde es Este; pero cuando venga el Cristo, nadie sabrá de dónde es'. Jesús entonces, mientras enseñaba en el templo, exclamó en alta voz: 'Ustedes me conocen y saben de dónde soy. Yo no he venido por decisión propia, pero Aquel que me envió es verdadero, a quien ustedes no conocen. Yo lo conozco, porque procedo de Él, y Él me envió' (Jn. 7:27-29).

Aquí Jesús afirma no solo ser enviado del Padre, sino existir desde el Padre. En el versículo 29, la segunda afirmación fundamenta la primera. ¿Cómo puede Jesús conocer al Padre? Porque procede del Padre. Jesús lo conoce porque existe a partir de Él. La respuesta de Jesús a "¿De dónde eres?" no es un "dónde", sino un "quién". El tipo de origen que Jesús indica con ello no es meramente geográfico, sino que se trata de una relación que explica su propia existencia. De ahí que la segunda y tercera afirmaciones del versículo 29, "procedo de Él y Él me envió", no sean repeticiones sinónimas.

Por el contrario, la existencia previa y eterna de Jesús desde el Padre es la base ontológica antecedente de su envío por el Padre para encarnarse para nuestra salvación. Al profesar conocer los orígenes de Jesús, sus oponentes se precipitan sobre sus cabezas. Si Jesús procede de un lugar, el cielo, es solo porque procede fundamentalmente de una persona, el Padre. Como Harold Attridge resume estos versículos: "Su patria más verdadera es el seno del Padre".[71]

Más adelante, en una prolongación de este debate, Jesús reivindica la prerrogativa divina de la autoatribución sobre la base del conocimiento de sus propios orígenes: "Aunque Yo doy testimonio de Mí mismo, Mi testimonio es verdadero, porque Yo sé de dónde he

---

[71] Attridge, "Ambiguous Signs, an Anonymous Character, Unanswerable Riddles", 284. Cf. Dodd, *The Interpretation of the Fourth Gospel*, 89.

venido y adónde voy; pero ustedes no saben de dónde vengo ni adónde voy" (8:14). En otras palabras, el origen único de Jesús justifica el ejercicio de prerrogativas exclusivamente divinas, como la de dar testimonio autoautentificador de sí mismo. Si los adversarios de Jesús supieran de dónde viene, sabrían por qué puede actuar de un modo que solo corresponde a Dios.[72] Además, en el momento culminante del juicio de Jesús que recorre todo el Evangelio de Juan, tras la acusación de los judíos de que Jesús se hizo Hijo de Dios, Pilato le pregunta: "'¿De dónde eres Tú?' Pero Jesús no le dio respuesta" (Jn. 19:9; cf. v. 7). Sin saberlo, aquí Pilato hace precisamente la pregunta correcta. En casi todos los casos, la procedencia de una persona dice algo de ella; en el caso de Jesús, lo dice todo.[73]

Así, el Evangelio de Juan señala explícitamente que Jesús es enviado del Padre porque existe desde el Padre. Jesús no solo procede del Padre, sino que también existe a partir del Padre, y procede del Padre precisamente porque existe a partir del Padre. Por eso, cuando Jesús dice: "Yo salí de Dios" (8:42; 16:28), se refiere al origen no solo de su misión, sino de su propia existencia. Por eso, en el relato evangélico de Juan sobre la identidad del Hijo, su envío por el Padre revela su existencia a partir del Padre.[74] El fundamento ontológico necesario de la "salida" del Hijo desde el Padre en el tiempo, para encarnarse, es su "salida" eterna e inmanente como Hijo.

Como observa C. H. Dodd:

---

[72] Sobre dar testimonio de uno mismo como ejercicio humano de Jesús de una prerrogativa divina en Jn. 8:14, véase, por ejemplo, Lincoln, *Truth on Trial*, 30-31, 67; Borgen, "Observations on God's Agent and Agency in John's Gospel Chapters 5-10", 210; Bekken, *The Lawsuit Motif in John's Gospel from New Perspectives*, 147-49.

[73] Como observa de Jonge, *Jesus, Stranger from Heaven and Son of God*, 143: "Así pues, la pregunta '¿de dónde?' es la pregunta por la fuente y la autorización de lo que Jesús dice y hace" (cf. también 150). Véase también el perspicaz análisis más amplio del uso que hace Juan de "dónde" y "de dónde", incluida la visión de la relación de Cristo con el Padre que revelan, en Pollard, "The Father-Son and God-Believer Relationships According to St John", 363-66; Kieffer, "L'Espace et Le Temps dans l'Évangile de Jean", 400-404; Dewailly, "'D'où es-tu?' (Jean 19, 9)", 489-93.

[74] Con razón, Dodd, *The Interpretation of the Fourth Gospel*, 259-60.

La relación del Padre y el Hijo es una relación eterna, que no se alcanza en el tiempo, ni cesa con esta vida, ni con la historia de este mundo. La carrera humana de Jesús es, por así decirlo, una proyección de esta relación eterna (que es la ἀγάπη divina) sobre el campo del tiempo.[75]

Para alejarnos de Juan y considerar de nuevo estos pasajes de "envío" como una unidad, ¿cómo es que el hecho de que Jesús sea enviado desde el Padre revela que él existe desde el Padre? La misión salvadora de Jesús revela su eterna procesión en el sentido de que "enviar" indica una relación de "desde". El enviado actúa desde el que le envía. El envío es una acción que implica a personas distintas. Es una acción que se origina en uno y es recibida por otro. Entre las criaturas, el envío puede crear o activar una relación que solo existe mientras dura la misión, o el envío puede revelar una relación entre un superior y un subordinado. Pero estos aspectos del "envío" no son necesarios en todos los casos de envío. En lo que se refiere a Dios enviando a Dios, "enviar" solo tiene que implicar "desde".

El envío es una acción que manifiesta una relación con una determinada dirección, del que envía a enviado. Pero la relación en sí no depende de lo que la manifiesta, por lo que existe antes del envío. Si se suprime la misión, si se suprime la temporalidad de esta acción reveladora, lo que queda es la relación en sí, que no depende del tiempo. En otras palabras, se trata de una relación eterna de origen. El acto externo de enviar corresponde a los actos internos de proceder, que son engendrar y espirar. Y como esas relaciones eternas de origen se manifiestan en las misiones, son intrínsecas a las misiones. Las misiones divinas no son otra relación añadida a las procesiones, sino las procesiones mismas extendidas en el tiempo, extendidas hasta la creación, donde pueden recogernos en su abrazo salvador.[76]

---

[75] Dodd, *The Interpretation of the Fourth Gospel*, 262.
[76] Para una revisión concisa del terreno que hemos cubierto en esta sección, véase Augustine, *The Trinity* 4.25-28.

Después de habernos centrado en el Hijo a lo largo de esta sección, deberíamos decir algo sobre el Espíritu Santo. ("Y creemos en el Espíritu Santo.") En este punto podemos señalar simplemente, como ya hemos indicado al hablar del modo de acción, que el mismo razonamiento que se aplica al Hijo es válido para el Espíritu. Que el Padre y el Hijo envíen al Espíritu (Jn. 14:26; 15:26; 16:7) implica una relación entre los co-enviadores y el enviado. La única relación de este tipo que atestigua la Escritura, la única relación que puede haber entre personas divinas co-iguales que subsisten en una esencia singular, es una relación eterna de origen.

En este capítulo hemos considerado hasta ahora tres conjuntos de presiones bíblicas que nos empujan hacia la vida divina. Estos tres conjuntos de presiones proporcionan ángulos complementarios y superpuestos sobre las relaciones que se dan no entre Dios y la creación, sino entre las personas divinas. En primer lugar, consideramos los nombres "Padre", "Hijo" y "Espíritu Santo" y el modo en que la Escritura desentraña el significado relacional de cada nombre. En segundo lugar, discernimos que el modo de actuar de las personas divinas en la economía de la salvación, concretamente cómo actúan en relación con las otras personas divinas, revela su modo de existencia antecedente y eterno.

En tercer lugar, en esta sección final examinamos pasajes en los que se dice que el Padre envía al Hijo, y que el Padre y el Hijo envían al Espíritu, preguntándonos: ¿Qué muestra de Dios el hecho de que Dios envíe a Dios? Empleando el conjunto de herramientas que hemos reunido hasta ahora, concluimos que, a la luz de todo lo que estos pasajes no pueden significar sobre las relaciones intrínsecas entre el Padre, el Hijo y el Espíritu, lo único que pueden significar es que las personas existen en relaciones eternas de origen: el Hijo desde el Padre, y el Espíritu desde el Padre y el Hijo. Para que Dios envíe a Dios, debe darse el caso de que Dios proceda de Dios.

Hemos visto que las misiones del Hijo y del Espíritu revelan sus procesiones eternas. Estas procesiones eternas se revelan también por el modo trino en que la Escritura nombra al único Dios como Padre, Hijo y Espíritu. Estos dos medios de discernir las relaciones eternas de origen entre el Padre, el Hijo y el Espíritu son mutuamente dependientes y mutuamente iluminadores. Las misiones tienen prioridad en la revelación; los nombres tienen prioridad en la interpretación.[77] solo tenemos los nombres porque, en sus misiones, el Hijo y el Espíritu se nombran a sí mismos en relación entre sí y con el Padre. Y, sin embargo, solo llegamos a una comprensión plena de las misiones, en la medida en que están enraizadas en las procesiones divinas y las amplían, porque los nombres y su ampliación abren una ventana a las procesiones eternas.

La gramática de las relaciones de origen y la regla "de otro"

Ahora podemos articular la gramática de estas relaciones en la forma de nuestro séptimo principio:

> *Dentro de su unidad e igualdad, las tres personas existen en relaciones de origen: el Hijo es eternamente generado por el Padre, y el Espíritu procede eternamente del Padre y del Hijo.*

En consonancia con nuestro objetivo de ofrecer simplemente rampas de acceso a estas doctrinas construidas exegéticamente, aquí dejamos de lado innumerables cuestiones acuciantes y ofrecemos solo la gramática más elemental de estas relaciones. Estas relaciones nombran el modo en que el Padre, el Hijo y el Espíritu existen eternamente como un solo

---

[77] Para el primer punto, véase Sanders, *The Triune God*, 40: "En la plenitud de los tiempos, Dios no nos dio hechos acerca de sí mismo, sino que se nos dio a sí mismo en la persona del Padre que envió, del Hijo que fue enviado y del Espíritu Santo que fue derramado. Estos hechos fueron acompañados de palabras explicativas inspiradas verbalmente; pero estas últimas dependen de los primeros". Del mismo modo, véase Marshall, *Trinity and Truth*, 39.

Dios.⁷⁸ El Padre no posee su naturaleza divina de ningún otro; el Hijo recibe eternamente la naturaleza divina del Padre que lo engendra; el Espíritu recibe eternamente la naturaleza divina del Padre y del Hijo que, como un solo principio, lo espiran. Estas relaciones eternas de origen son el modo en que el Padre, el Hijo y el Espíritu son eternamente un solo Dios.

Podemos "hacer operativa" esta gramática en una regla exegética, nuestra décima:

La Escritura atribuye a menudo a las personas divinas relaciones y acciones ordenadas que no comprometen su unidad e igualdad, sino que solo significan que una persona existe eternamente a partir de otra: el Hijo a partir del Padre, el Espíritu a partir del Padre y del Hijo. Lee la Escritura de modo que reconozca y sostenga estas relaciones ordenadas de origen.

Como dice Agustín: "Esta es, pues, la regla que rige muchos textos escriturales, destinados a mostrar no que una persona es menos que la otra, sino solo que una es de la otra".⁷⁹ Esta regla desarrolla y especifica la regla "común y propia", o "reduplicación". Esa regla reconoce una distinción conceptual entre la esencia divina y las personas divinas. La regla de este capítulo, la regla "de otro", enseña que las relaciones que distinguen a las personas divinas son relaciones eternas de origen: que el Hijo existe desde el Padre, y el Espíritu desde el Padre y el Hijo. La regla "común y propia" observa una distinción conceptual entre naturaleza y persona; la regla "de otro" discierne una distinción real entre las personas, basada en sus relaciones de origen.⁸⁰

---

⁷⁸ Como señala Emery, "Cada persona existe de un modo distinto según una relación" ("The Personal Mode of Trinitarian Action in Saint Thomas Aquinas", 55). Para la idea de que un "modo de existencia" distinto caracteriza a las tres personas divinas en sus relaciones mutuas, véase, por ejemplo, Basil, *On the Holy Spirit*, 18.46; *Letter* 235.2.

⁷⁹ Augustine, *The Trinity* 2.3 (WSA I/5:99).

⁸⁰ Aquinas, *STh* I.39.1.

La principal aplicación exegética de esta regla consiste en tratar los tipos de pasajes que hemos examinado. Donde vemos a las personas divinas nombradas en relación unas con otras, donde la Escritura amplía esas relaciones proporcionando análogos criaturales, donde una persona divina obra desde o a través de otra, y donde una persona divina envía a otra, en todos estos casos debemos inferir, no que una persona divina sea menos que o esté subordinada a otra, sino simplemente que una persona divina existe a partir de otra.

Al discernir y destilar la regla "de otro", hay un cierto sentido, estrechamente cualificado, en el que hemos llegado a una especie de conclusión en nuestro estudio de cómo la Escritura habla de nuestro Señor Jesucristo. Con este cajón montado e instalado, nuestro taller de razonamiento bíblico tiene ahora un lugar para todo lo que la Escritura dice sobre Cristo. Como Dios, Cristo es uno e igual al Padre. Como Dios, las acciones de Cristo son indivisibles de las del Padre. Como hombre, es como nosotros en todo, excepto en el pecado, y es menor que el Padre. Al ser Dios y hombre, en Él se da la paradoja de un hombre que hace cosas divinas y Dios que hace cosas humanas. Puesto que es a la vez Dios y hombre, debemos discernir si su naturaleza divina o humana es la propiedad creadora de verdad para cualquier afirmación bíblica sobre él. Todos estos ángulos de visión sobre el ser y la acción de Cristo, que recapitulan nuestras reglas cuarta a la novena, consideran a Cristo principalmente de una manera esencial, discerniendo las implicaciones de su doble sustancia como Dios y como hombre. Por el contrario, la regla "desde otro" considera a Cristo exclusivamente bajo el aspecto de la relación, a saber, su relación con el Padre y, con el Padre, con el Espíritu.

El moverse de estas reglas precedentes a la regla "de otro" es débilmente análogo a moverse de una visión bidimensional a una tridimensional. Cuando miramos en las profundidades de la persona del Hijo, vemos que existe eternamente desde el Padre y, con el Padre, exhala eternamente el Espíritu. Cuando miramos en las profundidades de la identidad eterna del Hijo, descubrimos también al Padre y al Espíritu.

La regla "desde otro" discierne que la existencia misma del Hijo es direccional: él existe a partir del Padre, y el Espíritu existe a partir de él y del Padre. En otras palabras, las otras reglas consideran a Cristo principalmente en términos de lo que tiene en común con el Padre y el Espíritu o de lo que es propio de la naturaleza humana que solo él asumió. Aquí por fin hemos considerado lo que es propio del Hijo no como hombre, sino como Hijo.

Conclusión: Ver entrar y entrar

Y, sin embargo, a pesar de su singularidad, a pesar de su singularidad exclusiva y eterna, ni la singularidad ni la exclusión son la última palabra que las Escrituras pronuncian sobre la filiación eterna de Cristo. Consideremos de nuevo la proclamación de Pablo de las misiones del Hijo y del Espíritu en Gálatas 4:4-7:

> Pero cuando vino la plenitud del tiempo, Dios envió a su Hijo, nacido de mujer, nacido bajo la ley, a fin de que redimiera a los que estaban bajo la ley, para que recibiéramos la adopción de hijos. Y porque ustedes son hijos, Dios ha enviado el Espíritu de Su Hijo a nuestros corazones, clamando: "¡Abba! Padre". Por tanto, ya no eres siervo, sino hijo; y si hijo, también heredero por medio de Dios.

¿Para qué fue enviado el Hijo?[81] Vino a hacernos hijos. Vino a hacer de su Padre nuestro Padre. Vino a darnos por gracia lo que le pertenece por naturaleza. Vino para hacernos partícipes de lo que Él es. Dios reveló a su Hijo, y con ello se reveló a sí mismo como Padre, para que llegáramos a participar de la relación del Hijo con el Padre. En la

---

[81] Para un rico análisis de las dimensiones trinitarias de este pasaje, véase Swain, "Heirs through God".

plenitud de los tiempos, Dios reveló que tenía un Hijo enviando a su Hijo para hacernos hijos. La misión del Hijo no solo surge de su procesión y la prolonga, sino que también nos introduce en ella por su Espíritu. La existencia eterna de Jesús desde el Padre no solo es la fuente de nuestra salvación, sino también su meta.[82] Al enviar a su Hijo y a su Espíritu, Dios Padre no solo vino a donde vivimos, sino que también nos atrajo a su propia vida. Como ora Jesús la noche antes de su muerte: "Yo les he dado a conocer Tu nombre, y lo daré a conocer, para que el amor con que me amaste esté en ellos y Yo en ellos" (Jn. 17:26).

¿Cómo se nos concede esta filiación? El Padre envía al Espíritu a habitar en nuestros corazones, permitiéndonos invocar al Padre de Jesús como Padre nuestro. El Espíritu, que existe eternamente en y como comunión del Padre y del Hijo, nos injerta en esa comunión.[83] El Espíritu enviado a nuestros corazones nos permite llamar ahora a Dios como el Hijo le ha llamado siempre: "¡Abba! ¡Padre!". Al enviar a su Hijo y a su Espíritu, el Padre no se limitó a revelar la comunión intradivina, sino que la amplió para incluirnos.

Al mismo tiempo, a través de un único y doble acto de envío salvífico, las misiones del Hijo y del Espíritu revelan la Trinidad y llevan a cabo nuestra salvación atrayéndonos a la Trinidad. Como observa Dominic Legge, "Estas dimensiones están interrelacionadas: las misiones visibles *manifiestan* el misterio del Dios Trino y nos salvan al atraernos a ese misterio".[84] En las misiones del Hijo y del Espíritu coinciden la salvación y la revelación. Estas misiones revelan la

---

[82] Véase Sanders, "Eternal Generation and Soteriology", 265-66: "La relación del Padre con el Hijo es una relación en Dios, que es bajada a, o entregada a, nosotros; o por decir lo mismo, a la que somos exaltados e incorporados". También Davidson: "En el corazón de la *beneficia Christi* de la que habla el Evangelio se encuentra una bendición específica: la apertura de la esfera nativa del Hijo eterno a los demás, la atracción de seres contingentes al ámbito de su relación íntima y eternamente segura con su Padre" ("Salvation's Destiny", 161).

[83] Así Fairbairn, *Life in the Trinity*, 24.

[84] Legge, *The Trinitarian Christology of St Thomas Aquinas*, 55 (énfasis original).

Trinidad al arrastrarnos salvíficamente a la comunión trinitaria, y nos salvan precisamente al concedernos conocer a Dios como Padre por la obra redentora de su Hijo y la obra renovadora de su Espíritu. Las misiones divinas salvan porque revelan y revelan porque salvan.[85] Las misiones del Hijo y del Espíritu abren una puerta a las procesiones eternas dentro de Dios. Al abrir esta puerta, no solo nos permiten ver, sino también entrar.

¿Por qué todos los pasajes "desde otro" que hemos considerado son importantes para la búsqueda de la fe de la visión de Dios en Cristo? Porque guían nuestros corazones y nuestras mentes hacia la gloria única del Hijo, que será nuestra visión eternamente satisfactoria. "Padre, quiero que los que me has dado, estén también conmigo donde Yo estoy, para que vean Mi gloria, la gloria que me has dado; porque me has amado desde antes de la fundación del mundo" (Jn. 17:24).

---

[85] Véase aquí Augustine, *The Trinity* 4.27-29; Gioia, *The Theological Epistemology of Augustine's* De Trinitate, esp. 17, 32-34, 114, 143, 145.

§10. PONIENDO EN PRÁCTICA EL CONJUNTO DE REGLAS: LECTURA DE JUAN 5:17-30

Nuestro objetivo a lo largo de este libro ha sido hacer exégesis para destilar reglas exegéticas y luego utilizarlas. En la mayoría de los capítulos se han incluido estudios de casos exegéticos en los que demostramos el valor de cada regla leyendo la Escritura con ella. Estas reglas surgen del texto y nos guían de la mano de vuelta al texto. En este capítulo volvemos al texto con todo el conjunto de reglas en la mano. Concretamente, este capítulo utilizará las diez reglas que hemos desarrollado a lo largo del libro para leer Juan 5:17-30.

¿Por qué este pasaje? Porque es uno de los textos más ricamente trinitarios del libro más ricamente trinitario de la Biblia.[1] Si el conjunto de herramientas que hemos reunido puede ayudarnos a escalar esta cima, seguro que puede con otras cimas menores. Nuestro objetivo en este capítulo es mostrar no solo el valor de este conjunto de reglas, sino también que, de hecho, es un conjunto de herramientas que se

---

[1] Es cierto que el Espíritu no se menciona explícitamente en este pasaje. Sin embargo, como vimos en el capítulo anterior, Juan expone la relación del Hijo con el Padre y la relación del Espíritu con el Padre y el Hijo de maneras sugestivamente paralelas. Dada esta dinámica, es mucho mejor encajar un pasaje como éste en un marco trinitario más amplio que emplear un constructo como "binitario", que no hace justicia a Juan en su conjunto, y mucho menos a todo el canon.

complementan entre sí. Para ello, expondremos Juan 5:17-30 viendo qué aporta cada regla a la comprensión del pasaje. En los casos en los que varios versículos tienen cabida bajo una misma regla, por lo general los estudiaremos en orden. Tendremos mucho más que decir bajo los epígrafes de algunas reglas que bajo los de otras, porque algunas reglas tienen más que ver con el pasaje.

La mejor lectura de cualquier pasaje es la que puede "salvar" todos los fenómenos. Si una lectura da sentido a la primera y cuarta frases, pero no a la segunda y tercera, no es una buena lectura. Nuestro objetivo en este capítulo es mostrar cómo nuestro conjunto de herramientas de razonamiento bíblico nos permite salvar todos los fenómenos cristológicos y trinitarios de Juan 5:17-30, y no solo salvarlos, sino también integrarlos en un relato coherente de quién es el Hijo y cómo revela al Padre que lo envió.[2] Comenzaremos presentando el pasaje, y luego utilizaremos cada una de las reglas para profundizar en él.

Introducción a una doble acusación

Juan 5:17-30 es casi un monólogo. A partir del versículo 19, solo habla Jesús. Pero este discurso está motivado tanto por la curación narrada en los versículos 1-16 como por el intercambio de palabras y acciones entre Jesús y sus adversarios en los versículos 17-18.[3] Los versículos iniciales del capítulo nos informan de que, estando Jesús en Jerusalén para "una fiesta de los judíos" (v. 1), cura a un hombre que llevaba cojo treinta y ocho años (v. 5). ¿Cómo lo hace? Con una simple orden: "Levántate, toma tu camilla y anda" (v. 8). solo después de que Jesús

---

[2] Es decir, no pretendemos ofrecer una exégesis exhaustiva del pasaje de este capítulo, sino centrarnos en lo que revela sobre Dios en Cristo. Por ejemplo, dejamos a un lado las cuestiones controvertidas sobre los acontecimientos y el momento de los vv. 24-25 y 28-29.

[3] Para debates recientes sobre Juan 5:1-16, véanse, por ejemplo, Mealand, "John 5 and the Limits of Rhetorical Criticism", 259-61; Bryan, "Power in the Pool"; Swart, "Aristobulus' Interpretation of LXX Sabbath Texts as an Interpretative Key to John 5:1-18", 576-81; Myers, "Jesus Said to Them...", 416-18; R. Thompson, "Healing at the Pool of Bethesda".

pronunciara esta palabra eficaz y transformadora sabemos cuándo la pronunció: en el día de reposo (v. 9). Este momento desencadena la controversia que sigue (vv. 10-16). "Los judíos" ven al hombre recién curado llevando su camilla, le interrogan y acaban descubriendo que fue Jesús quien le curó. "A causa de esto los judíos perseguían a Jesús, porque hacía estas cosas en el día de reposo" (v. 16).

Esta persecución lleva a Jesús a ofrecer su respuesta inicial a la acusación de que está haciendo algo ilícito en día de reposo: "Hasta ahora Mi Padre trabaja, y Yo también trabajo" (v. 17). Esta concisa defensa suscita una mayor oposición: "Por esta causa, los judíos aún más procuraban matar a Jesús, porque no solo violaba el día de reposo, sino que también llamaba a Dios Su propio Padre, haciéndose igual a Dios" (v. 18). Como veremos con más detalle a continuación, a los ojos de los adversarios de Jesús, su defensa inicial no hace sino empeorar las cosas. Ahora, además de quebrantar el día de reposo, es culpable de blasfemia.

La autodefensa de Jesús que sigue en los versículos 19-30 es la primera mitad de un largo discurso cuya última mitad considera los testigos de Jesús (vv. 31-47). Pero la mitad en la que nos centraremos, a la luz de la tesis incitadora y la respuesta inicial de los versículos 17-18, presenta la principal defensa de Jesús contra la doble acusación de quebrantamiento del día de reposo y blasfemia.[4]

Panorama general

Regla 1: La analogía de la fe
Para responder correctamente a las presiones pedagógicas de Dios en su Palabra, hay que leer la Escritura como una unidad, interpretando sus partes a la luz del conjunto y entendiendo el todo como un testimonio armonioso de Dios y de sus obras.

---

[4] Sobre el motivo del juicio que enhebra toda la narración del Evangelio de Juan, y el lugar de este pasaje dentro de él, véase Harvey, *Jesus on Trial*; Lincoln, *Truth on Trial*, esp. 21-29, 73-77.

Regla 2: Presión pedagógica

Para comprender la gramática y la sintaxis teológicas de la Escritura, hay que leerla de tal modo que se aprenda cómo sus diversos discursos forman y presuponen una visión teológica más amplia.

Más que darnos instrucciones detalladas para explicar afirmaciones concretas, estas dos primeras reglas nos orientan hacia el panorama general de lo que Dios hace en y a través de las Escrituras. En cierto sentido, en nuestro pasaje, lo que está en disputa es precisamente el panorama general. El problema que los oponentes de Jesús tienen con él es que sus palabras y acciones no parecen estar en armonía con el testimonio de las Escrituras sobre Dios y sus palabras, sino que crean una discordia estridente. Si Jesús viene de Dios, ¿no debería guardar el día de reposo? ¿No chocan sus audaces afirmaciones sobre sí mismo con el testimonio de las Escrituras sobre la unicidad de Dios? Las acciones y palabras de Jesús no encuentran lugar en la visión teológica más amplia de sus oponentes. Pero ¿han leído correctamente la gramática y la sintaxis teológicas de las Escrituras? ¿Es su visión lo bastante amplia?

Tanto la Escritura en su conjunto como las acciones y palabras de Jesús en este pasaje presionan a sus audiencias para que emitan un veredicto. Dios en la Escritura y Jesús en este pasaje llevan a sus audiencias a discernir y, en última instancia, a declarar juicios teológicos. El acto inicial y el discurso interpretativo de Jesús presionan pedagógicamente a sus oyentes para que emitan un juicio verdadero sobre su identidad. Además, en respuesta a la doble acusación de sus oponentes de quebrantar el día de reposo y blasfemar, el discurso de Jesús para la defensa pretende permitir a sus oyentes discernir cómo sus acciones y palabras encajan de hecho con la autoatribución de Dios en las Escrituras. Una prueba crucial del testimonio de Jesús sobre sí mismo es si es coherente con el conjunto del testimonio de Dios sobre sí mismo. Un elemento clave de este juicio que permite el testimonio de Jesús es el reconocimiento de que, junto con el Padre, Jesús merece el culto que por derecho solo pertenece a Dios. Jesús declara que el Padre le ha confiado el juicio escatológico "para que todos honren al Hijo así como honran al Padre" (v. 23).

La lógica de la blasfemia y la justificación de las afirmaciones sobre Dios

Regla 3: Adecuación a Dios
El discurso bíblico sobre Dios debe entenderse de un modo apropiado a su objeto, por lo que hay que leer las descripciones de Dios en las Escrituras de un modo que se ajuste al retrato canónico del santo nombre de Dios y su creación de todas las cosas a partir de la nada.

Esta sección consta de tres partes. En primer lugar, consideraremos cómo la respuesta inicial de Jesús en el versículo 17 emplea la distinción Creador-criatura y se sitúa en relación con ella. En segundo lugar, consideraremos cómo el principio de adecuación a Dios emerge del pasaje, concretamente cómo la blasfemia refleja la regla de adecuación a Dios. En tercer lugar, examinaremos una serie de seis perfecciones y prerrogativas propias de Dios que Jesús reclama para sí. Esta sección será, con mucho, la más larga, ya que gran parte del pasaje gira en torno a si Jesús tiene razón al hablar de sí mismo de maneras tan sorprendentemente dignas de Dios.

La distinción creador-criatura y el mandamiento del día de reposo (Juan 5:17)

En primer lugar, veremos que la creación *ex nihilo* y la distinción cualitativa entre Creador y criaturas son elementos conceptuales cruciales para entender el conflicto sobre el día de reposo que abre e impregna nuestro pasaje. Consideremos de nuevo la afirmación de

Jesús que eleva las apuestas y aviva la oposición: "Hasta ahora Mi Padre trabaja, y Yo también trabajo" (v. 17). La afirmación implícita es: "Se me permite trabajar en día de reposo por las mismas razones que a mi Padre".[5]

Esta disputa sobre el mandamiento del día de reposo en el Antiguo Testamento está estrechamente relacionada con la distinción entre Creador y criatura. Por un lado, el mandamiento del día de reposo se basa en una analogía entre el Creador y la criatura. Dios creó en seis días y descansó en el séptimo (Gen. 2:2-3; Ex. 31:17), y lo mismo debería hacer la humanidad (Ex. 20:11). Por otra parte, estas referencias al modelo de la obra creadora de Dios recuerdan a los obligados a guardar el día de reposo que ellos son criaturas, no el Creador. Además, el hecho de que Dios descansara el séptimo día no nos cuenta toda la historia. Como afirma Jesús, "Hasta ahora Mi Padre trabaja" (Jn. 5:17).

En ese séptimo día original, y cada día de reposo, y cada día posterior, Dios ha continuado preservando y manteniendo el mundo que hizo. ¿Obra Dios en el día de reposo? Sí, en el sentido de que sigue haciendo lo que solo Él puede hacer. Él sostiene a todos los seres creados. Él da la vida y la toma. Por supuesto, a diferencia de nuestro trabajo, la actividad providencial y conservadora de Dios es reposada. Sostiene todas las cosas con la misma palabra eficaz y sin esfuerzo con la que creó todas las cosas (Gen. 1:3; Sal. 33:6; cf. Heb. 1:3).

Sin embargo, Jesús apela al punto jurisdiccional de que, como Creador, Dios está exento de la regulación del día de reposo que obliga a sus criaturas humanas.[6] Jesús insiste en que esta exención también le cubre a él. En otras disputas sobre el día de reposo, Jesús apela a precedentes humanos para justificar sus acciones (por ejemplo, Luc.

---

[5] Cf. Carson, *The Gospel according to John*, 248: "En cambio, Jesús insiste en que cualesquiera que sean los factores que justifican la obra continua de Dios desde la creación, también justifican la suya".

[6] Para una breve reseña de los primeros debates judíos sobre la obra de Dios en el día de reposo, véase Keener, *The Gospel of John*, 1:646. Véase especialmente Philo, *On the Cherubim* 87; *Allegorical Interpretation* 1.5, 18. Cf. también Aristobulus, *Fragment* 5; discusión en Swart, "Aristobulus' Interpretation of LXX Sabbath Texts as an Interpretative Key to John 5:1-18", 572-74.

14:5); aquí apela a precedentes divinos.[7] En Juan 5:17, Jesús invoca una justificación para su actividad que solo es válida para el Creador de todo.

La adecuación a Dios y la blasfemia (Juan 5:17-18)

En segundo lugar, hay un sentido en el que el principio de adecuación a Dios es una inferencia necesaria de la gramática teológica de este pasaje, concretamente de la lógica de la disputa entre Jesús y sus oponentes. De nuevo, después de que Jesús reivindicara la prerrogativa divina de trabajar en el día de reposo en el versículo 17, en el versículo 18 leemos: "Entonces, por esta causa, los judíos aún más procuraban matar a Jesús, porque no solo violaba el día de reposo, sino que también llamaba a Dios Su propio Padre, haciéndose igual a Dios". Los adversarios de Jesús tratan de matarlo porque entienden que sus palabras constituyen el delito capital de blasfemia, una expresión que afrenta a Dios denigrando o atentando contra su unicidad trascendente.[8]

---

[7] Basándose en Philo, *On the Cherubim* 87, Bekken, *The Lawsuit Motif in John's Gospel from New Perspectives*, 151, concluye: "Así, según Filón, Dios tiene su propia 'Sabbath halakhah' y su propia forma divina de observar el descanso en el día de reposo, que no entra en tensión con la idea de que Dios está continuamente trabajando en el día de reposo". Y Bekken sostiene que, en Juan 5:17, Jesús se aplica a sí mismo precisamente esa "Sabbath halakhah" divina (149). El análisis de Bekken confirma que los oponentes de Jesús tenían razón al escuchar las palabras de Jesús en 5:17 como una reivindicación de una garantía exclusivamente divina para sus acciones. Cf. Aquinas, *Commentary on the Gospel of St. John* 5.2.738, que se anticipa al punto básico de Bekken y distingue las diferentes autojustificaciones de Jesús en múltiples disputas sobre el día de reposo empleando la exégesis partitiva.

[8] Véase Bock, "Blasphemy", 84. Véase también el análisis de la respuesta de los oponentes de Jesús a su cita del Salmo 110:1 en su juicio (Mr. 14:62) en Bock, "Blasphemy and the Jewish Examination of Jesus", 78. En las fuentes judías del siglo I, los paralelos más cercanos al sentido de "blasfemia" evidente en Juan 5:18 se encuentran en Philo, *On the Embassy to Gaius* 353-68; y *Dreams* 2.130-32. Véase la discusión en Bekken, *The Lawsuit Motif in John's Gospel from New Perspectives*, 58-60. Sobre la acusación de blasfemia en Juan, véase, además, Söding, "'Ich und der Vater sind eins' (Joh, 10, 30)", 177-83.

Resulta especialmente evidente que los oponentes de Jesús entienden sus palabras como una blasfemia a la luz de los paralelos cercanos que aparecen en otras partes de Juan (8:53, 59; 10:33). En todos estos pasajes, los oponentes de Jesús no se equivocan al oponerse a la blasfemia; la propia Biblia la prohíbe (Ex. 22:28; Lev. 24:16). Tampoco se equivocan al concluir que una criatura que habla de sí misma en formas que solo corresponden al Creador constituye una blasfemia. Tampoco se equivocan al oír las palabras de Jesús como una pretensión de divinidad.[9] Su único error es no reconocer que el que pronuncia estas palabras es realmente el Creador.

El concepto mismo de blasfemia se basa en un principio de adecuación a Dios. Una forma de blasfemia es arrogarse lo que solo corresponde a Dios. De ahí que la prohibición bíblica de la blasfemia sea un reflejo del principio de adecuación a Dios. solo las afirmaciones adecuadas a Dios pertenecen a Dios, y las afirmaciones adecuadas a Dios solo pertenecen a Dios.

Seis afirmaciones dignas de Dios

Pero ¿es la afirmación de Jesús en 5:17 un caso aislado? ¿Mitiga o matiza su discurso en su conjunto esta afirmación de una garantía divina para su obra? Ni mucho menos. Por el contrario, al menos seis elementos del discurso de Jesús atestiguan su dignidad y perfección singularmente divinas y, por tanto, confirman que, en el versículo 17 como en el resto del pasaje, Jesús habla intencionadamente de sí mismo de forma digna de Dios. De ahí que nuestra tercera y última tarea en esta sección sea considerar estas seis afirmaciones dignas de Dios.

---

[9] Acertadamente, Kammler, *Christologie und Eschatologie*, 16; cf. 17-19 para su crítica a los eruditos que ven la acusación de blasfemia como un malentendido de las afirmaciones de Jesús. Del mismo modo, Frey, *Die johanneische Eschatologie*, 3:345: "Que oigan la afirmación de ἰσότης τῷ θεῷ [*isotēs tō theō*, "igualdad con Dios"] en su declaración del v. 17 no se defiende, sino que, a través de los vv. 19 y ss. y en Juan 10:30 y ss., se confirma con precisión". Contra, por ejemplo, Loader, *Jesus in John's Gospel*, 337.

La primera surge de un aspecto del versículo 17 que aún no hemos considerado en detalle: Jesús llama a Dios su propio Padre. Una vez más, debemos recordar lo que los adversarios de Jesús oyen en esta afirmación. Entienden que blasfema porque "también llamaba a Dios Su propio Padre, haciéndose igual a Dios" (v. 18). Al llamar a Dios "mi Padre", Jesús está haciendo una afirmación escandalosa. No está nombrando a Dios como creador de todas las cosas o redentor de todo su pueblo. Por el contrario, reivindica una relación única, sin parangón, con Dios, que le hace igual al Padre.[10] Como Hijo del Padre, cuando a Dios le está permitido obrar, a él también le está permitido obrar. Eso solo puede ser porque, como Hijo del Padre, el Hijo conserva continuamente toda la creación junto con el Padre. En otras palabras, dado su uso en la frase que pronuncia, el hecho de que Jesús nombre a Dios como su Padre conlleva la afirmación de su unidad e igualdad irreductiblemente ontológica con el Padre.[11]

En segundo lugar, como consideraremos más adelante bajo la regla de las "operaciones inseparables", la segunda mitad del versículo 19 atestigua la acción inseparable del Hijo y del Padre: "Porque todo lo que hace el Padre, eso también hace el Hijo de igual manera". Solo quien es uno con el Padre puede hacer todo lo que el Padre hace.[12] La unidad de acto del Padre y del Hijo revela su unidad de ser. Solo quien

---

[10] Así Bengel, *Gnomon of the New Testament*, 2:305: "Solo el Unigénito puede decir: *Padre mío*; solo del Unigénito dice el Padre: *Hijo mío*" (énfasis original). Véase también Frey, *Die johanneische Eschatologie*, 3:344.

[11] Véase Augustine, *Homilies on the Gospel of John* 17.16; Aquino, *Commentary on the Gospel of St. John* 5.4.742. Véase también, con referencia a Juan en su conjunto, Frey, "Between Jewish Monotheism and Proto-Trinitarian Relations", 201-2: "En su uso juanino, el título tradicional 'Hijo de Dios' implica claramente algo más que mero mesianismo: Distingue a Jesús de todos los demás humanos y lo asigna al lado de Dios... Así, en el uso joánico del término tradicional 'Hijo de Dios' y su aplicación a Jesús como 'el Hijo', el término se ha convertido ahora en una expresión de su unidad única con el Padre (10:30) y su divinidad". En el mismo sentido, M. M. Thompson, "The Living Father", 29.

[12] Sobre cómo la unidad de la acción del Padre y del Hijo en Juan 5:19 revela la unidad de su ser, véase Gregory of Nyssa, *Against Eunomius* 1.395-96 (GNO 1:142.8-23); también Hilary of Poitiers, *The Trinity* 7.18 (FC 25:242); Cyril of Alexandria, *Commentary on John* 2.6 (Maxwell, 1:146).

posee la única naturaleza divina puede realizar las obras únicamente divinas de crear y conservar todas las cosas.

En tercer lugar, en el versículo 21, Jesús afirma que tiene el poder exclusivamente divino de resucitar a los muertos: "Porque así como el Padre levanta a los muertos y les da vida, asimismo el Hijo también da vida a los que Él quiere" (cf. vv. 25, 28-29). La Escritura enseña que, puesto que Él es el único dador de vida, solo Dios puede dar vida a los muertos: "Vean ahora que Yo, Yo soy el Señor, y fuera de Mí no hay dios. Yo hago morir y hago vivir. Yo hiero y Yo sano, y no hay quien pueda librar de Mi mano" (Dt. 32:39).[13] Esta convicción se afirma con frecuencia en la literatura judía primitiva extrabíblica.[14] Obsérvese que Jesús no se limita a afirmar que puede servir de instrumento criatural de Dios para resucitar a los muertos. Elías y Eliseo oraron, y en respuesta a sus oraciones Dios dio vida a los muertos (1 Rey. 17:20-22; 2 Rey. 4:32-35).

A diferencia de esos dos profetas, Jesús dice a los muertos: "Levántate" (Mr. 5:41; Luc. 7:14), a Lázaro en su tumba: "Sal" (Jn. 11:43). A diferencia de aquellos profetas, Jesús mismo da nueva vida a los muertos, y concede este don "a quien Él quiere". El Hijo ejerce libre y soberanamente esta prerrogativa divina.[15] La capacidad ilimitada del Hijo para resucitar a los muertos demuestra su unidad e igualdad con el Padre. Además, como el Hijo hace todo lo que hace el Padre (v. 19), no debemos entender que el Padre resucita a unos y el Hijo a otros, sino que en la resurrección de los muertos el Padre y el Hijo actúan inseparablemente.[16]

---

[13] Cf. 1 Sam. 2:6; 2 Rey. 5:7; Os. 6:2; Hch. 26:8; Rom. 4:17, 8:11; 1 Cor. 6:14; 2 Cor. 1:9; 4:14. Como observa Kammler, "resucitar a los muertos e impartir vida pertenecen estricta y exclusivamente a la soberanía divina" (*Christologie und Eschatologie*, 76).

[14] Véase Tob. 13:2; 2 Mac. 7:9, 22-23; 14:46; 4 Mac. 18:19; Sab. 16:13.

[15] Véase Aquinas, *Commentary on the Gospel of St. John* 5.4.761.

[16] Gregorio de Nisa reconoce la acción inseparable del Padre y del Hijo —y, basándose en Juan 6:63, del Espíritu— de resucitar a los muertos en *Letter* 24.14-15 (Silvas, *Gregory of Nyssa*, 195-96).

En cuarto lugar, en el versículo 26, como consideraremos más adelante bajo la regla "de otro", Jesús fundamenta su pretensión de dar vida de resurrección afirmando que posee la única vida divina, la vida en sí mismo: "Porque como el Padre tiene vida en Él mismo, así también le dio al Hijo el tener vida en Él mismo". En el capítulo anterior argumentamos que la "vida en sí mismo" es un atributo exclusivamente divino, por lo que "dio" se refiere al don eterno del Padre de la esencia divina al Hijo. Para entender la aportación conceptual de este versículo al discurso de Jesús, tenemos que fijarnos en la palabra con la que comienza: "porque".

El versículo 26 fundamenta el versículo 25, donde Jesús afirma su poder para resucitar a los muertos: "Los muertos oirán la voz del Hijo de Dios, y los que oigan vivirán". Jesús puede dar vida a los que han perdido la suya porque posee una vida que no puede perderse. Jesús puede hacer lo que solo Dios hace porque tiene lo que solo Dios tiene.[17] El versículo 26 ofrece así una de las visiones más claras de la profunda estructura conceptual de todo nuestro pasaje. Jesús comparte lo que tiene; da lo que es. Las palabras de Jesús dan vida eterna porque él mismo posee una vida ilimitada e ilimitada (vv. 24-25).[18] Al atribuir a Jesús el tipo de vida que solo Dios tiene, Juan 5:26 afirma que el Hijo es uno e igual al Padre.

Quinto, en el versículo 22 Cristo reivindica la prerrogativa divina del juicio: "Porque ni aun el Padre juzga a nadie, sino todo juicio se lo ha confiado al Hijo". Que el Padre haya dado todo el juicio al Hijo presupone que el juicio es un derecho exclusivo de Dios. Del mismo modo, en el versículo 27, "Y le dio autoridad para ejecutar juicio, porque Él es el Hijo del Hombre". Luego, después de afirmar en los versículos 28-29 que resucitará a todos los muertos, convocando así a

---

[17] Véase Kammler, *Christologie und Eschatologie*, 170, 173.
[18] Considérese la lógica paralela en 11:25-26 y 14:1-6, en los que Jesús también se nombra a sí mismo "vida". Véase Kammler, *Christologie und Eschatologie*, 173-75; también Blank, *Krisis*, 155: "El dador mismo es el fundamento objetivo del don. *Él es, en uno, el que da, y aquello que da*" (énfasis original).

los malvados al juicio, Jesús declara: "Yo no puedo hacer nada por iniciativa Mía; como oigo, juzgo, y Mi juicio es justo porque no busco Mi voluntad, sino la voluntad del que me envió" (v. 30).

En decenas de lugares, la Escritura enseña que Dios juzgará a todas las personas.[19] Ciertamente, Dios delega a veces juicios limitados, terrenales y temporales en agentes humanos, ya sea el pueblo de Israel en su conjunto (Gen. 15:16) o el rey davídico (Sal. 72:2). Sin embargo, solo Dios es el juez de toda la tierra (Gen. 18:25; cf. Sal. 94:1). Sin embargo, hay un pasaje en el que Dios delega el juicio final y completo en un agente humano: Daniel 7, especialmente los versículos 13-14 y 26-27. Consideraremos este pasaje bajo la regla de la "exégesis partitiva" más adelante. Por el momento, podemos señalar simplemente que el propio Jesús apela al lenguaje sobre "uno como un hijo de hombre" de Daniel 7:13-14 en Juan 5:22, 27. Esta profecía bíblica se cumple en el Antiguo Testamento. Esta profecía bíblica se cumple en el único ser humano que podía ejercer legítimamente la prerrogativa divina del juicio, porque es Dios encarnado. La descripción que hace Daniel de Dios autorizando a un agente humano a ejecutar el juicio universal no hace que el juicio deje de ser una prerrogativa divina; al contrario, atestigua la identidad divina del Hijo del Hombre.[20]

Sexto y último, Jesús recibe adoración. ¿Con qué propósito ha dado el Padre todo el juicio al Hijo? "Para que todos honren al Hijo así como honran al Padre. El que no honra al Hijo, no honra al Padre que lo envió" (Jn. 5:23). Un día, cuando Cristo vuelva para ejecutar el juicio, los que ahora le deshonran le honrarán (cf. 8:49).[21] En la Escritura,

---

[19] Por ejemplo, Gen. 18:25; 1 Sam. 2:10; 1 Cro. 16:33; Sal. 7:8, 11; 50:4, 6; 67:4; 75:2; 82:8; 94:2; 96:10, 13; 98:9; Ecl. 3:17; Is. 2:4; 51:5; Joel 3:12; Mt. 10:15; 11:22-24; Rom. 2:1-11, 16; 3:6; 14:10, 12; 2 Tes. 1:5-6; Stg. 4:12; 1 Ped. 1:17; 2:23; Apo. 11:16-18.

[20] De ahí que Cyril of Alexandria, *Commentary on John* 2.8 (Maxwell, 1:156), observe acertadamente acerca de los vv. 26-27: "El Unigénito... se ha revestido del brillo de dos hechos dignos de Dios. Sostiene claramente que resucitará a los muertos y los convocará para ser juzgados en su propio tribunal".

[21] Así Aquinas, *Commentary on the Gospel of St. John* 5.4b.765, que cita Luc. 21:17 y Apo. 7:11 como paralelos.

"honra" es el justo reconocimiento del valor o la dignidad de alguien. El padre y la madre lo merecen (Ex. 20:12), al igual que las verdaderas viudas de la Iglesia y el emperador romano (1 Tim. 5:3; 1 Ped. 2:17). Pero hay un tipo de honor que solo se debe a Dios: la adoración. Y la traducción griega del Antiguo Testamento, así como otra literatura judía de la antigüedad griega, utiliza el verbo "honrar" (τιμάω, *timaō*) con referencia a Dios para nombrar la adoración que es una respuesta correcta solo a Él.[22] En el versículo 23 Jesús reclama precisamente el honor que se debe al Padre. Todos han de honrar al Hijo "igual" que honran al Padre: de la misma manera y en el mismo grado.[23] solo quien es uno con el Padre e igual a él puede ser adorado como se adora al Padre.

Además, Jesús hace que adorarle sea el criterio para saber si alguien adora al Padre. No se puede adorar verdaderamente al Padre si no se adora a Jesús. Estas afirmaciones son asombrosas y responden plenamente a la acusación del versículo 18 de que Jesús se está haciendo igual a Dios, lo que implica que está deshonrando a Dios. No es Jesús quien deshonra a Dios, sino todos los que se niegan a honrar a Jesús como Dios.[24]

Estas prerrogativas divinas —sostener la creación, hacer todo lo que hace el Padre, resucitar a los muertos, poseer vida en sí mismo, juzgar a todos los hombres y recibir culto— son puntos de un círculo cerrado. Solo quien posee vida en sí mismo puede dar vida a todos y sostener toda vida. solo quien da y quita la vida en primer lugar puede dar la vida después de haberla quitado. Solo quien hace todo lo que el Padre hace, porque es todo lo que el Padre es, puede recibir la adoración que solo Dios merece. A lo largo de nuestro pasaje, Jesús afirma poseer una serie de perfecciones y prerrogativas propias de Dios para

---

[22] Véanse los LXX Prov. 3:9 e Is. 29:13; también *Sibylline Oracles* 2:60; *Letter of Aristeas* 234. Tomado de Fletcher-Louis, "John 5:19–30", 419.

[23] Como observa Agustín, el calificativo "así como" indica que el Hijo es igual al Padre (*Homilies on the Gospel of John* 19.6 [WSA III/12:338-39]).

[24] Acertadamente, Kammler, *Christologie und Eschatologie*, 99-100; cf. Bauckham, "Monotheism and Christology in the Gospel of John", 153.

confirmar su identidad divina mediante un caso acumulativo. Cada afirmación ilumina y apoya a las demás. Cada afirmación implica a las demás. El que tiene una, las tiene todas; el que carece de una, no tiene ninguna.[25]

En resumen: el principio de adecuación a Dios, y la distinción entre Creador y criatura que marca lingüísticamente, son elementos intelectuales necesarios tanto para discernir el sentido de estas prerrogativas divinas como para entender por qué la reivindicación de Jesús suscita una oposición indignada.[26] Jesús habla de sí mismo de todas estas maneras dignas de Dios porque posee la esencia divina única que es la única que justifica tales afirmaciones.

Un registro distinto y complementario

Regla 4: Común y apropiado

La Escritura habla tanto de lo que es común al Padre, al Hijo y al Espíritu Santo como de lo que es propio de cada persona, reflejando la distinción conceptual entre la naturaleza divina y las personas divinas. El razonamiento bíblico discierne esta distinción, la sostiene y contempla la Santísima Trinidad a su luz. Por lo tanto, hay que leer el discurso de la Escritura sobre Dios de tal modo que se reconozca y se emplee su doble discurso —el común y el propio—, en lugar de hacerlo de un modo que colapse las dos formas en una sola. De este modo, aprendamos a contar personas en lugar de naturalezas.

---

[25] Cf. Radde-Gallwitz, *Basil of Caesarea, Gregory of Nyssa, and the Transformation of Divine Simplicity*, 17, sobre la percepción de Gregorio de Nisa del carácter "entrelazado" de las perfecciones divinas.

[26] Otra manera de plantear este punto es decir que la cristología de Juan presupone el monoteísmo único y exclusivo del Antiguo Testamento y del judaísmo primitivo, y que la identidad divina de Cristo siempre se sitúa dentro de este monoteísmo estricto y se coordina con él, no en tensión con él. Sobre esto véase especialmente Bauckham, "Monoteísmo y cristología en el Evangelio de Juan". Sobre el monoteísmo bíblico en sentido más amplio, véase Bauckham, *Jesus and the God of Israel*, 60-106.

Todas las perfecciones y prerrogativas dignas de Dios que Jesús reclama para sí en nuestro pasaje, y que hemos considerado en la sección anterior, pertenecen a la predicación común. Que Jesús sostenga la creación en el día de reposo, que tenga vida en sí mismo, que reciba la adoración correctamente, etc., todo esto lo tiene y lo hace en común con el Padre y el Espíritu. Todo esto pertenece a lo que significa que el Hijo sea Dios, igual que el Padre es Dios y el Espíritu es Dios.

Pero este pasaje también habla del Hijo en un registro distinto y complementario. Además de nombrar lo que tiene en común con el Padre y el Espíritu, también habla de lo que le distingue del Padre y del Espíritu. Como el Padre, el Hijo tiene vida en sí mismo (Jn. 5:26). A diferencia del Padre, que no tiene vida en sí mismo de nadie más que de sí mismo, el Hijo tiene vida en sí mismo del Padre.[27] La "vida en sí mismo" es común al Padre y al Hijo; el modo de tenerla, ya sea de nadie más o de otro, distingue al Hijo del Padre. La vida es una; el modo de vivir es distinto.

Consideremos de nuevo el versículo 19. El Hijo hace todo lo que hace el Padre: común. El Hijo hace todo esto como viendo y el Padre como mostrando: propio. Los actos son comunes; los modos son propios. La acción es una; el modo de acción es distinto.

Algunos estudiosos modernos de Juan, que son perspicaces en muchos otros aspectos importantes, no disciernen ni distinguen estos dos modos complementarios de predicación. Por ejemplo, C. K. Barrett escribe, teniendo en cuenta nuestro pasaje:

> Hay que observar además que aquellos pasajes juaninos notables que a primera vista parecen proclamar más inequívocamente la unidad e igualdad del Hijo con el Padre se sitúan a menudo en contextos que si

---

[27] Aunque habla con poca convicción, la siguiente ocurrencia de Mealand, "John 5 and the Limits of Rhetorical Criticism", 264, da en el blanco: "La paradoja es antigua, pero podría sacarse a la superficie y hacerse demasiado explícita traduciendo: 'ha concedido al Hijo tener vida no concedida'".

no niegan al menos matizan este tema, y colocan junto a él el tema de la dependencia, y de hecho de la subordinación.²⁸

Lo que Barrett ve como una prueba de subordinación sería más preciso calificarlo simplemente de relación, concretamente de relación de origen.²⁹ La generación eterna de Jesús a partir del Padre no califica ni compite con su unidad e igualdad con el Padre.³⁰ Al contrario, como vimos en el capítulo anterior, su generación a partir del Padre es lo que demuestra su unidad e igualdad con el Padre (cf. Jn. 14:9-11).

También debemos recordar del capítulo anterior que "Padre" e "Hijo" son nombres relativos. Como títulos que distinguen a las distintas personas divinas, "Padre" e "Hijo" las nombran de un modo que es propio de cada una de ellas. No es casualidad que el punto de partida de nuestro pasaje sea el peculiar apelativo relacional que Jesús da a Dios: "Mi Padre" (v. 17). Tampoco es mera coincidencia que el uso absoluto por parte de Jesús de los títulos "el Hijo" y "el Padre" sea

---

²⁸ Barrett, "'The Father Is Greater Than I' John 14:28", 23.

²⁹ Por lo tanto, siempre que el término se descomprima adecuadamente, "dependencia" da en el blanco y no tiene por qué implicar "subordinación".

³⁰ El frecuente fracaso de los eruditos modernos a la hora de distinguir entre modos comunes y propios de predicación cristológica es especialmente evidente en los tratamientos de Juan 1:1 y 1:18. Véase, por ejemplo, Engberg-Pedersen, *John and Philosophy*, 51, sobre Juan 1:1: "Aquí Juan desea claramente conectar el *logos* lo más estrechamente posible con Dios, pero también mantener una distinción. El *logos* no es simplemente idéntico a Dios. Sin embargo, está tan estrechamente conectado con Dios como es posible cuando las dos entidades *no* son idénticas" (énfasis original). Del mismo modo, Loader, *Jesus in John's Gospel*, 319-21, 326, 330-31; Forger, "Jesus as God's Word(s)", 276n6. Estos eruditos y muchos otros harían bien en prestar atención al saludable recordatorio de I. McFarland, *The Word Made Flesh*, 117: "Porque aunque en el Nuevo Testamento el título 'Hijo' distingue claramente a Jesús del *Padre*, no por ello lo distingue necesariamente de *Dios*" (énfasis original). Una notable excepción reciente a esta tendencia es Byers, *Ecclesiology and Theosis in the Gospel of John*, 34-36, 48, quien concluye con respecto a Juan 1:18: "Estas dinámicas duales tanto de unidad como de pluralidad se articulan conjuntamente en el título compuesto μονογενής θεός" (34). Véase también la fructífera apelación a la paradoja en Juan 1:1 en Estes, "Dualism or Paradox?", 103-5. Para una sofisticada aplicación de la regla "común y propio" a un corpus diferente del Nuevo Testamento, véase Hill, *Paul and the Trinity*, esp. 112-20.

un *leitmotiv* de nuestro pasaje.[31] Jesús se nombra repetidamente a sí mismo y al Padre en relación el uno con el otro, porque uno de los temas primordiales de su discurso es su relación con el Padre.[32] Los nombres "Padre" e "Hijo" señalan el tema del discurso, y las afirmaciones sobre la relación intrínseca del Hijo con el Padre constituyen una gran parte de su predicado. En otras palabras, la densa concentración de nombres relativos debería prepararnos para escuchar al menos una parte del discurso de Jesús como perteneciente al registro de lo que le es propio como Hijo.

Lo que haga el Padre

Regla 5: Operaciones inseparables
Las obras externas de la Trinidad son indivisiblemente una, como Dios es uno. Siempre que la Escritura mencione solo una o dos personas divinas, entendamos que las tres están igualmente presentes y activas, realizando las mismas acciones de maneras que implican sus relaciones mutuas. De este modo, aprendamos a contar personas en lugar de acciones.

Norma 6: Apropiación
Las Escrituras a veces atribuyen a una sola persona divina una perfección, acción o nombre común a las tres, debido a algún ajuste contextual o analogía entre el atributo común y la persona divina en cuestión. Hay que leer estos pasajes de manera que no comprometan la unidad e igualdad esenciales de la Trinidad.

Aunque muchos aspectos de nuestro pasaje justifican y a su vez están iluminados por la regla de las "operaciones inseparables", nos

---

[31] Véanse los vv. 19 (2× cada uno), 20, 21, 22, 23 (2× cada uno), 26.
[32] Los comentarios de Fletcher-Louis, "John 5:19-30", 430, van por buen camino: "Como Hijo, ya tiene una identidad divina peculiar y una posición de intimidad con el Padre, a partir de la cual obra maravillas (vv. 19-21) y en virtud de la cual merece ser adorado (v. 23)".

centraremos en un solo versículo: Jesús les dijo: "En verdad les digo que el Hijo no puede hacer nada por su cuenta, sino lo que ve hacer al Padre; porque todo lo que hace el Padre, eso también hace el Hijo de igual manera" (Juan 5:19). En el capítulo anterior, al exponer la regla "desde otro", analizamos el versículo en detalle. Ahora nos centraremos en la última frase: "Porque todo lo que hace el Padre, eso también hace el Hijo". Jesús responde aquí a la acusación de blasfemia desgranando su afirmación del versículo 17.[33] Así como el Padre obra hasta ahora, también lo hace el Hijo, porque el Hijo hace todo lo que hace el Padre. ¿El Padre resucita a los muertos? También el Hijo (vv. 21, 25). ¿Juzga el Padre a todos? No sin el Hijo (vv. 22, 27). Toda acción del Padre es también acción del Hijo; no hay acción del Hijo que no sea también acción del Padre.[34]

En sus comentarios sobre esta frase del versículo 19, Aquino señala que "excluye tres cosas en el poder de Cristo: limitación, diferencia e imperfección".[35] En primer lugar, por si alguien suponía que, puesto que el Hijo no existe por sí mismo, su poder debía estar limitado a ciertas cosas existentes en lugar de ser universal como lo es el del Padre, Jesús dice que hace "todo lo que hace el Padre" (cf. Jn. 1:3). En segundo lugar, las palabras de Jesús excluyen toda diferencia entre los actos del Padre y del Hijo. Su actividad no es como la de dos fuegos que queman leña por separado. Por el contrario, el "todo" indica que hacen las mismas cosas. En tercer lugar, las palabras de Jesús excluyen la imperfección. El Hijo no es un mero instrumento a través del cual el Padre actúa como agente principal. Por el contrario, "Con el mismo poder con que actúa el Padre, actúa también el Hijo; porque el mismo

---

[33] Como observa Bengel, *Gnomon of the New Testament*, 2:305, el v. 17 es una tesis que el resto del discurso de Jesús en los vv. 19-30 expone.

[34] Adaptamos esta formulación de la de Vidu, *The Same God Who Works All Things*, 39. El análisis que Vidu hace de este versículo (37-42) es perspicaz, conciso y discierne acertadamente varios errores comunes en los tratamientos eruditos modernos.

[35] Aquinas, *Commentary on the Gospel of St. John* 5.5.752.

poder y la misma perfección hay en el Padre y en el Hijo".[36] El Padre y el Hijo actúan inseparablemente porque existen inseparablemente. La acción del Padre y del Hijo es una porque su poder divino es uno. Como son, así actúan: un solo Dios, indiviso e indivisible, distinto solo en sus relaciones eternas de origen.

En cuanto a la sexta regla, la apropiación: nuestro pasaje no ofrece ningún ejemplo explícito y positivo del fenómeno. Sin embargo, la regla nos ofrece una ayuda indirecta en la lectura del versículo 22: "Porque ni aun el Padre juzga a nadie, sino que todo juicio se lo ha confiado al Hijo". Como vimos anteriormente, el hecho de que Jesús ejecute el juicio revela su unidad e igualdad con el Padre. También, como veremos bajo la regla de "exégesis partitiva" más adelante, el acto del Padre de dar juicio al Hijo pertenece a la naturaleza humana asumida del Hijo. Pero aquí tenemos que considerar este pasaje desde otro ángulo. Para bloquear la falsa inferencia de que el Padre está inactivo en el juicio, podemos apelar fructíferamente a la regla de la apropiación. Hay un sentido en el que la afirmación de Jesús en el versículo 22 se "apropia" del juicio exclusivamente para sí, aunque sin pretender negar que el Padre también ejercerá el juicio.

A la luz de las operaciones inseparables de la Trinidad, debemos entender la negación de Jesús aquí como la negación de que el Padre juzgue *solo* y como la afirmación de que el Padre no será el agente visible que ejecute el juicio.[37] En cambio, el Padre ha designado al Hijo

---

[36] Aquinas, *Commentary on the Gospel of St. John* 5.2.752. Los comentarios más perspicaces que hemos encontrado sobre esta frase entre los eruditos modernos de la Biblia son los de Kammler: "Por eso se dice, en principio y sin restricción alguna, que entre la acción del Padre y la acción del Hijo hay siempre y en todas partes un perfecto paralelismo y conformidad. En efecto, se puede hablar incluso de *unidad e identidad* de la acción de ambos. A saber, aquí se subraya la uniformidad de las acciones del Padre y del Hijo (ὁμοίως), y estas se refieren globalmente a un mismo 'objeto' (ταῦτα). Esto solo puede significar: la acción del Hijo es en sí misma la acción del Padre" (*Christologie und Eschatologie*, 23 [énfasis original]). Cf. Dodd, *The Interpretation of the Fourth Gospel*, 257: "Padre e Hijo son sujetos de la misma actividad" (cf. 327).

[37] Para el primer punto, véase Kammler, *Christologie und Eschatologie*, 90, que cita Juan 5:30; 6:38; 7:16; 12:44; y 14:24 como paralelos. La misma lógica funciona en las afirmaciones en las que Jesús niega que algo que él es o hace sea

encarnado, el Hijo del Hombre, como su delegado escatológico (cf. v. 27). Que el Hijo ejecute visiblemente el juicio escatológico no excluye al Padre de un papel activo en ese juicio. En lugar de ello, empleando un modismo hebreo común, Jesús utiliza un lenguaje absoluto para hacer una afirmación relativa.[38] El Padre invisible ejecutará el juicio final mediante la acción de su Hijo visible encarnado.

Sujeto humano, predicados divinos

Regla 7: La unidad de Cristo

El Hijo eterno y divino es el único sujeto de todo lo que Jesús hace y sufre. Cristo es una persona, un agente, un "quién". Por tanto, al leer el testimonio de la Escritura sobre Cristo nunca debemos dividir los actos de Cristo entre dos sujetos actuantes, atribuyendo unos al Hijo divino y otros al Jesús humano como si se tratara de dos personas distintas.

Regla 8: La comunicación de idiomas

Puesto que Cristo es una sola persona divina que subsiste en una naturaleza divina y humana, la Escritura a veces lo nombra según una naturaleza y le atribuye lo que pertenece a la otra naturaleza. La Escritura atribuye prerrogativas divinas al hombre Jesús, y actos y sufrimientos humanos al Hijo divino. Por tanto, hay que leer la Escritura de manera que reconozca y reproduzca esta gramática paradójica de la predicación cristológica.

---

suyo, porque pertenece al Padre (lo que implica que el Padre se lo ha dado), y en las que, como aquí, Jesús niega que el Padre realice alguna acción, porque ha concedido al Hijo que la realice.

[38] Cirilo parece entender la negación de Jesús en términos relativos, a la luz de las operaciones inseparables de la Trinidad, cuando escribe: "Escuchen, pues, cómo debe entenderse el dar. Así como Dios Padre tiene la capacidad de crear y crea todas las cosas por medio del Hijo como por medio de su propio poder y fuerza, así también tiene el poder de juzgar, y ejercerá ese poder por medio del Hijo como por medio de su propia justicia" (*Commentary on John* 2.7 [Maxwell, 1:150]).

La singularidad de la persona de Cristo es evidente a lo largo de nuestro pasaje. No hay prueba alguna de que Jesús oculte en sí mismo dos agentes, uno divino y otro humano. Es porque es un hombre que afirma de sí mismo cosas dignas de Dios por lo que sus adversarios están tan indignados (Jn. 5:18). El problema de los adversarios de Jesús es su negativa a aceptar la realidad que justifica que el propio Jesús utilice la comunicación de idiomas, por así decirlo. El que está ante ellos es claramente un hombre (4:29; 6:42; 8:40), pero afirma de sí mismo lo que solo puede ser verdad de Dios.[39]

Desde el punto de vista de los oyentes de Jesús, gran parte de su discurso consiste en una especie de comunicación "ascendente" de modismos: un sujeto humano reclama predicados divinos. Este hombre trabaja el día de reposo para sostener la creación, como solo Dios lo hace (v. 17). Hace todo lo que hace Dios, su Padre (v. 19). Resucita a los muertos y les da vida (v. 21) porque él mismo posee la única vida divina (v. 26). Juzgará a todos los hombres (vv. 22, 27), y por eso debe ser adorado como se adora a Dios Padre (v. 23).[40] Todos estos atributos y actos divinos se atribuyen con razón a este hombre porque es Dios Hijo encarnado, el Dios unigénito hecho carne para nuestra salvación (1:14, 18).

Todo ojo lo verá

Regla 9: Exégesis partitiva
La Escritura habla de Cristo de manera doble: unas cosas se dicen de él como divino, y otras cosas se dicen de él como humano. El razonamiento bíblico discierne que la Escritura habla del único

---

[39] Aunque se refiere a Juan 8:25, el comentario de Söding, "Ich und der Vater sind eins (Joh, 10, 30)", 179, es igualmente apto para nuestro pasaje: "Entre la obra y la persona de Jesús sus adversarios ven un abismo insalvable". Véanse también las observaciones similares de Sproston, "'Is Not This Jesus, the Son of Joseph...?' (John 6:42)", 89-91; Myers, "Prosopopoetics and Conflict", 580, 588, 592-95.

[40] Comentando el v. 27, Bengel, *Gnomon del Nuevo Testamento*, 2:309, marca la paradoja: "Él, hombre, salva a los hombres: Él, hombre, juzga a los hombres".

Cristo en dos registros para contemplar al Cristo entero. Por tanto, lee la Escritura de tal modo que disciernas los distintos registros en que la Escritura habla de Cristo, pero sin dividirlo.

La exégesis partitiva nos ayuda a reconocer el sentido y el alcance humanos de varias afirmaciones que Cristo hace sobre sí mismo en nuestro pasaje. En primer lugar, tras afirmar que el Hijo hace todo lo que hace el Padre, en el versículo 20 Jesús dice: "Porque el Padre ama al Hijo, y le muestra todo lo que Él mismo hace; y obras mayores que estas le mostrará, para que ustedes se queden asombrados". En el capítulo anterior vimos que los modos de actuar del Hijo y del Espíritu revelan sus modos de ser. También argumentamos en el capítulo anterior que el hecho de que el Padre "muestre" al Hijo todo lo que hace es una descripción metafórica del acto eterno del Padre de engendrar al Hijo. Aquí nos centraremos primero en la segunda mitad del versículo 20, concretamente en el tiempo futuro de "obras mayores que estas *le mostrará*". ¿Por qué el tiempo futuro? Porque aquí Jesús no está hablando de su relación con el Padre simplemente como es en sí misma, sino como sus acciones humanas en la tierra revelan esa relación. Habla de sus propios actos futuros como obras que el Padre le mostrará con el tiempo, porque se refiere a un tiempo futuro en el que las realizará.[41]

¿Qué obras hará Jesús que sean mayores que curar a un hombre que llevaba treinta y ocho años inválido (Jn. 5:5)? Lo más probable es que Jesús se esté refiriendo a cómo resucitará primero a Lázaro de entre los muertos y después se resucitará a sí mismo de entre los muertos (11:1-46, especialmente 11:40; cf. 10:18). Por eso, después de atribuirse a sí mismo la dignidad divina de hacer todo lo que hace el Padre, Jesús cambia su discurso "hacia abajo", hacia un registro humano.[42]

---

[41] Así Augustine, *Homilies on the Gospel of John* 23.12 (WSA III/12:419): "*Le mostrará*, como a un hombre en el tiempo, porque Dios Verbo, por quien fueron hechos todos los tiempos, no fue hecho; sino que Cristo fue hecho hombre en el tiempo" (énfasis original).

[42] Como señala John Chrysostom, *Homilies on John* 39 (FC 33:384-99); también Augustine, *Homilies on the Gospel of John* 21.7.

Además, en el versículo 27 Jesús retoma el tema del juicio que introdujo en el versículo 22: "Y le dio autoridad para ejecutar juicio, porque Él es el Hijo del Hombre". Aquí Jesús apela explícitamente al principal paradigma bíblico de la concesión por el Padre al Hijo de esta autoridad para juzgar, a saber, Daniel 7:13-14. Leemos:

> Seguí mirando en las visiones nocturnas,
>> y en las nubes del cielo
>>> venía uno como un Hijo de Hombre,
>> que se dirigió al Anciano de Días
>>> y fue presentado ante Él.
>> Y le fue dado dominio,
>>> gloria y reino,
>> para que todos los pueblos, naciones y lenguas
>>> le sirvieran.
>> Su dominio es un dominio eterno,
>>> que nunca pasará,
>> y Su reino uno
>>> que no será destruido.

Juan 5:27 es una cita ampliada de dos frases de la traducción griega antigua de estos versículos: "le dio autoridad" e "Hijo de Hombre".[43] Es una obviedad, pero el significado literal de la frase "uno como un Hijo de Hombre" es "uno como un ser humano". Este oficio que Jesús ejerce presupone su encarnación. El Hijo tuvo que hacerse hombre para convertirse en Hijo del Hombre. Y en nuestro versículo, Jesús da "porque es Hijo de Hombre" como la razón por la que el Padre ha entregado todo el juicio en sus manos.

A veces los eruditos reconocen acertadamente que el juicio es una prerrogativa divina, y por eso restan importancia a la aportación

---

[43] Para más detalles, véase Reynolds, *The Apocalyptic Son of Man in the Gospel of John*, 137-38; Fletcher-Louis, "John 5:19-30", 417-18.

conceptual de la humanidad de Jesús a este versículo.⁴⁴ Pero este es un falso dilema. El texto ni obliga ni permite elegir entre los dos. Por el contrario, es precisamente en su calidad de Hijo del Hombre como Jesús volverá visiblemente a la tierra y juzgará a todos los hombres. El versículo 27 nos enseña que "Hijo del Hombre" es un oficio "teándrico": como Hijo del Hombre, Jesús ejerce prerrogativas divinas como ser humano.

¿Por qué necesitaba Jesús *recibir* esta autoridad? Para que, como hombre, ejerciera el oficio de juez a la vista de todos.⁴⁵ Como hombre, Jesús hará lo que solo Dios puede hacer: juzgar a todos los hombres. Como concluye Agustín, empleando tanto la exégesis partitiva como la comunicación de idiomas:

> Así pues, es el Hijo del hombre quien va a juzgar, aunque no por su autoridad humana, sino por su autoridad de Hijo de Dios. Y también es el Hijo de Dios quien va a juzgar, aunque no se manifestará en la forma por la que es igual al Padre, sino en aquella por la que es Hijo del Hombre.⁴⁶

A la luz de la introducción por Jesús del título "Hijo del Hombre" en el versículo 27, podemos volver provechosamente a su declaración en los

---

⁴⁴ Como hace Reynolds, *The Apocalyptic Son of Man in the Gospel of John*, 136, cuando dice de los vv. 26-27: "Es la relación de Jesús con el Padre y no su humanidad lo que hace posibles estas actividades divinas". Para los argumentos recientes de que Dan. 7:13-14 presenta al Hijo del Hombre como divino, véase Boyarin, "Daniel 7, Intertextuality, and the History of Israel's Cult"; Zehnder, "Why the Danielic 'Son of Man' Is a Divine Being".

⁴⁵ Acertadamente, Augustine, *The Trinity* 1.30 (WSA I/5:94): "Por eso tuvo que recibir esa autoridad como Hijo del Hombre; para que todos, al resucitar, puedan verle en la forma en que puede ser visto por todos: por unos, sin embargo, para su perdición; por otros, para la vida eterna". Comentando el paralelo "ha confiado" en el v. 22, Cirilo escribe: "En cuanto que es Verbo y Dios, tiene inherentemente autoridad sobre todas las cosas, pero en cuanto que se ha hecho humano, a quien se dice en alguna parte: '¿Qué tienes que no hayas recibido?', confiesa que le convenía recibir esa autoridad" (*Commentary on John* 2.7 [Maxwell, 1:149]).

⁴⁶ Augustine, *The Trinity* 1.28 (WSA I/5:92).

versículos 22-23: "Porque ni aun el Padre juzga a nadie, sino que todo juicio se lo ha confiado al Hijo, para que todos honren al Hijo así como honran al Padre". Dos características de este versículo indican que Cristo está hablando de sí mismo sobre la base de su naturaleza humana asumida. En primer lugar, la negación de Jesús de que el Padre juzgue a nadie solo tiene sentido a la vista de su propia encarnación. Específicamente, Jesús se refiere aquí oblicuamente a su segundo advenimiento visible y corporal, cuando vendrá con las nubes y todo ojo lo verá (Apo. 1:7). Como observa Agustín:

> Su razón para decir *ni aun el Padre juzga a nadie, sino que todo juicio se lo ha confiado al Hijo* (Jn. 5:22) era que se manifestará como juez en forma de Hijo del Hombre, que no es la forma del Padre, sino solo la del Hijo; y tampoco la forma del Hijo en la que es igual al Padre, sino aquella en la que es menos que el Padre.[47]

Además, debemos entender el acto del Padre de "confiar" todo el juicio al Hijo como un elemento de este encargo de la ejecución encarnada del juicio final por parte del Hijo.[48] Como Dios, y por tanto igual al Padre, el Hijo posee intrínsecamente la autoridad de juzgar, pero también recibe esta autoridad como hombre.[49]

Por último, podemos considerar una enseñanza más de Jesús sobre su próximo acto de juicio: "Yo no puedo hacer nada por iniciativa Mía; como oigo, juzgo, y Mi juicio es justo porque no busco Mi voluntad, sino la voluntad del que me envió" (v. 30). Aquí se trata solo de "no busco mi voluntad, sino la voluntad del que me envió". Si

---

[47] Augustine, *The Trinity* 1.30 (WSA I/5:93).
[48] De nuevo Agustín es de ayuda: "Como Hijo de Dios e igual al Padre, es simplemente, junto con el Padre, la fuente oculta de esta autoridad, no la recibe. Pero la recibe, para que tanto buenos como malos puedan verle juzgar, como Hijo del Hombre" (*The Trinity* 1.30 [WSA I/5:93]).
[49] Cf. Cyril of Alexandria, *Commentary on John* 2.7 (Maxwell, 1:149): "Dice, sin embargo, que el 'juicio' le ha sido dado por el Padre no sobre la base de que se encuentre fuera de esta autoridad, sino sobre la base de que es un hombre según la *oikonomia*, enseñando así que 'todas las cosas' se atribuyen más adecuadamente a la naturaleza divina, que tiene al entrar en el mundo".

consideráramos al Hijo simplemente como Dios, esta afirmación no tendría sentido teológico. El Padre, el Hijo y el Espíritu Santo subsisten en la única esencia divina y, por tanto, poseen una sola voluntad. solo como ser humano puede Jesús distinguir, en principio, entre su propia voluntad y la voluntad del Padre que le ha enviado. Y, por supuesto, Jesús distingue su voluntad (humana) de la voluntad del Padre solo para declarar su unidad. Lo que Jesús quiere no es otra cosa que lo que quiere su Padre celestial. Su juicio no será ni parcial ni injusto, porque juzgará precisamente como lo haría el Padre.[50] En esta afirmación, como en cada una de las que hemos considerado en esta sección, Jesús habla de sí mismo en un registro humano. No habla de sí mismo en la forma de Dios en la que siempre existe, sino en la forma de siervo que tomó para nuestra salvación.

Una instancia de señal

Regla 10: De otro
La Escritura atribuye con frecuencia a las personas divinas relaciones y acciones ordenadas que no comprometen su unidad e igualdad, sino que solo significan que una persona existe eternamente a partir de otra: el Hijo del Padre, el Espíritu del Padre y del Hijo. Leamos la Escritura de modo que reconozcamos y sostengamos estas relaciones ordenadas de origen.

Puesto que nos basamos en gran medida en Juan 5:17-30 al tratar esta regla en el capítulo anterior, aquí solo ofrecemos breves comentarios sobre dos versículos, a saber, el 17 y el 19. En primer lugar, hemos considerado repetidamente que en el versículo 17 Jesús declara: "Hasta

---

[50] Cf. Aquinas, *Commentary on the Gospel of St. John* 5.5.796: "Porque hay dos voluntades en nuestro Señor Jesucristo: una es una voluntad divina, que es la misma que la voluntad del Padre; la otra es una voluntad humana, que le es propia, como le es propia el ser hombre. La voluntad humana es llevada a su propio bien; pero en Cristo fue regida y regulada por la recta razón, para que siempre se conformase en todo a la voluntad divina".

ahora Mi Padre trabaja, y Yo también trabajo". En el versículo 18 sus oponentes toman esto como una afirmación blasfema de igualdad con Dios, y un objetivo primordial de la defensa de Jesús en los versículos 19-30 es rebatir la acusación. Aquí observamos simplemente que el uso que Jesús hace de "mi Padre" en el versículo 17, que sí implica igualdad con el Padre, afirma una relación: el Hijo reclama a Dios como su propio Padre. En otras palabras, en este versículo Jesús no se limita a afirmar su igualdad con el Padre, sino que proclama una relación, un desde-ahí, que lo constituye en igual al Padre. El Hijo es igual a Dios porque es Dios de Dios. El versículo 17 enseña no solo que Jesús es igual a Dios, sino también que existe eternamente de Dios.

En segundo lugar, a la luz de todo lo que hemos visto en este capítulo, resulta aún más claro que el versículo 19 atestigua la existencia eterna de Jesús desde el Padre: "En verdad les digo que el Hijo no puede hacer nada por su cuenta, sino lo que ve hacer al Padre; porque todo lo que hace el Padre, eso también hace el Hijo de igual manera" (TA). Antes hemos considerado que la regla de la adecuación a Dios está justificada por la propia enseñanza de Jesús en este pasaje, con el duro telón de fondo de la acusación de blasfemia. De ahí que sea totalmente apropiado invocar la regla de la adecuación a Dios para entender la afirmación de Jesús de que "el Hijo no puede hacer nada por su cuenta, sino solo lo que ve hacer al Padre".

Dado que lo que el Hijo hace de esta manera derivada y dependiente es, de hecho, todo lo que hace el Padre, se trata de un hacer divino, y debe entenderse de una manera adecuada a Dios. Dios es espíritu, no cuerpo, y por eso no tiene ojos; aplicado a Dios, "ver" solo puede ser una metáfora.[51] Esta metáfora transmite que el Hijo realiza las acciones divinas de *un modo receptivo*.[52] Como los ojos reciben impresiones

---

[51] Acertadamente señalado por Vidu, *The Same God Who Works All Things*, 39.

[52] Como observa R. Williams, "Trinity and Revelation", 140, "Así que Jesús comparte la creatividad de Dios, pero no como un 'segundo Dios', un *individuo* separado: es Dios *como* dependiente, para quien las metáforas de Palabra, Imagen e Hijo son apropiadas" (énfasis original).

sensoriales que permiten la acción, así el Hijo recibe eternamente del Padre la única esencia divina, que permite su acción divina. De ahí que Agustín considere acertadamente Juan 5:19 como un ejemplo claro de la regla "de otro": "Esta es, pues, la regla que rige muchos textos bíblicos, con la intención de mostrar no que una persona es menos que la otra, sino solo que una es de la otra".[53]

Conclusión: Hazlos espaciosos para llenarlos

Este capítulo ha recapitulado y aplicado el argumento de todo el libro. Hemos intentado demostrar no solo que estas herramientas funcionan, sino que funcionan juntas. Algunas herramientas encontraron mucho más trabajo que hacer en este pasaje que otras. Sin embargo, todas tienen trabajo que hacer, y necesitamos el trabajo que cada una hace para leer el pasaje correctamente. A continuación, ofrecemos dos reflexiones finales sobre el sentido de todo el proyecto a la luz de este estudio de caso completado.

En primer lugar, la teología es exégesis, y la exégesis es ineludiblemente teológica. La verdad de la primera mitad de este axioma ha quedado corroborada por la demostración anterior de que en Juan 5:17-30 se presuponen o articulan explícitamente una serie de juicios teológicos que se refuerzan mutuamente. Para percibir la verdad de la segunda mitad de este axioma, es necesario tener un concepto lo suficientemente sólido de lo que es la exégesis. La exégesis no es simplemente el análisis del trasfondo histórico y la enciclopedia cultural, las situaciones del escritor y los destinatarios, los significados de las palabras, la gramática, el flujo del pensamiento, las conexiones intracanónicas y el desarrollo de la historia redentora. La exégesis es también, ineludiblemente, razonamiento sobre el tema del texto: Dios y todas las cosas en relación con Dios. Aunque podemos distinguir el

---

[53] Augustine, *The Trinity* 2.3 (WSA I/5:99).

razonamiento exegético del dogmático, no debemos excluir el segundo del primero.

El razonamiento exegético da cuenta de un pasaje individual; el razonamiento dogmático da cuenta de lo que un pasaje nos enseña sobre su materia última y de lo que toda la Biblia nos enseña sobre su materia última. El razonamiento exegético pretende salvar los fenómenos de un pasaje; el razonamiento dogmático pretende salvar los fenómenos de todo el canon. El razonamiento dogmático adecuado no se aleja de la Escritura para llegar a un lugar de reposo final en la construcción teológica, sino que permanece dentro de la Escritura, se muda dentro de la Escritura y profundiza en las inagotables riquezas de los misterios declarados en la Escritura.[54] Para hacer exégesis, hay que explicar y dar el sentido del texto. Y para dar el sentido del texto, hay que usar palabras distintas de las del texto. Los conceptos y juicios dogmáticos no tienen por qué dominar la exégesis, sino que pueden y deben estar a su servicio.

En segundo lugar, como hemos argumentado a lo largo del libro, la exégesis requiere una ascesis intelectual. Leer correctamente las Escrituras exige que purifiquemos nuestras mentes, purificando nuestras concepciones de Dios de toda idolatría intelectual, por involuntaria que sea. En Juan 5:19-20, cuando Jesús dice que el Hijo ve trabajar al Padre, su lenguaje podría tentarnos a pensar que el Padre trabaja sin el Hijo. Solo un par de frases después, en el versículo 22, Jesús dice prácticamente lo contrario: "Porque ni aun el Padre juzga a nadie, sino que todo juicio se lo ha confiado al Hijo". ¿Obra el Padre sin el Hijo? ¿Juzga el Hijo sin el Padre? ¿Cómo se supone que debemos afrontar teológicamente una curva tan rápida? Como conclusión

---

[54] Como Emery, "*Theologia* and *Dispensatio*", 549, observa de la teología trinitaria de Aquino, "La doctrina de la acción de la Trinidad (tercer paso) se logra cuando una reflexión especulativa sobre las personas divinas (segundo paso) se aplica a la agencia de las personas descubiertas en la lectura de la Escritura (primer paso). De este modo, la teología trinitaria se muda no solo de la Escritura a la Escritura, sino que los tres pasos se mueven dentro de la propia Escritura". Del mismo modo, Emery, "Biblical Exegesis and the Speculative Doctrine of the Trinity in St. Thomas Aquina's *Commentary on St. John*", 61.

apropiada del capítulo, podemos contemplar los comentarios de Agustín sobre este giro provocativo:

> ¡Cómo nos retuerce y hace malabarismos con nuestras mentes, llevándolas de aquí para allá! No deja que se queden en un solo lugar favorecido por la carne, sino que las retuerce para ejercitarlas, las ejercita para limpiarlas, las limpia para hacerlas espaciosas, las hace espaciosas para llenarlas.[55]

---

[55] Augustine, *Homilies on the Gospel of John* 21.12 (WSA III/12:382).

CONCLUSIÓN: DE GLORIA EN GLORIA

> Padre, quiero que los que me has dado, estén también conmigo donde Yo estoy, para que vean Mi gloria, la gloria que me has dado; porque me has amado desde antes de la fundación del mundo.
>
> -Juan 17:24

La visión de la que habla Jesús es, como hemos visto, la visión cara a cara de Dios que es nuestra bienaventuranza y paz últimas. Esta visión es la culminación del conocimiento del único Dios verdadero y de Jesucristo, a quien Él ha enviado (Juan 17:3). ¿Por qué hemos perseguido esta visión hablando tanto de doctrina cristológica y trinitaria? Porque la doctrina es "enseñanza", algo que se nos hace antes de ser algo que hacemos. La Iglesia escucha antes de hablar. Por tanto, la doctrina es principalmente enseñanza divina: ser enseñados por Dios, sobre Dios, para llevarnos a Dios. El discurso sobre Dios —la teología— está mal concebido si se separa de la presencia y de la actividad del Dios que habla de sí mismo. Y habla sobre todo "en su Hijo" (Heb. 1:2).

Aunque ha dado giros y vueltas por aguas de diferente turbulencia y profundidad, el argumento de este libro es sencillo: Contemplar a Cristo por la fe requiere que escuchemos y obedezcamos la enseñanza de Cristo. Para comprender la enseñanza de Cristo, debemos razonar tanto exegética como dogmáticamente.¹ Y proseguimos este proyecto de razonamiento bíblico al servicio de la vida bíblica, con la esperanza confiada de que un día la fe dará paso a la vista. Cristo, el maestro, concentra nuestra atención en sí mismo y en su vida terrena, muerte y resurrección, para que podamos ser purificados por la fe en él. En el centro de este proceso está el misterio de que el Hijo no solo es verdadero hombre, sino también verdadero Dios. Agustín comenta:

> El Hijo de Dios vino para hacerse Hijo del hombre y captar nuestra fe y atraerla hacia sí, y por medio de ella conducirnos a su verdad; pues tomó nuestra mortalidad de tal modo que no perdió su propia eternidad.²

Cristo nos media la vida eterna porque nunca la pierde, ni siquiera al tomar para sí nuestras limitaciones temporales y las vicisitudes de la mortalidad. "Al mismo tiempo era el camino de la vida aquí abajo y la vida misma en el cielo arriba".³ Comprender esta verdad exige ver cómo el Hijo es "santo, santo, santo" en sí mismo, el Dios eterno, inmortal, invisible y bendito (1 Tim. 1:17; 6:16). Como Dios trascendente e inmutable, se convirtió en lo que somos sin dejar de ser lo que Él es. Por eso debemos reconocer que el Hijo único, que es *homoousios* con el Padre y el Espíritu en su divinidad, se hizo también *homoousios* con nosotros en su humanidad. Y esto por nosotros, para que seamos adoptados a la vida de la que él goza eternamente con el Padre y el Espíritu Santo.

Son verdades que Cristo nos enseña, verdades que debemos escuchar y obedecer. Pero, por eso mismo, estas doctrinas no son

---

¹ Por supuesto, quienes no son exégetas bíblicos o teólogos sistemáticos formados profesionalmente también escuchan y obedecen a Cristo. La alfabetización oral de las Escrituras, adquirida mediante la sumisión fiel al ministerio de la Palabra, es una de las formas en que la mayoría de los cristianos a lo largo de la historia se han servido del razonamiento exegético y dogmático para obtener una aprehensión más clara del Evangelio de la gloria del Dios bendito.

² Augustine, *The Trinity* 4.24 (WSA I/5:177).

³ Augustine, *The City of God* 9.15 (WSA I/6:295).

proposiciones sin vida, sino que las enseñanzas de Cristo son un instrumento de nuestra santificación. No solo Cristo nos redime, sino que la enseñanza de Cristo sobre Cristo —el misterio de su encarnación y sus relaciones con el Padre y el Espíritu— nos lleva a comprender la plenitud de su persona y de su obra. Nuestra propia confesión de la persona y la obra de Cristo, ordenada a la alabanza de la gloriosa gracia del Padre, forma parte de la bendición que hemos recibido en Cristo:

> Somos atraídos por el poder de esa gracia precisamente al darnos cuenta y reconocer quién es realmente Cristo, al aceptar por nosotros mismos, en la fe, la humilde narración, la humillante paradoja, de un Dios humilde.[4]

Jesús concentra nuestra atención en sí mismo para que nos convirtamos en lo que contemplamos, humildes y misericordiosos. solo contemplando y conformándonos ahora a la gloria de Cristo avanzamos hacia nuestro destino final de ser glorificados con Él en su presencia (2 Cor. 3:18; 1 Jn. 3:2-3).

Este progreso hacia la glorificación no exige que nos limitemos a aprender verdades sobre Cristo o a ser teólogos trinitarios cada vez más competentes técnicamente. Impone obligaciones a nuestros amores, como toda amistad.

> Ya no los llamo siervos, porque el siervo no sabe lo que hace su señor; pero los he llamado amigos, porque les he dado a conocer todo lo que he oído de mi Padre... Yo los escogí a ustedes, y los designé para que vayan y den fruto, y que su fruto permanezca (Jn. 15:15-16).

Aferrados a Cristo por la fe, también debemos aferrarnos a Él con amor y observar sus mandamientos (Jn. 14:15). No se trata de una mera floritura homilética; es algo intrínseco a cómo aprehendemos las reglas exegéticas que hemos descubierto a lo largo del libro y cómo nos

---

[4] Daley, *God Visible*, 173.

aclaran los ojos. La gloria a la que Cristo dirige nuestra mirada es una con el amor que le lleva a la cruz.[5]

El camino para contemplar la gloria de Cristo está marcado por la humildad de la cruz de Cristo, la expresión más alta y paradójica de esa gloria. Porque la cruz no solo nos humilla, sino que también nos abraza y nos introduce en la gloria de Cristo. Pero ¿cómo tiñe la cruz la gloria que Cristo ruega que veamos?

La gloria de Dios nos glorifica porque es la majestad del amor eterno de Dios, que es pleno y fecundo en sí mismo y que también, sobre esa base, se extiende hacia nosotros en Cristo. Petrus van Mastricht describe la gloria de Dios como "nada más que el resplandor, por así decirlo, de su infinita eminencia".[6] En sí mismo, este resplandor es demasiado para que lo soportemos. Anhelamos ver al Dios que "habita en luz inaccesible, a quien ningún hombre ha visto ni puede ver" (1 Tim. 6:16). Pero el Hijo ha visto al Padre, y el Espíritu ha escudriñado sus profundidades (Jn. 1:18; 1 Cor. 2:11). La luz de la gloria de Dios brilla con mayor intensidad allí donde encuentra su reflejo más pleno, en el eterno engendramiento del Resplandor del Padre (Heb. 1:3) y en la eterna exhalación por el Padre y el Hijo del "Espíritu de gloria y de Dios" (1 Ped. 4:14).

Dios es Luz de Luz de Luz. El resplandor de las procesiones divinas extendidas hacia nosotros en las misiones del Hijo y del Espíritu ahuyenta el anochecer del pecado porque las misiones extienden a los pecadores el corazón palpitante de las procesiones divinas: el amor de Dios (Jn. 15:9; 17:23-26). Así, la Luz brilla en las tinieblas sin ser vencida por ellas (Jn. 1:5). El Hijo declara la gloria del Padre, y el Padre

---

[5] En esto, solo diferimos ligeramente de Dodd, *The Interpretation of the Fourth Gospel*, 207-8: "Si las acciones de Cristo han de tomarse como equivalentes del resplandor en el que el poder y la presencia de Dios se introducen en la experiencia humana, o en otras palabras, en el que la luz eterna es aprehendida por medio de sí misma, φωτὶ φῶς ['luz por la luz'], entonces la acción en la que Él se expresó más plenamente, a saber, su entrega a la muerte por amor a la humanidad, es la manifestación concluyente de la gloria divina... la majestad eterna de Dios".

[6] Mastricht, *Theoretical-Practical Theology* 1.2.22.v.

glorifica al Hijo en sí mismo en el lugar más oscuro posible. ¿Por qué? Para demostrar definitivamente que esta Luz no puede ser opacada y que irradiará y glorificará a las criaturas descarriadas y oscurecidas de Dios.

La revelación de la gloria de Dios en la cruz de Cristo nos permite glorificarle. Pero la glorificación se produce en primer lugar en la vida trinitaria de Dios, y sobre esta base las personas divinas se glorifican mutuamente en la economía: el Padre glorifica al Hijo (Jn. 17:1), el Hijo al Padre (17:4), y el Espíritu Santo al Hijo (16:14) y, por extensión, al Padre (16:15).[7] Esta revelación de la gloria eterna de la Trinidad nos da a conocer el objeto infinito de nuestro goce beatífico y glorificación. Matthias Scheeben lo explica:

> La bienaventuranza sobrenatural de que goza la criatura en la visión de Dios queda así inaugurada y anticipada por la revelación de la Trinidad. La creencia en la Trinidad es un anticipo de la visión beatífica de Dios; tiende un puente hacia el cielo para nuestras almas, las eleva hacia Dios mientras permanecen todavía en la tierra; las introduce en el gozo de su Señor. Si la delicia suprema de la propia bienaventuranza de Dios es la comunión y la relación mutua de las personas, nuestra misma fe en la Trinidad nos permite saborear de algún modo la dulzura y la belleza más íntimas de Dios.[8]

Contemplar la gloria de Cristo crucificado es conocer ahora por la fe lo que un día veremos de verdad, a cara descubierta: la gloria que nos abraza, nos purifica y nos eleva cada vez más hacia la belleza radiante de Dios. Este es el fin de la exégesis cristiana, porque es el fin de la vida cristiana. Al darnos a conocer este fin, Dios nos concede una muestra de nuestra futura bienaventuranza y gloria, y nos infunde el anhelo confiado de verle cara a cara. Con el poder del Espíritu,

---

[7] Khaled Anatolios ofrece una rica exploración de este tema en *Deification through the Cross*.

[8] Scheeben, *The Mysteries of Christianity*, 129.

cultivamos este conocimiento y este anhelo representando en nuestras vidas el modelo de la gloria cruciforme del Señor. Nos hacemos más gloriosos aquí y ahora tomando nuestra cruz y siguiendo a Cristo para que nuestra luz brille ante los demás para gloria del Padre (Mat. 5:16). Leemos el autotestimonio glorioso de Dios para contemplar una gloria que nos hace gloriosos. Esta es la forma en que los cristianos leen las Escrituras porque es la forma en que los cristianos viven.

ANEXO: TABLA DE PRINCIPIOS Y REGLAS

Principio 1: La Sagrada Escritura presupone y fomenta lectores cuyo fin es la visión de la gloria de Cristo, y en ella la vida eterna. El razonamiento bíblico debe ordenarse a este mismo fin.	
Principio 2: Todo lo que la Escritura dice sobre Dios forma parte de la meticulosa y sabia pedagogía divina, mediante la cual Dios adapta la forma de su sabiduría para educar a las criaturas finitas y caídas, de modo que podamos ver su gloria. El razonamiento bíblico se inscribe en este contexto más amplio de la enseñanza divina.	
Principio 3: La Escritura es la forma inspirada y textual de la enseñanza de Cristo en la que Él se hace presente a su pueblo a	**Regla 1: La analogía de la fe** Para responder correctamente a las presiones pedagógicas de Dios en su Palabra, hay que leer la Escritura como una unidad,

través del tiempo y el espacio, guiándonos hacia la sabiduría.	interpretando sus partes a la luz del conjunto y entendiendo el todo como un testimonio armonioso de Dios y de sus obras.
	Regla 2: Presión pedagógica Para comprender la gramática y la sintaxis teológicas de la Escritura, hay que leerla de tal modo que se aprenda cómo sus diversos discursos forman y presuponen una visión teológica más amplia.
Principio 4: Dios, creador de todas las cosas *ex nihilo*, es santo, infinito e inmutable. Puesto que Dios es cualitativamente distinto de todas las cosas, difiere de las criaturas de manera diferente a como éstas difieren entre sí.	**Regla 3: Adecuación a Dios** El discurso bíblico sobre Dios debe entenderse de un modo apropiado a su objeto, por lo que hay que leer las descripciones de Dios en las Escrituras de un modo que se ajuste al retrato canónico del santo nombre de Dios y su creación de todas las cosas a partir de la nada.
Principio 5: El único Dios vivo y verdadero es eternamente Padre, Hijo y Espíritu Santo, distintos en sus relaciones mutuas y el mismo en sustancia, poder y gloria.	**Regla 4: Común y apropiado** La Escritura habla tanto de lo que es común al Padre, al Hijo y al Espíritu Santo como de lo que es propio de cada persona, reflejando la distinción conceptual entre la naturaleza divina y las personas divinas. El razonamiento bíblico discierne esta distinción, la sostiene y contempla la Santísima

Trinidad a su luz. Por lo tanto, hay que leer el discurso de la Escritura sobre Dios de tal manera que se reconozca y se emplee su doble discurso —el común y el propio—, en lugar de hacerlo de una manera que colapse las dos formas en una sola. De este modo, aprendamos a contar personas en lugar de naturalezas.

Regla 5: Operaciones inseparables
Las obras externas de la Trinidad son indivisiblemente una, como Dios es uno. Siempre que la Escritura mencione solo una o dos personas divinas, entendamos que las tres están igualmente presentes y activas, realizando las mismas acciones de maneras que implican sus relaciones mutuas. De este modo, aprendamos a contar personas en lugar de acciones.

Regla 6: Apropiación
Las Escrituras a veces atribuyen a una sola persona divina una perfección, acción o nombre común a las tres, debido a algún ajuste contextual o analogía entre el atributo común y la persona divina en cuestión. Hay que leer

	estos pasajes de manera que no comprometan la unidad e igualdad esenciales de la Trinidad.
Principio 6: Uno y el mismo Señor Jesucristo, el unigénito Hijo del Padre, existe como una sola persona en dos naturalezas, sin confusión ni cambio, sin división ni separación.	**Regla 7: La unidad de Cristo** El Hijo eterno y divino es el único sujeto de todo lo que Jesús hace y sufre. Cristo es una persona, un agente, un "quién". Por tanto, al leer el testimonio de la Escritura sobre Cristo nunca debemos dividir los actos de Cristo entre dos sujetos actuantes, atribuyendo unos al Hijo divino y otros al Jesús humano como si se tratara de dos personas distintas.
	Regla 8: La comunicación de idiomas Puesto que Cristo es una sola persona divina que subsiste tanto en una naturaleza divina como humana, la Escritura a veces lo nombra según una naturaleza y le atribuye lo que pertenece a la otra naturaleza. La Escritura atribuye prerrogativas divinas al hombre Jesús, y actos y sufrimientos humanos al Hijo divino. Por tanto, hay que leer la Escritura de manera que reconozca y reproduzca esta gramática paradójica de la predicación cristológica.

	Regla 9: Exégesis partitiva La Escritura habla de Cristo de una doble manera: unas cosas se dicen de Él como divino, y otras cosas se dicen de Él como humano. El razonamiento bíblico discierne que la Escritura habla del único Cristo en dos registros para contemplar al Cristo entero. Por tanto, lee la Escritura de tal modo que disciernas los distintos registros en que la Escritura habla de Cristo, pero sin dividirlo.
Principio 7: Dentro de su unidad e igualdad, las tres personas existen en relaciones de origen: el Hijo es generado eternamente del Padre, y el Espíritu procede eternamente del Padre y del Hijo.	**Regla 10: De otro** La Escritura atribuye con frecuencia a las personas divinas relaciones y acciones ordenadas que no comprometen su unidad e igualdad, sino que solo significan que una persona existe eternamente a partir de otra: el Hijo del Padre, el Espíritu del Padre y del Hijo. Leamos la Escritura de modo que reconozcamos y defendamos estas relaciones ordenadas de origen.

BIBLIOGRAFÍA

Alexander of Hales. *Summa theologica seu sic ab origine dicta "Summa fratris Alexandri."* Edited by Bernardini Klumper, Victorin Doucet, and the Quarracchi Fathers. 4 vols. Rome: Collegium S. Bonaventurae, 1924–48.

Allen, Leslie C. "The Old Testament Background of (Προ)Οριζειν in the New Testament." *NTS* 17 (1970): 104–8.

Allen, Michael. *Grounded in Heaven: Recentering Christian Hope and Life on God.* Grand Rapids: Eerdmans, 2018.

———. "Systematic Theology and Biblical Theology—Part Two." *JRT* 14 (2020): 344–57.

Allison, Dale C., Jr. "The Eye Is the Lamp of the Body (Matthew 6.22–23=Luke 11.34–36)." *NTS* 33, no. 1 (1987): 61–83.

———. *The New Moses: A Matthean Typology.* Minneapolis: Fortress, 1993.

———. "Seeing God (Matt. 5:8)." In *Studies in Matthew: Interpretation Past and Present*, 43–63. Grand Rapids: Baker Academic, 2005.

Allo, E.-B. *Saint Paul: Première Épitre aux Corinthiens.* 2nd ed. Études Bibliques. Paris: J. Gabalda, 1956.

Anatolios, Khaled. *Athanasius.* The Early Church Fathers. London: Routledge, 2004.

———. *Deification through the Cross: An Eastern Christian Theology of Salvation.* Grand Rapids: Eerdmans, 2020.

———. *Retrieving Nicaea: The Development and Meaning of Trinitarian Doctrine.* Grand Rapids: Baker Academic, 2011.

Anderson, Paul N. "Jesus, the Eschatological Prophet in the Fourth Gospel: A Case Study in Dialectical Tensions." In *Reading the Gospel of John's Christology as Jewish Messianism: Royal, Prophetic, and Divine Messiahs*, edited by Benjamin E. Reynolds and Gabriele Boccaccini, 271–99. AJEC 106. Leiden: Brill, 2018.

Aquinas, Thomas. *See* Thomas Aquinas

Aristotle. *Categories and De Interpretatione.* Translated by J. L. Ackrill. Clarendon Aristotle Series. Oxford: Clarendon, 1963.

———. *Metaphysics, Books I–IX.* Translated by Hugh Tredennick. LCL 271. Cambridge, MA: Harvard University Press, 1933.

Ashton, John. *Understanding the Fourth Gospel.* 2nd ed. Oxford: Oxford University Press, 2007.

Athanasius. *On the Incarnation*. Translated by John Behr. PPS 44a. Yonkers, NY: St. Vladimir's Seminary Press, 2011.

Athanasius the Great and Didymus the Blind. *Works on the Spirit*. Translated by Mark DelCogliano, Andrew Radde-Gallwitz, and Lewis Ayres. PPS 43. Yonkers, NY: St. Vladimir's Seminary Press, 2011.

Attridge, Harold W. "Ambiguous Signs, an Anonymous Character, Unanswerable Riddles: The Role of the Unknown in Johannine Epistemology." *NTS* 65 (2019): 267–88.

Augustine. *Arianism and Other Heresies*. Edited by John E. Rotelle. Translated by Roland J. Teske. WSA I/18. Hyde Park, NY: New City, 1995.

———. *The City of God (De Civitate Dei), I–X*. Translated by William Babcock. WSA I/6. Hyde Park, NY: New City, 2012.

———. *Homilies on the First Epistle of John*. Translated by Boniface Ramsey. Edited by Daniel E. Doyle and Thomas Martin. WSA III/14. Hyde Park, NY: New City, 2008.

———. *Homilies on the Gospel of John 1–40*. Edited by Allan D. Fitzgerald. Translated by Edmund Hill. WSA III/12. Hyde Park, NY: New City, 2009.

———. *Letters 100–155*. Translated by Roland Teske. Edited by Boniface Ramsey. WSA II/2. Hyde Park, NY: New City, 2002.

———. *On Christian Teaching*. Translated by R. P. H. Green. Oxford: Oxford University Press, 2008.

———. *Sermons 20–50*. Translated by Edmund Hill. WSA III/2. Hyde Park, NY: New City, 1991.

———. *Sermons 51–94*. Translated by Edmund Hill. WSA III/3. Hyde Park, NY: New City, 1992.

———. *Sermons 94A–147A*. Translated by Edmund Hill. WSA III/4. Hyde Park, NY: New City, 1992.

———. *Tractates on the Gospel of John, 55–111*. Translated by John W. Rettig. FC 90. Washington, DC: Catholic University of America Press, 1994.

———. *The Trinity*. Edited by John E. Rotelle. Translated by Edmund Hill. WSA I/5. 2nd ed. Hyde Park, NY: New City, 2010.

Aune, David. *Revelation 1–5*. WBC 52A. Nashville: Nelson, 1997.

Ayres, Lewis. *Augustine and the Trinity*. Cambridge: Cambridge University Press, 2010.

———. *Nicaea and Its Legacy: An Approach to Fourth-Century Trinitarian Theology*. Oxford: Oxford University Press, 2004.

Barclay, John M. G. *Paul and the Power of Grace*. Grand Rapids: Eerdmans, 2020.

Barnes, Michel René. *The Power of God: Δύναμις in Gregory of Nyssa's Trinitarian Theology*. Washington, DC: Catholic University of America Press, 2001.

Baron, Lori. "The *Shema* in John's Gospel against Its Background in Second Temple Judaism." PhD diss., Duke University, 2015.

Barrett, C. K. "Christocentric or Theocentric? Observations on the Theological Method of the Fourth Gospel." In *Essays on John*, 1–18. Philadelphia: Westminster, 1982.

———. *A Critical and Exegetical Commentary on the Acts of the Apostles*. Vol. 2, *Acts XV–XXVIII*. ICC. Edinburgh: T&T Clark, 1998.

———. " 'The Father Is Greater Than I' John 14:28: Subordinationist Christology in the New Testament." In *Essays on John*, 19–36. Philadelphia: Westminster, 1982.

Basil of Caesarea. *Against Eunomius*. Translated by Mark DelCogliano and Andrew Radde-Gallwitz. FC 122. Washington, DC: Catholic University of America Press, 2011.

———. *On the Holy Spirit*. Translated by Stephen Hildebrand. PPS 42. Yonkers, NY: St. Vladimir's Seminary Press, 2011.

Bates, Matthew W. *The Birth of the Trinity: Jesus, God, and Spirit in New Testament and Early Christian Interpretations of the Old Testament*. Oxford: Oxford University Press, 2015.

———. "A Christology of Incarnation and Enthronement: Romans 1:3–4 as Unified, Nonadoptionist, and Nonconciliatory." *CBQ* 77 (2015): 107–27.

Bauckham, Richard. *Jesus and the God of Israel: "God Crucified" and Other Studies on the New Testament's Christology of Divine Identity*. Grand Rapids: Eerdmans, 2008.

———. "Monotheism and Christology in the Gospel of John." In *Contours of Christology in the New Testament*, edited by Richard N. Longenecker, 148–66. McMaster New Testament Studies. Grand Rapids: Eerdmans, 2005.

———. *The Theology of the Book of Revelation*. Cambridge: Cambridge University Press, 1993.

Bauerschmidt, Frederick Christian. *Thomas Aquinas: Faith, Reason, and Following Christ*. CTC. Oxford: Oxford University Press, 2013.

Bavinck, Herman. *Reformed Dogmatics*. Vol. 2, *God and Creation*. Edited by John Bolt. Translated by John Vriend. Grand Rapids: Baker Academic, 2004.

Bayer, Oswald. *Theology the Lutheran Way*. Translated by Jeffrey G. Silcock and Mark C. Mattes. Grand Rapids: Eerdmans, 2007.

Beale, G. K. *The Book of Revelation*. NIGTC. Grand Rapids: Eerdmans, 1999.

———. *We Become What We Worship: A Biblical Theology of Idolatry*. Downers Grove, IL: IVP Academic, 2008.

Beckwith, Carl L. *The Holy Trinity*. Confessional Lutheran Dogmatics 3. Fort Wayne, IN: The Luther Academy, 2016.

Beeley, Christopher A. *Gregory of Nazianzus on the Trinity and the Knowledge of God: In Your Light We Shall See Light*. OSHT. Oxford: Oxford University Press, 2008.

Behr, John. *The Nicene Faith*. Part 1, *True God of True God*. Formation of Christian Theology 2. Crestwood, NY: St. Vladimir's Seminary Press, 2004.

Bekken, Per Jarle. *The Lawsuit Motif in John's Gospel from New Perspectives: Jesus Christ, Crucified Criminal and Emperor of the World*. NovTSup 158. Leiden: Brill, 2014.

Bengel, Johan Albrecht. *Erklärte Offenbarung Johannes oder vielmehr Jesu Christi.* Stuttgart: Fr. Brodhag, 1834.

———. *Gnomon of the New Testament.* Edited and translated by Andrew R. Fausset. 5 vols. Edinburgh: T&T Clark, 1877.

Benin, Stephen D. *The Footprints of God: Divine Accommodation in Jewish and Christian Thought.* Albany: SUNY Press, 1993.

Bernard of Clairvaux. *On Consideration.* In *Bernard of Clairvaux: Selected Works.* Translated by G. R. Evans, 145–72. CWS. New York: Paulist Press, 1987.

Bieringer, Reimund. "'… because the Father Is Greater Than I' (John 14:28): Johannine Christology in Light of the Relationship between the Father and the Son." In *Gospel Images of Jesus Christ in Church Tradition and in Biblical Scholarship*, edited by Christos Karakolis, Karl-Wilhelm Niebuhr, and Sviatoslav Rogalsky, 181–204. WUNT 288. Tübingen: Mohr Siebeck, 2012.

Blacketer, Raymond A. *The School of God: Pedagogy and Rhetoric in Calvin's Interpretation of Deuteronomy.* Dordrecht: Springer, 2006.

Blank, Joseph. *Krisis: Untersuchungen zur johanneischen Christologie und Eschatologie.* Freiburg im Breisgau: Lambertus, 1964.

Blumhofer, Christopher M. *The Gospel of John and the Future of Israel.* SNTSMS 177. Cambridge: Cambridge University Press, 2020.

Bock, Darrell L. *Acts.* BECNT. Grand Rapids: Baker Academic, 2007.

———. "Blasphemy." In *Dictionary of Jesus and the Gospels*, edited by Joel B. Green, Jeannine K. Brown, and Nicholas Perrin, 84–87. 2nd ed. Downers Grove, IL: InterVarsity, 2013.

———. "Blasphemy and the Jewish Examination of Jesus." *BBR* 17 (2007): 53–114.

Bockmuehl, Markus. *A Commentary on the Epistle to the Philippians.* BNTC. London: A & C Black, 1997.

Bonaventure. *Collations on the Six Days.* Translated by José de Vinck. The Works of Saint Bonaventure 5. Paterson, NJ: St. Anthony Guild Press, 1970.

Borgen, Peder. "God's Agent in the Fourth Gospel." In *The Gospel of John: More Light from Philo, Paul and Archaeology; The Scriptures, Tradition, Exposition, Settings, Meaning*, 167–78. NovTSup 154. Leiden: Brill, 2014.

———. "Observations on God's Agent and Agency in John's Gospel Chapters 5–10: Agency and the Quest for the Historical Jesus." In *The Gospel of John: More Light from Philo, Paul and Archaeology; The Scriptures, Tradition, Exposition, Settings, Meaning*, 193–218. NovTSup 154. Leiden: Brill, 2014.

Boyarin, Daniel. "Daniel 7, Intertextuality, and the History of Israel's Cult." *HTR* 105 (2012): 139–62.

Brakel, Wilhelmus à. *The Christian's Reasonable Service.* Translated by Bartel Elshout. Edited by Joel R. Beeke. 4 vols. Grand Rapids: Reformation Heritage, 1992–95.

Brendsel, Daniel J. *"Isaiah Saw His Glory": The Use of Isaiah 52–53 in John 12.* BZNW 208. Berlin: de Gruyter, 2014.

Briggman, Anthony. *God and Christ in Irenaeus*. Oxford: Oxford University Press, 2019.

Brown, Alexandra R. *The Cross and Human Transformation: Paul's Apocalyptic Word in 1 Corinthians*. Minneapolis: Fortress, 1995.

Bruce, F. F. *The Epistle to the Hebrews*. Rev. ed. NICNT. Grand Rapids: Eerdmans, 1990.

Bryan, Steven M. "Power in the Pool: The Healing of the Man at Bethesda and Jesus' Violation of the Sabbath (Jn. 5:1–18)." *TynBul* 54 (2003): 7–22.

Byers, Andrew J. *Ecclesiology and Theosis in the Gospel of John*. SNTSMS 166. Cambridge: Cambridge University Press, 2017.

———. "The One Body of the Shema in 1 Corinthians: An Ecclesiology of Christological Monotheism." *NTS* 62 (2016): 517–32.

Caird, G. B. *The Revelation of Saint John*. London: A&C Black, 1966. Reprint, Peabody, MA: Hendrickson, 1999.

Calov, Abraham. *Systema Locorum Theologicorum*. Vol. 2, *De Cognitione, Nominibus, Natura & Attributis Dei*. Wittenberg: Andreae Hartmanni, 1655.

Calvin, John. *The Commentaries of John Calvin*. Various translators. 46 vols. Edinburgh: The Calvin Translation Society, 1843-55. Reprint, Bellingham, WA: Logos Bible Software, 2010.

———. *Institutes of the Christian Religion*. Translated by Ford Lewis Battles. Edited by John T. McNeill. Philadelphia: Westminster, 1960.

———. *Ioannis Calvini opera quae supersunt omnia*. Edited by G. Baum, E. Cunitz, E. Reuss et al. 59 vols. Volumes 29–87 of *Corpus Reformatorum*. Brunswick: Schwetschke, 1863–1900.

Campbell, Douglas A. "The Story of Jesus in Romans and Galatians." In *Narrative Dynamics in Paul: A Critical Assessment*, edited by Bruce W. Longenecker, 97–124. Louisville: Westminster John Knox, 2002.

Campbell, W. Gordon. "Apocalypse johannique et adoratuer implicite." *RTL* 47, no. 3 (2016): 338–52.

Capes, David B. *The Divine Christ: Paul, the Lord Jesus, and the Scriptures of Israel*. Acadia Studies in Bible and Theology. Grand Rapids: Baker Academic, 2018.

Carraway, George. *Christ Is God over All: Romans 9:5 in the Context of Romans 9–11*. LNTS 489. London: Bloomsbury T&T Clark, 2013.

Carson, D. A. *The Gospel according to John*. PNTC. Grand Rapids: Eerdmans, 1991.

———. "John 5:26: *Crux Interpretum* for Eternal Generation." In *Retrieving Eternal Generation*, edited by Fred Sanders and Scott R. Swain, 79–97. Grand Rapids: Zondervan, 2017.

Cassuto, Umberto. *A Commentary on the Book of Genesis*. Part 1, *From Adam to Noah (Genesis I–VI 8)*. Translated by Israel Abrahams. Jerusalem: The Magnes Press, 1961.

Charles, Robert Henry. *A Critical and Exegetical Commentary on the Revelation of St. John*. 2 vols. ICC. New York: Scribner's Sons, 1920.

Charnock, Stephen. *The Existence and Attributes of God*. The Complete Works of Stephen Charnock 1. Edinburgh: James Nichol, 1864.

Chibici-Revneanu, Nicole. *Die Herrlichkeit des Verherrlichten: Das Verständis der δόξα im Johannesevangelium*. WUNT 2/231. Tübingen: Mohr Siebeck, 2007.

Ciampa, Roy E., and Brian S. Rosner. *The First Letter to the Corinthians*. PNTC. Grand Rapids: Eerdmans, 2010.

Clarke, W. Norris, Jr. *The One and the Many: A Contemporary Thomistic Metaphysics*. Notre Dame, IN: University of Notre Dame Press, 2001.

Clement of Alexandria. *Christ the Educator*. Translated by Simon P. Wood. FC 23. Washington, DC: Catholic University of America Press, 1954.

———. *Miscellanies Book VII: The Greek Text with Introduction, Translation, Notes, Dissertations and Indices*. Edited and translated by Fenton John Anthony Hort and Joseph B. Mayor. New York: Macmillan, 1902.

Cox, Ronald. *By the Same Word: Creation and Salvation in Hellenistic Judaism and Early Christianity*. BZNW 145. Berlin: de Gruyter, 2007.

Cranfield, C. E. B. *Romans 9–16*. ICC. London: T&T Clark, 2004.

Croy, N. Clayton. *Endurance in Suffering: Hebrews 12:1–13 in Its Rhetorical, Religious, and Philosophical Context*. Cambridge: Cambridge University Press, 2005.

Currid, John D. *Against the Gods: The Polemical Theology of the Old Testament*. Wheaton: Crossway, 2013.

Cyril of Alexandria. *Commentary on John*. Vol. 1. Edited by Joel C. Elowsky. Translated by David R. Maxwell. ACT. Downers Grove, IL: IVP Academic, 2013.

———. *Commentary on John*. Vol. 2. Edited by Joel C. Elowsky. Translated by David R. Maxwell. ACT. Downers Grove, IL: IVP Academic, 2015.

———. *Commentary on the Twelve Prophets*. Vol. 2. Translated by Robert C. Hill. FC 116. Washington, DC: Catholic University of America Press, 2008.

———. *A Commentary upon the Gospel according to S. Luke by S. Cyril, Patriarch of Alexandria*. Translated by Robert Payne Smith. Piscataway, NJ: Gorgias, 2009.

———. *Dialogues sur la Trinité* [Dialogues on the Trinity]. 3 vols. SC 231, 237, 246. Edited and translated by Georges Matthieu de Durand. Paris: Cerf, 1976, 1977, 1978.

———. *On the Unity of Christ*. Translated by John Anthony McGuckin. PPS 13. Crestwood, NY: St. Vladimir's Seminary Press, 1995.

———. *Sancti patris nostri Cyrilli archiepiscopi Alexandrini in xii prophetas*. 2 vols. Edited by P. E. Pusey. Oxford: Oxford University Press, 1868.

———. *Three Christological Treatises*. Translated by Daniel King. FC 129. Washington, DC: Catholic University of America Press, 2014.

Dahms, John V. "The Johannine Use of Monogenēs Reconsidered." *NTS* 29 (1983): 222–32.

Daley, Brian E. *God Visible: Patristic Christology Reconsidered*. Changing Paradigms in Historical and Systematic Theology. Oxford: Oxford University Press, 2018.

———. *Gregory of Nazianzus*. The Early Church Fathers. London: Routledge, 2006.

Davidson, Ivor. "Salvation's Destiny: Heirs of God." In *God of Salvation: Soteriology in Theological Perspective*, edited by Ivor Davidson and Murray Rae, 155–75. London: Routledge, 2010.

Davis, Phillip A., Jr. *The Place of Paideia in Hebrews' Moral Thought*. WUNT 2/475. Tübingen: Mohr Siebeck, 2018.

Davison, Andrew. *Participation in God: A Study in Christian Doctrine and Metaphysics*. Cambridge: Cambridge University Press, 2019.

de Jonge, Marinus. *Jesus, Stranger from Heaven and Son of God: Jesus Christ and the Christians in Johannine Perspective*. SBLSBS 11. Missoula, MT: Scholars Press, 1977.

de la Potterie, Ignace. "The Truth in Saint John." In *The Interpretation of John*, edited by John Ashton, 67–82. 2nd ed. Edinburgh: T&T Clark, 1997.

DeLapp, Nevada Levi. *Theophanic "Type-Scenes" in the Pentateuch: Visions of YHWH*. LHBOTS 660. London: Bloomsbury T&T Clark, 2018.

DelCogliano, Mark. *Basil of Caesarea's Anti-Eunomian Theory of Names: Christian Theology and Late-Antique Philosophy in the Fourth Century Trinitarian Controversy*. VCSup 103. Leiden: Brill, 2010.

de Lubac, Henri. *Paradoxes of Faith*. San Francisco: Ignatius, 1987.

Dewailly, Louis-Marie. " 'D'où es-tu?' (Jean 19, 9)." *RB* 92 (1985): 481–96.

DiNoia, J. Augustine. "Knowing and Naming the Triune God: The Grammar of Christian Confession." In *Speaking the Christian God: The Holy Trinity and the Challenge of Feminism*, edited by Alvin Kimel Jr., 162–87. Grand Rapids: Eerdmans, 1992.

Dodd, C. H. *The Interpretation of the Fourth Gospel*. Cambridge: Cambridge University Press, 1953.

Dodds, Michael J. *The Unchanging God of Love: Thomas Aquinas and Contemporary Theology on Divine Immutability*. 2nd ed. Washington, DC: Catholic University of America Press, 2008.

Döhling, Jan-Dirk. *Der bewegliche Gott: Eine Untersuchung des Motivs der Reue Gottes in der Hebräischen Bibel*. Herders biblische Studien 61. Freiburg: Herder, 2009.

Duby, Steven J. " 'For I Am God, Not a Man': Divine Repentance and the Creator-Creature Distinction." *JTI* 12, no. 2 (2018):149–69.

———. *Jesus and the God of Classical Theism: Biblical Christology in Light of the Doctrine of God*. Grand Rapids: Baker Academic, 2022.

Dunn, James D. G. *The Theology of Paul the Apostle*. Grand Rapids: Eerdmans, 1998.

East, Brad. "What Are the Standards of Excellence for Theological Interpretation of Scripture?" *JTI* 14, no. 2 (2020): 149–79.

Emery, Gilles. "Biblical Exegesis and the Speculative Doctrine of the Trinity in St. Thomas Aquinas's *Commentary on St. John*." In *Reading John with St. Thomas Aquinas: Theological Exegesis and Speculative Theology*, edited by Michael Dauphinais and Matthew Levering, 23–61. Washington, DC: Catholic University of America Press, 2005.

———. "Essentialism or Personalism in the Treatise on God in Saint Thomas Aquinas?" *The Thomist* 64 (2000): 521–63.

———. "The Personal Mode of Trinitarian Action in Saint Thomas Aquinas." *The Thomist* 69 (2005): 31–77.

———. "*Theologia* and *Dispensatio*: The Centrality of the Divine Missions in St. Thomas's Trinitarian Theology." *The Thomist* 74 (2010): 515–61.

———. *The Trinitarian Theology of St Thomas Aquinas*. Translated by Francesca Aran Murphy. Oxford: Oxford University Press, 2007.

———. *The Trinity: An Introduction to Catholic Teaching on the Triune God*. Translated by Matthew Levering. Thomistic Ressourcement Series 1. Washington, DC: Catholic University of America Press, 2011.

Engberg-Pedersen, Troels. *John and Philosophy: A New Reading of the Fourth Gospel*. Oxford: Oxford University Press, 2017.

Ernest, James D. *The Bible in Athanasius of Alexandria*. BAC 2. Boston: Brill, 2004.

Estes, Douglas. "Dualism or Paradox? A New 'Light' on the Gospel of John." *JTS* 71 (2020): 90–118.

Fairbairn, Donald. *Life in the Trinity: An Introduction to Theology with the Help of the Church Fathers*. Downers Grove, IL: InterVarsity, 2009.

Fee, Gordon D. "Paul and the Trinity: The Experience of Christ and the Spirit for Paul's Understanding of God." In *The Incarnation: An Interdisciplinary Symposium on the Incarnation of the Son of God*, edited by Stephen T. Davis, Daniel Kendall, and Gerald O'Collins, 49–72. Oxford: Oxford University Press, 2002.

Feldmeier, Reinhard. *Power, Service, Humility: A New Testament Ethic*. Translated by Brian McNeil. Waco: Baylor University Press, 2014.

Feldmeier, Reinhard, and Hermann Spieckermann. *God of the Living: A Biblical Theology*. Translated by Mark E. Biddle. Waco: Baylor University Press, 2013.

Ferguson, Everett. *The Rule of Faith: A Guide*. Eugene, OR: Cascade Books, 2015.

Filtvedt, Ole Jakob. "The Transcendence and Visibility of the Father in the Gospel of John." *ZNW* 108, no. 1 (2017): 90–118.

Fitzmyer, Joseph A. *First Corinthians: A New Translation with Introduction and Commentary*. AB 32. New Haven: Yale University Press, 2008.

Fletcher-Louis, Crispin. "John 5:19–30: The Son of God Is the Apocalyptic Son of Man." In *Reading the Gospel of John's Christology as Jewish Messianism: Royal, Prophetic, and Divine Messiahs*, edited by Benjamin E. Reynolds and Gabriele Boccaccini, 411–34. AJEC 106. Leiden: Brill, 2018.

Forger, Deborah. "Jesus as God's Word(s): Aurality, Epistemology and Embodiment in the Gospel of John." *JSNT* 42 (2020): 274–302.

Foster, Paul. *Colossians*. BNTC. London: Bloomsbury T&T Clark, 2016.

Franzelin, Johann Baptist. *Tractatus de Deo Trino secundam personas*. Revised ed. Rome: Sacra Congregatio de Propaganda Fidei, 1874.

Frey, Jörg. "Between Jewish Monotheism and Proto-Trinitarian Relations: The Making and Character of Johannine Christology." In *Monotheism and Christology in Greco-Roman Antiquity*, edited by Matthew V. Novenson, 189–221. NovTSup 180. Leiden: Brill, 2020.

———. *Die johanneische Eschatologie*. Vol. 3, *Die eschatologische Verkündigung in den johanneischen Texten*. WUNT 117. Tübingen: Mohr Siebeck, 2000.

———. *The Glory of the Crucified One: Christology and Theology in the Gospel of John*. Translated by Wayne Coppins and Christoph Heilig. BMSEC. Waco: Baylor University Press, 2018.

Froehlich, Karlfried. *Sensing the Scriptures: Amminadab's Chariot and the Predicament of Biblical Interpretation*. Grand Rapids: Eerdmans, 2014.

Gathercole, Simon J. "Locating Christ and Israel in Romans 9–11." In *God and Israel: Providence and Purpose in Romans 9–11*, edited by Todd D. Still, 115–39. Waco: Baylor University Press, 2017.

———. "Paul's Christology." In *The Blackwell Companion to Paul*, edited by Stephen Westerholm, 172–87. Oxford: Blackwell, 2011.

———. *The Preexistent Son: Recovering the Christologies of Matthew, Mark, and Luke*. Grand Rapids: Eerdmans, 2006.

———. "The Trinity in the Synoptic Gospels and Acts." In *The Oxford Handbook of the Trinity*, edited by Gilles Emery and Matthew Levering, 55–67. Oxford: Oxford University Press, 2011.

Gavrilyuk, Paul L. *The Suffering of the Impassible God: The Dialectics of Patristic Thought*. Oxford: Oxford University Press, 2004.

Gerhard, Johann. *Theological Commonplaces: On the Nature of God and on the Trinity*. Translated by Richard J. Dinda. Edited by Benjamin T. G. Mayes. St. Louis: Concordia, 2007.

Gieschen, Charles A. "The Divine Name in Ante-Nicene Christology." *VC* 57 (2003): 115–58.

———. "The Divine Name That the Son Shares with the Father in the Gospel of John." In *Reading the Gospel of John's Christology as Jewish Messianism: Royal, Prophetic, and Divine Messiahs*, edited by Benjamin E. Reynolds and Gabriele Boccaccini, 387–410. AJEC 106. Leiden: Brill, 2018.

Gill, John. *A Complete Body of Doctrinal and Practical Divinity; or, A System of Evangelical Truths, Deduced from the Sacred Scriptures*. 1839. Reprint, Paris, AR: The Baptist Standard Bearer, 1989.

Gioia, Luigi. *The Theological Epistemology of Augustine's* De Trinitate. OTM. Oxford: Oxford University Press, 2008.

Glad, Clarence E. *Paul and Philodemus: Adaptability in Epicurean and Early Christian Psychagogy*. NovTSup 81. Leiden: Brill, 1995.

Gladd, Benjamin. *Revealing the* Mysterion: *The Use of Mystery in Daniel and Second Temple Judaism with Its Bearing on First Corinthians*. BZNW 160. Berlin: de Gruyter, 2008.

Grant, Robert M. "Causation and 'The Ancient World View.'" *JBL* 83 (1964): 34-40.

Gregory of Nazianzus. *Festal Orations*. Translated by Nonna Verna Harrison. PPS 36. Yonkers, NY: St. Vladimir's Seminary Press, 2008.

―――. *On God and Christ: The Five Theological Orations and Two Letters to Cledonius*. Translated by Frederick Williams and Lionel R. Wickham. PPS 23. Crestwood, NY: St. Vladimir's Seminary Press, 2002.

―――. *Select Orations*. Translated by Martha Vinson. FC 107. Washington, DC: Catholic University of America Press, 2017.

Gregory of Nyssa. *Catechetical Discourse*. Translated by Ignatius Green. PPS 60. Yonkers, NY: St. Vladimir's Seminary Press, 2019.

―――. *The Life of Moses*. Translated by Abraham Malherbe and Everett Ferguson. CWS. New York: Paulist Press, 1978.

Griffiths, Paul. *Decreation: The Last Things of All Creatures*. Waco: Baylor University Press, 2014.

Gundry, Robert H. "The Form, Meaning and Background of the Hymn Quoted in 1 Timothy 3:16." In *Apostolic History and the Gospel: Biblical and Historical Essays Presented to F. F. Bruce on His 60th Birthday*, edited by W. Ward Gasque and Ralph P. Martin, 203-22. Exeter: Paternoster, 1970.

Hahn, Ferdinand. "Die Schöpfungsthematik in der Johannesoffenbarung." In *Studien zum Neuen Testament*, vol. 2, *Bekenntnisbildung und Theologie in urchristlicher Zeit*, edited by Jörg Frey and Juliane Schlegel, 603-11. WUNT 192. Tübingen: Mohr Siebeck, 2006.

―――. *Theologie des Neuen Testaments*. Vol. 2, *Die Einheit des Neuen Testaments*. Tübingen: Mohr Siebeck, 2002.

Halleux, André de. "Personnalisme ou essentialisme trinitaire chez les Pères cappadociens? Une mauvaise controverse." *RTL* 17 (1986): 129-55, 265-92.

Harris, Murray J. *Jesus as God: The New Testament Use of Theos in Reference to Jesus*. Grand Rapids: Baker, 1992.

Harris, Steven Edward. *God and the Teaching of Theology: Divine Pedagogy in 1 Corinthians 1-4*. Notre Dame, IN: University of Notre Dame Press, 2019.

Hart, David Bentley. "No Shadow of Turning: On Divine Impassibility." *Pro Ecclesia* 11, no. 2 (Spring 2002): 184-206.

Harvey, A. E. *Jesus on Trial*. London: SPCK, 1976.

Hay, David M. *Glory at the Right Hand: Psalm 110 in Early Christianity*. SBLMS 18. Nashville: Abingdon, 1973.

Hays, Richard B. *Echoes of Scripture in the Gospels*. Waco: Baylor University Press, 2016.

———. "Faithful Witness, Alpha and Omega: The Identity of Jesus in the Apocalypse of John." In *Revelation and the Politics of Apocalyptic Interpretation*, edited by Richard B. Hays and Stefan Alkier, 69-83. Waco: Baylor University Press, 2015.

———. *The Faith of Jesus Christ: The Narrative Substructure of Galatians 3:1-4:11*. 2nd ed. Grand Rapids: Eerdmans, 2002.

Heidegger, Johann Heinrich. *The Concise Marrow of Theology*. Translated by Casey Carmichael. Grand Rapids: Reformation Heritage, 2018.

———. *Corpus Theologiae Christianae*. Zürich: Johann Henrici Bodmeri, 1700.

Hellerman, Joseph H. *Reconstructing Honor in Roman Philippi: Carmen Christi as Cursus Pudorum*. SNTSMS 132. Cambridge: Cambridge University Press, 2005.

Hengel, Martin. "The Prologue of the Gospel of John as the Gateway to Christological Truth." In *The Gospel of John and Christian Theology*, edited by Richard Bauckham and Carl Mosser, 265-94. Grand Rapids: Eerdmans, 2008.

———. " 'Sit at My Right Hand!' The Enthronement of Christ at the Right Hand of God and Psalm 110:1." In *Studies in Early Christology*, 119-225. Edinburgh: T&T Clark, 1995.

Hilary of Poitiers. *The Trinity*. Translated by Stephen McKenna. FC 25. Washington, DC: Catholic University of America Press, 1954.

Hill, Wesley. "In Defense of 'Doctrinal Exegesis': A Proposal, with Reference to Trinitarian Theology and the Fourth Gospel." *JTI* 14 (2020): 20-35.

———. *Paul and the Trinity: Persons, Relations, and the Pauline Letters*. Grand Rapids: Eerdmans, 2015.

Hofius, Otfried. "Jesu Zuspruch der Sündenvergebung: Exegetische Erwägungen zu Mk 2, 5b." In *Neutestamentliche Studien*, 38-56. WUNT 1/132. Tübingen: Mohr Siebeck, 2000.

Holloway, Paul. *Philippians: A Commentary*. Hermeneia. Minneapolis: Fortress, 2017.

Holmes, Michael W., trans. *The Apostolic Fathers: Greek Texts and English Translations*. 3rd ed. Grand Rapids: Baker Academic, 2007.

Holmes, Stephen R. "Scripture in Liturgy and Theology." In *Theologians on Scripture*, edited by Angus Paddison, 105-18. London: Bloomsbury T&T Clark, 2016.

Hurtado, Larry W. *Lord Jesus Christ: Devotion to Jesus in Earliest Christianity*. Grand Rapids: Eerdmans, 2003.

Imschoot, Paul van. *Theology of the Old Testament*. Vol. 1, *God*. Translated by Kathryn Sullivan and Fidelis Buck. New York: Desclee, 1965.

Irons, Charles Lee. "A Lexical Defense of the Johannine 'Only Begotten.' " In *Retrieving Eternal Generation*, edited by Fred Sanders and Scott R. Swain, 98-116. Grand Rapids: Zondervan, 2017.

Jaeger, Werner. *The Theology of the Greek Philosophers: The Gifford Lectures, 1936*. Oxford: Oxford University Press, 1967.

Jamieson, R. B. "1 Corinthians 15.28 and the Grammar of Paul's Christology." *NTS* 66 (2020): 187-207.

———. *The Paradox of Sonship: Christology in the Epistle to the Hebrews*. SCDS. Downers Grove, IL: IVP Academic, 2021.

Jipp, Joshua W. *Christ Is King: Paul's Royal Ideology*. Minneapolis: Fortress, 2015.

———. " 'For David Did Not Ascend into Heaven ...' (Acts 2:34a): Reprogramming Royal Psalms to Proclaim the Enthroned-in-Heaven King." In *Ascent into Heaven in Luke-Acts: New Explorations of Luke's Narrative Hinge*, edited by David K. Bryan and David W. Pao, 41–59. Minneapolis: Fortress, 2016.

John Chrysostom. *Commentary on Saint John the Apostle and Evangelist: Homilies 1–47*. Translated by Sister Thomas Aquinas Goggin, SCH. FC 33. Washington, DC: Catholic University of America Press, 1957.

———. *Homilies on Genesis 1–17*. Translated by Robert C. Hill. FC 74. Washington, DC: Catholic University of America Press, 1986.

John of Damascus. *On the Orthodox Faith*. In *Saint John of Damascus: Writings*, translated by Frederic H. Chase Jr., 165–406. FC 37. Washington, DC: Catholic University of America Press, 1958.

Jörns, Klaus-Peter. *Das hymnische Evangelium: Untersuchungen zu Aufblau, Funktion und Herkunft der hymnischen Stücke in der Johannesoffenbarung*. Gütersloh: Mohn, 1971.

Kammler, Hans-Christian. *Christologie und Eschatologie: Joh 5, 17–30 als Schlüsseltext johanneischer Theologie*. WUNT 126. Tübingen: Mohr Siebeck, 2000.

———. "Die Prädikation Jesu Christi als 'Gott' und die paulinische Christologie: Erwägungen zur Exegese von Röm 9, 5b." *ZNW* 95 (2003): 164–80.

———. "Die Theologie des Johannesevangeliums: Eine exegetische Skizze." *KD* 63 (2017): 79–101.

Kant, Immanuel. *Critique of Pure Reason*. The Cambridge Edition of the Works of Immanuel Kant. Translated and edited by Paul Guyer and Allen W. Wood. Cambridge: Cambridge University Press, 1998.

Kaufmann, Yehezkel. *The Religion of Israel: From Its Beginnings to the Babylonian Exile*. Translated by Moshe Greenberg. Chicago: University of Chicago Press, 1960.

Keck, Leander E. "Derivation as Destiny: 'Of-ness' in Johannine Christology, Anthropology, and Soteriology." In *Exploring the Gospel of John: Essays in Honor of D. Moody Smith*, edited by R. Alan Culpepper and C. Clifton Black, 274–88. Louisville: Westminster John Knox, 1996.

Keener, Craig S. *The Gospel of John: A Commentary*. 2 vols. Peabody, MA: Hendrickson, 2003.

Kieffer, René. "L'Espace et Le Temps dans l'Évangile de Jean." *NTS* 31 (1985): 393–409.

Kirk, J. R. Daniel. *A Man Attested by God: The Human Jesus of the Synoptic Gospels*. Grand Rapids: Eerdmans, 2016.

Köckert, Matthias. "Zeit und Ewigkeit in Psalm 90." In *Zeit und Ewigkeit als Raum göttlichen Handelns: Religionsgeschichtliche, theologische und philosophische Perspektiven*, edited by Reinhard G. Kratz and Hermann Spieckermann, 155–86. BZAW 390. Berlin: de Gruyter, 2009.

Koen, Lars. "Partitive Exegesis in Cyril of Alexandria's Commentary on the Gospel according to St. John." *StPatr* 25 (1993): 116–21.

Koester, Craig R. *Revelation: A New Translation with Introduction and Commentary*. AB 38A. New Haven: Yale University Press, 2014.

Kraus, Hans-Joachim. *Theology of the Psalms*. Translated by Keith Crim. Minneapolis: Fortress, 1992.

Kreitzer, L. Joseph. *Jesus and God in Paul's Eschatology*. JSNTSup 19. Sheffield: Sheffield Academic, 1987.

Kugler, Chris. "Judaism/Hellenism in Early Christology: Prepositional Metaphysics and Middle Platonic Intermediary Doctrine." *JSNT* 43 (2020): 214–25.

Lang, T. J. *Mystery and the Making of a Christian Historical Consciousness: From Paul to the Second Century*. BZNW 219. Berlin: de Gruyter, 2015.

Leeman, Jonathan. *Political Church: The Local Assembly as Embassy of Christ's Rule*. SCDS. Downers Grove, IL: IVP Academic, 2016.

Legaspi, Michael C. *The Death of Scripture and the Rise of Biblical Studies*. OSHT. Oxford: Oxford University Press, 2010.

Legge, Dominic. *The Trinitarian Christology of St Thomas Aquinas*. Oxford: Oxford University Press, 2017.

Leim, Joshua E. *Matthew's Theological Grammar: The Father and the Son*. WUNT 2/402. Tübingen: Mohr Siebeck, 2015.

Leithart, Peter J. *Athanasius*. FTECS. Grand Rapids: Baker Academic, 2011.

———. *Revelation 1–11*. ITC. London: Bloomsbury, 2018.

Levering, Matthew. *Engaging the Doctrine of the Holy Spirit: Love and Gift in the Trinity and the Church*. Grand Rapids: Baker Academic, 2016.

———. *Scripture and Metaphysics: Aquinas and the Renewal of Trinitarian Theology*. Oxford: Blackwell, 2004.

Lewis, C. S. *Mere Christianity*. New York: HarperCollins, 2001.

Lewis, Theodore J. *The Origin and Character of God: Ancient Israelite Religion through the Lens of Divinity*. New York: Oxford University Press, 2020.

Lienhard, Joseph T. "The Baptismal Command (Matthew 28:19–20) and the Doctrine of the Trinity." In *The Holy Trinity in the Life of the Church*, edited by Khaled Anatolios, 3–14. Grand Rapids: Baker Academic, 2014.

Lincoln, Andrew T. *Truth on Trial: The Lawsuit Motif in the Fourth Gospel*. Peabody, MA: Hendrickson, 2000.

Lints, Richard. *Identity and Idolatry: The Image of God and Its Inversion*. Downers Grove, IL: InterVarsity, 2015.

Loader, William. *Jesus in John's Gospel: Structure and Issues in Johannine Christology*. 3rd ed. Grand Rapids: Eerdmans, 2017.

Loon, Hans van. *The Dyophysite Christology of Cyril of Alexandria*. VCSup 96. Leiden: Brill, 2009.

Luther, Martin. *Luther's Works*. Vol. 41, *Church and Ministry III*. Edited by Eric W. Gritsch. Philadelphia: Fortress, 1966.

Macaskill, Grant. "Name Christology, Divine Aseity, and the I Am Sayings in the Fourth Gospel." *JTI* 12 (2018): 217–41.

———. "The Way the One God Works: Covenant and Ethics in 1 Corinthians." In *One God, One People, One Future: Essays in Honor of N. T. Wright*, edited by John Anthony Dunne and Eric Lewellen, 112–25. Minneapolis: Fortress, 2018.

Macdonald, Seumas Jeltzz Clayton. "Pro-Nicene Exegesis in Hilary of Poitiers' *De Trinitate* and Basil of Caesarea's *Contra Eunomium*: A Comparative Study." PhD diss., Macquarie University, 2016.

Marckius, Johannes. *In Apocalypsin Johannis Commentarium*. Utrecht: T. Appels, 1699.

Marcus, Joel. "Authority to Forgive Sins upon the Earth: The Shema in the Gospel of Mark." In *The Gospels and the Scriptures of Israel*, edited by Craig A. Evans, 196–211. JSNTSup 104. Sheffield: Sheffield Academic, 1994.

———. *Mark 1–8: A New Translation with Introduction and Commentary*. AB 27. New Haven: Yale University Press, 2002.

———. *Mark 8–16: A New Translation with Introduction and Commentary*. AB 27A. New Haven: Yale University Press, 2009.

Margerie, Bertrand de. *The Greek Fathers*. Vol. 1 of *An Introduction to the History of Exegesis*. Translated by Leonard Maluf. Petersham: Saint Bede's Publications, 1993.

Marshall, Bruce D. "*Ex Occidente Lux*? Aquinas and Eastern Orthodox Theology." *Modern Theology* 20 (2004): 23–50.

———. *Trinity and Truth*. CSCD. Cambridge: Cambridge University Press, 2000.

Martens, Peter. *Origen and Scripture: The Contours of the Exegetical Life*. Oxford: Oxford University Press, 2012.

Martin, Michael Wade, and Bryan A. Nash. "Philippians 2:6–11 as Subversive *Hymnos*: A Study in the Light of Ancient Rhetorical Theory." *JTS* 66 (2015): 90–138.

Maspero, Giulio. "Life from Life: The Procession of the Son and the Divine Attributes in Book VIII of Gregory of Nyssa's *Contra Eunomium*." In *Gregory of Nyssa:* Contra Eunomium *III; An English Translation with Commentary and Supporting Studies*, edited by Johan Leemans and Matthieu Cassin, 401–28. VCSup 124. Leiden: Brill, 2014.

———. "Trinitarian Theology in Gregory of Nyssa's *Contra Eunomium* I: The Interplay between Ontology and Scripture." In *Gregory of Nyssa:* Contra Eunomium *I; An English Translation with Supporting Studies*, edited by Miguel Brugarolas, 441–93. VCSup 148. Leiden: Brill, 2018.

Mastricht, Petrus van. *Theoretical-Practical Theology*. Vol. 2, *Faith in the Triune God*. Grand Rapids: Reformation Heritage, 2019.

Maximus the Confessor. *On Difficulties in the Church Fathers: The* Ambigua. Edited and translated by Nicholas Constas. 2 vols. Cambridge, MA: Harvard University Press, 2014.

———. *Two Hundred Chapters on Theology*. Translated by Luis Joshua Salés. PPS 53. Yonkers, NY: St. Vladimir's Seminary Press, 2015.

McCosker, Philip. Review of *Communicatio Idiomatum: Lo scambio delle proprietà; Storia, status quaestionis e prospettive*, by Grzegorz Strzelczyk. *Modern Theology* 24 (2007): 298–301.

McDonough, Sean M. *YHWH at Patmos: Rev. 1:4 in Its Hellenistic and Early Jewish Setting*. WUNT 2/107. Tübingen: Mohr Siebeck, 1999.

McElrath, Damian, ed. *Franciscan Christology: Selected Texts, Translations and Introductory Essays*. St. Bonaventure, NY: Franciscan Institute Publications, 1994.

McFarland, Ian A. *The Word Made Flesh: A Theology of the Incarnation*. Louisville: Westminster John Knox, 2019.

McFarland, Orrey. "Divine Causation and Prepositional Metaphysics in Philo of Alexandria and the Apostle Paul." In *Paul and the Greco-Roman Philosophical Tradition*, edited by Joseph R. Dodson and Andrew W. Pitts, 117–34. LNTS 527. London: T&T Clark, 2017.

McGrath, James F. *The Only True God: Early Christian Monotheism in Its Jewish Context*. Urbana: University of Illinois Press, 2009.

McGuckin, John Anthony. *Saint Cyril of Alexandria and the Christological Controversy: Its History, Theology, and Texts*. Crestwood, NY: St. Vladimir's Seminary Press, 2004.

Mealand, D. L. "John 5 and the Limits of Rhetorical Criticism." In *Understanding Poets and Prophets: Essays in Honour of George Wishart Anderson*, edited by A. Graeme Auld, 258–72. JSOTSup 152. Sheffield: Sheffield Academic Press, 1993.

Melito of Sardis. *On Pascha and Fragments*. Translated by Stuart George Hall. OECT. Oxford: Clarendon, 1979.

Meyer, Nicholas A. *Adam's Dust and Adam's Glory in the Hodayot and the Letters of Paul: Rethinking Anthropogony and Theology*. NovTSup 168. Leiden: Brill, 2016.

Miller, Patrick D. *The Lord of the Psalms*. Louisville: Westminster John Knox, 2013.

Mitchell, Margaret M. "Pauline Accommodation and 'Condescension' (συγκατάβασις): 1 Cor. 9:19–23 and the History of Influence." In *Paul beyond the Judaism/Hellenism Divine*, edited by Troels Engberg-Pederson, 197–214. Louisville: Westminster John Knox, 2001.

Moberly, R. W. L. *At the Mountain of God: Story and Theology in Exodus 32–34*. JSOTSup 99. Sheffield: JSOT Press, 1983.

———. *The Bible, Theology, and Faith: A Study of Abraham and Jesus*. CSCD 5. Cambridge: Cambridge University Press, 2000.

———. *Old Testament Theology: Reading the Hebrew Bible as Christian Scripture*. Grand Rapids: Baker Academic, 2013.

Moloney, Francis. *Love in the Gospel of John: An Exegetical, Theological, and Literary Study*. Grand Rapids: Baker Academic, 2013.

Morales, L. Michael. *Who Shall Ascend the Mountain of the Lord? A Biblical Theology of the Book of Leviticus*. Downers Grove, IL: IVP Academic, 2015.

Moser, J. David. "Tools for Interpreting Christ's Saving Mysteries in Scripture: Aquinas on Reduplicative Propositions in Christology." *SJT* 73 (2020): 285–94.

Myers, Alicia D. " 'Jesus Said to Them …': The Adaptation of Juridical Rhetoric in John 5:19–47." *JBL* 132 (2013): 415–30.

———. "Prosopopoetics and Conflict: Speech and Expectations in John 8." *Biblica* 92 (2011): 580–96.

Neyrey, Jerome H. *An Ideology of Revolt: John's Christology in Social-Science Perspective*. Philadelphia: Fortress, 1988.

———. "Jesus the Judge: Forensic Process in John 8, 21–59." *Biblica* 68 (1987): 509–42.

Nielsen, Jesper Tang. "The Narrative Structures of Glory and Glorification in the Fourth Gospel." *NTS* 56 (2010): 343–66.

Oakes, Peter. *Philippians: From People to Letter*. SNTSMS 110. Cambridge: Cambridge University Press, 2001.

Owen, John. *The Works of John Owen*. Edited by William H. Goold. 16 vols. Edinburgh: Banner of Truth, 1965.

Pawl, Timothy. *In Defense of Conciliar Christology: A Philosophical Essay*. OSAT. Oxford: Oxford University Press, 2016.

Pennington, Jonathan T. *The Sermon on the Mount and Human Flourishing: A Theological Commentary*. Grand Rapids: Baker Academic, 2017.

Pennington, Jonathan T., and Sean M. McDonough, eds. *Cosmology and New Testament Theology*. LNTS 355. London: T&T Clark, 2008.

Peterson, David G. *The Acts of the Apostles*. PNTC. Grand Rapids: Eerdmans, 2009.

Plato. *"Timaeus" and "Critias."* Translated by Robin Waterfield. Oxford World's Classics. Oxford: Oxford University Press, 2008.

Pohle, Joseph. *Lehrbuch der Dogmatik*, vol. 1. Edited by Michael Gierens. 8th ed. Paderborn: Schöningh, 1931.

Polanus, Amandus. *Syntagma theologiae christianae*. Hanau, 1615.

Pollard, T. E. "The Father-Son and God-Believer Relationships according to St John: A Brief Study of John's Use of Prepositions." In *L'Évangile de Jean: Sources, Rédaction, Théologie*, edited by Marinus de Jonge, 363–69. BETL 44. Leuven: Peeters, 1977.

Prigent, Pierre. *Commentary on the Apocalypse of St. John*. Translated by Wendy Pradels. Tübingen: Mohr Siebeck, 2004.

Radde-Gallwitz, Andrew. *Basil of Caesarea, Gregory of Nyssa, and the Transformation of Divine Simplicity*. OECS. Oxford: Oxford University Press, 2009.

———. "The Holy Spirit as Agent, Not Activity: Origen's Argument with Modalism and Its Afterlife in Didymus, Eunomius, and Gregory of Nazianzus." *VC* 65 (2011): 227–48.

Rainbow, Paul A. *Johannine Theology: The Gospel, the Epistles, and the Apocalypse*. Downers Grove, IL: IVP Academic, 2014.

Rendtorff, Rolf. *The Canonical Hebrew Bible: A Theology of the Old Testament.* Translated by David Orton. Leiden: Deo Publishing, 2005.

Reynolds, Benjamin E. *The Apocalyptic Son of Man in the Gospel of John.* WUNT 2/249. Tübingen: Mohr Siebeck, 2008.

Riches, Aaron. *Ecce Homo: On the Divine Unity of Christ.* Grand Rapids: Eerdmans, 2016.

Richter, Gerhard. *Oikonomia: Der Gebrauch des Wortes Oikonomia im Neuen Testament, bei den en Kirchenvätern und in der theologischen Literatur bis ins 20. Jahrhundert.* Arbeiten zur Kirchengeschichte 90. Berlin: de Gruyter, 2005.

Roberts, J. J. M. "Isaiah in Old Testament Theology." *Interpretation* 36 (1982): 130–43.

Romanov, Andrey. "Through One Lord Only." *Biblica* 96 (2015): 391–415.

Rowe, C. Kavin. "Biblical Pressure and Trinitarian Hermeneutics." *Pro Ecclesia* 11 (2002): 295–312.

———. *Early Narrative Christology: The Lord in the Gospel of Luke.* Grand Rapids: Baker Academic, 2009.

———. "For Future Generations: Worshipping Jesus and the Integration of the Theological Disciplines." *Pro Ecclesia* 17 (2008): 186–209.

———. "Luke and the Trinity: An Essay in Ecclesial Biblical Theology." *SJT* 56 (2003): 1–26.

———. "The Trinity in the Letters of St Paul and Hebrews." In *The Oxford Handbook of the Trinity*, edited by Gilles Emery and Matthew Levering, 41–54. Oxford: Oxford University Press, 2011.

Rufinus. *A Commentary on the Apostles' Creed.* ACW 20. New York: Newman, 1954.

Rylaarsdam, David. *John Chrysostom on Divine Pedagogy: The Coherence of His Theology and Preaching.* Oxford: Oxford University Press, 2014.

Sanders, Fred. "Eternal Generation and Soteriology." In *Retrieving Eternal Generation*, edited by Fred Sanders and Scott R. Swain, 260–70. Grand Rapids: Zondervan, 2017.

———. *The Triune God.* NSD. Grand Rapids: Zondervan, 2016.

———. "What Trinitarian Theology Is For: Placing the Doctrine of the Trinity in Christian Theology and Life." In *Advancing Trinitarian Theology: Explorations in Constructive Dogmatics*, edited by Oliver D. Crisp and Fred Sanders, 21–41. Grand Rapids: Zondervan, 2014.

Sanders, Fred, and Scott R. Swain, eds. *Retrieving Eternal Generation.* Grand Rapids: Zondervan, 2017.

Sarisky, Darren. "Judgements in Scripture and the Creed: Reflections on Identity and Difference." *Modern Theology* 37, no. 3 (July 2021): 703–20.

———. *Reading the Bible Theologically.* CIT 13. Cambridge: Cambridge University Press, 2020.

Scheeben, Matthias Joseph. *Handbuch der katholischen Dogmatik*. Vol. 2, *Gotteslehre oder die Theologie im engeren Sinne*. Edited by Michael Schmaus. Vol. 4 of *Gesammelte Schriften*. 3rd ed. Freiburg: Herder, 1948.

———. *The Mysteries of Christianity*. Translated by Cyril Vollert. London: Herder, 1946.

Schnabel, Eckhard J. *Acts*. ZECNT. Grand Rapids: Zondervan, 2012.

Schnelle, Udo. "Cross and Resurrection in the Gospel of John." In *The Resurrection of Jesus in the Gospel of John*, edited by Craig R. Koester and Reimund Bieringer, 127–51. WUNT 1/222. Tübingen: Mohr Siebeck, 2008.

———. *Theology of the New Testament*. Translated by M. Eugene Boring. Grand Rapids: Baker Academic, 2009.

Schoot, Henk J. M. *Christ the "Name" of God: Thomas Aquinas on Naming Christ*. Publications of the Thomas Instituut Te Utrecht 1. Leuven: Peeters, 1993.

Schreiner, Thomas R. *1, 2 Peter, Jude*. NAC 37. Nashville: B&H, 2003.

———. *Romans*. BECNT. Grand Rapids: Baker Academic, 1998.

Seifrid, Mark A. *The Second Letter to the Corinthians*. PNTC. Grand Rapids: Eerdmans, 2014.

Servetus, Michael. *De Trinitatis erroribus, libri septem*. Hagenau: Johann Setzer, 1531.

Shead, Andrew G. *A Mouth Full of Fire: The Word of God in the Words of Jeremiah*. Downers Grove, IL: InterVarsity, 2012.

Sheridan, Mark. *Language for God in Patristic Tradition: Wrestling with Biblical Anthropomorphism*. Downers Grove, IL: IVP Academic, 2014.

Silvas, Anna M. *Gregory of Nyssa: The Letters; Introduction, Translation, and Commentary*. VCSup 83. Leiden: Brill, 2007.

Smith, Mark S. *The Early History of God: Yahweh and the Other Deities in Ancient Israel*. 2nd ed. Grand Rapids: Eerdmans, 2002.

———. *The Origins of Biblical Monotheism: Israel's Polytheistic Background and the Ugaritic Texts*. Oxford: Oxford University Press, 2001.

Söding, Thomas. "'Ich und der Vater sind eins' (Joh, 10, 30): Die johanneische Christologie vor dem Anspruch des Hauptgebotes (Dtn 6, 4f)." *ZNW* 93 (2002): 177–99.

Sokolowski, Robert. "Creation and Christian Understanding." In *God and Creation: An Ecumenical Symposium*, edited by David B. Burrell and Bernard McGinn, 179–92. Notre Dame, IN: University of Notre Dame, 1990.

———. *The God of Faith and Reason: Foundations of Christian Theology*. Notre Dame, IN: University of Notre Dame Press, 1982; Washington, DC: Catholic University of America Press, 1995.

Sommer, Benjamin D. *The Bodies of God and the World of Ancient Israel*. Cambridge: Cambridge University Press, 2008.

Sonderegger, Katherine. *Systematic Theology*. Vol. 1, *The Doctrine of God*. Minneapolis: Fortress, 2015.

Sorabji, Richard. *The Philosophy of the Commentators, 200–600 AD: A Sourcebook.* Vol. 3, *Logic and Metaphysics.* London: Duckworth, 2004.

Soskice, Janet. "Why *Creatio Ex Nihilo* for Theology Today?" In *Creation Ex Nihilo: Origins, Development, Contemporary Challenges,* edited by Gary A. Anderson and Markus Bockmuehl, 37–54. Notre Dame, IN: University of Notre Dame Press, 2017.

Soulen, R. Kendall. *The Divine Name(s) and the Holy Trinity.* Vol. 1, *Distinguishing the Voices.* Louisville: Westminster John Knox, 2011.

———. "*Generatio, Processio Verbi, Donum Nominis*: Mapping the Vocabulary of Eternal Generation." In *Retrieving Eternal Generation,* edited by Fred Sanders and Scott R. Swain, 132–46. Grand Rapids: Zondervan, 2017.

Spicq, Ceslas. "La vertu du simplicité dans l'ancien et le nouveau testament." *RSPT* 22, no. 1 (1933): 5–26.

Sproston, W. E. " 'Is Not This Jesus, the Son of Joseph …?' (John 6.42): Johannine Christology as a Challenge to Faith." *JSNT* 24 (1985): 77–97.

Sterling, Gregory. "Prepositional Metaphysics in Jewish Wisdom Speculation and Early Christianity." *SPhiloA* 9 (1997): 219–38.

Strzelczyk, Grzegorz. *Communicatio Idiomatum*: *Lo scambio delle proprietà; Storia, status quaestionis e prospettive.* Rome: Pontifica Università Gregoriana, 2004.

Sturdevant, Jason S. *The Adaptable Jesus of the Fourth Gospel: The Pedagogy of the Logos.* NovTSup 162. Leiden: Brill, 2015.

Swain, Scott R. "The Bible and the Trinity in Recent Thought: Review, Analysis, and Constructive Proposal." *JETS* 60 (2017): 35–48.

———. "Divine Trinity." In *Christian Dogmatics: Reformed Theology for the Church Catholic,* edited by Michael Allen and Scott R. Swain, 78–106. Grand Rapids: Baker Academic, 2016.

———. " 'Heirs through God': Galatians 4:4–7 and the Doctrine of the Trinity." In *Galatians and Christian Theology,* edited by Mark W. Elliott, Scott J. Hafemann, N. T. Wright, and John Frederick, 258–67. Grand Rapids: Baker Academic, 2014.

———. "The Mystery of the Trinity." In *The Essential Trinity: New Testament Foundations and Practical Relevance,* edited by Brandon R. Crowe and Carl R. True-man, 213–21. Phillipsburg, NJ: P&R, 2017.

———. "Ruled Reading Reformed: The Role of the Church's Confession in Biblical Interpretation." *IJST* 14, no. 2 (2012): 177–93.

———. *The Trinity: An Introduction.* Wheaton: Crossway, 2020.

———. *Trinity, Revelation, and Reading: A Theological Introduction to the Bible and Its Interpretation.* London: T&T Clark, 2011.

Swart, G. "Aristobulus' Interpretation of LXX Sabbath Texts as an Interpretative Key to John 5:1–18." *JSem* 18 (2009): 569–82.

Swete, Henry Barclay. *The Apocalypse of St. John.* New York: Macmillan, 1906.

Synopsis Purioris Theologiae: Synopsis of a Purer Theology—Latin Text and English Translation. Vol. 1. Edited by Dolf te Velde and Rein Ferwerda. Translated by Riemer A. Faber. Leiden: Brill, 2014.

Tanner, Kathryn. *God and Creation in Christian Theology: Tyranny or Empowerment?* New York: Blackwell, 1988.

Tanner, Norman P., ed. *Decrees of the Ecumenical Councils.* Vol. 1, *Nicaea I to Lateran V.* London: Sheed & Ward, 1990.

Thiselton, Anthony. *The First Epistle to the Corinthians: A Commentary on the Greek Text.* NIGTC. Grand Rapids: Eerdmans, 2000.

Thomas Aquinas. *Latin-English Opera Omnia.* The Aquinas Institute. Steubenville, OH: Emmaus Academic, 2018–.

———. *Summa Theologiae.* Edited and translated by Thomas Gilby, T. C. O'Brien, et al. New York: McGraw-Hill, 1964–81. Reprint, Cambridge: Cambridge University Press, 2008.

Thompson, Marianne Meye. "The Living Father." *Semeia* 85 (1999): 19–31.

Thompson, Robin. "Healing at the Pool of Bethesda: A Challenge to Asclepius?" *BBR* 27 (2017): 65–84.

Thrall, Margaret E. *A Critical and Exegetical Commentary on the Second Epistle of Paul to the Corinthians.* Vol. 2, *Commentary on 2 II Corinthians VIII–XIII.* ICC. Edinburgh: T&T Clark, 2000.

Tilling, Chris. *Paul's Divine Christology.* WUNT 2/323. Tübingen: Mohr Siebeck, 2012.

Toom, Tarmo. "Early Christian Handbooks on Interpretation." In *The Oxford Handbook of Early Christian Biblical Interpretation*, edited by Paul M. Blowers and Peter W. Martens, 109–25. Oxford: Oxford University Press, 2019.

Torrance, Thomas F. *The Trinitarian Faith: The Evangelical Theology of the Ancient Catholic Church.* London: T&T Clark, 1995.

Turretin, Francis. *Institutes of Elenctic Theology.* Edited by James T. Dennison. Translated by George Musgrave Giger. 3 vols. Phillipsburg, NJ: P&R, 1994.

Ursinus, Zacharias. *Commentary on the Heidelberg Catechism.* Translated by G. W. Williard. Grand Rapids: Eerdmans, 1954.

Vanhoozer, Kevin J. *Remythologizing Theology: Divine Action, Passion, and Authorship.* Cambridge: Cambridge University Press, 2010.

Vermigli, Peter Martyr. *Loci Communes.* 11th ed. Geneva: Petrus Aubert, 1624.

Vidu, Adonis. *The Same God Who Works All Things: Inseparable Operations in Trinitarian Theology.* Grand Rapids: Eerdmans, 2021.

Vos, Geerhardus. "The Idea of Biblical Theology as a Science and as a Theological Discipline." In *Redemptive History and Biblical Interpretation: The Shorter Writings of Geerhardus Vos*, edited by Richard B. Gaffin, 3–24. Phillipsburg, NJ: Presbyterian and Reformed, 1980.

Waaler, Erik. *The* Shema *and the First Commandment in First Corinthians.* WUNT 2/253. Tübingen: Mohr Siebeck, 2008.

Ward, Timothy. *Words of Life: Scripture as the Living and Active Word of God*. Downers Grove, IL: IVP Academic, 2009.

Warfield, B. B. *The Inspiration and Authority of the Bible*. Phillipsburg, NJ: Presbyterian and Reformed, 1948.

———. " 'It Says:' 'Scripture Says:' 'God Says.' " In *The Inspiration and Authority of the Bible*, 299–348. Phillipsburg, NJ: Presbyterian and Reformed, 1948.

Watson, Francis. "The Scope of Hermeneutics." In *The Cambridge Companion to Christian Doctrine*, edited by Colin E. Gunton, 65–80. Cambridge: Cambridge University Press, 1997.

———. *Text and Truth: Redefining Biblical Theology*. Grand Rapids: Eerdmans, 1997.

———. "Trinity and Community: A Reading of John 17." *IJST* 1 (1999): 168–84.

———. "The Triune Divine Identity: Reflections on Pauline God-Language, in Disagreement with J. D. G. Dunn." *JSNT* 80 (2000): 99–124.

Webster, John. "Biblical Reasoning." In *The Domain of the Word: Scripture and Theological Reason*, 115–32. London: Bloomsbury T&T Clark, 2012.

———. *The Culture of Theology*. Edited by Ivor J. Davidson and Alden C. McCray. Grand Rapids: Baker Academic, 2019.

———. "Eternal Generation." In *God without Measure: Working Papers in Christian Theology*. Vol. 1, *God and the Works of God*, 29–42. London: Bloomsbury T&T Clark, 2016.

———. "Hermeneutics in Modern Theology: Some Doctrinal Reflections." In *Word and Church: Essays in Christian Dogmatics*, 47–86. Edinburgh: T&T Clark, 2001.

———. *Holy Scripture: A Dogmatic Sketch*. CIT. Cambridge: Cambridge University Press, 2003.

———. "Life in and of Himself." In *God without Measure: Working Papers in Christian Theology*. Vol. 1, *God and the Works of God*, 13–28. London: Bloomsbury T&T Clark, 2016.

———. "One Who Is Son: Theological Reflections on the Exordium to the Epistle to the Hebrews." In *The Epistle to the Hebrews and Christian Theology*, edited by Richard Bauckham, Daniel R. Driver, Trevor A. Hart, and Nathan MacDonald, 69–94. Grand Rapids: Eerdmans, 2009.

———. "Principles of Systematic Theology." In *The Domain of the Word: Scripture and Theological Reason*, 133–49. London: Bloomsbury T&T Clark, 2012.

———. "Resurrection and Scripture." In *The Domain of the Word: Scripture and Theological Reason*, 32–49. London: Bloomsbury T&T Clark, 2012.

———. "ὑπὸ πνεύματος ἁγίου φερόμενοι ἐλάλησαν ἀπὸ θεοῦ ἄνθρωποι: On the Inspiration of Holy Scripture." In *Conception, Reception, and the Spirit: Essays in Honor of Andrew T. Lincoln*, edited by J. Gordon McConville and Lloyd K. Pieterson, 236–50. Eugene, OR: Cascade Books, 2015.

Weinandy, Thomas G. "Cyril and the Mystery of the Incarnation." In *The Theology of St Cyril of Alexandria*, edited by Thomas G. Weinandy and Daniel A. Keating, 23–54. London: T&T Clark, 2003.

———. *Does God Change? The Word's Becoming in the Incarnation*. SHT 4. Still River, MA: St. Bede's, 1985.

———. *Does God Suffer?* Edinburgh: T&T Clark, 2000.

———. *Jesus Becoming Jesus: A Theological Interpretation of the Synoptic Gospels*. Washington, DC: Catholic University of America Press, 2018.

White, Devin L. *Teacher of the Nations: Ancient Educational Traditions and Paul's Argument in 1 Corinthians 1–4*. BZNW 227. Berlin: de Gruyter, 2017.

White, Thomas Joseph. *The Incarnate Lord: A Thomistic Study in Christology*. Washington, DC: Catholic University of America Press, 2015.

Whitsett, Christopher G. "Son of God, Seed of David: Paul's Messianic Exegesis in Romans 1:3–4." *JBL* 119 (2000): 661–81.

Wiles, Maurice. *The Spiritual Gospel: The Interpretation of the Fourth Gospel in the Early Church*. Cambridge: Cambridge University Press, 1960.

Williams, A. N. *The Divine Sense: The Intellect in Patristic Theology*. Cambridge: Cambridge University Press, 2005.

Williams, Catrin H. *I Am He: The Interpretation of 'Anî Hû' in Jewish and Early Christian Literature*. WUNT 2/113. Tübingen: Mohr Siebeck, 2000.

———. "'I Am' Sayings." In *Dictionary of Jesus and the Gospels*, edited by Joel B. Green, Jeannine K. Brown, and Nicholas Perrin, 396–99. 2nd ed. Downers Grove, IL: InterVarsity, 2013.

———. "Johannine Christology and Prophetic Traditions: The Case of Isaiah." In *Reading the Gospel of John's Christology as Jewish Messianism: Royal, Prophetic, and Divine Messiahs*, edited by Benjamin E. Reynolds and Gabriele Boccaccini, 92–123. AJEC 106. Leiden: Brill, 2018.

Williams, Rowan. *Christ the Heart of Creation*. London: Bloomsbury Continuum, 2018.

———. "Trinity and Revelation." In *On Christian Theology*, 131–47. Oxford: Blackwell, 2000.

Witherington, Ben, and Laura Ice. *The Shadow of the Almighty: Father, Son, and Spirit in Biblical Perspective*. Grand Rapids: Eerdmans, 2002.

Witmer, Stephen E. *Divine Instruction in Early Christianity*. WUNT 2/246. Tübingen: Mohr Siebeck, 2008.

Wittman, Tyler R. "*Dominium Naturale et Oeconomicum*: Authority and the Trinity." In *Trinity without Hierarchy: Reclaiming Nicene Orthodoxy in Evangelical Theology*, edited by Michael F. Bird and Scott Harrower, 141–64. Grand Rapids: Kregel, 2019.

Wodehouse, P. G. "Leave It to Jeeves." https://www.classicreader.com/book/3452/1/.

Wolff, Christian. *Der erste Brief des Paulus an die Korinther*. 3rd ed. THKNT. Leipzig: Evangelische Verlagsanstalt, 2011.

Wollebius, Johannes. *Compendium theologiae Christianae*. London: T. Longman, 1709.

Wright, N. T. *The Climax of the Covenant: Christ and the Law in Pauline Theology.* Edinburgh: T&T Clark, 1991.

Yeago, David S. "The Bible: The Spirit, the Church, and the Scriptures; Biblical Inspiration and Interpretation Revisited." In *Knowing the Triune God: The Work of the Spirit in the Practices of the Church*, edited by James J. Buckley and David S. Yeago, 49–93. Grand Rapids: Eerdmans, 2001.

———. "Jesus of Nazareth and Cosmic Redemption: The Relevance of St. Maximus the Confessor." *Modern Theology* 12 (1996): 163–93.

———. "The New Testament and the Nicene Dogma: A Contribution to the Recovery of Theological Exegesis." *Pro Ecclesia* 3 (1994): 152–64.

Young, Frances, and David F. Ford. *Meaning and Truth in 2 Corinthians.* London: SPCK, 1987.

Zehnder, Markus. "Why the Danielic 'Son of Man' Is a Divine Being." *BBR* 24 (2014): 331–47.

Zeller, Dieter. *Der erste Brief an die Korinther.* KEK 5. Göttingen: Vandenhoeck & Ruprecht, 2010.

Ziesler, J. A. *Pauline Christianity.* Oxford: Oxford University Press, 1990.

Zumstein, Jean. *L'Évangile selon Saint Jean.* 2 vols. CNT IVb, 2nd series. Geneva: Labor et Fides, 2007.

ÍNDICE DE TEMAS

A

Agustín...8, 31–32, 53, 62, 170, 190, 195, 253–254, 257, 260, 264, 285, 318, 346–347, 350, 352, 354
amor...18, 27, 30, 32–35, 40, 49, 54, 59, 62, 68, 85, 125, 139, 151, 172, 184, 206, 291, 321, 355–356
analogía...5, 130–131, 133, 136, 184–185, 189, 230, 244, 247, 285–286, 307, 325, 328, 339, 359
antiguo pacto 27, 33, 57, 156, 302, 310
antropomorfismo y antropopatía 129–130
apropiaciones
    en la Escritura 185
    regla 169, 182, 185
arrepentimiento 34, 59, 117, 133–137, 140–142
ascesis 29–30, 351
Atanasio 55, 218, 252–253, 270, 285, 287

B

Barth, Karl 137–138, 150, 159, 287
bautismo 152, 176, 304

C

caída 61–64, 66, 68, 255, 263
Calcedonia, Concilio de 97
Calvino, Juan 47, 57, 61, 66, 70–71, 74, 91, 146
Cirilo de Alejandría 130, 216, 223, 279
Clemente de Alejandría 52, 105, 124
communicatio idiomatum/comunicación de idiomas
    paradojas cristológicas "ascendentes" 199–200, 208
    paradojas cristológicas "descendentes" 199–200

conocimiento...3, 11, 19–22, 28, 31, 34–35, 40–43, 50, 52, 58, 65, 68, 70, 95, 126, 142, 146–147, 161, 164, 275, 279–280, 296–297, 313, 353, 358
contemplación...18, 36, 38–43, 48, 52, 56, 91, 106, 147, 161, 186
creación...28–29, 56, 68, 104, 107–108, 114, 116–124, 128, 131, 137–140, 149–151, 155, 181, 184, 190, 210, 218, 230–231, 249, 259, 263, 284–286, 295, 302, 309, 315–316, 327, 331, 335, 337, 343
creatio ex nihilo 121, 218, 383
Credo de Nicea 122
Crisóstomo, Juan 88

D

Dídimo el Ciego 132, 179
día de reposo. 297, 325–329, 337, 343
Dios
    como alfarero 134
    como guía 104–105
    como maestro 51–52, 63–64, 66, 78
    como Padre 286, 317, 322
    como único 52, 162
    encarnado 56, 199, 228, 234, 269, 334
    en las Escrituras 103, 124, 198, 326–327, 360
    y la autoexistencia 212
    y la glosa 110
    y la sabiduría 186
    y las criaturas 218
    y su cercanía 119
    y su creación 124, 327
    y sus palabras 326

y su trascendencia 121
y su voluntad 140
y verdadero hombre 235
dones espirituales 176, 178
doctrina...3-5, 9, 50, 58, 70-71, 75, 95-96, 104, 107-108, 122-123, 125, 131, 139, 168-169, 171, 178, 184, 193, 215, 217, 258, 351, 353.
Véase también *teología*.
discipulado 20, 31, 44, 73, 86

E

economía (*oikonomia*)
 divina2, 48, 70, 76, 82-83, 85, 87, 288
 pedagógico49, 51, 54-56, 62, 71, 75, 78, 84
 salvífica 188, 252, 302
 y exégesis partitiva 255
Éfeso, Concilio de 217
enseñanza
 apostólica 49, 68, 125-126
 de Cristo24, 76, 193, 195, 353, 355
 de la Escritura. 131, 164, 170, 221
 divina...11, 48-50, 55, 57, 61-63, 65-69, 73-76, 84, 86-88, 91-93, 95, 97-98, 124, 191-192, 353
 elitista.. 67
 trinitaria 178
 y la pedagogía de Dios 74
Espíritu Santo
 espiración del 159, 185, 189
 misión del 291, 299, 310
 nombre del espíritu 291
 procesión del132, 291-292, 300, 305, 315, 321
Eunomio de Cízico 162-163
exégesis
 análoga..71
 contemplativa 43, 133
 de compromisos dogmáticos........ 7
 de dos naturalezas 240
 partitiva...165, 238-241, 247, 249, 251-258, 260-261, 269, 271-273, 294, 308, 312, 334, 341, 344, 346, 363

teológica 9, 85, 90, 92, 98, 133
y el razonamiento teológico 13
y la formulación teológica ... 10, 93

F

fe
 activa 34
 en Cristo 19, 33, 35
 salvífica..35
 y la pureza..33
 y la visión beatífica 37
finitud 61-64, 66

G

gloria
 de Cristo...17-21, 28-30, 33, 37, 39-44, 48, 72, 76, 85, 89, 91, 96, 98, 107, 147, 165-166, 168, 186-187, 198-199, 238, 276, 355-357, 359
 de Israel.. 135
 divina 210, 356
 escatológica 38
 eterna 20, 48, 357
*homoousios*10, 90, 159, 166, 249, 291, 354
Gregorio Nacianceno...25, 161, 194, 205, 223, 254, 256, 272, 288, 291

I

idolatría31, 41, 55, 59-60, 149, 232, 351
Ignacio de Antioquía 223
Ireneo 29, 94

J

Jeeves...245, 386
Jenófanes....................... 104, 124, 126
Jesucristo
 como Dios 335
 como emisario 51
 como garantía 90
 como maestro 51-52
 como Mesías.................................... 267
 en la carne 245
 y el Espíritu..................................... 174
 y su Padre 279

y sus discípulos 229
Juan de Damasco 164, 217

L

La Escritura
    como un acto comunicativo 84
    como una unidad 73, 94, 325, 359
    como *viva vox Christi* 85
    en la economía divina 76
    la forma inspirada de la enseñanza de Cristo 73, 76
    la instrucción activa de Cristo ... 92
    un instrumento de la pedagogía de Dios 89
    sobre el arrepentimiento 135
    sobre la encarnación 221
    sobre la santidad 131
    sobre la bienaventuranza de Dios 131
    sobre las operaciones inseparables de la Trinidad 170
    sobre las tres personas divinas 168
    sobre la unicidad de Dios 150
    utilización del antropomorfismo 130
    y Jesús 326
    y la cultura interpretativa 97
    y la forma de la actividad docente de Dios 12
    las fórmulas teológicas 90
    y los medios exegéticos 17
    y su interpretación dentro del razonamiento bíblico 75
Liber regularum (Tyconius), 8
Lutero, Martín 97

M

Mastricht, Petrus van 65, 89, 129, 356, 378
Melito de Sardis 223, 379
metafísica preposicional 118
metáfora 10-11, 20, 30, 130-131, 244, 279, 350
misterio ... 19, 39, 42, 66, 68, 125, 163, 171, 194, 198-200, 215-216, 221, 233, 235, 244-245, 261, 277, 284, 287, 321, 354-355

mitos 50, 127, 130, 142, 248
Moisés 23-24, 27, 35, 57-59, 81, 108, 156, 232
monoteísmo 127, 150, 336

N

Nestorio 217
nuevo pacto 24, 27, 36, 39, 61, 63, 156, 189, 290, 310

O

operaciones inseparables
    regla 148
    de la Trinidad ... 147, 167, 169-170, 178, 180, 185, 192-193, 195, 341-342

P

paganismo 120-121, 123, 128
paradeigma/paradeigmata 285, 287-288
pedagogía
    divina ... 48, 56-57, 59, 71-72, 132
    como formativo 52
    como gradual 58
pingüinos 18
Pedro (apóstol) ... 25, 34, 83, 140, 210, 238, 245-246, 252, 267
principios
    principio 1 .... 17, 73, 359
    principio 2 .... 47, 359
    principio 3 .... 73, 359
    principio 4 .... 103, 120, 360
    principio 5 145, 167, 223, 272, 360
    principio 6 .... 197, 215, 237, 362
    principio 7 .... 275, 317, 363
Punto de vista dogmático 224

R

razonamiento dogmático. 2-5, 13, 351
razonamiento exegético 2-5, 13, 36, 42, 351
resurrección ... 19, 21, 25-28, 38, 42-43, 63, 69, 81, 133, 203, 211, 234, 238, 246, 258, 262-266, 269, 303-304, 309, 333, 354
reglas

regla 1 (analogía de la fe)73, 133, 325, 359
regla 2 (presión pedagógica).... 73, 326, 360
regla 3 (adecuación a Dios).....103, 327, 360
regla 4 (común y apropiado)..145, 336, 360
regla 5 (operaciones inseparables)............. 167, 339, 361
regla 6 (apropiación)....... 167, 361
regla 7 (unidad de Cristo)...... 197, 220, 342, 362
regla 8 (comunicación de idiomas) 197, 220, 342, 362
regla 9 (exégesis partitiva)......237, 344, 363
regla 10 (de otro) 275, 348, 363

S
Scheeben, Matthias138, 182, 216, 287, 292, 357, 382
Shemá 149, 151, 153-155, 204
Simplicidad de Dios...30, 115, 151, 160, 168, 178, 251, 297

T
Teología
  como razonamiento bíblico 74
  especulativa 91
  exhaustiva..75
  judía.. 112
  sistemática............................... 3-4, 14
  trinitaria 9, 93, 146, 148, 160, 162
y economía 240-241, 255-256
exégesis 7, 86, 96

Tomás de Aquino...19, 113, 150, 156, 182, 184, 187, 217, 219, 221-222, 286, 295-296, 300, 308, 311, 331, 340, 351
Trinidad
  la apropiación de las Escrituras 167, 185
  y la cristología 21
  y la humanidad................................19
  y la persona de Cristo..................... 6
Turretino, Francisco 58, 135, 214, 250

U
unión hipostática...97, 191, 200-201, 214-221, 224, 228, 249-251
Ursino, Zacarías.........................5, 68, 384

V
Vermiglio, Pedro Mártir............. 58, 140
virtud...28, 52, 55, 70, 91, 106, 124, 160, 179-182, 186, 195, 211, 257, 261, 264, 279, 298, 312, 339
visión beatífica...11, 18, 21, 28, 37, 43, 73, 126, 199, 357. Véase también *visio Dei*.
*visio Dei*26, 53, 151. Véase también *visión beatífica*

W
Wesley, Charles 198-199

ÍNDICE DE NOMBRES

A

Ackrill, J. L. 278
Allen, Leslie C...268
Allen, Michael 11, 30, 35
Allison, Dale C...................... 30, 31, 59
Allo, E. B. 189
Anatolios, Khaled121, 187, 253, 285, 286, 287, 357
Anderson, Paul N. 174, 309
Ashton, John,..309
Attridge, Harold,.....................................313
Aune, David, ...80, 109, 112, 113, 115
Ayres, Lewis,8, 162, 178, 195, 239, 254, 297, 298

B

Barclay, John M.,....................................207
Barnes, Michel,.......................................298
Baron, Lori,.............................. 171, 212
Barrett, C. K., ...211, 309, 337-338
Barth, Karl,......137-138, 150, 159, 287
Bates, Matthew W..................... 206, 242
Bauckham, Richard,...77, 79, 109, 118, 152, 204, 212, 246, 266, 271, 302, 335-336
Bauerschmidt, Frederick Christian, ...217
Bavinck, Herman,...23, 65, 75, 89, 115, 126, 150, 161, 283, 309, 311
Bayer, Oswald,..5
Beale, G. K. 34, 81
Beckwith, Carl L.,....................................178
Beeley, Christopher , ...32, 179, 256
Behr, John,..239
Bekken, Per Jarle ,..................... 314, 329
Bengel, Johann Albrecht,20, 56, 110, 331, 340, 343
Benin, Stephen D., ... 55

Bieringer, Reimund, ...174
Blacketer, Raymond A.,........................57
Blank, Joseph,..333
Bock, Darrell L., ...211, 329
Bockmuehl, Markus,............................207
Borgen, Peder,....................309, 314
Boyarin, Daniel,....................................346
Brakel, Wilhelmus à, ... 41, 43
Brendsel, Daniel J.,................................26
Briggman, Anthony,............................127
Brown, Alexandra R., ...68
Bruce, F. F., ...207, 209
Bryan, Steven M.,................................324
Byers, Andrew J.,..................154, 338

C

Caird, G. B.,...............................154, 338
Calov, Abraham, ...129
Calvino, Juan,...34, 41, 47, 54, 57, 61, 66, 70-71, 74, 91, 146
Campbell, Douglas A., ... 206
Campbell, W. Gordon, ...98
Capes, David B., ...204
Carraway, George,..............................243
Carson, D. A., ... 279, 283-284, 328
Cassuto, Umberto,..............................130
Charles, Robert Henry,......................112
Charnock, Stephen, , ... 140-141
Chibici-Revneanu, Nicole, ... 20, 28
Ciampa, Roy E.,...................................264
Clarke, W. Norris, Jr.,.........................130
Cox, Ronald , ...118, 155, 302
Cranhfield, C. E. B.,...............................65
Croy, N. Clayton,...................................54
Currid, John D.,....................................127

D

Dahms, John V., ...282

Daley, Brian E. 194, 223, 272
Davidson, Ivor, ...321
Davis, Phillip A., ... 54
Davison, Andrew, ...121
de Jonge, Marinus, ...314
de la Potterie, Ignace, ...282
DeLapp, Nevada Levi, ... 24
DelCogliano, Mark, ...162
de Lubac, Henri, , ...199
Dewailly, Louis-Marie, ...314
DiNoia, J. Augustine, ...284
Dodd, C. H., ...313-315, 341, 356
Dodds, Michael J., ...139
Döhling, Jan-Dirk, ... 134, 136
Duby, Steven J., ... 136, 208
Dunn, James D. G., ...262

E

East, Brad, ... 85
Emery, Gilles,...158-159, 178-179, 182, 184, 300, 310, 318, 351
Engberg-Pedersen, Troels, ...338
Ernest, James D., ...87, 189, 286
Estes, Douglas, ...338

F

Fairbairn, Donald, ...321
Feldmeier, Reinhard, ... 149, 188
Ferguson, Everett, ...23, 81
Feuerbach, Ludwig, ...105
Filtvedt, Ole Jakob, ...20, 26, 174
Fitzmyer, Joseph A., ... 68
Fletcher-Louis, Crispin , 335, 339, 345
Ford, David F., ... 5
Forger, Deborah, ...338
Foster, Paul, ...213
Franzelin, Johann Baptist, ...182
Frey, Jörg, ...20, 330-331
Froehlich, Karlfried, ... 8

G

Gathercole, Simon J.,206, 226-227, 243, 271
Gavrilyuk, Paul L., ...139
Gerhard, Johann, ... 19, 130

Gieschen, Charles A., ...283
Gill, John, ...35
Gioia, Luigi, ...322
Glad, Clarence E., ...55
Gladd, Benjamin, ...50
Grant, Robert M., ...301
Grifhiths, Paul, ...21
Gundry, Robert H., ...245

H

Hahn, Ferdinand, ...108, 158, 176
Halleux, André de, ...158
Harris, Murray J., ...243
Harris, Steven Edward56, 64-65, 68, 83
Hart, David Bentley, ...139
Harvey, A. E., ...325
Hay, David M., ...268
Hays, Richard B. 206, 230-231, 271
Heidegger, Johann Heinrich, ... 59, 129
Hellerman, Joseph H., ...207
Hengel, Martin, ...268, 283
Hill, Wesley,11, 156, 207, 279, 302, 338
Hohius, Otfried, ...227
Holloway, Paul, ...247
Holmes, Stephen R., ...5, 223
Hurtado, Larry W., ...301

I

Ice, Laura, ... 3
Imschoot, Paul van, ...113
Irons, Lee, ... 281-282

J

Jaeger, Werner, ...104
Jamieson, R. B. ...14, 201, 207, 210, 239-240, 242, 256, 262, 265-266
Jipp, Joshua W., ...268
Jörns, Klaus-Peter, ... 116-117

K

Kammler, Hans-Christian...172, 181, 243, 283, 294, 297, 304, 330, 332-333, 335, 341-342
Kant, Immanuel, ... 91
Kaufmann, Yehezkel, ... 127, 150
Keck, Leander E., ...297
Keener, Craig S., ... 44, 328
Kieffer, René, ...314
Kirk, J. R. Daniel, ...233
Köckert, Matthias, ...114
Koen, Lars, ...239
Koester, Craig R. 77, 112, 114
Kraus, Hans-Joachim, ... 22
Kreitzer, L. Joseph, ...262
Kugler, Chris, ...302

L

Lang, T. J., ...244
Leeman, Jonathan, ...263
Legaspi, Michael C., ... 13
Legge, Dominic, ... 190, 310, 321
Leim, Joshua E. , ... 146, 232, 280
Leithart, Peter J. , 79, 81, 109, 111, 286-287
Levering, Matthew , ... 159, 189, 291
Lewis, C. S., ... 29
Lewis, Theodore J., ...131
Lienhard, Joseph T., ...152
Lincoln, Andrew T., ... 314, 325
Lints, Richard, ... 34
Loader, William, ... 309, 330, 338
Lutero, Martín, ... 97

M

Macaskill, Grant, ... 154, 212, 283
Marckius, Johannes, ...112
Marcus, Joel, ... 25-26, 228
Margerie, Bertrand de, ... 87, 94
Marshall, Bruce, ... 182, 209, 305, 317
Martens, Peter, ... 87
Martin, Michael Wade, ... 206-207
Maspero, Giulio, ...281
Mastricht, Petrus van, ...65, 89, 129
McCosker, Philip, ...209
McDonough, Sean M. 112-113, 128

McElrath, Damian, ... 51
McFarland, Ian A., ... 216, 338
McFarland, Orrey, ... 118, 302
McGrath, James F., ...262
McGuckin, John Anthony, 217, 221, 264
Mealand, D. L., ... 324, 337
Meyer, Nicholas A., ...263
Miller, Patrick D., ... 22
Mitchell, Margaret M., ... 55
Moberly, R. W. L., 7, 131, 136-138, 141, 149
Moloney, Francis, ... 25, 44
Morales, L. Michael, ... 9, 31, 79
Moser, J. David, ...222, 234, 256
Myers, Alicia D., ... 324, 343

N

Nash, Bryan A., ... 206-207
Neyrey, Jerome H., ...212, 294

O

Oakes, Peter, ...207
Owen, John, 33, 36-37, 42, 129, 217, 290

P

Pawl, Timothy, ...215
Pennington, Jonathan T., ... 30, 59, 128
Peterson, David G., ...211
Polanus, Amandus, 22, 40, 81, 85, 190, 192
Pollard, T. E., ...314
Prigent, Pierre, ...109

R

Radde-Gallwitz, Andrew, 162, 176, 336
Rainbow, Paul A., ... 282-283
Rendtorff, Rolf, ...150
Reynolds, Benjamin E., ... 345-346
Riches, Aaron, ...250
Richter, Gerhard, ... 50
Roberts, J. J. M., ...111

Romanov, Andrey, ...302
Rosner, Brian S., ...264
Rowe, C. Kavin, ...10-11, 92-96, 152, 156, 158, 189, 228, 271
Rylaarsdam, David, ... 53-54, 56, 87

S

Sanders, Fred, 9, 58, 75, 93, 131, 159, 306, 309, 317, 321
Sarisky, Darren, ...9, 83, 86, 90
Scheeben, Matthias Joseph, 138, 182, 216, 287, 292
Schnabel, Eckhard J., ...211
Schnelle, Udo, .. 25, 172-173, 193, 205
Schoot, Henk J. M., ... 218, 222
Schreiner, Thomas R., ... 65, 246
Servet, Miguel, ... 89-90
Shead, Andrew G., ...77
Sheridan, Mark, ...104
Silvas, Anna M., ...333
Smith, Mark S., ... 150, 224
Söding, Thomas, ... 329, 343
Sokolowski, Robert, , ...122
Sommer, Benjamin D., ...127
Sonderegger, Katherine, ... 23, 150
Sorabji, Richard, ...278
Soskice, Janet, ...218
Soulen, R. Kendall, ... 152, 280
Spicq, Ceslas, ... 30, 50
Spieckermann, Hermann, ...149
Sproston, W. E., ...343
Sterling, Gregory, ...118
Strzelczyk, Grzegorz, ...209
Sturdevant, Jason S., ... 53, 55
Swain, Scott R., ,...3, 5, 75, 81, 86, 131, 158, 278, 280, 310, 320
Swart, G., ... 324, 328
Swete, Henry Barclay, ... 109, 114

T

Tanner, Kathryn, , ...119
Tanner, Norman P., ...242
Thiselton, Anthony , ... 67-69
Thompson, Marianne Meye, ...331
Thompson, Robin, ...324

Thrall, Margaret E., ...206
Tilling, Chris, ...271
Toom, Tarmo, ... 8
Torrance, Thomas F., ... 125
Turretin, Francis, ...19, 22, 38, 56, 58-59, 131, 135, 192, 214-215, 217, 250-251, 255

U

Ursinus, Zacharias, ...5, 68

V

Vanhoozer, Kevin J., ... 74, 105
Vermigli, Peter Martyr, ... 140
Vidu, Adonis, ...169, 340, 350
Vos, Geerhardus, ... 3-4

W

Waaler, Erik, ...176
Warfield, B. B., ...75, 78
Watson, Francis, ...7, 13, 279, 297
Webster, John, ...1-4, 9-10, 13, 71, 74-75, 78, 82, 90-91, 202, 283
Weinandy, Thomas G., ...208, 217, 225, 227-228, 230, 232, 234
White, Devin L., ...50, 55, 67
White, Thomas Joseph, ...217, 221
Whitsett, Christopher G., ...268
Williams, A. N., ...39
Williams, Catrin H., ... 26, 212, 231
Williams, Rowan, ...204, 272, 350
Witherington, Ben, ... 3
Witmer, Stephen E., ...51
Wittman, Tyler R., ... 14, 308
Wodehouse, P. G., ... 245
Wolff, Christan, ...65
Wollebius, Johannes, ...106
Wright, N. T., ... 206-207

Y

Yeago, David S., ... 10, 86, 90, 216, 247
Young, Frances, ... 5

Z

Zehnder, Markus, ... 346
Zeller, Dieter, ... 176
Ziesler, J. A., ... 262
Zumstein, Jean, ... 44, 173

ÍNDICE DE LAS ESCRITURAS Y OTRAS FUENTES ANTIGUAS

Antiguo Testamento

Génesis
1:2 190
1:3 328
1-3 263
2:2 115
2:2-3 328
3:8-9 130
3:10 131
6:6-7 134
11:5 130
14:10 110
15:16 334
18:25 334
22:1 60
22:8 64
32:24 24
32:31-32 25

Éxodo
3:5 117
3:14 .... 25, 113, 232
4:15 57
4:22 279
8:19 156
14:29 128
15:11 110
15:25 60
16:4 60
16:7 210
19:16 .... 77, 108
20:1-3 118
20:1-17 57
20:2-3 149
20:3 113
20:4 130
20:11 328
20:12 335
20:18 77
20:20 60
22:28 330
23:21 58
24:1-8 81
24:9-18 23
29:43 110
31:17 328
31:18 156
32:15 80
33:7 24
33:9 156
33:11 23
33:18 24
33:18-20 23
33:20-23 131
33:21-22 24
33:23 23
34:6-7 .... 27, 116
34:25-29 27
34:34 156

Levítico
10:3 110

11:44-45	111
19:2	59, 106, 111
20:26	111
21:8	111
24:4-6	79
24:16	330

Números

6:24-26	79
8:2	79
11:16-30	27
11:29	27
12:8	21
14:10	210
21:4-9	111
23	136
23:19	135, 136

Deuteronomio

4:2	88
4:10-14	57
4:32-40	149
4:36	57
5:6-7	118, 149
5:6-21	57
5:20	68
6:4	115, 153, 155, 204
6:4-5	149
6:13	152
6:13-15	94
8:3	97
9:10	156
12:1-4	149
17:18-20	80
18:13	59
32:4-6	279
32:11	190
32:18	279
32:29	231
32:39	114, 149, 211, 233, 332
34:10	23, 24

Josué

1:7-9	80

1 Samuel

2:2	110
2:3	52
2:6	332
2:10	334
5:11	130
15:11	134
15:29	135, 136

2 Samuel

6:15	77
7:12-14	267
22:27	31
23:1-4	26

1 Reyes

8:27	131
17:20	233
17:20-22	332
17:22	233
19:11	25

2 Reyes

4:32-35	332
5:7	332
22:8	81
23:25	81

1 Crónicas

16:33	334

Nehemías

9:30	302

Job

9	25, 231
9:8	25, 231
9:11	25, 231
10:4	130
19:26-27	22
23:8-9	37
28:28	125
33:14	53
33:29-30	54
36:22	52
38:11	230

Salmos
1:1-2 70
2:7 152
5:4 142
7:8 334
7:9 60
7:11 334
8:3-8 81
10:4 60
11:4-5 60
11:7 22
16:11 22
17:15 22
18:25-26 141
18:26 31
18:28 31
19:7-10 80
24:7-10 210
26:1-2 60
27:4 .... 22, 103
29:1-2 116
29:3 210
33 116
33:6 328
36:9 .... 28, 52, 283
44:23 130
45:6-7 142
47:5 77
50:4 334
50:6 334
50:7-15 113
51:12 140
72:2 334
89:9 230
90:2 114
90:3-6 113
90:9-10 113
94:1 334
95:5 128
96:1-4 116
96:4-5 149
99 111
99:4 142
102:26-27 113
104:2 165
104:7 230
104:9 230
106:9 230
107:23 230
110:1 .... 152, 153
113 116
119:10-11 70
119:16 70
119:24 70
119:35 70
119:36 140
119:47 70
119:62 70
119:176 70
121:4 130
145 116

Proverbios
3:9 335
3:11-12 60
4:1 60
4:13 60
6:16-19 142
8:29 128
15 61
30:5-6 88

Eclesiastés
3:17 334

Cantares
8:6 139

Isaías
2:4 334
6 109
6:1 26
6:2 111
6:3 110
6:5 111
6:9 152
8:14 67
10:17 111
11:2 125
25:8 128
28:16 63
29:9 51

29:13	51, 335
29:18	51, 80
30:20-21	52
32:15	303
33:10	26
33:17	59
35:5	51
35:8-10	52
40	114
40:13	52, 65
40:25	110, 128
40:28	130
40-55	150
41:4	231
41:29	149
42:8	26, 147
43:10	231
43:25	231
44:6	114
44:6-20	149
44:9-20	127
45:5-6	149
45:9-13	279
45:14	127
45:18	149, 231
45:19	231
45:21-22	149
45:22	114
45:23	204
46:1-4	113
46:4	231
46:5-11	149
46:13	127
48:11	26, 210
48:12	114
48:16	311
51:5	334
51:12	231
52:6	231
52:13	26
52:14	26
52:15	68
54:13	61
57:15	26, 111

Jeremías

1:6	113
1:7-9	77
5:7	149
10:1-25	149
10:2	61
14:13	113
15:1-4	137
18	136, 138
18:1-11	134
18:4	142
18:11	141
27:5	130
31:31-33	27
31:33	61, 152
31:33-34	152
31:34	61
32:1-44	137
32:33	61
39:16-17	113

Ezequiel

1	109
2:8	77
2:9	80
3:3	80
3:4	77
3:12	77
7:4	129
11:19-20	27
33	136
33:12-16	136, 137
33:21	137
36:16-32	137
36:20-32	111
36:26-27	27
36:27	303
37:14	303
37:24	53
39:29	303

Daniel

2:22	65
2:28	68
7	263, 334, 345, 346
7:13-14	334, 345, 346
12:1	25

12:4	80, 81
12:10	31

Oseas
6:2	332
11:8-9	134
12:4	24
12:10	54

Joel
2:1	77, 115
2:13-14	134
2:14	137
2:28	303
2:28-29	189
2:32	204
3:12	334

Amós
2:7	111
7:3	134
7:6	134
9:2	130
9:4	129

Jonás
2:9	211
3:9	137
4:2	134

Miqueas
1:3	130
1:3-4	130
7:18	227

Zacarías
7:12	302
9:14	77

Apócrifos del Antiguo Testamento

2 Macabeos
7:9	332

7:22-23	332
14:46	332

4 Macabeos
18:19	332

Tobit
13:2	332

Sabiduría de Salomón
16:13	332

Nuevo Testamento

Mateo
1:18-25	249
1:20	190
2:2	94
2:11	94, 146, 152
3:8	117
3:11	117, 304
4:1	305
4:10	146, 152
4:17	205
4:23	205
5:2	59
5:2-11	126
5:8	31
5:16	358
5:17	58, 59
5:48	59, 188
6:21	30
6:22-23	30
7:12	59
7:21	279
7:28	59
8:26	205
9:1-8	205
9:4	227
9:11	51
10:15	334
10:20	289, 292
10:25	51
10:38	51
10:40	51, 306

11:3	115
11:25-26	64
11:25-27	280
11:27	65, 280
11:29	51
11:30	53
12:28	156, 289, 304
12:50	279
13:44	63, 70
14:26	205
14:33	146, 152, 231, 232
15:24	306
16:16	269
17:3-5	80
17:5	51, 125
17:7	99
17:24	51
20:25-28	53
20:30	269
21:9	269
21:37	306
23:3	53
23:8-9	52
23:10	53, 62
23:16	53
23:24	53
26:24	303
26:39	146
28:17	146, 152
28:18	269
28:19	152, 279
28:19-20	62, 77
28:20	79

Marcos

1:2	52
1:8	304
1:21-27	51
1:24	288
1:31	205
2:1-4	226
2:1-12	226
2:6	227
2:7-11	153
2:12	228
3:21	174
3:22-30	174
3:23-27	175
4:35-41	226, 229
4:38	205
5:21-24	226, 233
5:35-43	226, 233
5:41	332
6:45-52	226, 230
6:48	25, 26
6:50	25
7:6	51
7:31-37	51
8:22-33	53
8:22-26	51
9:37	306
12:6	306
12:29	153
12:30	149
12:35-37	152-153
14:62	329
15:15-24	205
15:33	26
16:2	26

Lucas

1:1-4	77
1:3	87
1:31-32	249
1:35	168, 190, 191
1:43	266, 269
1:45	38
2:11	266, 269
2:51-52	205
2:52	223
3:8	117
3:16	304
4:16-21	81
4:43	306
7:14	332
8:54-5	234
9:48	306
10:16	306
10:22	77
10:41-42	45
11:20	156
11:28	38

11:34-36	30
14:5	329
20:13	306
23:33	205
23:46	205
23:53	205
24:13-35	45
24:49	307

Juan

1:1	159, 205, 285, 338
1:1-3	113
1:3	118, 177, 182, 191, 295, 301, 340
1:5	356
1:9	165
1:10	308
1:14	24, 115, 131, 190, 191, 205, 209, 281, 282, 285
1:15	206
1:18	25, 53, 65, 77, 172, 281, 282, 338, 356
1:19	206
1:27	117
1:29	28
1:30	117
1:33	304
2:18-22	24
3:1-15	51
3:8	54, 290
3:14-15	28
3:16	281
3:17	301, 306
3:18	281
3:19	60
3:31	117
3:34	306
3:35	279
4:6	205
4:24	288
4:34	306
5:1-16	324
5:1–18	369
5:5	344
5:17	327, 328, 329
5:17-18	329
5:17-30	323, 324, 349, 350
5:18	171, 279, 329, 343
5:19	172, 179, 181, 276, 298, 331, 340, 350
5:19-20	293, 294, 298, 351
5:22	334, 347
5:23	306, 335
5:24	306
5:26	279, 282, 283, 284, 333, 337
5:27	334, 345
5:30	308, 342
5:36	306
5:37-47	51
5:38	306
6:29	306
6:37-38	309
6:38	146, 191, 306, 342
6:39	306
6:40	40
6:44	306
6:45-46	65
6:46	25, 53
6:57	306
6:63	333
6:68	290
6:68-69	51
7:16	306, 342
7:16-18	293, 298
7:17	173, 181
7:27-29	313
8:13	172
8:14	314
8:18	77
8:19	279
8:25	343
8:28	26, 63
8:42	308
8:53-59	171
8:58	114, 205, 212, 213
10:16	53
10:17-18	256
10:18	27, 181
10:29	279
10:30	179, 238, 261, 330
10:33	212
11:35	205
11:43	234, 332

11:43-44	205
12:27-43	26
12:28	25
12:41	26
12:44	342
12:45	26, 63
13:1-20	53
13:31	20
14:3	259
14:6	199, 287
14:9	25, 53
14:9-11	293, 338
14:10	181
14:11	53
14:15	355
14:26	299, 307, 316
14:28	146, 174, 238, 258, 259, 261, 272
14-17	258
15:9	356
15:15	42, 77
15:15-16	355
15:26	193, 291, 292, 299, 307, 311, 316
16:7	307, 311, 316
16:12-15	299
16:13	193
16:14	132
16:15	160, 187
16:25	38
16:28	308
17	297
17:1	357
17:3	44, 353
17:5	26, 282, 283
17:10	187
17:11	288
17:11-12	282, 283
17:23-26	356
17:24	20, 32, 36, 69, 283, 322, 353
17:26	20, 321
19:5	28
19:9	314
19:35	36
20:8-9	44
20:22	290
20:28	159
20:29	37, 44
20:29-31	44
20:30-31	77

Hechos

1:1-2	304
1:4-5	311
2	267
2:1-4	304
2:3	307
2:22	301
2:32-36	264, 265
2:33	304, 307, 311
2:34	268
2:34-35	268
2:36	238, 258, 266, 267, 269
2:38	189
3:14-15	210
3:15	211
3:26	306
4:12	211
5:4	159
7:55	40
8:20	189
10:45	189
11:17	189
15:8-9	34
15:9	33
16:7	289
17:22-34	119
17:24-25	113, 118, 283
17:32	67
18:25-26	87
20:28	211
22:3	87
23:29	117
25:19	67
26:5	87
26:8	332
26:20	117
26:31	117
28:25-26	152

Romanos

1:3	190, 204, 242, 243, 266, 269

1:3-4	258, 264
1:4	266, 267, 268, 288
1:16	187
1:18	60
1:22-25	60
2:1-11	334
2:16	334
3:6	334
3:20	58
3:23	33
4:13	33
4:17	332
5:2	33
6:17	50
7:7-13	58
8:3	191, 207, 306
8:5	34
8:9	290
8:11	290, 303, 332
8:14-17	188
8:15	290
8:24-25	37
8:29-30	38
8:30	21
8:32	266, 279
9:5	204, 242, 243
9:16	140
10:4	57, 80
10:13	204, 266
11:33	65
11:33-36	177
11:34	64
11:34-35	52
11:36	118, 155, 283, 302
14:9	264
14:10	334
14:12	334
15:4	83
16:25	244

1 Corintios

1:9	304
1:18	63, 67
1:20	67
1:21-23	64
1:22-23	67
1:23-24	63
1:24	184, 186, 187, 287
1:24-25	67
1:26-31	67
1:28	68
1:30	187
2	332
2:2	64
2:6	67, 68
2:7	63, 66, 68, 270
2:7-8	69
2:8	63, 67, 210, 257
2:9	68
2:10	68
2:10-11	65
2:11	289, 356
2:11-12	292
2:12	65
2:13	39, 63
2:13-14	68
2:15	52, 68
2:16	65, 69
3:6-7	62
3:13	60
3:21-23	83
4:1	50, 62
4:7	140
4:9-13	188
6:11	156
6:14	332
8:4-5	155
8:4-6	154, 248
8:5	119, 149
8:6	118, 177, 204, 301, 302, 303
9:19-23	379
9:22-23	56
10:1-2	156
10:1-4	83
10:9	58
10:11	71
10:23	176
11:23-26	204
12:3	215, 289
12:4-6	176, 188
12:4-11	175
12:6	177

12:7	176
12:11	176, 177
13:6-7	68
13:8-12	38
13:12	21, 24, 37
15:1-8	63
15:3	204
15:3-4	81
15:3-8	69
15:10	140
15:20-28	264
15:21-27	81
15:24	258, 279
15:24-28	258, 261
15:28	262, 263, 264, 272, 279

2 Corintios

1:2-3	156
1:14	156
3:3	27, 156
3:7-13	27
3:12-18	81
3:13-15	156
3:16	156
3:17	155, 156
3:18	28, 37, 355
4:4	39, 106
4:5	156
4:6	28, 81
4:7	64
4:14	156
4:16	38
4:18	34
5:6-7	37
8:9	206, 207
13:14	184

Gálatas

2:8	177
3:5	177
3:16	204
3:23	59
3:24	57
4:4	115, 190, 204, 206, 207, 249
4:4-5	206, 306
4:4-7	320

4:6	289, 292, 307
4:8	149
5:6	68
5:22-24	35

Efesios

1:4	168
1:4-5	184
1:9-10	81
1:10	50
1:11	177
1:13-14	35
1:23	83
2:8	68
3:4-5	244
3:9	118
3:10	188
3:11	63, 81
3:12	40
4:4-7	176
4:7-8	270
5:25-27	33

Filipenses

1:19	289
2:3-4	248
2:5	34
2:5-7	206
2:6	10, 90, 171, 247, 267
2:6-7	190, 207, 209, 247
2:6-11	207
2:7	191, 218
2:9	258, 264, 265, 266, 267, 269
2:9-11	258, 264, 265, 269
2:10-11	204
2:13	140, 177
3:8-16	35
3:10-11	69
3:21	21, 69

Colosenses

1:13-14	285
1:15	25, 106, 187, 285
1:15-17	288
1:15-20	118
1:16	118, 301

1:17	41, 302
1:19	212, 213
1:19-20	301
1:26	244
2:3	41, 63, 188
2:9	199, 213
3:1-2	34
3:3-4	35
3:5-17	35

1 Tesalonicenses

2:13	78
4:17	37

2 Tesalonicenses

1:5-6	334
2:13	50

1 Timoteo

1:3	49
1:11	125
1:17	23, 354
3:15	50
3:15-16	125
3:16	125, 244, 246
4:7-8	125
5:3	335
6:3	125
6:15	126
6:15-16	126
6:16	23, 91, 165, 283, 354, 356
6:20	50

2 Timoteo

1:9-10	245
1:13	50
2:15-16	50
2:25	140
3:15	48

Tito

1:1	125
1:7	50
1:15	33
2:11	142
2:13	126

2:14	33
3:5	33

Hebreos

1:1-4	201, 202, 203
1:2	81, 203, 285, 301, 302, 353
1:2-3	118
1:2-4	201
1:3	24, 33, 165, 187, 203, 207, 258, 267, 268, 285, 287, 288, 302, 328, 356
1:3-4	202, 264, 266, 269
1:4	266, 267
1:5	152, 268
1:10-12	267, 302
2:5-18	81
2:9	268
2:10	117
2:10-16	249
2:14	205
2:14-15	207
2:17	81, 250
4:12	80
4:15	250
5:8	71
7:19	58
7:25	79
7:26	117
8:5	54
9:11	54
9:14	304
9:24	79
9:26	244
10:5	190
10:7	142
10:15	152
10:22	33
10:37	115
11:1	37
11:2	29
11:6	161
11:17	60
11:27	23
12:2	29
12:14	31
12:18-19	77
13:8	114

Santiago
- 1:8 30
- 1:17 113
- 2:26 290
- 4:12 334

1 Pedro
- 1:6-7 34
- 1:8-9 38
- 1:11 289
- 1:17 334
- 1:20 244
- 1:22 34
- 2:8 67
- 2:17 335
- 2:23 334
- 3:18 246
- 3:18-22 246
- 3:21 33
- 4:1 .... 246, 252
- 4:14 .... 165, 356

2 Pedro
- 1:3 106
- 1:3-11 106
- 1:4 .... 106, 128
- 1:21 .... 78, 83

1 Juan
- 1:3 193
- 1:7 33
- 2:6 69
- 2:23 279
- 2:27 62
- 3:2 .... 38, 126
- 3:2-3 355
- 3:3 31
- 3:5 244
- 3:6 21
- 3:8 244
- 4:8 151
- 4:9 .... 281, 306
- 4:10 306
- 4:12 23
- 4:14 306
- 5:20-21 69

Apocalipsis
- 1:1 .... 77, 192
- 1:2 77
- 1:3 98
- 1:5-6 98
- 1:7 347
- 1:8 .... 77, 114, 184
- 1:10 77
- 1:10-11 77
- 1:12-13 79
- 1:17 .... 99, 150
- 1:19 77
- 1:20 79
- 2:1 78
- 2:5 .... 80, 141
- 2:7 .... 78, 192
- 2:8 78
- 2:11 .... 78, 192
- 2:12 78
- 2:17 .... 78, 192
- 2:18 78
- 2:29 .... 78, 192
- 3:1 78
- 3:6 .... 78, 192
- 3:7 78
- 3:13 .... 78, 192
- 3:14 78
- 3:21 108
- 3:22 .... 78, 192
- 4 .... 107, 108, 118, 148
- 4:1 80
- 4:1-11 108
- 4:2 .... 77, 108
- 4:3 109
- 4:4-6 108
- 4:5 108
- 4:8 .... 110, 112
- 4:9-10 114
- 4:9-11 116
- 4:11 118
- 4-5 98
- 5:1-2 80
- 5:9-10 81
- 5:12 118

5:12-13	94
7:11	335
8:13	77
9-10	108
10:4	77
10:6	114
11:12	77
11:16-18	334
11:17	113
11:17-18	116
12:9	115
12:10	77
15:4	111
15:7	114
16:1-7	111
16:5	113
16:5-7	116
17:3	77
17-18	80
18:23	79
21:1	128
21:5	87, 118
21:10	77
22:4	28
22:6-19	98
22:16	77
22:18-19	87, 88
22:20	99

Otras fuentes antiguas y medievales

Alejandro de Hales
Summa theologica
q. 1, c. 3 .... 42, 86

Ambrosio
On the Faith
4.39–72 298

Aristóteles
Categories
7, 6a36–37 278
7, 6b6–8 278
8, a31–32 278

Metaphysics
1.1.981a 180

Physics
4.11 113

Atanasio
Against the Arians
1.33 281
1.34 281
1.41 270
2.32 .... 285, 287
3.6 281
3.10 179
3.31 208
3.34 253
3.37–40 270

Against the Pagans
46 298

Defense of the Nicene Creed
3.14 253

Letters
59.2 122

Letters to Serapion
1.19–20 285
1.30.4–1.31.1 177
2.8.1 253
2.8.3 253
3.3.4–3.7.2 160

On the Incarnation
10 218
15 56
18 253

On the Thought of Dionysius
9 253

Agustín de Hipona
Answer to an Arian Sermon
17 285

The City of God
9.15 354

Confessions
1.1 41
3.6.11 122

Enchiridion
1.5 38

Homilies on the First Epistle of John
3.13 62

Homilies on the Gospel of John
17.16 331
18.1 276
18.10 297
19.1 295
19.6 335
20.4 297
20.5-6 295
20.8 297
21.7 345
21.12 352
23.11 297
23.12 344
24.2 53
119.2 64

Letters
147.20 25

On Christian Teaching
1.3-5 41
1.9 32
1.10 32
1.11 56
2.6-7 94
2.9 70

Sermons
22.7 41
52.6-8 190
88.5 32

Tractates on the Gospel of John
1.19 32
78.3 260-261
99.4 300

The Trinity
1.1 32
1.2 32
1.5 19
1.7 170
1.12 177
1.14 94
1.20 264
1.22 254
1.28 .... 257, 347
1.30 346-347
2.1 89
2.2 239
2.3 .... 181, 296, 318, 350
2.7-11 306
2.11 309
2.30 25
3-4 58
4.4 33
4.24 354
4.25-28 315
4.27-29 322
4.28 312
4.31 195
5-7 163
5.17 163
6.2 186
7.2-3 166
15.45 40

Basilio de Cesarea
Against Eunomius
1 164
1.5 .... 162, 281
1.14 164
1.14-15 161
1.15 163
1.23 298
2.4 281
2.9 .... 163, 281
2.22 281

2.23-24	129
2.28	164
2.28-29	281
2.29	166
3.3	157
3.4	177

Letters

235.2	318

On the Holy Spirit

3.5-5.12	304
14.33	57
16.37	177
18.46	318
18.47	182

Bernardo de Claraval
On Consideration

5.7.17	150

Buenaventura
Collations on the Six Days

1.2-9	68

Clemente de Alejandría
Christ the Educator

1.2.4	106
1.7.54	52
1.11.96	58
1.11.97	51
1.12.99	106

Stromateis

7.1.3-4	106
7.4.22	105

Cirilo de Alejandría
Commentary on John

2.6	296-298, 331
2.7	347
2.8	334
4.1499	142
10.1	259-260
11.1-2	300
11.2	38
11.12	32

Commentary on the Twelve Prophets

Mic. 1:3-4	130

Dialogues on the Trinity

1.405e-410b	159
1.409b-d	160
2.419e-434e	163
2.421c	163
4.509c-d	279
4.510a	279

On Orthodoxy to Theodosius

10-11	122

On the Unity of Christ

in toto:	224

Second Letter to Nestorius

4	216

Third Letter to Nestorius

anathema 4	221

Cirilo de Jerusalén
Catechetical Lecture

16.24	91

Dídimo el ciego
On the Holy Spirit

81	
96-97	
106-9	
153	
158-62	
163-64	
165	

Eunomio
Apology

7.1-7	
8.1-5	

Gregorio Nacianceno
Orations

1.5	255
2.38	132
2.105	88
6.1	34
16.11	36
20.7	194
20.10	161
23.11	170
27.3	32, 91
28.3	23, 25, 164
29.18–20	205
29.18	255
29.20	257
30.1	255
30.7	258
30.11	295
30.19–20	281
30.20	285
31.7	284
31.8	292
31.14	160
31.27	289
38.2	223, 272
39.12	164
40.5	164
41.9	160

Gregorio de Nisa
Against Eunomius

1.395–96	331
3.1.133–34	281
3.2.107–8	281
3.2.143	281

Catechetical Discourse

2–4	290
24.5–7	129

Letters

24.14–15	

The Life of Moses

2.230	23
2.244	25

On Not Three Gods

in toto:	181

To Peter

7g	281

Hilario de Poitiers
The Trinity

7.18	331
7.21	296

Ignacio de Antioquía
To the Ephesians

1.1	223

Ireneo
Against Heresies

2.28.5	88
4.14.2–3	58
4.20.7	29

Juan Crisóstomo
Homilies on Genesis

15.3	89
17.3	131

Homilies on John

39	345

Juan de Damasco
On the Orthodox Faith

1.8	
3.3	

Justino Mártir
Discourse to the Greeks

5	52

Letter of Aristeas

234	335

Máximo el Confesor
Ambiguum

1.4	142
33.2	78

Two Hundred Chapters on Theology

1.1-8 115

Melito de Sardis
Fragments
13 223

Peri Pascha
96.711-15 223

Orígenes
On First Principles
1.2.10 279

Filón
On the Cherubim
87 328-329

On Dreams
2.130-32 329

On the Embassy to Gaius
353-68 329

Platón
Parmenides
133d 271

Republic
438ab 278

Sophist
255c 278

Timaeus
37e-38a 113
38c 113

Rufino
A Commentary on the Apostles' Creed
65-66 270

Sibylline Oracles
2:60 335

Tertuliano
Against Praxeas

10 162
20 94
27 122

Tomás de Aquino
Commentary on 1 Corinthians
1.3.60-62 188

Commentary on 2 Corinthians
3.3.111 156

Commentary on the Gospel of St. John
5.2.738 329
5.2.752 341
5.3.746 295
5.3.749 296
5.3.750 296
5.3.752 181
5.4.742 331
5.4.761 332
5.4b.765 335
5.5.752 340
5.5.795 308
5.5.796 348
14.3.1887-96 173
16.4.2017 300
16.4.2107-115 132
17.2.2185 300
19.4.2441 64

Compendium of Theology
1.2 19
2.1 38

Summa contra Gentiles
4.39 221

Summa Theologiae
I.3-11 150
I.10.1 113
I.14 65
I.29.4 288
I.34.1 288
I.36.1.ad2 291
I.36.1.corp 288
I.39.1 318

I.39.5.ad1 219	II-II.180 40
I.39.8corp 302	III.2 217
I.43.1 310	III.2.3corp 219
I.43.8corp 311	III.3.1.corp 219
I.45.1resp 121	III.3.1-2 192
I.46.4.resp 64	III.4.2.ad2 251
I-II.98.2 59	III.34.2.ad3 286
II-II.9.4 94	III.40.1.ad3 53